REGELSCHULE

**Abschluss-Prüfungs-
aufgaben mit Lösungen**

2005

D1390459

Deutsch

Realschulabschluss
Thüringen
1996–2004

STARK

Die Jahrgänge ab 1998 wurden nach den Regeln der neuen Rechtschreibung abgefasst. Ausgenommen sind Texte von Autoren, die mit der Umwandlung in die neue Schreibweise nicht einverstanden sind.

ISBN: 3-89449-237-6

D-85318 Freising · Postfach 1852 · Tel. (0 81 61) 1790
10. ergänzte Auflage 2004

Inhalt

Fortsetzung nächste Seite

Jeweils im Herbst erscheinen die neuen Ausgaben
der Abschlussprüfungsaufgaben mit Lösungen.

Autorin:

Bärbel Bensch, Gera

Vorwort

Die Bewältigung der Prüfungsaufgaben zum Realschulabschluss im Fach Deutsch bereitet vielen Schülerinnen und Schülern Probleme, stellt doch der Aufsatz – mit seinen vielfältigen Darstellungsformen – eine in sich geschlossene selbstständige Leistung dar. Diese Art der sprachlichen Leistungsüberprüfung erfordert neben eigenverantwortlicher Themenentscheidung und logischem Denken besonders Sach- und Methodenkompetenz, d. h. stilistische, grammatische, orthografische, ästhetisch-literarische Fähigkeiten und Fertigkeiten sowie grundlegendes methodisches Können.

Den Prüflingen stehen **vier Aufgaben zur Wahl**, die **komplex und offen** gestaltet und so gewählt sind, dass sie das Finden **eigenständiger Lösungsstrategien** garantieren.

Zur erfolgreichen Realisierung sind **Verfahrenskenntnisse zum rezeptiv-analysierenden Erörtern und Interpretieren sowie im anschaulichen Darstellen** gefordert:

- Erörtern und Argumentieren (These bzw. Text/Problem aus der Lebens- u. Erfahrungswelt der Schülerinnen und Schüler)
- Erörtern bekannter literarischer Themen
- Interpretieren literarischer Texte: kurze epische Texte, Dramenauszüge, Gedichte, Songs usw. (Angaben zu Autor, Werk, Zeit und ihre Wechselbeziehung; Angaben zur Erzählweise, zu Textmerkmalen und verwendeten sprachlichen Mitteln, Nacherzählen)
- Wiedergeben von Eindrücken (Gedanken, Gefühle und Empfindungen bei Erlebnissen und Begegnungen mit Kunstwerken)
- Vergleichen von Texten
- Schreiben/Erzählen einer Geschichte nach einem vorgegebenen Erzählanfang o. Ä.

Letzteres zählt zu den **produktions- und kommunikationsorientierten Verfahren**, die aufgrund der **neuen Lehrplananforderungen** (Entwicklung von Lernkompetenz) in den zum Teil **veränderten Aufgabenstellungen** der Prüfungen ab dem Schuljahr 2000/2001 verstärkt Anwendung finden. Das bezieht sich auf

- die Form des freien Schreibens (Geschichten fortsetzen, umschreiben, neu formulieren u. a.),
- das Beachten und Anwenden des unterschiedlichen Adressatenbezuges (persönlicher Brief, Leserbrief, Zeitungsartikel, Tagebucheintrag, Dialog, Interview u. a.),
- das Nutzen und Verarbeiten verschiedener Informationsquellen (unterschiedliche Textsorten, Fotos, historische Quellen, Mind Map u. a.) sowie
- den Einsatz von Sachtexten.

Geeignete Grundlagen für die Prüfungsaufgaben sind sowohl literarische Texte (Kurzgeschichten, Erzählungen, Parabeln, Kriminalgeschichten, Novellen, Romanausschnitte, selbst gewählte Lektürebeispiele, Dramenauszüge, Lyrik aller Epochen bis zu Songs moderner Liedermacher u. a.) als auch Medienbeispiele und pragmatische Texte.

Werden die Vorbereitungsmöglichkeiten (aufgezeigte Schwerpunkte und Textarten) und die eindeutige Abgrenzung in der Formulierung der Aufgabenstellungen des Aufsatzes nach Erörtern, Interpretieren, Wiedergeben von Eindrücken und kreativer Umsetzung beachtet, ist bereits ein großer Schritt zur Überwindung der Prüfungsproblematik getan.

Außerdem will dieses Buch zeigen, dass Aufsatzschreiben nicht Glückssache ist, sondern eine Fähigkeit, die erlernbar ist. Die dazu notwendigen Techniken und Vorgehensweisen vermittelt der Deutschunterricht, in den **Kapiteln A, B, C, D, E** sind diese zusammenfassend dargestellt.

Tipps zur Arbeit mit dem Buch

Jede Schülerin und jeder Schüler kann sich individuell mit diesem Arbeitsmaterial auf die Prüfung vorbereiten.

- Wer sich hinsichtlich der Aufsatzform noch sehr unsicher fühlt, arbeitet den ersten Teil (die Kapitel A bis E) durch und sucht sich anschließend Prüfungsaufgaben zum Üben aus.
- Wer bereits über mehr Fertigkeiten im Aufsatzschreiben verfügt, wählt aus dem zweiten Teil (Übungsaufgaben, Prüfungsaufgaben) Themen aus und bearbeitet diese.

Es können schwerpunktmäßig Einleitungen, Gliederungen und Stoffsammlungen, einzelne Aufsatzteile oder ganze Darstellungen trainiert werden – allein oder in Gruppenarbeit im Deutschunterricht oder außerhalb der Schule.

Die Lösungsvorschläge ermöglichen die Kontrolle bzw. die Korrektur der eigenen Arbeit.

Viel Erfolg beim Erlangen des Realschulabschlusses wünscht

Bärbel Bensch

Themenübersicht nach Aufsatzarten

Fortsetzung nächste Seite

Schildern/Wiedergeben von Eindrücken

Erzählen einer Geschichte

Umgang mit Texten (Sachtexte)

A. Erörtern und Argumentieren

1. Beschreibung der Aufsatzform

Bei der **freien Erörterung** ist das Thema als Feststellung, Behauptung oder als Frage formuliert, die im Aufsatz beleuchtet werden soll. Manchmal liegt auch ein Zitat zugrunde, das zunächst erläutert und anschließend mit eigenen Argumenten erörtert werden muss.

Eine weitere Aufsatzform stellt die **textgebundene Erörterung** dar, d. h. die Erörterung eines bekannten/unbekannten literarischen Stoffes/Problems. Grundlage dieser Erörterung ist ein literarischer Kurztext, eine Gedichtzeile, eine Gedichtstrophe, eine Szene aus einem Drama usw. Der Text ist zunächst inhaltlich wiederzugeben, danach sind die im Text enthaltenen Argumente/Behauptungen zu bearbeiten.

Wer erörtert, setzt sich mit einem strittigen oder komplizierten Problem bzw. Sachverhalt auseinander, um sich Klarheit darüber zu verschaffen. Welcher Art das zu erörternde Thema auch sein mag – eine politische Entscheidung, ein auffälliges Sozialverhalten, ein Alltagsproblem usw. – es löst in jedem Fall Fragen aus: Warum ist das so? Wie ist es dazu gekommen? Was ist zu tun? Wie ist die Sache zu beurteilen? Wer darauf begründete Antworten sucht, kann sich mit einer schnellen „Lösung" nicht zufrieden geben, sondern muss das Problem unter vielfältigen Gesichtspunkten betrachten, Ursachen und Folgen erwägen, Aussagen und Urteile dazu prüfen, nicht zuletzt auch eigenes Wissen, eigene Erfahrungen zur Klärung heranziehen – kurz, muss das Problem erörtern.

Im Alltag werden Probleme meist **mündlich erörtert**. Jeder Gesprächspartner trägt aus seiner Sicht durch Kenntnisse und Meinungen, durch Vermutungen und Vorschläge, durch Widerspruch und Zustimmung zur Klärung des Sachverhalts bei, kann aber auch während des Gesprächs seinen Standpunkt leicht korrigieren.

Anders bei der **schriftlichen Erörterung**. Hier muss ein Einzelner den Sachverhalt allein untersuchen und zu einer Klärung kommen. Zwar hat die schriftliche Form den Vorteil, die Gedanken übersichtlich festzuhalten, zu überprüfen und zu ordnen. Aber der Verfasser muss nun auch die Interessen und Standpunkte anderer in seine Erörterung mit einbeziehen, vor allem, wenn es um eine strittige Frage, also um eine Problemerörterung geht.

Auf alle Fälle heißt es: Die Darstellung muss so klar und deutlich sein, dass der Leser den Gedankengang des Verfassers nachvollziehen kann. Das musst du unbedingt beachten, wenn du dich für eine Erörterung als Prüfungsaufsatz entscheidest. Besonders musst du dabei auf die zusätzlichen Arbeitsanweisungen achten.

2. Vorarbeiten

Bevor du mit der Darstellung deiner Gedanken beginnst, sind eine Reihe von Vorarbeiten sinnvoll. Die folgenden Arbeitsschritte solltest du aber auf jeden Fall durchführen, denn somit kannst du sicher sein, das Thema vollständig erfasst zu haben.

Der erste wichtige Schritt ist die **Analyse des Themas**. Es ist notwendig, das Thema zu erfassen, indem du es mehrmals durchliest, die Art der Erörterung klärst und das Thema abgrenzt. Du solltest überlegen: Auf welche Frage(n) muss mein Aufsatz Antwort geben?

Im zweiten Schritt musst du die **Schlüsselbegriffe** des Themas herausarbeiten. Du kannst sie im Thema unterstreichen, herausschreiben, definieren und Synonyme dazu finden. Ich empfehle dir außerdem, mit eigenen Worten zu formulieren, welche These(n), Behauptung(en) oder Frage(n) im Thema steckt (stecken). Verwende dabei die Schlüsselbegriffe.

1

Klarer wird die Problematik auch, wenn du das Thema umformulierst (z. B. in eine Frage) und mit eigenen Worten ausdrückst.

Sollten Zusatzaufgaben vorhanden sein, verfahre mit diesen ebenso: Stelle die Schlüsselbegriffe heraus und formuliere mit ihnen die Aufgabenstellung mit eigenen Worten. Bei der Erörterung eines Kurztextes arbeitest du statt der Schlüsselbegriffe des Themas die Hauptargumente / Hauptthesen des Textes heraus. Anschließend verfährst du wie beschrieben.

Nach diesen Überlegungen wirst du feststellen, welcher **Darstellungstypus** verlangt ist:
- eine kontroverse Darstellung nach dem Schema Pro–Contra (Aufgabenstellungen, die mit Ja oder Nein zu beantworten sind) oder
- eine lineare bzw. entwickelnde Darstellung, die nach Gründen, Folgen, Auswirkungen, Bedeutungen usw., nach bestimmten Entwicklungen oder Erscheinungsformen fragt.

Der Darstellungstypus tritt nicht immer in einer Reinform auf. Es können beispielsweise erst Ursachen für eine Entwicklung beschrieben werden, die anschließend von zwei Seiten aus (Pro und Contra) beleuchtet werden.

Entsprechend diesen beiden Darstellungstypen baust du deine **Stoffsammlung** auf und ordnest danach den gesammelten Stoff. Verfahren solltest du auf diese Art und Weise: Du sammelst Antworten und Einfälle zur Aufgabenstellung, zum Für und Wider oder zu den Gründen, Folgen, Auswirkungen, Bedeutungen usw. einer Sache. Du kannst die sog. W-Fragen (Wer? Was? Wann? Wo? Wie? Warum? usw.) als Fragesätze formulieren. Du solltest unbedingt alle vorkommenden Fachbegriffe klären. Deine Gedanken notierst du zunächst ungeordnet in Form von Stichpunkten oder ganzen Sätzen, die dir zu den jeweiligen Überschriften einfallen. Günstig ist es, die Stichpunkte oder ganzen Sätze untereinander zu schreiben, damit du leichter die zusammengehörigen Gedanken mit Farben, Zahlen oder Symbolen kennzeichnen, themenfremde Überlegungen oder unergiebige Einfälle leichter streichen und in Einzelfällen noch Fehlendes ergänzen kannst.

Danach solltest du den **Stoff ordnen**, indem du überlegst, welche Punkte der Stoffsammlung sich unter einem bestimmten Oberbegriff zusammenfassen lassen.

Zuletzt gehst du daran, die Reihenfolge für die gefundenen Oberbegriffe mit einzelnen Unterpunkten festzulegen, und zwar nach ihrer Wichtigkeit. Du kannst den wichtigsten Punkt an den Anfang oder an den Schluss stellen, solltest aber stets einheitlich verfahren. In der Reihenfolge kann es aber auch vom Persönlichen zum Allgemeinen bzw. in umgekehrter Folge vom Allgemeinen zum Persönlichen ablaufen. So ist eine entsprechende **Gliederung** für deinen Aufsatz entstanden.

3. Schreiben

Du wirst erkennen, dass eine gründliche Vorarbeit das Aufsatzschreiben wesentlich erleichtert. Durch mehrfaches Üben im Unterricht und mit diesem Buch erwirbst du dir die nötige Fertigkeit im Analysieren des Themas, in der Stoffsammlung und Stoffanordnung und im Erstellen einer guten Gliederung.

Danach verfasst du eine zusammenhängende Darstellung zum Erörterungsthema – einen **Entwurf** – und **überarbeitest** diese zielgerichtet. Am besten, du nimmst mit einem andersfarbigen Stift die Überarbeitung vor und notierst am Rand (evtl. Extrablatt) Ergänzungen.

Anschließend schreibst du den Aufsatz in **Reinschrift**, die du zur Bewertung abgibst (eigentlicher Prüfungsaufsatz).

Da der Aufsatz durch eine Dreiteilung – Einleitung, Hauptteil und Schluss – gekennzeichnet ist, sollen die einzelnen Teile noch einmal gesondert betrachtet werden:

Bei der **Einleitung** gibt es – je nach Thema – verschiedene Möglichkeiten. Du kannst
- das Thema bzw. das darin enthaltene Problem erklären,
- auf einen aktuellen Anlass, einen Zeitungsartikel, einen Buchausschnitt, eine Fernseh- oder Rundfunksendung o. Ä. hinweisen,
- einen geschichtlichen Rückblick geben oder einen historischen Bezug herstellen,
- eine persönliche Erfahrung, Beobachtung beschreiben,
- jemanden zitieren oder ein Sprichwort/eine Redewendung anführen.

Wichtig ist, dass du mit deiner Einleitung das Interesse des Lesers weckst bzw. zur eigentlichen Erörterung des Themas sinnvoll hinführst.

Danach beginnt der **Hauptteil**, die eigentliche Darstellung der verschiedenen Argumente zur Klärung des gewählten Themas – seien es die Pro-Contra-Argumente oder die unterschiedlichen Gründe, Folgen, Auswirkungen, Bedeutungen usw.

Das Ziel des Hauptteils ist die umfassende sachliche Information. Der Leser soll sich aufgrund deiner Überlegungen ein begründetes Urteil bilden können, das sich eventuell mit deinem eigenen Urteil deckt bzw. zu seiner Urteilsfindung beiträgt.

Bei der kontroversen Darstellung kannst du das Für und Wider jeweils im Block darstellen oder auf ein Pro-Argument das passende Gegenargument folgen lassen. Letzteres ist schwieriger, da nicht immer der eine Gesichtspunkt den anderen eindeutig widerlegt.

Die lineare (entwickelnde) Darstellung führt die Argumente jeweils gesammelt nach Gründen, Folgen, Auswirkungen, Bedeutungen usw. an.

Zum **Aufbau eines Arguments** empfiehlt sich folgendes Vorgehen:
- du nennst das Argument (Behauptung),
- anschließend erklärst du es (Begründung),
- und schließlich führst du (ein) eigene(s) Beispiel(e) als Beweisführung an.

Wichtig sind die **Überleitungen** von Argument zu Argument mit den entsprechenden Begründungen und Beispielen, aber auch z. B. vom Pro- zum Contra-Teil oder von den Gründen zu den Auswirkungen. Sie sollen dem Leser dein Vorgehen klar machen und den langen Hauptteil in überschaubare Abschnitte unterteilen.

Im **Schluss** fasst du deine Überlegungen zusammen und leitest daraus deine persönliche Stellungnahme ab, die du begründen musst und mit eigenen Beispielen/Erfahrungen (selbstkritisch) untermauern kannst. Mit einer Frage als Schlusssatz könntest du den Leser nochmals persönlich ansprechen. Die Frage sollte aber nicht formal/plakativ gestellt werden.

Für den **Umfang** der Einleitung, des Hauptteils und des Schlusses könntest du dir als Richtlinie das Verhältnis 1 : 5 : 1 einprägen.

Graphische Darstellungen

Analyse des Themas

Erfassen des Themas	• mehrmals durchlesen • Klärung der Art der Erörterung • Abgrenzung von ähnlichen Themen
Klären wichtiger Themenbegriffe (Schlüsselbegriffe)	• unterstreichen • herausschreiben • definieren • Synonyme finden
Formulieren der Aufgabenstellung	• Umformulieren des Themas • unverändert übernehmen

3

Stoffsammlung, Stoffordnung und Gliederung

Stoffsammlung

- Antworten und Einfälle zur Themafrage sammeln
- W-Fragen als Fragesätze formulieren und Antworten sammeln
- Fachbegriffe klären
- Stichpunkte oder ganze Sätze notieren
- Gedanken in beliebiger Reihenfolge untereinander schreiben

Arbeitsschritte auf dem Weg zur Stoffordnung

- zusammengehörige Gedanken mit Farben, Zahlen oder Symbolen kennzeichnen
- themenfremde Überlegungen oder Unergiebiges streichen
- in Einzelfällen noch Gesichtspunkte ergänzen

Stoffordnung / Gliederung

- Oberbegriffe suchen / Unterpunkte zuordnen
- sinnvolle Reihenfolge festlegen, z. B.:
  - vom Unwichtigen zum Wichtigen
  - vom Persönlichen zum Allgemeinen
- Gliederung aufstellen

Aufbau des Aufsatzes

Einleitung

- Thema / Problem erklären *oder*
- aktueller Anlass, Zeitungsartikel o. Ä. *oder*
- geschichtlicher Rückblick *oder*
- persönliche Erfahrung *oder*
- Zitat / Sprichwort *oder*
- bei Kurztexten: Inhaltsangabe

(Überleitung)

Hauptteil

	Überleitung	Überleitung
• „Pro" bzw. Gründe	• „Contra" bzw. Folgen	• Auswirkungen usw.
A1	A1	A1
A2	A2	A2
A3	A3	A3
…	…	…

(Überleitung)

Schluss

- Zusammenfassung
- persönliche Stellungnahme mit Begründung und Beispiel(en)

B. Interpretieren literarischer Texte

1. Beschreibung der Aufsatzform

Ein Thema des Prüfungsaufsatzes verlangt eine Interpretation eines literarischen Textes (Kurzgeschichte/Erzählung/Dramenauszug/Romanausschnitt/Gedicht).

Was verlangt die Interpretation eines literarischen Textes?

An der Bedeutung des Wortes „interpretieren" kann sehr gut gezeigt werden, was mit dieser Darstellungsart gemeint ist. „Interpretare" heißt wörtlich „zwischensprechen" bzw. auch „deuten, auslegen", also mit eigenen, verständlichen Worten jemandem erläutern, was ein Text uns sagen will. Literarische Texte sind in verschlüsselter Sprache geschrieben, die der Interpret (für einen Leser oder Zuhörer) wieder entschlüsseln soll. Um einen Text entschlüsseln zu können, braucht man Interesse an Sprache und Literatur, aber auch Kenntnisse diesbezüglich, ein Gespür für Ausdrucksmittel und natürlich Übung. Durch Üben erwirbst du Fertigkeiten im Herausfinden der Mittel, die einen Text verschlüsseln. Im Unterricht werden diese meist Stilmittel oder sprachkünstlerische Mittel genannt.

Zur Interpretation gehört neben der Textuntersuchung nach Inhalt und Form (also die Entschlüsselung) auch die Beobachtung, wie der Text auf die Leser wirkt und wirken soll (Leserbezug). Außerdem kann eingearbeitet werden, was du über die epochale Zuordnung des literarischen Textes und die Autorin/den Autor weißt (über ihr/sein Leben und Werk, den sozialen und politischen Hintergrund) und welche Hinweise der Text darauf gibt.

Um dir Sicherheit für das Interpretieren zu geben, werden hier wiederholend grundsätzliche Merkmale der verschiedenen literarischen Textsorten genannt:

Erzählung, Roman und Kurzgeschichte gehören zum Genre der Epik. Unter **Erzählung** versteht man die Darstellung eines wirklichen, möglichen oder erfundenen Ereignisses, erzählt als Eigenerlebnis oder in der dritten Person. Die Erzählung ist in Prosa geschrieben, hat eine Einleitung, einen Hauptteil mit Höhepunkt und einen Schluss (s. Kapitel D). In der Erzählung werden charakteristische Merkmale von Personen sichtbar. Gegenüber der Erzählung ist der **Roman** von größerem Umfang, komplexer in der Handlung, figurenreicher und welthaltiger.

Zu den Kurzformen der Epik gehört die **Kurzgeschichte**. Sie ist eine kurze Erzählung (amerik. „short story"), die ein alltägliches Geschehen schlaglichtartig hervorhebt und zu einer überraschenden Wende führt, wobei die Schlusspointe von Anfang an den Erzählverlauf bestimmt, d. h. die Geschichte wird vom Ende her erzählt. Die Kurzgeschichte zeigt meist einen unvermittelten Eingang, eine gedrängte Steigerung und einen offenen Schluss, der den Leser zum Nachdenken über das Dargestellte zwingt. Die Kurzgeschichte kann an Merkwürdiges gebunden sein, kann Belangloses oder auch historisch Bedeutungsvolles widerspiegeln. Sie zeigt häufig eine typisierte Figur in einer Entscheidungssituation, in einem Konflikt. Das Geschehen umfasst einen kurzen Zeitausschnitt. Aufgrund ihres geringen Umfangs bietet sie auf einem Minimum an Raum ein Maximum an Sinn und damit häufig eine symbolische, verweisende Botschaft. Die innere Handlung dominiert. Der Erzählton zeigt oft die Tendenz zur nüchternen Sachlichkeit, der Stil Tendenz zu umgangssprachlichen Wendungen, z. B. zum Jugendjargon. Man unterscheidet in Kurzgeschichten den Ich-Erzähler (aus eigenem Erleben), den personalen Erzähler (aus der Sicht einer Gestalt) und den auktorialen Erzähler (er handelt nicht, tritt aber wertend in Erscheinung).

Unter einem **Drama** versteht man den Ablauf eines Geschehens auf der Bühne durch handelnde Personen mithilfe von Dialogen und Monologen, nach Szenen (Auftritte) und Akten (Aufzüge) gegliedert; es gehört zum Genre der Dramatik.

5

Das Drama hat in der Regel einen strengen, meist fünfaktigen (manchmal dreiaktigen) Aufbau: Exposition, d. h. Darlegung des Sachverhalts, der einen Konflikt in sich birgt oder gelöst werden muss; Ausspielen des Konflikts bis zum Höhepunkt, der entscheidenden Wende; Lösungsversuch, der entweder zum befriedigenden Erfolg oder in die Katastrophe führt. Wichtig ist das Moment der Spannung, deshalb müssen die einzelnen Szenen genau ineinander greifen. Es ist notwendig, beim Interpretieren einer Dramenszene die richtige Einordnung in das Gesamtgeschehen zu beachten.

Gedichte gehören wie die Balladen zur literarischen Gattung der Lyrik, welche die persönlichste aller Gattungen ist und äußerst subjektive Empfindungen, Stimmungen und Gefühle ausdrückt. In Gedichten wird oft das persönliche Erlebnis in eine allgemeine Erfahrung gehoben. Häufig gibt es ein „lyrisches Ich" (greifbar in der 1. Person oder in der Anrede eines „du"), das als Bezugspunkt aller Wahrnehmungen und Äußerungen eingesetzt wird, aber nicht mit dem Autor selbst verwechselt werden darf. Die Ballade erzählt von Ereignissen und Schicksalen. Die verdichtete Sprache der Lyrik ist von der Alltagssprache abgehoben: äußerlich durch die gebundene Redeweise (Vers, Reim, Strophe), aber auch durch die Wortwahl und die Bilder (Metapher, Personifikation, Symbol, Vergleich).

2. Vorarbeiten

Eine gute Interpretation setzt intensive Vorarbeiten voraus. Lies vor allem den Text gründlich und beobachte bei der Textentschlüsselung genau.

Der erste Teil der Vorarbeit gilt der **Auseinandersetzung mit dem Text**. Nach der Phase des mehrmaligen – langsamen, gründlichen – Lesens des Textes schließt sich das inhaltliche Erfassen an, am besten mit den **fünf W-Fragen** (Wer? Was? Wann? Wo? Warum?). Anschließend erstellst du eine kurze **Inhaltsangabe**, in der die Schauplätze, die Dauer bzw. die zeitliche Abfolge, die Haupt- und Nebenpersonen der Handlung erfasst werden – und worum es geht. Die Inhaltsangabe erfolgt im Präsens! Die Inhaltsangabe benötigst du als Teil für den Aufsatz. Weiterhin geht es darum, die Textsorte anhand typischer Merkmale festzustellen (also Gedicht, Romanausschnitt, Erzählung, Kurzgeschichte usw.).

Der nächste Schritt beinhaltet die eigentliche **Textarbeit**, die **Interpretation** (Entschlüsselung, Deutung). Der Inhalt mit seinen verschiedenen Bedeutungsaspekten wird gründlich untersucht. Lies dabei den Text mehrmals, denn oft fällt dir später noch etwas Neues auf.

Du kannst die fünf W-Fragen als Raster nehmen und ausbauen, etwa mit folgenden zusätzlichen Fragen:
- Wie ist die Hauptperson/sind die Hauptpersonen charakterisiert?
- Gibt es Nebenpersonen? Welche Beziehungen gibt es zwischen den Personen?
- Wie verändern sich die Personen und ihr Verhältnis untereinander?
- Was wird dargestellt (Text, Bild)?
- Was geschieht und wie verändert sich das Geschehen?
- Welches Hauptthema/Problem wird angesprochen?
- Auf welchem politischen, sozialen, religiösen Hintergrund wird es gezeigt?
- Welche Tendenzen der Zeit werden sichtbar?
- Wird der zeitliche Ablauf unterbrochen durch Vor- oder Rückblenden?
- Was lässt sich über den Ort bzw. den Wechsel der Schauplätze sagen?
- Welche Gründe gibt es für den Verlauf des Geschehens, für das Verhalten der Personen, für ihr Verhältnis untereinander und zur Handlung?

Aus der Beantwortung dieser Fragen kannst du folgern, wofür Personen, Geschehen, Ort und Zeit im Text stehen, was dadurch gesagt wird. Dadurch kommst du über den Inhalt zur **Aussage** des Textes.

Anschließend betrachtest du die **Sprache** und die **Form** des Textes:
Bei der **Sprachuntersuchung** stellst du die Mittel heraus, mit denen die Verfasserin/der Verfasser des Textes arbeitet, z. B.

- Übertreibung, Ironie, Verallgemeinerung, bestimmte Wortfelder, Bild, Vergleich, Symbol, Wiederholung, Personifikation, Aufzählung, rhetorische Frage, Gegensatz usw.
- Wen lässt die Autorin/der Autor sprechen?
- Besonderheiten im Satzbau, z. B. Häufung bestimmter Satzzeichen, unvollständige Sätze, komplizierter/einfacher Satzbau usw.
- Sprachstil: Umgangssprache, gehobene Sprache, Jargon, Fachsprache, Verwendung vieler Verben bzw. Substantive usw.

Schreibe deine Beobachtungen in Stichpunkten heraus oder markiere sie farbig im Text.

Wenn du die Sprachuntersuchung beendet hast, musst du unbedingt herausfinden, was die beobachteten Mittel mit dem Inhalt zu tun haben:

- Verstärken/unterstreichen sie die Bedeutung des Inhalts?
- Stehen sie im Gegensatz dazu?

Lediglich festzustellen, welche Sprachmittel verwendet werden, sagt an sich sehr wenig aus und genügt nicht.

Bei der **Betrachtung der Form** gehst du ähnlich vor: Du arbeitest die Besonderheiten heraus und fragst anschließend, welcher Bezug zum Inhalt besteht.
Zur Formbetrachtung gehören:

- Strophen, Reim, Versmaß (Gedichte)
- Unterteilung in Abschnitte
- Anordnung/Aufbau einzelner Strophen/Abschnitte bzw. Textteile (Steigerung, Abfolge von Gegensätzen, ungeordnete Reihenfolge usw.)
- Anfang und Schluss (Geschlossenheit, Offenheit)

Nach Bearbeitung dieser Gesichtspunkte und Fragen kannst du die gesamte **Aussage** des Textes (Inhalt und Form) festhalten.

Im nächsten Schritt untersuchst du den Bezug zwischen **Text und Leser**:

- Wer erzählt den Text (Er- oder Ich-Erzähler)?
- Welche Leser werden angesprochen (z. B. Jugendliche, Schüler, besorgte Eltern, technisch interessierte Menschen, Menschen mit bestimmten Problemen usw.)?
- Auf welche Weise wird der Leser angesprochen (z. B. Anrede, Identifikation mit bestimmten Personen, als kritisch distanzierter Beobachter usw.)?
- Welche Stimmung erzeugt der Text (z. B. Nachdenklichkeit, Optimismus, Pessimismus usw.)?

Die Beantwortung dieser Fragen gibt Auskunft über die Absicht des Verfassers und die Leserwirkung.

Schließlich nimmst du noch eine **Übertragung (Transfer)** auf deine bzw. die allgemeine heutige Lebenssituation vor. Deine bisherigen Notizen kannst du als Stoffsammlung betrachten.

Im zweiten Teil der Vorarbeiten folgt nun die **Gliederung**.

Es gibt grundsätzlich zwei Arten, eine Textinterpretation aufzubauen:

- Entweder gehst du chronologisch vor, d. h., du folgst dem Textverlauf und beschreibst Abschnitt für Abschnitt bzw. Strophe für Strophe, was du beobachtet und welche Zusammenhänge du hergestellt hast.
- Oder du gehst nach übergeordneten Gesichtspunkten vor und ordnest deine Beobachtungen jeweils unter.

Ersteres Vorgehen ist besonders geeignet für Texte, die eine lineare Entwicklung (z. B. eine Steigerung) enthalten, letzteres Vorgehen für Texte, die gegensätzliche Positionen oder eine Reihe verschiedener, unzusammenhängender Gedankengänge beinhalten (z. B. gegensätzliche Reaktionsweisen in einer Konfliktsituation).

3. Schreiben

Nach diesen ausführlichen Vorarbeiten müsste dir das Schreiben des Aufsatzes relativ leicht fallen.

In der **Einleitung** kannst du
- über die Autorin/den Autor schreiben (später einen Bezug zum Text herstellen),
- über die Leserwirkung, speziell über deinen persönlichen Eindruck schreiben (anschließend im Hauptteil diesen Eindruck überprüfen),
- die im Text behandelte Problematik beschreiben (und dann auf die Textuntersuchung überleiten).

Der folgende **Hauptteil** enthält zunächst eine kurze Inhaltsangabe (im Präsens, keine wörtliche Rede) und stellt im Anschluss die Ergebnisse der Textuntersuchung dar. Wichtig sind Zitate als Belege für deine Feststellungen.
Achte darauf, dass du dich nicht wiederholst (z. B. bei der Darstellung des Inhalts oder wenn du Beobachtungen zu Sprache und Form auf den Inhalt beziehst) und dass du das Wesentliche im Auge behältst, dich also nicht im Detail verlierst.
Die Absichten des Verfassers (evtl. mit Bemerkungen über Autorin/Autor) und die Wirkung auf den Leser bilden den letzten Abschnitt des Hauptteils.

Der **Schluss** enthält die zentrale Aussage als Zusammenfassung deiner Untersuchungen und nimmt eine Übertragung der Problematik auf unsere Gegenwart/dein Leben vor.
Du kannst auch ganz persönlich darüber schreiben, wie dich der Text angesprochen hat, was dir gefallen/nicht gefallen hat.

Graphische Darstellung

Einleitung
• Biografisches über Autorin/Autor *oder*   • Leserwirkung (persönlich) *oder*   • Problematik beschreiben   (Überleitung)
Hauptteil

• kurze Inhaltsangabe
 • Ergebnisse der Textuntersuchung nach:
   – Inhalt
   – Sprache und Form
 • Leserwirkung/Autorenabsicht
 (Überleitung)

Schluss
• zentrale Aussage   • Transfer *oder*   • persönliche Stellungnahme

8

C. Schildern/Wiedergeben von Eindrücken

1. Beschreibung der Aufsatzform

Im Prüfungsaufsatz kann natürlich auch eine Aufgabe gestellt werden, die verlangt, deine Eindrücke, Gedanken und Empfindungen beim Lesen eines bestimmten Textes wiederzugeben. Es handelt sich hierbei – im Gegensatz zur Erörterung, die sachlich gehalten ist – um ein persönliches, ausdrucksvolles Schreiben in Verbindung mit einer Textbeschreibung. Schildern bedeutet immer: etwas ausmalen, ausschmücken, beschreiben – mit eigenen Worten.

Gegenstand der Schilderung kann eine Situation, ein Erlebnis, eine Landschaft, eine Person, ein Kunstwerk o. Ä. sein. Es gilt, dies aus dem persönlich Erlebten heraus ausdrucksvoll darzustellen. Das ausdrucksvolle Darstellen basiert auf genauem Beobachten, dem Erkennen der Grundstimmung und dem Wahrnehmen der Details sowie dem wirkungsvollen Einsatz entsprechender sprachlicher Mittel. Dazu gehören Sprachbilder – Vergleiche, treffende Ausdrücke – Adjektive, Verben, Substantive. Das hast du im Sprachunterricht gelernt.

Im Prüfungsaufsatz geht es darum, diese reine Form der Schilderung bzw. der Wiedergabe von Eindrücken deutlich abzugrenzen von den Anforderungen, die wie folgt formuliert sein können: Schildern der Eindrücke, Gedanken und Empfindungen beim Lesen einer Erzählung bzw. Kurzgeschichte oder eines Gedichts und Eingehen auf sprachkünstlerische Besonderheiten.

Beim genaueren Betrachten eines solchen Themas sind folgende Schwerpunkte erkennbar, die beim Abfassen des Aufsatzes erfasst werden müssen:
- Erkennen der entsprechenden Textart und deren Merkmale;
- Verstehen des Textes – inhaltliches Erschließen;
- Schildern/Wiedergeben eigener Eindrücke, Gedanken und Empfindungen beim Lesen des Textes;
- Aufzeigen entsprechender sprachkünstlerischer Besonderheiten, die oben genannte Eindrücke, Gedanken und Empfindungen hervorrufen – natürlich in Verbindung mit dem Text;
- Erkennen der Absicht des Verfassers oder abschließende Wertung.

Damit ist zu erkennen, dass bei dieser Aufsatzform nicht nur persönliches Schreiben und damit Grundkenntnisse über das Wiedergeben von Eindrücken erforderlich sind, sondern auch das Wissen um die Anforderungen der Textbeschreibung (Interpretation) vonnöten ist.

2. Vorarbeiten

Das Wiedergeben von Eindrücken beim Lesen eines Textes setzt gründliche Vorarbeiten voraus. Nimm dir genügend Zeit dafür; es kommt dem Ergebnis deines Aufsatzes auf jeden Fall zugute, wenn du den Text aufmerksam liest und genau beobachtest, welchen Eindruck der gesamte Text bzw. einzelne Textzeilen im Besonderen auf dich machen.

Der erste Teil der Vorarbeiten gilt also dem **ersten Leseeindruck**. Lies den Text mehrmals, aber wenigstens zweimal – langsam und gründlich (Gedichte mit Betonung). Dabei kannst du schon markieren, was dir besonders auffällt (Wörter, Sprachbilder), welche Textstellen dich besonders beeindrucken.

In dieser Phase geht es darum, den Inhalt zu erfassen und eine kurze Inhaltsangabe zu schreiben. Sie ist später Bestandteil deines Aufsatzes. Außerdem soll die Textart anhand ihrer typischen Merkmale bestimmt werden (siehe Kapitel B).

Der nächste Schritt erfordert das **Herausschreiben der Textstellen, die besonders Gedanken, Gefühle und Empfindungen provozierten**, d. h. die dich anregen, nachzudenken über ähnliche Erlebnisse, über den Sinn des Gesagten bzw. des Geschehenen, über Entscheidungen und Haltungen bzw. Handlungen der Personen in entsprechenden Situationen (im Text). Du kannst folgendermaßen vorgehen:
- Aufschreiben von Gedanken, Gefühlen, Empfindungen zum Gesamtgeschehen (Grundanliegen des Textes – dein grundsätzliches Verständnis);
- Herausschreiben von Details, die ein bestimmtes Geschehen bzw. eine bestimmte Entscheidung / Haltung einer Person / mehrerer Personen zum Inhalt haben, persönliche Eindrücke (Nachdenklichkeit, Mitgefühl, Ablehnung, Zustimmung, Identifikation, Liebe, Hass, Verständnis, Unverständnis, Erinnerung, Vorbildwirkung usw.).

Anschließend untersuchst du die **sprachkünstlerischen Besonderheiten** des Textes und stellst fest, welcher Bezug zum Inhalt besteht. Du suchst die Mittel heraus, mit denen der Verfasser arbeitet (vgl. Kapitel B), z. B.:
- Übertreibung, Vergleich, Gegensatz, Frage usw.;
- Erzähler des Textes;
- Besonderheiten im Satzbau, z. B. Häufung bestimmter Satzarten, unvollständige Sätze, komplizierter / einfacher Satzbau usw.;
- Besonderheiten des Sprachstils: Umgangssprache, Jugendjargon, verbaler oder nominaler Stil u. Ä.

Dazu gehört natürlich auch die **Formbetrachtung** – Aufbau, Anfang- und Schlussgestaltung, Einteilung in Abschnitte, Strophen, Reim und Rhythmus (bei Gedichten).

Es wäre zum Schluss ratsam, auf die **Absicht des Verfassers** und die **Leserwirkung** in einer Zusammenfassung einzugehen.

Betrachtest du das Erarbeitete als Stoffsammlung, müsstest du dir noch einmal Gedanken machen, wie du die Endfassung des Aufsatzes aufbauen willst. Zwei Möglichkeiten solltest du kennen:
- Entweder du gehst (wie beim Interpretieren) chronologisch vor, d. h., du folgst dem Textverlauf und beschreibst Abschnitt für Abschnitt bzw. Strophe für Strophe, welche Gedanken, Gefühle und Empfindungen dich beim Lesen des vorliegenden Textes bewegen, welche sprachkünstlerischen Besonderheiten dir in diesem Zusammenhang auffallen.
- Oder du gehst von deinen Gedanken, Gefühlen und Empfindungen aus, die dich beim Lesen des Textes bewegt haben / bewegen und beweist das anschließend an geeigneten Textstellen.

Entscheidend ist, dass du **das Thema nicht verfehlst**, indem du eine Nacherzählung des Inhalts in den Mittelpunkt deiner Ausführungen stellst und vielleicht nur ein bis zwei Gedanken, die dich bewegen, „anhängst". Das Gleiche trifft auf das Untersuchen einer bereits vorgegebenen Textstelle innerhalb der Aufgabenstellung zu.

10

3. Schreiben

Obwohl du bei den Vorarbeiten eine Ähnlichkeit mit Teilschritten des Interpretierens erkennen kannst, handelt es sich beim Wiedergeben von Gedanken, Gefühlen und Empfindungen beim Lesen eines Textes um eine sehr subjektive Schreibform.
Entscheidend für das Gelingen einer Schilderung bzw. das Wiedergeben von Eindrücken ist die persönliche Art zu schreiben; die persönliche Empfindung und die Detailbeobachtung stehen im Vordergrund, obgleich Textkenntnisse erforderlich sind.

In der **Einleitung** kannst du
- über den Inhalt schreiben oder
- über eine ähnliche persönliche Situation/ein ähnliches Erlebnis berichten oder
- die im Text behandelte Problematik beschreiben.

Der folgende **Hauptteil** enthält
- deine Gedanken, Gefühle und Empfindungen beim Lesen des vorgegebenen Textes und die entsprechenden Textbelege und
- die Ergebnisse der Untersuchung der sprachkünstlerischen Besonderheiten einschließlich der Merkmale der erkannten Textsorte.

Zum **Schluss** rundest du deine Ausführungen mit einer Zusammenfassung der Wirkung auf den Leser (auf dich) ab.

Da diese Aufsatzform persönliches Schreiben verlangt und es schwierig ist, dafür objektive Maßstäbe festzulegen, wird in den Lösungsvorschlägen vor allem auf die Merkmale der Textsorte eingegangen.

Graphische Darstellung

Einleitung
• Textinhalt *oder*
• persönliches Erlebnis *oder*
• Problematik
(Überleitung)
Hauptteil
• Gedanken, Gefühle und Empfindungen beim Lesen des Textes
• Textbelege
• sprachkünstlerische Besonderheiten
(Überleitung)
Schluss
• Wirkung auf Leser (persönlich)

D. Erzählen einer Geschichte

1. Beschreibung der Aufsatzform

Was muss beim Erzählen einer Geschichte beachtet werden?

Neben der Erörterung, der Interpretation eines Textes und der Wiedergabe von Eindrücken kann als Thema das Erzählen einer Geschichte gewählt werden.
Es handelt sich hierbei um kreatives Arbeiten, da ausgehend von einem Wort, einem Satz, einem kurzen Text (z. B. Gedicht, Sprichwort o. Ä.) oder auch einem Bild eine Geschichte erfunden werden soll. Da diese Geschichte erzählt wird, nennt man sie schlichtweg eine Erzählung. Je nachdem, worauf man diese aufbaut, spricht man von einer Erlebnis- oder einer Fantasieerzählung.

Grundlegendes zur Erlebniserzählung

Anlässe für das Erzählen könnten ein besonderes Ereignis (ungewöhnlich/unterhaltsam) oder der Wunsch, etwas persönlich Erlebtes mitzuteilen, sein. In der Darstellung muss auf alle Fälle ein klarer Aufbau zu erkennen sein, der sich in Einleitung, Hauptteil und Schluss gliedert.

In der **Einleitung** spielen Informationen zum Ort, zur Zeit, zur Situation und zum Gegenstand bzw. zur Person/zu Personen eine wesentliche Rolle.

Im Mittelpunkt des **Hauptteils** steht ein einmaliges Erlebnis. Beim Erzählen des Erlebnisses sind bestimmte Erzählschritte zu beachten – Steigerung der Spannung, ein ausgebauter Höhepunkt und der entsprechende Ausklang der Geschichte.

Abgerundet wird die Erlebniserzählung mit einem **Schlussgedanken**/einer **Lehre**/einer **Folgerung**/einer **Erklärung**.

In der **sprachlichen Gestaltung** sind die Wahl des Erzählers, Sinneswahrnehmungen, eigene Gedanken und Gefühle von Bedeutung. Eine bildhafte Sprache, treffende Verben, wirkungsvolle Adjektive, Vergleiche verstärken die Wirksamkeit des Dargestellten.
Als Zeitform ist das Präteritum zu wählen, wobei bei der Ausformulierung des Höhepunktes das Präsens möglich ist.

Grundlegendes zur Fantasieerzählung

Im Aufbau sind die gleichen Prinzipien wie bei der Erlebniserzählung gültig. Anlässe für fantasievolles Erzählen bilden Reiz- oder Schlagwörter, Bilder, Träume, Sehnsüchte oder Sciencefiction-Vorstellungen u. a. So unterscheidet man danach eine reine freie Fantasieerzählung, die fantastisch-unwirklich ist, aber für den Leser nachvollziehbar. Märchenhafte Elemente könnten dabei wirkungsvoll eingesetzt werden. Sucht man sich verschiedene Reizwörter, bringt sie in eine sinnvolle Reihenfolge, gestaltet diese vorgegebenen Begriffe glaubwürdig, logisch aus und verbindet alles zu einem Ganzen, hat man eine andere Möglichkeit der Fantasieerzählung. Das Gleiche ist machbar nach vorgegebenen oder ausgedachten Bildfolgen. Außerdem besteht die Möglichkeit, einen Erzählanfang glaubwürdig fortzusetzen.

Meistens enthalten Themen dieser Art eine zusätzliche Arbeitsanweisung, die unbedingt zu beachten ist.

2. Hinweise für das Schreiben

Einige **Fragen** können beim Verfassen einer Geschichte/Erzählung hilfreich sein:
- Woran denke ich, woran erinnere ich mich, wenn ich das Thema lese? (z. B. eine bestimmte Situation, ein nachhaltiges Erlebnis, eine gehörte/gelesene Geschichte, ein Film, eindrucksvolle Bilder usw.) – Stichpunkte notieren!
- Welchen Handlungsablauf kann ich meiner Geschichte zugrunde legen? (W-Fragen: Wo, wann war was? Wer spielte die Hauptrolle? Wer Nebenrollen? Wie erzeuge ich Spannung, die zum Höhepunkt der Handlung führt? Wie endet meine Geschichte?) – Stichpunkte notieren!
- Habe ich mich für eine Erlebnis- oder eine Fantasieerzählung entschieden?
- Welchen Erzähler wähle ich? (Ich-Erzähler oder Erzähler in der 3. Person?)
- Sind Sinneswahrnehmungen (Sehen, Hören, Fühlen), evtl. die wörtliche Rede, anschauliche sprachliche Mittel (bildhafte Sprache, Symbole, entsprechende Verben, Adjektive usw.) und die richtige Zeitform gewählt worden?
- Wenn das Thema eine Wertung erfordert, ist diese in die Darstellung eingeflossen?

Genauere Hinweise in Bezug auf die Vorarbeiten und das Abfassen einer Geschichte/Erzählung können nicht gegeben werden, da es sich um eine subjektive Schreibform handelt. Entscheidend für das Gelingen ist die eigene schöpferische Arbeit, gepaart mit viel Fantasie, mit Spaß am „Fabulieren".

3. Problematik dieser Aufsatzart

Das Schema des Aufbaus einer spannenden Geschichte (graphische Darstellung) und die Anforderungen an die sprachliche Gestaltung kannst du dir einprägen. Wählen solltest du eine solche Aufgabe aber nur, wenn du dir sicher bist, die Anforderungen erfüllen zu können.

Zu dieser Aufsatzart können Lösungsvorschläge nur andeutungsweise angeboten werden, da sehr viel subjektives Können des Schreibers gefordert ist.

Graphische Darstellung

Aufbau einer Erzählung

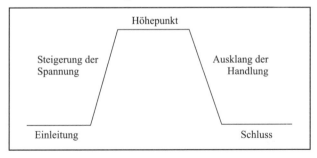

E. Umgang mit Texten

1. Beschreibung der Aufsatzform

In zunehmendem Maße werden Sachtexte (pragmatische Texte) und verschiedene andere Informationsquellen wie Tabellen, Schemata, Diagramme etc. als Grundlage für Prüfungsaufgaben genutzt (vgl. Aufgabe 2001-1). Dabei geht es um das Erschließen, um die analytische Auseinandersetzung mit Informationswert und -absicht und um die weitere Verarbeitung der gewonnenen Informationen in einer zusammenhängenden Darstellung.

Voraussetzung für die erfolgreiche Lösung einer solchen Aufgabe ist zu wissen, welche Techniken und Methoden sich einsetzen lassen, um Informationen optimal zu sichten, auszuwerten, festzuhalten und darzustellen bzw. aufzubereiten.

2. Informationserfassung, -speicherung und -darstellung bzw. -aufbereitung

2.1 Sachtexte – Merkmale und Arten

Wir unterscheiden zwischen **literarischen Texten** (dichterisch, fiktional) und **Sachtexten** (sachbezogen, pragmatisch). Für den Umgang mit Beispielen beider Gruppen und deren Beurteilung ist es notwendig, bestimmte Merkmale erkennen und zuordnen zu können. Literarische Texte und ihre Zugehörigkeit zu den drei traditionellen Gattungen der Literatur – Epik, Lyrik, Dramatik – stehen im Mittelpunkt des Kapitels B.

Sachtexte (pragmatische Texte)

- beschäftigen sich mit Personen, Handlungen und Sachverhalten mit Realitätsbezug,
- sind an einen bestimmten Zweck gebunden, ihre Sprache ist sach- und fachbezogen,
- sind in Bezug auf den Inhalt zumeist eindeutig und nicht auslegungsbedürftig.

Für eine Unterteilung der Sachtexte gibt es vielerlei Ansätze, u. a. nach der Funktion der Sprache: **Darstellung, Appell, Ausdruck.**

Sachtexte (pragmatische Texte)

Informierende Texte/ Darstellungstexte	Appellative Texte/ Aufforderungstexte	Expressive Texte/ Ausdruckstexte
• überwiegend sachliche Information über einen Gegenstand, einen Sachverhalt oder eine Person • sach- und fachbezogene Sprache	• Appell an den Leser/ Hörer; Ziel: ihn von etwas zu überzeugen, ihn zu etwas zu bewegen oder einen Befehl auszusprechen • oft Verwendung des Imperativs: „Lassen Sie sich ..."	• Mittelpunkt der Texte sind Meinungen und Gefühle des Schreibers/ Sprechers • Autor meist namentlich genannt • oft Formulierungen wie „Ich bin der Auffassung, dass ..."
Bericht, Nachricht, Lexikon-Artikel, Inhaltsangabe, Beschreibung, Gebrauchsanweisung, Referat, Reportage, ...	Arbeitsanweisung, Verordnung, Werbetext, Befehl, Aufruf, Plakat, politische Rede, Flugblatt, ...	Kommentar, Gespräch, Interview, Glosse, Karikatur, privater Brief, Tagebucheintrag, ...

In fast jeder Mitteilung sind alle drei Sprachfunktionen enthalten, deshalb lassen sich viele Texte nicht eindeutig zuordnen, z. B. der Leserbrief. Dieser enthält informative, appellative und expressive Elemente.

2.2 Lesetechniken zur Informationserfassung

Überfliegendes / orientierendes Lesen

- einen Text rasch überfliegen,
- sich einen Überblick über Inhalt und Aufbau verschaffen,
- die Eignung des Textes / Buches als Informationsquelle feststellen.

Es gibt verschiedene Techniken des orientierenden Lesens:

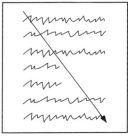 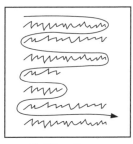 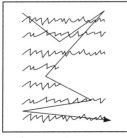

| *Diagonallesen* | *Schlängellesen* | *Zickzacklesen* |

Kursorisches / selektives Lesen

- Textpassagen mit unterschiedlicher Intensität lesen,
- gezielt Fragen stellen,
- bestimmte Informationen heraussuchen (Begriffe, Antworten zu Fragen ...).

Totales / gründliches Lesen

- Satz für Satz lesen, Gedankengang des Autors nachvollziehen,
- den gesamten Inhalt erfassen,
- Markierungen vornehmen.

Systematisches Lesen oder 5-Schritt-Lesemethode
(nach: H. Klippert, Methodentraining, Beltz Verlag, Weinheim und Basel, 1998, S. 97)

1. Schritt	Überfliegen

- auf Überschriften, Fettgedrucktes, sonstige Hervorhebungen, Bilder, Anfänge einzelner Abschnitte achten (bei Büchern auf Inhaltsverzeichnis),
- grundsätzliches Ziel: Gewinnen einer groben Übersicht über Inhalt und Aufbau des Textes.

2. Schritt	Fragen

- Überlegen, um welche Aussagen es geht,
- Überlegen, auf welche Fragen der Text Antwort gibt,
- Aufschreiben der entsprechenden Fragen (evtl. auf Extrablatt).

15

| 3. Schritt | **Lesen** |

- gründliches Lesen des Textes,
- Beachten deiner Fragen und deiner Leseabsicht,
- beim Lesen kurze „Sekundenpausen" einlegen, damit sich das Gelesene besser einprägt.

| 4. Schritt | **Zusammenfassen** |

- nach jedem Sinnabschnitt überlegen, was gelesen wurde und ob alles klar/verständlich ist,
- wichtige Stellen unterstreichen (Wörter, Satzteile, ganze Sätze),
- jeden gelesenen Sinnabschnitt mit eigenen Worten zusammenfassen, gedanklich oder schriftlich (als Stichpunkte, Einzelsätze oder als kurzen zusammenfassenden Text).

| 5. Schritt | **Wiederholen** |

- Wiederholen der wichtigsten Aussagen/Informationen des Textes,
- Berücksichtigen der anfangs formulierten Fragen und Unterstreichungen, die du evtl. während der Textarbeit vorgenommen hast,
- die Wiederholung kann gedanklich oder schriftlich ausgeführt werden; du kannst dir auch in Gedanken einen „Vortrag" halten.

2.3 Texte markieren und strukturieren

Vorgehen

- absatzweises Durchlesen, Klären unbekannter Wörter (durch mehrmaliges Lesen der betreffenden Stelle oder mithilfe des Kontextes oder durch Auflösen komplizierter Satzstrukturen oder durch Nutzen eines Nachschlagewerkes),
- Markieren der Kernaussage und Schlüsselbegriffe (einzelne Wörter, bei Definitionen evtl. Sätze),
- Beachten möglicher Fragestellungen beim Markieren:
  - Welches sind die Absichten des Verfassers?
  - Was sind Kernaussagen, was sind Randbereiche?
  - Was sind Meinungen, was Argumente?
  - Welche Struktur (Aufbau) liegt dem Text zugrunde?
  - Stimmt das Gelesene mit den bereits vorhandenen Erkenntnissen überein?
- durchgängig gleiche Markierungsmethode nutzen:
  - Unterstreichungen sparsam und gezielt, auch mit unterschiedlichen Farben,
  - Verwendung von Abkürzungen/Symbolen/Zeichen (eigenes System entwickeln),
    z. B. ! → wichtig, Besonderheit
    ? → fraglich, unklar
    W → widersprüchlich
    1 ... 2 ... → Reihenfolge
    Def. → Definition
    Bsp. → Beispiel
    Zus. → Zusammenfassung

Vorteile des Markierens

- Wesentliches wird gekennzeichnet,
- Text wird dabei strukturiert,
- Zusammenhänge werden sichtbar.

2.4 Informationen speichern und auswerten

Informationen lassen sich – je nach Zweck – auf unterschiedliche Weise festhalten.

Die Hauptaussage eines Textes erfassen

- Fragen stellen:
  - Wovon handelt der Text?
    Mit welchem Problem/Sachverhalt setzt sich der Autor auseinander?
  - Welche Absicht verfolgt der Verfasser mit dem Text?
  - In welcher Weise wird das Thema behandelt?
  - Welche wichtigen Informationen werden zum Thema gegeben?
- Lesen, Markieren und Herausschreiben von Stichpunkten zu diesen Fragen,
- zum Schluss Hauptaussage des Textes mithilfe der Stichpunkte formulieren.

Einen Text zusammenfassen

Wichtig ist die Konzentration auf die Hauptaussage. Zuerst wird das Thema fixiert, danach fasst man den Inhalt des Textes zusammen.

- Techniken des Zusammenfassens:
  - Weglassen unwichtiger Informationen,
  - Zusammenfassen mehrerer Einzelaussagen zu einer komplexen Information,
  - Verallgemeinern von Einzelaussagen.
- Formen des Zusammenfassens:

Konspektieren (Konspekt)	Exzerpieren (Exzerpt)
Ziele Erfassen der Hauptinformation eines Textes in sprachlich verdichteter und geordneter Form: • in der Regel durch Notieren von Stichpunkten, nur wörtliche Übernahme wichtiger Textstellen; • genaue Quellenangabe ist notwendig.	Informationsentnahme aus einem Text unter einer bestimmten Fragestellung: • sinngemäßes, häufig auch wörtliches Festhalten von Informationen (Zitate); • die genaue Quellenangabe ist von Nutzen für das schnelle Wiederauffinden von Textstellen.
Arbeitsschritte • Lesen des Textes und Ermitteln der Struktur (an Teilüberschriften, Absätzen orientieren), • abschnittweises Durcharbeiten des Textes und Erfassen der wesentlichen Informationen, • Verdichten der Hauptgedanken zu Stichpunkten, • Notieren der Stichpunkte in übersichtlicher Form.	• Bestimmen der Fragestellung, unter der der Text durchgearbeitet werden soll, • kursorisches Lesen des Textes und Kennzeichnen der Textstellen, die Informationen zu der bestimmten Fragestellung enthalten, • gründliches Lesen der Textstellen, • Herausschreiben der wesentlichen Informationen.
Wichtige Aussagen (z. B. Definitionen, Kernaussagen) werden **wörtlich** übernommen und als **Zitate** gekennzeichnet.	

Zitieren

Unter „Zitieren" versteht man die wörtliche oder sinngemäße Wiedergabe mündlicher oder schriftlicher Äußerungen anderer. Zitate müssen mit **Quellenangaben** (Verfasser, Titel, Erscheinungsort, Verlag, Erscheinungsjahr, Seite) kenntlich gemacht werden (z. B. als Fußnote oder im Anschluss an den jeweiligen Text).

Wörtliche (direkte) Zitate

* Anwendung bei Definitionen oder bei Stellungnahmen,
* Anfang und Ende durch Anführungszeichen kennzeichnen,
* Übereinstimmung mit dem Originaltext, Auslassungen kenntlich machen (...).

Sinngemäße (indirekte) Zitate

* nicht wörtliche Übernahme fremder Äußerungen,
* inhaltliches Entsprechen der Äußerungen,
* in der Quellenangabe mit dem Zusatz „vgl." verdeutlichen.

2.5 Anfertigen einer Inhaltsangabe

Einen Sachtext kann man durch eine Inhaltsangabe wiedergeben. Darunter ist eine **knappe und sachliche Information über den Inhalt** eines umfangreichen Textes zu verstehen.

Eine Inhaltsangabe

* enthält **Titel, Autor und Thema** des Textes,
* bedeutet die Wiedergabe des Inhalts in knapper Form **mit eigenen Worten**,
* kann Hinweise auf Auffassungen des Verfassers enthalten,
* kann sinngemäße oder wörtliche Zitate verwenden,
* steht meist im Präsens,
* kann anhand einer **Strukturskizze** vorbereitet werden; diese Skizze veranschaulicht als **optisch-schematische Textaufbereitung** den Inhalt bzw. die Gedankenfolge des Textes (eine wertvolle Hilfe beim mündlichen, aber auch schriftlichen Darstellen bzw. Weitergeben von Informationen).

Beispiel

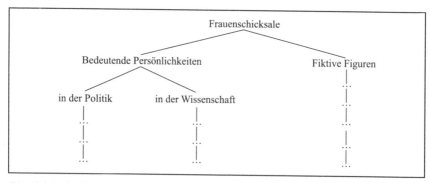

(Vergleiche in diesem Zusammenhang auch die Personenübersicht im vorliegenden Buch, Seite 2001-18.)

2.6 Grafisch veranschaulichte Informationen

Jede Information wird einprägsamer und leichter fassbar, wenn sie durch bildliche Darstellungen unterstützt oder sogar als Bild vermittelt wird. Es gibt verschiedene Möglichkeiten der Veranschaulichung von Informationen (bekannt aus anderen Unterrichtsfächern): Diagramme, Tabellen, Skizzen und Mindmaps.

Kurvendiagramm
Prozent-Interesse für Computer (Bsp.)

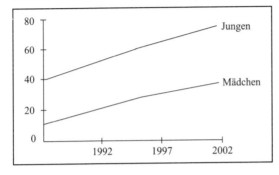

Verwendung/Einsatzbereich

- Veranschaulichung von Zahlen
- Abhängigkeiten zwischen Größen
- Entwicklungsverläufe
- Prozesse
- Vergleichende Darstellung

Kreisdiagramm
Bestand der Schulbibliothek (Bsp.)

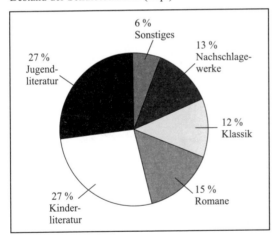

Verwendung/Einsatzbereich

- Einfache deutliche Aussage über Größenverhältnisse
- Gesamtüberblick
- Darstellung des Gesamten und seiner einzelnen Teile
- Momentaufnahme

19

Balkendiagramm
Umfrage: Freizeitinteressen (Bsp.)

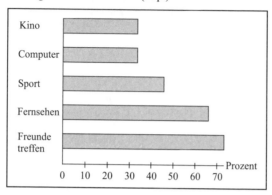

Verwendung / Einsatzbereich
- Große Anschaulichkeit
- Rangfolgenvergleich
- Zeitreihenvergleich
- Vergleich zweier oder mehrerer Größen

Säulendiagramm
Umfrage: Leseinteressen (Bsp.)

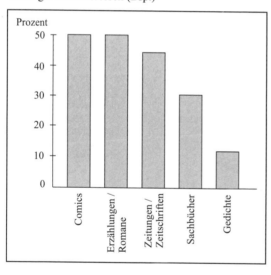

Verwendung / Einsatzbereich
- Momentaner Stand, kein Verlauf
- Gegenüberstellung von Werten, Größen

20

Organigramm (Blockdiagramm)
(Bsp.)

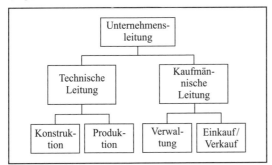

Verwendung/Einsatzbereich

- Verdeutlichen von Strukturen und Abhängigkeiten
- Linien kennzeichnen Beziehungen bzw. Verknüpfungen
- Abbildung von Hierarchien
- keine genormten Symbole, jedoch einfache und wiederholende Symbole (Quadrate, Kreise, Pfeile, Linien, Rechtecke)

Aufbaudiagramm
(Bsp.)

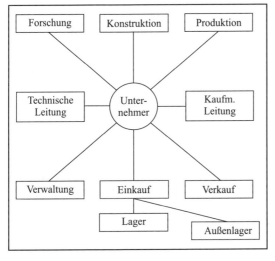

Verwendung/Einsatzbereich

(siehe oben: Organigramm)

Flussdiagramm
Projektarbeit (Bsp.)

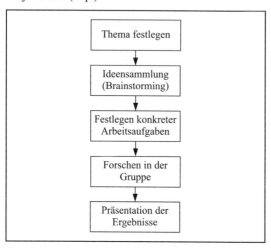

Verwendung/Einsatzbereich

- bildhafte Darstellung mit einheitlichen Symbolen von Prozessschritten, Verhaltensregeln
- Struktur eines Vorganges
- Flusslinien geben Richtung an, Linien mit Pfeilspitzen
- Vorzüge: Prozessablauf als „Ganzes" abgebildet, leichter Vergleich mit tatsächlichem Verlauf (siehe Übungsaufgabe 2, Seite A-5)

Zeitleiste (Bsp.)
Entwicklung des deutschen Comics (Bsp.)

Verwendung/Einsatzbereich

- lineare, überblicksmäßige Darstellung von chronologischen Abläufen
- Abfolge von Geschehnissen als nicht umkehrbare Aufeinanderfolge sowie Dauer von Veränderungen/Ereignissen in Natur u. Geschichte
- Form: senkrecht oder waagrecht; Verbindung von Jahreszahl/Zeitangabe mit Ereignis durch Punkte, Striche, Pfeile, Balken usw. (s. Aufgabe 1/2002)

Tabellen
Auswertung verschiedener Texte (Bsp.)

Wirkung des Fernsehens	
Vorteile	Nachteile
– aktuelle Informationen	– gesundheitliche Schäden
– ...	– ...
– ...	– ...

Verwendung/Einsatzbereich

- Messwerte und Zahlengrößen vergleichen
- Unterschiede/Gemeinsamkeiten beim Vergleichen von Texten/Gegenständen/Vorgängen
- Übersichten erstellen

Skizzen
Kabale und Liebe – Konflikt (I. Akt) (Bsp.)

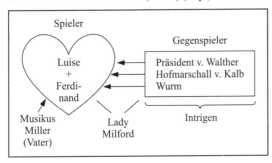

Verwendung/Einsatzbereich

- Verdeutlichen von Situationen, Größenverhältnissen
- vereinfachte Form einer Textübersicht/Textstruktur
- optisch-schematische Darstellung mit Linien, Pfeilen, Symbolen und mit Wörtern

Mindmap
(Bsp.)

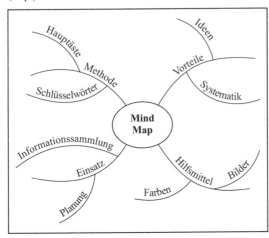

Verwendung/Einsatzbereich

- Gedankenkarte (vgl. Mindmap, Seite A-3)
- bildhafte Darstellung von Gedankengängen
- grafische Strukturierung von Sachverhalten, Ideen, Denkprozessen
- innere Ordnung: vom Abstrakten zum Konkreten, vom Allgemeinen zum Speziellen
- vielseitig verwendbar, kreative Form

Folgende Regeln solltest du beim **Mindmapping** beachten:

- großflächig anlegen,
- kurze Formulierungen verwenden,
- Begriffe auf Linien in Block- oder Druckschrift schreiben,
- eingekreistes Thema (Kernproblem, Schlüsselbegriff) in die Mitte platzieren,
  Hauptäste vom Thema in beliebiger Reihenfolge nach außen zeichnen, Verzweigungen
  von den Hauptästen veranschaulichen weitere Differenzierungen.

Anwendung:

- bei der Analyse von Texten,
- am Anfang eines Strukturierungsprozesses (Ideensammlung, Vorbereitung),
- am Ende eines Strukturierungsprozesses,
- bei der Wissensaneignung,
- als Hilfe beim kreativen Lösen von Aufgaben,
- als Veranschaulichung von komplexen Sachverhalten.

3. Hinweise zum Schreiben

Wenn du dich für eine so komplexe Aufgabenstellung wie in Prüfungsaufgabe 1/2001
(Seite 2001-1 bis 2001-3) entscheidest, musst du den Nachweis erbringen, dass du nicht
nur ausgewählte Methoden der Informationserfassung und -speicherung beherrschst, sondern auch die sprachlich zusammenhängende Darstellung der gewonnenen Informationen
in einer geeigneten Form (Textproduktion).

Einige der Textproduktionen setzen Kreativität beim Schreiben voraus. Das solltest du
bei der Wahl der Aufgabe beachten.

„Moderne Analphabeten" –
Bildungsexperte Alfons Rissberger über Computer im Unterricht

(Vision vom „Global V. Clage", Kommunikation im digitalen Zeitalter)

Spiegel: Herr Rissberger, Sie behaupten, die Schulen verschlafen das Computer-Zeitalter. Doch es gibt für fast alle Schüler Unterrichtseinheiten, in denen sie lernen, mit dem Computer umzugehen.

Rissberger: Es geht nicht darum, die Tasten bedienen zu können. Es geht um eine neue
5 Qualität von Wissensvermittlung, um völlig neue Formen des Unterrichts. Computer können viel anschaulicher komplizierte Sachverhalte darstellen. Wenn es beispielsweise darum geht, den Zerfall einer chemischen Verbindung zu erklären oder das Innere eines Vulkans plastisch zu machen, ist mit spezieller Software ein kindgerechteres, leichteres und effektiveres Lernen möglich.

10 **Spiegel**: Wie soll das funktionieren?
Rissberger: Der Computer kann mit den Erfahrungen und Methoden der besten Pädagogen ausgestattet werden, er passt sich automatisch dem Lerntempo und der Leistungsfähigkeit des Kindes an, die Schüler können zu Hause lernen oder im Klassenzimmer, wann und wo sie wollen. Mit den neuen Programmen können alle Sinne aktiviert werden,
15 über Schrift, Bild, Ton und Film.

Spiegel: Aber die Kinder starren den ganzen Tag stumm auf den Bildschirm.
Rissberger: Das tun die nicht, keine Sorge. Die Praxis zeigt, dass Schüler miteinander reden, sich helfen, sehr aktiv sind, während sie vor dem Rechner sitzen. Außerdem wissen wir durch langjährige Pilotprojekte, dass Mädchen und Jungen mit dem Computer
20 mehr Spaß beim Lernen haben.

Spiegel: Soll der Computer den Lehrer ersetzen?
Rissberger: Auf keinen Fall, das Gerät wird immer nur ein zusätzliches Werkzeug im Unterricht sein, aber ein äußerst nützliches. Der Lehrer wird weit weniger Wissen vermitteln müssen oder etwa sagen, was richtig ist und was falsch. Vielmehr sind seine Qua-
25 litäten als Erzieher und Berater der Kinder gefragt.

Spiegel: Viele Lehrer lehnen den Computer ab.
Rissberger: Nur weil sie keine Erfahrungen damit haben. Vor über 2000 Jahren war Platon gegen die Einführung der Schrift in der Bildung; er war der Überzeugung, wer mitschreibt, der kann nicht mehr konzentriert zuhören. Vor wenigen Jahren bekämpften viele
30 Pädagogen noch den Taschenrechner, obwohl er unter den Schülern längst verbreitet war. In den Schultaschen von morgen werden tragbare Computer ganz selbstverständlich Hefte und Bücher ergänzen und teilweise ersetzen. Der Computer behindert das Denken nicht,

A-1

er fördert es. Tatsache ist, dass Lehrer, die an Pilotprojekten beteiligt waren, am Ende nicht mehr auf den Rechner verzichten wollten.

35 **Spiegel**: Trotzdem bleibt es nur bei einzelnen Versuchen. In den USA, Kanada oder Japan gehören Computer in den Klassenzimmern teilweise schon zum Alltag.

Rissberger: Da sind wir am entscheidenden Punkt. Viele Kultusminister, überhaupt die meisten Bildungspolitiker, sind moderne Analphabeten. Die lassen ihre Mitarbeiter am Computer arbeiten. Sie selbst können mit den Geräten kaum umgehen. Für die Zukunft
40 wäre das etwa so, als könnte der Chef einer Fahrschule nicht Auto fahren. Die verantwortlichen Politiker müssen jetzt handeln, sie müssen die Schüler mit Computern und Lern-Software ausstatten, flächendeckend. Sonst verpassen wir international den Anschluss. Zu Hause sind viele Kids ohnehin mit modernsten Geräten versorgt.

Spiegel: Oft fehlt den Schulen das Geld um die teuren Computer zu kaufen.

45 **Rissberger**: Die Finanzminister sollten da Prioritäten setzen. Das wichtigste Fundament von Wirtschaft und Wissenschaft ist das Humankapital. Unsere Kinder müssen gut auf die Zukunft vorbereitet werden. In den USA gibt es bereits Hochschulen, die künftig nur noch Studenten zulassen, die über ein leistungsfähiges Notebook verfügen. Und das Gerät muss mit dem Netz der Universität kompatibel sein.

50 **Spiegel**: Was wollen Sie aber mit den Kindern anfangen, die sich von der ganzen Technik überfordert fühlen? Nicht alle Jungen und Mädchen sind mit dem Computer vertraut.

Rissberger: Schwierigkeiten haben meist nur die Erwachsenen, die Kinder wissen genau, wann es ihnen zu viel wird. Meine Tochter Lisa hat bereits vor der Grundschule entweder mit einem Farbstift auf Papier gemalt, mit Kreide auf der Straße, oder am Computer des
55 Vaters eine Einladung gestaltet – aber meistens hat sie lieber draußen rumgetollt.

(Modernes Analphabetentum, in: Der Spiegel vom 28. 01. 1994)

Aufgabe:

Stellen Sie in knapper schriftlicher Form (Mind Map) Kernaussagen des Textes zum Computereinsatz in der Schule dar!

Lösung

Lesetechniken

Voraussetzung für die Informationserfassung und -entnahme ist das Lesen eines Textes. Du solltest folgende Lesetechniken beherrschen:

1. Schritt:
Lies die Überschrift, den Text und betrachte vorhandene Bilder, Tabellen bzw. Diagramme (Informationsaufnahme).

2. Schritt:
Verschaffe dir durch kursorisches Lesen (diagonales Überfliegen) einen Gesamteindruck bzw. einen Inhaltsüberblick.

3. Schritt:
Lies den Text nun unter gegebenem Gesichtspunkt genauer (orientierendes Lesen) und streiche gezielt Fakten an. Wende hierbei deine eigenen Markierungshilfen (Unterstreichungen, Symbole, Abkürzungen, Randbemerkungen u.a.) an.

4. Schritt:

Schreibe die wesentlichen Informationen heraus. Das Ergebnis kann auf verschiedene Arten gespeichert und dargestellt werden: Stichpunkte, Mind Map, Tabelle, Illustration, Diagramm, Zeitstrahl, Flussdiagramm. In obiger Aufgabe wird ausdrücklich ein Mind Map verlangt.

Mind Map

Erklärung
– engl. „mind": Geist, Denken; „map": Landkarte
– Arbeitstechnik, um gefundene Informationen zu ordnen bzw. um sich Notizen für die Ausarbeitung zu machen
– Landkarte entspricht einer bildhaften Anordnung der Gedanken

Vorgehensweise
– Thema in die Mitte des Blattes schreiben und umkreisen
– Oberbegriffe als „Hauptäste" anhängen
– Unterbegriffe als „Nebenäste" an die „Hauptäste" anhängen
– weitere Untergliederung möglich
– Verwendung verschiedener Farben günstig

Ein **Mind Map zum Text** könnte beispielsweise so aussehen:

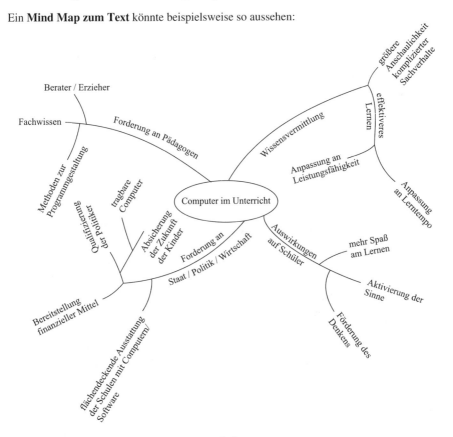

Ablauf einer Gerichtsverhandlung

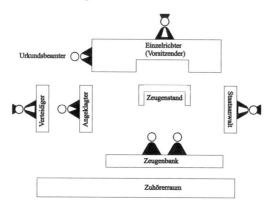

Die Hauptverhandlung beginnt mit dem Aufruf der Zeugen und deren Belehrung durch den Vorsitzenden des Gerichts. Belehrt werden sie über ihre Aussagepflicht und über die Bedeutung des Eides. Dann verlassen die Zeugen den Sitzungssaal; der Angeklagte tritt in den Mittelpunkt. Zunächst möchte sich das Gericht (Richter, eventuell auch Schöffen)
5 ein Bild von der Persönlichkeit des Angeklagten machen. Deshalb wird der Angeklagte zunächst zur Person vernommen und muss über seine persönlichen Verhältnisse und seinen Werdegang berichten. Danach verliest der Staatsanwalt die Anklage. Anschließend hat der Angeklagte Gelegenheit, zu den gegen ihn erhobenen Beschuldigungen Stellung zu nehmen, d. h. er wird jetzt „zur Sache" vernommen. Sollte er die Aussage verweigern,
10 wozu er ein Recht hat, dann dürfen ihm daraus keine Nachteile erwachsen.

Das Gericht darf den Angeklagten nur verurteilen, wenn es ihm seine Straftat überzeugend nachweisen kann. Die Schuld oder Unschuld des Angeklagten soll durch die anschließende Beweisaufnahme festgestellt werden. Als Beweismittel gelten dabei vor Gericht: Zeugenaussagen, Sachverständigengutachten, Urkunden, Tatortbesichtigung und manches
15 andere mehr.

Nach Abschluss der Beweisaufnahme hält zunächst der Staatsanwalt sein Plädoyer; dann folgt das Plädoyer des Verteidigers. Am Ende stellen beide ihre Anträge auf Bestrafung oder auf Freispruch des Angeklagten. Das letzte Wort hat der Angeklagte, sofern er noch etwas äußern möchte. Danach zieht sich das Gericht zur Urteilsfindung ins Beratungs-
20 zimmer zurück. Bei seiner Urteilsfindung ist das Gericht vollkommen unabhängig und an den Antrag des Staatsanwaltes nicht gebunden. Es liegt im Ermessen des Gerichts, unter Berücksichtigung aller mildernden oder erschwerenden Umstände das Strafmaß zu bestimmen, und zwar innerhalb des im Strafgesetzbuch festgelegten Strafrahmens.

(Aus: Heinz Klippert, Methodentraining, Beltz-Verlag, Weinheim–Basel, 1998, S. 214)

Aufgabe:
Fassen Sie die einzelnen Etappen der Gerichtsverhandlung in einem Flussdiagramm zusammen!

Lösung

Lesetechniken

Voraussetzung für die Informationserfassung und -entnahme ist das Lesen des Textes. Du solltest die Lesetechniken beherrschen, wie sie in der Übungsaufgabe 1 (Seite A-1) vorgestellt sind.

Flussdiagramm

Erklärung
– griech. „Diagramm": Schaubild, in dem Informationen zeichnerisch dargestellt werden
– verschiedene Arten, z. B.
  * Kreisdiagramm (Ergebnisdarstellung)
  * Säulendiagramm (Möglichkeit der Mehrfachantworten)
  * Flussdiagramm (Darstellung von Informationen aus solchen Texten, die Sachverhalte, Prozesse oder Vorgänge in einer zeitlichen oder anderen Reihenfolge beschreiben)

Vorgehensweise
– Thema bzw. Aufgabenstellung erfassen
– Abfolge / Reihenfolge der wichtigsten Aussagen erkennen, z. B. zeitlich, ursächlich u. a.
– Wahl der Darstellungsform, z. B. Kästchen, Kreise, Ellipsen, Dreieck
– Untereinanderreihung, Nebeneinanderreihung; Verwenden zusätzlicher Mittel zur Visualisierung bzw. Unterstützung der Aussagen, z. B. Pfeile, Striche, Zahlen u. a.
– Nominalstil (Substantive, Substantivierungen) verwenden

Ein **Flussdiagramm zum obigen Text** könnte beispielsweise so aussehen:

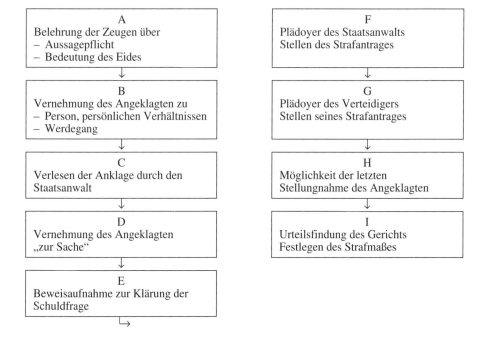

Barbara Rhenius: Im letzten Augenblick

Es war wie ein Alptraum! Bahnübergang. Mein Auto bleibt auf den Gleisen stehen. Motor abgewürgt. Die Schranken gehen herunter. Eingesperrt. Ich schreie. Gaffende Menschen. Panische Angst. Aussteigen, schieben. Der Wagen rührt sich nicht von der Stelle.

Hilft mir denn keiner? Eine Frau, ein Mann – ich sehe nur ihre zupackenden Hände. Zwei
5 Arme heben den schweren rotweißen Balken an. Der Zug rast vorbei. Zitternd stehe ich neben mir. Ich sehe in lachende Gesichter. (leicht gekürzt)

(Aus: Treffpunkte 9, Schroedel Schulbuchverlag, 1991, S. 62)

Aufgabe:
Formulieren Sie zum Geschehen einen Bericht für die Lokalpresse!
Entwickeln Sie einen Dialog zwischen zwei Augenzeugen des Vorfalls!

Lösung

Teilaufgabe 1

Durch die Analyse der Aufgabenstellung findest du folgende Schwerpunkte:
– Bericht für die Lokalpresse (pragmatischer Text)
– Geschehen des literarischen Textes „Im letzten Augenblick"
– formulieren / schreiben

Auf diese Weise ist das Grundgerüst für deine Stoffsammlung entstanden.

Der Zeitungsbericht

– Informationsbeschaffung für den Bericht:
  • Fragen stellen: Wer? Was? Wann? Wo? Wie? Warum? Welche Folgen?
  • Orts-, Zeit-, Personenangaben kann man sich auch ausdenken.
  • Ordnen der Informationen nach zeitlichem Ablauf
  • Hauptgeschehen in einem einleitenden Satz zusammenfassen

– Beachten der Merkmale des Berichts:
  • sachlich berichten, auf das Wesentliche beschränken
  • Zeitform: Präteritum
  • keine Meinung des Verfassers einbringen
  • Wahrheitsgehalt einhalten; Benennen der Quelle
  • schlagkräftige Überschrift formulieren
  • Aufbau: Schlagzeile (Überschrift, fett dargestellt)
    Vorspann (Lead): das Wichtigste (ein Satz)
    Nachrichtenkörper (Body)

– Beachten des Adressatenbezugs: Bericht für die Ortspresse – Bekanntheitsgrad!

A-6

Der literarische Text „Im letzten Augenblick" von B. Rhenius

– Bemerkungen zum Text:
• Kürzestgeschichte, vollständiges Geschehen
• Augenblicksdarstellung aus der Sicht der Hauptperson/des Erzählers: das Wichtigste
• wie innerer Monolog
• Sprache der Handlung angepasst – Wörter, Wortgruppen, Ellipsen, etwas längere Sätze – je nach Stimmungslage der Hauptperson

– Inhalt:
Auf den Gleisen eines beschrankten Bahnübergangs bleibt aufgrund des Versagens des Motors ein Auto stehen. Die Situation erfährt durch das augenblickliche Schließen der Schranken eine Zuspitzung. Der in Panik geratenen Person wird Hilfe durch eine Frau und einen Mann zuteil. Der Zug rast vorbei, alle lachen befreit.

Schreiben des Berichts für die Lokalpresse

(Hinweis: Hier ist Kreativität gefragt! Folgende Angaben sind ortsorientiert und dienen als Beispiel.)
– Zusammentragen der notwendigen Informationen durch Konkretisierung der Angaben unter Beachtung des Adressatenbezugs
– Ort/Zeit: 25. Mai, gegen 19.00 Uhr, beschrankter Bahnübergang in Zwötzen
– Personen: eine 35-jährige Fahrerin eines Opel Corsa, älteres Ehepaar aus der Umgebung
– Geschehen in Stichpunkten:
• ungenügende Fahrpraxis
• falschen Gang eingelegt, Motor abgewürgt
• Schranken schlossen sich, Schieben des Autos erfolglos
• Interregio Erfurt–Dresden auf Durchfahrt erwartet
• unerwartete Hilfe durch älteres Ehepaar
• Mann hob unter großen Anstrengungen Schranke hoch
• Rettung im letzten Augenblick
• der Zug raste durch
• befreites Lachen der Beteiligten
• Verursacherin kam mit Schrecken davon
– weitere notwendige Angaben zum Bericht:
• Quelle: OTZ (Gera)
• Aufbau:
Schlagzeile: Im letzten Augenblick
Vorspann: ein Satz mit den wichtigsten Angaben zum Geschehen (s. Ergebnisformulierung)
Nachrichtenkörper (s. Ergebnisformulierung)
– Ergebnisformulierung (Beispiel):

„Im letzten Augenblick"

OTZ (Gera). Am 25. Mai gegen 19.00 Uhr blieb eine 35-jährige Frau mit ihrem Opel Corsa mitten auf den Gleisen am Bahnübergang Zwötzen stehen, konnte jedoch mithilfe eines älteren Ehepaares vor dem herannahenden Interregio Erfurt–Dresden in Sicherheit gebracht werden.
Durch Einlegen des falschen Ganges hatte die junge Frau, die wenig Fahrpraxis aufwies, den Motor abgewürgt. Das Auto blieb demzufolge auf den Gleisen stehen. Da der Zug in wenigen Augenblicken sich nähern würde, wurden die Schranken geschlossen. Da geriet sie in Panik und …

Führe die Berichterstattung zu Ende!

Teilaufgabe 2

Folgende Anforderungen sind zu bearbeiten:
- Entwickeln eines Dialogs
- vorgegeben: zwei Augenzeugen des Vorfalls

Bemerkungen zum Dialog:
- Rede – Gegenrede/direkte Rede
- Ausdruck der Gedanken der Gesprächspartner
- Wissen zum Geschehen vorhanden
- Vermutung über Vorgeschichte/Ursachen und Folgen

Bemerkungen zu Vorfall und Personen:
- Vorfall ist bekannt (s. Teilaufgabe 1)
- Augenzeugen nach eigenen Vorstellungen festlegen: Alter, Geschlecht, vielleicht berufliche Tätigkeit u. a.
- Wahl der Personen bestimmt Inhalt/Verlauf und Sprachstil des Dialogs

Beispiele für die Wahl der Augenzeugen des Vorfalls:
- Zwei erfahrene Autofahrer üben Kritik am Fahrverhalten der jungen Frau.
- Das ältere Ehepaar stellt die Hilfeleistung in den Mittelpunkt des Gesprächs.
- Zwei andere Bürger bringen ihre Erleichterung über den positiven Ausgang des Geschehens zum Ausdruck.

Abschließende Bemerkung

Positiv ist es, wenn du ganz andere Vorstellungen hast. Schreibideen zu entwickeln, das ist Sinn und Zweck solcher Aufgaben.

Viel Freude und Spaß beim Üben!

Roswitha Fröhlich: Warum Opa Knesebeck den Computer erschlagen hat

Nein, Opa Knesebeck ist kein Mensch von vorgestern. Er geht mit der Zeit und kauft sich
einen Computer. Leider gibt es aber danach Probleme ...

Also – alles, was recht ist: für seine achtundvierzig Jahre ist Opa Knesebeck noch ganz
schön auf Draht! Nicht nur, daß er ständig mit'm walkman durch die Gegend zockelt
und auf die allerneuesten Hits abfährt – neulich hat er sich auch noch'n Computer
gekauft, so 'n kleinen, wissen Sie, für ins Wohnzimmer, damit er abends immer diese
5 Spiele spielen kann – dreidimensional oder wie das heißt, ich kenn mich da ja nicht so
aus, weil – also, unter uns: ich bin nämlich auch schon neununddreißig, und in dem Alter
kriegt man diese ganzen Begriffe nicht mehr so rein, hat die Sabina gesagt, das ist unsere
Jüngste; und als Frau, sagt sie, könnte ich's sowieso vergessen – also das mit dem input
und ausput und mit den Chips und Bits und Bytes und wie – sich das alles nennt. Ob-
10 wohl – die Sabina ist ja auch 'ne Frau, wenn man so will ... eine angehende Frau, sagen
wir mal. Die ist nämlich erst acht. Und genau das ist es, was ich hier zum Ausdruck
bringen möchte: wenn die Sabina acht ist und ich bin neununddreißig, sind das, computermäßig gerechnet, nämlich keine mickrigen einunddreißig Jährchen Unterschied,
sondern mindestens so viele wie zwischen der Steinzeit und der Mondbesteigung.

15 Aber ich wollte ja von Opa Knesebeck erzählen. Kommt der also neulich stolzgeschwellt
mit seinem neuen Computer nach Hause, setzt sich davor, schlägt die Gebrauchsanleitung auf – und kapiert null. War ja vorauszusehen, wär ja geradezu ein Wunder,
wenn's anders gelaufen wär. Nun ist aber Opa Knesebeck nicht so einer, der schnell
aufgibt oder sich auf sein Alter besinnt und der Jugend den Vortritt läßt, so wie ich zum
20 Beispiel bei der Sabina – o nein! Da kennen Sie Opa Knesebeck schlecht. Bleibt der also
wie festgewachsen vor seinem Computer sitzen und übt und übt und übt und übt. Sogar
nachts ist er aufgestanden, heimlich, damit die Oma Knesebeck nichts merkt, weil die
ihn sowieso schon dauernd so höhnisch angeguckt hat wegen dem Ding und so was im
Blick gehabt hat, als wär er'n Versager, und außerdem hat er, statt zu schlafen, immerzu
25 von seinem Mathematiklehrer geträumt, diesem elenden Hund, der ihm dreimal hintereinander 'ne Fünf verpaßt hat, damals – also, ums kurz zu machen: auch nachts ist Opa
Knesebeck nicht weitergekommen mit dem Üben. Alles, was er sich schließlich eingehämmert hat in sein Hirn, sind diese ganzen Fachausdrücke gewesen – aber was
nützen die tollsten Fachausdrücke, wenn der Computer einfach auf stur schaltet und
30 überhaupt nicht daran denkt, für dich zu denken? Na, das ist dann noch ein paar Tage so
weitergegangen, und Opa Knesebeck ist immer blasser und elender geworden und innerlich hat sich da so was zusammengezogen in ihm – 'ne seelische Gewitterwolke
gewissermaßen, so daß es sowieso nicht mehr lange gedauert hätte bis zur Entladung.
Vielleicht aber hätte sich Opa Knesebeck doch noch beherrscht und das blöde Ding ein-
35 fach zurück ins Geschäft gegeben, wenn – ja, wenn da nicht am Sonntag der Tobias
gekommen wäre, das ist sein Enkel, der geht noch in den Kindergarten, der ist viereinein-
halb, also noch jünger als unsere Sabina – und wenn der Tobias sich nicht so hundsgemein taktlos verhalten hätte dem Opa gegenüber, wo der doch eigentlich eine
Respektsperson für ihn ist, sollte man meinen. Der Tobias ist also ins Wohnzimmer
40 reingehüpft, hat den Computer entdeckt, hat sich davor niedergelassen und dann an-
gefangen, damit rumzuspielen. Und der Opa hat dabeigestanden und hat gedacht, er sieht
nicht recht: Höchstens eine halbe Stunde hat der Tobias gebraucht, um sämtliche Tricks
rauszuhaben, ehrlich! Einfach so – ohne Gebrauchsanleitung!

In der Nacht darauf ist es dann passiert: Opa Knesebeck hat sich in den Keller
45 geschlichen, hat den Hammer aus dem Werkzeugkasten gegriffen, ist ins Wohnzimmer
gegangen – und hat blindwütig auf das Ding eingeschlagen.

Danach hat er sich echt befreit gefühlt.

Der Arzt, zu dem ihn die Oma Knesebeck geschickt hat am nächsten Morgen, hat etwas
skeptisch geguckt wegen der Geschichte! Aber was weiß der schon von feindlichen
50 Computern?

Aus: Lesestunde 10, Kamp-Verlag Bochum

Aufgabe:
Wie wirkt diese Geschichte auf Sie?
Geben Sie Ihre Gedanken, Eindrücke und Empfindungen wieder, und gehen Sie auch auf die
Sprache der Autorin ein!

Lösung

Bei der Bearbeitung dieses Themas mußt Du unbedingt auf die drei Anforderungen der Aufgabe achten:
- die Wirkung der Geschichte auf Dich (Gesamteindruck),
- Deine Gedanken, Eindrücke und Empfindungen beim Lesen des Textes und
- Äußerungen zur Sprache der Autorin.

Außerdem mußt Du die Textart bestimmen und auf deren Merkmale eingehen.
Arbeite dabei nach der Verfahrensweise, wie im **Kapitel C** beschrieben.

Inhalt

In der Geschichte geht es um einen mit der Zeit mitgehenden achtundvierzigjährigen Großvater, genannt Opa Knesebeck, und dessen Probleme mit der modernen Technik, speziell mit der Funktionsweise eines Computers. Dargestellt wird das Geschehen aus der Sicht einer neununddreißigjährigen Frau, die eine Nachbarin Herrn Knesebecks sein könnte, denn sie kennt alle Einzelheiten der Vorgeschichte und des eigentlichen Vorfalls.
Da Opa Knesebeck nicht nur in Fragen der neuesten Musiktitel bewandert sein will, kauft er sich einen Computer, um „abends immer diese Spiele" (Z. 4–5) spielen zu können, „dreidimensional" (Z. 5), d. h. nach dem aktuellsten technischen Stand. Aufgrund mangelnder Fachkenntnisse gelingt es ihm nicht, den Computer in Funktion zu bringen. Obwohl er ohne Unterbrechung, nachts auch heimlich, übt und übt, stellt sich der Erfolg nicht ein. Der Großvater ist dem Verzweifeln nahe.
Da besucht am Sonntag der viereinhalbjährige Enkel Tobias seine Großeltern und setzt zum Erstaunen des Großvaters nach einer halben Stunde auf spielerische Art und Weise den Computer in Gang, ganz ohne Gebrauchsanweisung. Opa Knesebeck ist am Ende mit seiner Geduld und Beherrschung. Seine angestaute Wut und Verzweiflung, seine dem Computer gegenüber empfundene Ohnmacht und Unfähigkeit äußern sich im „blindwütigen" (Z. 46) Zerstörungsdrang. Nach der nächtlichen „Vernichtung" dieses „feindlichen" (Z. 49) Gerätes fühlt er sich erleichtert und befreit.
Aus Sorge um das Wohl des Mannes schickt ihn Frau Knesebeck zum Arzt, der aber der Angelegenheit sehr skeptisch gegenübersteht. Ob dessen Skepsis zu Recht besteht, muß der Leser selbst entscheiden. Und so endet die Geschichte mit der nicht beantworteten Frage: „Aber was weiß der schon von feindlichen Computern?"(Z. 49–50)

Aufbau, Sprache und Form

Dieser Text weist typische Merkmale einer **Kurzgeschichte** auf. Er ist kurz, hat einen unmittelbaren Einstieg und einen offenen Schluß, der zum Nachdenken anregt. Im Mittelpunkt steht ein alltägliches Geschehen unserer Gegenwart. In der Darstellung erscheint nichts überflüssig, alles steht irgendwie im Zusammenhang mit dem Ereignis.
Der Leser fühlt sich bereits mit den **ersten drei Sätzen** in seine unmittelbare Umwelt hineinversetzt: Es geht um das Heute, um Technik, um Probleme eines älteren Menschen, Opa Knesebecks.
Erst danach wird die Überschrift der Kurzgeschichte formuliert, ungewöhnlich, von der allgemeinen äußeren Form der Textgestaltung abweichend. Die Überschrift macht neugierig. Der Leser will erfahren, warum Opa Knesebeck einen Computer „erschlagen hat", erschlagen wie ein Lebewesen, welches jemanden bedroht hat. Um das zu begreifen, muß die Geschichte zu Ende gelesen werden. Die Autorin versetzt den Leser in die Rolle des Zuhörers. Im unterhaltsamen **Plauderton, umgangssprachlich** gefärbt, zeigt Roswitha Fröhlich das Geschehen aus der Sicht einer Beteiligten, der Erzählerin, einer neununddreißigjährigen Frau. Die Sätze sind nicht immer vollständig, Auslassungspunkte deuten auf Denkpausen bzw. auf weiterführende Gedanken hin. Das Problem „älterer" Menschen mit der Technik wird nicht mit erhobenem Zeigefinger durch die Autorin abgehandelt, sondern eher zum **Schmunzeln** anregend.

Die Erzählerin spricht in der **Ich-Form** über Opa Knesebeck, sein Wesen, sein Verhalten und sein Problem. Sie kennt die familiären Verhältnisse, sicher ist sie eine Nachbarin oder gute Bekannte.

Im **ersten Abschnitt** werden Opa Knesebecks moderne Einstellung und die unterschiedliche Beherrschung der Technik durch die jüngere und ältere Generation verdeutlicht. Typisch dafür ist folgende Einschätzung: „... sind das computermäßig gerechnet, nämlich keine mickrigen einunddreißig Jährchen Unterschied, sondern mindestens so viele wie zwischen der Steinzeit und der Mondbesteigung" (Z. 12–14).

Im folgenden Abschnitt, dem **zweiten** und umfangreichsten, erfährt der Leser, auf welche Art und Weise sich Opa Knesebeck müht, den Computer zu beherrschen und zu welchen seelischen und körperlichen Belastungen dieses erfolglose Bemühen führt. Seine Wut, Verzweiflung und Unzufriedenheit werden dadurch gesteigert, daß sein viereinhalbjähriger Enkel Tobias, der noch in den Kindergarten geht, spielend, in nur dreißig Minuten, ohne Gebrauchsanweisung den Computer bedienen kann. Somit begreift der Leser **die überraschende Wende** (und damit den Sinn der Überschrift): Opa Knesebeck findet die Lösung seines Problems im Zerstören des Computers (Z. 44–46). Danach werden die Schlußgedanken dargestellt:

Opa Knesebeck fühlt sich erleichtert und von seinem Problem befreit, seine Frau ist besorgt um ihn, und der Arzt empfindet Skepsis wegen der Geschichte.

Der **Schlußsatz** ist als Frage formuliert: „Aber was weiß der schon von feindlichen Computern?" (Z. 49–50) Damit wird der Leser zum Nachdenken angeregt. Er muß überlegen, welche Wahrheit deutlich wird, ob das Verhalten der Hauptperson typisch ist u. ä.

Die Autorin gibt der Hauptperson ein Alter von 48 Jahren. Hier wird der Leser bereits stutzig, denn das ist noch nicht alt, gerechnet nach Lebensjahren und -erwartung, aber was das Verhältnis und den Umgang mit der Technik betrifft, erscheinen 48 Jahre als „steinalt."

Dieser Opa vertritt zwar die ältere Generation, möchte jedoch mit der Zeit gehen, er ist „ganz schön auf Draht!" (Z. 2). Wie ein Jugendlicher „zockelt" (Z. 2) er „ständig mit'm walkman durch die Gegend" (Z. 2) und kennt die neuesten Musiktitel. Die Autorin verwendet nicht nur umgangssprachliche Formulierungen, sondern auch Begriffe aus dem **Jugendjargon,** um das zu untermauern, z. B. „auf ... Hits abfährt" (Z. 3). Damit er vollkommen „in" ist, kauft sich dieser „Alte" auch noch einen Computer, das Gerät, das heutzutage fast jeder hat, das der junge Mensch bereits in der Schule beherrschen lernt, das die Allerjüngsten so ganz nebenbei begreifen. Opa Knesebeck kann das nicht wie so viele andere ältere Menschen. Auch die Erzählerin kennt sich nicht aus, deshalb äußert sie: „... oder wie das heißt, ich kenn mich da ja nicht so aus" (Z. 5) bzw. „... und wie sich das alles nennt" (Z. 9). Typisch ist der Gebrauch folgender **Fremdwörter,** die in ihrer Schreibweise im Text von den üblichen in einigen Fällen abweichen, z. B. „walkman" (Z. 2), „input und ausput" (Z. 8, 9 statt „output"), „Bits und Bytes" (Z. 9). Außerdem wird schmunzelnd darauf hingewiesen, daß die Erzählerin eine Frau sei und sowieso die Technik „vergessen" (Z. 8) könnte – nach Meinung der neunjährigen Tochter.

Opa Knesebeck will unbedingt beweisen, daß er auch in Beziehung zur Technik mit der jüngeren Generation mithalten kann. Also sieht er die Möglichkeit nur im Lernen und konsequenten Üben. Wie ernst es ihm ist, das aufgetretene Problem zu lösen, erfährt der Leser im folgenden: „Bleibt der also wie festgewachsen vor seinem Computer sitzen und übt und übt und übt und übt. Sogar nachts ist er aufgestanden, heimlich" (Z. 20–22). Die viermalige Wiederholung der Verbform „übt" und das Partizip „festgewachsen" bringen seinen ungeheuren Willen zum Ausdruck. Auch die Fachausdrücke haben sich „schließlich eingehämmert ... in sein Hirn" (Z. 27–28). Er möchte nicht als „Versager" (Z. 24) abgestempelt werden, wie er sich während der Schulzeit fühlte, als ihm der Mathematiklehrer, „diese(m)r elende(n) Hund" (Z. 25), dreimal hintereinander die Note Fünf „verpaßt hat" (Z. 26). Diese Erinnerung und die Angst vor höhnischen Blicken seiner Frau sind Ausdruck der inneren Verzweiflung des Großvaters. Der Widerspruch zwischen dem Wollen und dem Nichtkönnen

trotz vielfacher Anstrengungen führt letztendlich dazu, daß Opa Knesebecks seelische Verfassung in einen Zustand der Anspannung, Verzweiflung und Wut gerät, der nur eines gering-
fügigen Anlasses bedurfte, um auf ungewöhnliche Art und Weise zu „explodieren." Im Text
heißt es: „... ist immer blasser und elender geworden, und innerlich hat sich da so was zusammengezogen in ihm – 'ne seelische Gewitterwolke gewissermaßen, so daß es sowieso
nicht mehr lange gedauert hätte bis zur Entladung" (Z. 31–33). Treffender kann der bildhafte
Vergleich mit der Naturerscheinung nicht sein. Anlaß zur „Entladung" ist sein vireinhalbjäh-
riger **Enkel Tobias**, der am Sonntag zum Besuch seiner Großeltern mit einer Leichtigkeit und
Unbeschwertheit, wie sie Kindern zu eigen ist, „ins Wohnzimmer reingehüpft" (Z. 39–40)
kommt, den Computer „entdeckt" (Z. 40) und anfängt, „damit rumzuspielen" (Z. 41.) Spielend begreift er die Funktionsweise des Gerätes, ohne Gebrauchsanweisung, denn diese könnte er sowieso noch nicht lesen. „Höchstens eine halbe Stunde hat Tobias gebraucht, um sämtliche Tricks rauszuhaben" (Z. 42–43). Das ist für den Großvater nicht nur unverständlich,
sondern nach Meinung der Erzählerin „hundsgemein taktlos" (Z. 37–38), „wo der doch
eigentlich eine Respektsperson" (Z. 39) für den Jüngeren sein sollte. So ernst sind diese
Worte nicht gemeint, denn es wird der Konjunktiv „hätte" verwendet..
Anstatt den Computer in das Geschäft zurückzubringen und in der „Öffentlichkeit" die Unfähigkeit einzugestehen, „hat" der Großvater „blindwütig auf das Ding eingeschlagen" (Z. 46).
Das ist schon **komisch**, daß Opa Knesebeck nachts in den Keller schleicht und mit seinem
Werkzeug den neuen, bestimmt teuren Computer zerstört. Für ihn ist zunächst das Problem
gelöst, er hat sich „echt befreit gefühlt" (Z. 47). Der „feindliche" (Z. 49) Gegenstand ist
beseitigt.

Absicht und Leserwirkung

Der eigentliche Vorfall mit dem Computer und die Erzählhaltung des Ich-Erzählers mit
einem ironischen Unterton lassen beim Lesen ein Schmunzeln aufkommen. Denn in dieser
Kurzgeschichte erfährt ein alltägliches Geschehnis durch die Darstellung eine gewisse Übertreibung.
Viele Menschen, vor allem auch ältere, wollen sich den Anforderungen der Zeit stellen. Dabei überschätzen sie sich häufig, da Kenntnisse bzw. eine entsprechende Ausbildung fehlen.

Zentrale Aussage

Jeder einzelne muß in der heutigen Zeit ernsthafte Überlegungen anstellen, inwieweit die
Beherrschung der modernen Technik als Notwendigkeit für ihn in Frage kommt. Die moderne Zeit darf dem Menschen keine Zwänge auferlegen, sondern der Mensch muß der Nutz-
nießer des Neuen sein.

Denkanstöße zum Wiedergeben von Gedanken, Eindrücken und Empfindungen

Zum Schluß möchte ich Dir einige Anregungen geben, in welcher Richtung sich Deine Ge-
danken bewegen könnten (Ich-Bezug!):
– Generationsproblem allgemein
– Verhältnis Großvater – Enkel im Text
– Dein Verhältnis zu Großeltern (bzw. zum Großvater)
– Verhältnis Großvater – Großmutter
– Verhältnis Großvater – Lehrer
– Verhältnis Mensch – Technik
– Lebensniveau der heutigen jungen Generation
– eigene Interessenbereiche
– Lösen des Problems

Lothar Zenetti (geb. 1926):

> Ich glaube nur
> was ich sehe
> was wissenschaftlich
> was der Fernseher sagt
> 5 was man halt so glaubt
> und so
>
> ich mache nur
> was ich will
> was halt alle machen
> 10 was man als moderner Mensch
> was eben schick ist
> wo ich was von habe
> und so
>
> Das sagen alle
> 15 das höre ich täglich
> Die Frage ist nur:
>
> Was mache ich?
> Was glaube ich?
> Was sage ich?
> 20 Was hören die andern
> von mir?

Aus: Werner Trutwin/Klaus Breuning, „Wege des Glaubens",
Patmos Verlag, Düsseldorf, S. 55

Georg Britting (1891–1964):

Sommersonntag in der Stadt

Leer sind die Straßen im Sonntagswind,
Die Menschen hat es ins Freie getrieben,
Nur die weißen Wolken sind
Treu über der Stadt geblieben.

5 Die Häuser stehen wie unbewohnt,
Alles sucht draußen das Glück:
Einen Weg durch den Wald, einen Fußpfad durchs Korn,
Eine Stunde im Dorf, einen Rittersporn,
In der kühlschwarzen Schlucht einen silbernen Born*,
10 Von der Welt ein glänzendes Stück!

Und kommen die Schatzsucher abends zurück,
Bestaubt und vom Sehen satt,
Hängt zwischen den Dächern der goldene Mond
Unbeachtet über der Stadt.

* Born = Quelle

Aus: Georg Britting, Gesamtausgabe in Einzelbänden, Nymphenburger Verlagshandlung, München 1957

Aufgabe:
Interpretieren Sie eines der beiden Gedichte!

Lösung

Bei der vorliegenden Prüfungsaufgabe hast Du die Wahl zwischen zwei unterschiedlichen Gedichten. Lies beide gründlich durch. Prüfe anschließend, ob Dich die Thematik eines der Gedichte so anspricht, daß Du eine Gedichtinterpretation als Aufsatz wählen kannst. Beachte dabei die in Kapitel B gegebene Anleitung zum Interpretieren.

Lösung I

Ich glaube nur was ich sehe ... (Lothar Zenetti)

Inhalt

Lothar Zenetti äußert sich in seinem Gedicht „Ich glaube nur was ich sehe" zu zwei Bereichen aus dem Leben der Menschen, zu unserem Glauben und Handeln. Er wirft die Frage auf, woran wir uns in bezug auf Glauben und Handeln orientieren.
Der Autor läßt zunächst irgend jemanden aus der Masse der Menschen in der Ich-Form sprechen. Für diesen setzt er als Maßstab des Glaubens das, was sichtbar und wissenschaftlich bewiesen sei, was das Fernsehen sende und was alle Leute so glauben. Wie viele andere Menschen sieht diese Person den eigenen Willen und Nutzen als Grundlage ihres Handelns, orientiert sich aber auch an der Masse selbst und daran, was gerade Mode ist.
Das sei, sagt schließlich das Ich, täglich und von allen zu hören. Dadurch drängt sich dem Ich letztendlich die Frage nach dem Sinn des eigenen Handelns, Glaubens und Sagens auf und danach, wie die anderen Menschen diese Person wahrnehmen.

Sprache und Form

Das Gedicht besteht aus **vier Strophen,** die alle von unterschiedlicher Länge sind (6, 7, 3 bzw. 5 Zeilen) und sich nicht reimen.
Lothar Zenettis **Sprache** ist leicht verständlich, teils umgangssprachlich (z. B. Z. 5 und 6). Fremdwörter werden nicht verwendet. Die Sätze sind knapp, manchmal unvollständig (Z. 3, 10), häufig fehlen die Satzzeichen.
Ab der dritten Strophe kompensiert sich das Gesagte, indem Unwichtiges weggelassen und Wichtiges eng miteinander verknüpft wird, so daß ab der 16. Zeile das zur Bedeutung Erhobene durch Satzzeichen (Doppelpunkt, vier Fragezeichen) hervortritt. Folgendes läßt sich zum **Aufbau** des Gedichtes feststellen: Die ersten beiden Strophen reflektieren die Äußerungen einer Einzelperson aus einer Masse von Menschen. Jede dieser Strophen ist in sich geschlossen und behandelt ein eigenes Thema.
Im Aufbau sind sie fast identisch, sie enthalten eine Reihe gleichartiger Sätze: Relativsätze mit „was" beginnend, mit Ausnahme der Zeile 12, in der es heißt: „**wo** ich was von habe".
Strophe drei wirkt wie eine Zäsur, es tritt eine Hinwendung zum eigenen Ich ein. Diese Strophe faßt das Bisherige zusammen, um in der vierten und letzten Fragen an das Ich zu stellen, Fragen nach den Maßstäben des Glaubens, Sagens und Handelns. Alle Fragen entsprechen einem Schema als direkte Fragesätze: Fragewort – Prädikat – Subjekt „ich". Die letzte allerdings endet mit einem Präpositionalobjekt „von mir" (Z. 21).
Im einzelnen lassen die Strophen folgende Bedeutungsinhalte erkennen:
Die Strophen 1 und 2 beginnen mit einem Aussagesatz „Ich glaube nur" (Z. 1) und „ich mache nur" (Z. 7), deren Kürze und das Wörtchen „nur" eine gewissen Selbstsicherheit bzw. Überzeugung des Sprechers von der Richtigkeit seiner Feststellung verdeutlichen. Danach folgen sowohl in der ersten als auch in der zweiten Strophe Aufzählungen dessen, was die sprechende Person glaubt bzw. tut. Beim Glauben steht vor allem visuell Wahrnehmbares im

96-8

Vordergrund – sehen, wissenschaftlich beweisen, im Fernsehen sehen und hören. Außerdem spielt das Sich-nach-den-anderen-Richten eine wesentliche Rolle. Im Text wird gesagt: „was man halt so glaubt und so" (Z. 5, 6).

Beim Handeln ist vor allem die Orientierung an den anderen wichtig: „was halt alle machen" (Z. 9), „als moderner Mensch" (Z. 10), „was eben schick ist" (Z. 11), aber auch die Orientierung am eigenen Gewinn: „was ich will" (Z. 8), „wo ich was von habe" (Z. 12).

Die in den Zeilen 1 und 7 angekündigte Selbstsicherheit erfährt in den folgenden Nebensätzen eine Einschränkung: „was man halt so glaubt" (Z. 5), „was halt alle machen" (Z. 9), „was man als moderner Mensch" (Z. 10), „was eben schick ist" (Z. 11). Hier sind kein eigenes Urteilsvermögen, keine Selbstsicherheit und Eigenständigkeit mehr spürbar, sondern nur Anpassungen. „Und so" in den Zeilen 6 und 13 löst die Bestimmtheit gänzlich auf.

Umgangssprachliche Formulierungen unterstreichen (Z. 5, 6, 9, 11–13), daß alle Mitmenschen Gleiches sagen, der Leser eingeschlossen.

In den Zeilen 14 und 15 wird zusammengefaßt: „**Das** sagen **alle**, das höre ich **täglich**." Ein solcher Mensch, der sich im Glauben und Handeln nur nach anderen richtet, denkt nicht. Das ist natürlich eine gefährliche Position.

Somit erhält der Satz „Die Frage ist nur" (Z. 16) eine besondere Bedeutsamkeit. Er leitet die Hinwendung zum eigenen Ich ein, die Hinterfragung des Ichs: „Was mache ich? Was glaube ich? Was sage ich? Was hören die anderen von mir?" (Z. 17–21). Diese Einzelfragen könnten zu einer zusammengezogen werden: „Wer bin ich?" Es wird auf diese Weise sichtbar, daß das Ich doch bereit ist, über sich nachzudenken, über seine Orientierung an anderen im Glauben und Handeln. Die Fragen bleiben unbeantwortet. Der Leser erfährt nicht, was das Ich „glaubt", „macht", „sagt" und wie es von anderen wahrgenommen wird. Folglich ist auch offen, wie das Ich die anderen Menschen wahrnimmt.

Absicht und Leserwirkung

Das Gedicht regt den Leser zum Nachdenken darüber an, wie er seine Umwelt wahrnimmt, inwieweit er nach eigenen Vorstellungen denkt, glaubt und handelt oder ob er sich nur nach anderen richtet.

Zentrale Aussage

In der heutigen Zeit sind Glauben und Handeln der Menschen häufig von Eigennutz, Nachahmung und Äußerlichkeiten bestimmt. Deshalb ist es notwendig, daß jeder einzelne eigene Maßstäbe und Werte für sein Denken und Handeln findet.

Lösung II

Sommersonntag in der Stadt (Georg Britting)

Inhalt

In seinem Gedicht „Sommersonntag in der Stadt" spricht Georg Britting von Stadtbewoh-
nern, vor allem von ihrem Verhalten an Sommersonntagen.
An diesen Sonntagen verlassen sie in Scharen die Städte, weil sie draußen in der Natur das
suchen, was sie im Alltag in ihrer direkten Umwelt, der Stadt, vermissen. Sie verspüren das
Bedürfnis, Natur pur zu erleben und ursprüngliches Leben zu genießen. Sie wollen „von der
Welt ein glänzendes Stück" (Z. 10), das sich vom grauen, tristen Stadtalltag abhebt.
Georg Britting nennt die Städter „Schatzsucher" (Z. 11); diese sind natürlich vor Besessenheit nur auf ein Ziel orientiert, so daß sie abends erschöpft zurückkehren. Es ist fraglich, ob
sie direkte Erholung und Entspannung in der Natur gefunden haben. Vor Besessenheit, sonntags draußen in der Natur das Glück zu suchen, sehen sie nicht „die weißen Wolken" (Z. 3)
und den „goldenen Mond" (Z. 13) zwischen den Dächern der Stadt.

Sprache und Form

Georg Brittings Gedicht besteht aus **drei Strophen,** wobei die zweite mit einer Länge von
6 Zeilen von zwei vierzeiligen Strophen umrahmt wird. Das Gedicht ist in einer unregel-
mäßigen Reimform abgefaßt. Einen gleichmäßigen Reim – abab (Kreuzreim) – findet der
Leser in der ersten Strophe.
Es wird ein an Sommersonntagen immer wiederkehrender Zustand beschrieben: Die Menschen verlassen die Stadt in Scharen, denn „leer sind die Straßen" (Z. 1). Sie werden direkt
„ins Freie getrieben" (Z. 2), wodurch bzw. wozu wird in der ersten Strophe nicht direkt angesprochen, es heißt einfach: „... hat es getrieben" (Z. 2). Ist es vielleicht ein heißer
„Sonntagswind"? (Z. 1) Keiner hält an diesen Tagen der Stadt die Treue, „nur die weißen
Wolken" (Z. 3), die über ihr am Himmel zu sehen sind.
Die erste Zeile der zweiten Strophe klingt wie eine Zusammenfassung zu diesem sonntäg-
lichen Erscheinungsbild in der Stadt: „Die Häuser stehen wie unbewohnt" (Z. 5), als ob es
kein Leben mehr gäbe. Ab der zweiten Zeile faßt der Autor die in der ersten Strophe gemach-
te Andeutung „hat es ins Freie getrieben" (Z. 2) in eine direkte Aussage. Die Masse der Städter sucht „draußen das Glück" (Z. 6). Draußen, das heißt vor den Toren der Stadt, in der frei-
en Natur, wollen sich die Menschen glücklich fühlen. Für die Stadtmenschen bedeutet dieses
Glück „ein(en) Weg durch den Wald, ein(en) Fußpfad durchs Korn" (Z. 7), ein(en) Rittersporn (Z. 8), alles Dinge, die es in der Stadt nicht gibt – Wald, Felder, Wiesen mit herrlichen
Blumen und Gräsern. Glück bedeutet für sie aber auch ursprüngliches Leben, „eine Stunde
im Dorf" (Z. 8) mit den verschiedensten Tieren, mit Ställen, mit dem Geruch von Land. Die
Aufzählungen in den Zeilen 7 und 8 verleihen der Suche nach dem Glück etwas Unruhiges,
als wollten die Stadtmenschen alles auf einmal erfassen und genießen und den Arbeitsalltag
in der Stadt vergessen machen. Sie wollen die reine Natur sehen und genießen, „in einer
kühlschwarzen Schlucht einen silbernen Born" (Z. 9), eine klare Quelle. Der Wunsch nach
dem Glück und dessen Sinn findet sich in der zehnten Zeile durch ein Ausrufezeichen zusammengefaßt und besonders unterstrichen: „Von der Welt ein glänzendes Stück!"
Die vorhandenen **Reime** unterstreichen die Sinnfälligkeit des Inhalts: Zeile 6 –„das Glück",
das die Städter suchen, soll ein „glänzendes Stück" (Z. 10) von der Welt sein. Sie bleiben
aber nicht, sondern sie kehren „abends zurück" (Z. 11). „Glück" und „Stück" sind wie ein
Rahmen um die Beschreibung der Einzelheiten, was die Menschen unter Glück verstehen,
gesetzt. Die Endwörter der Zeilen 7, 8, 9 reimen sich ebenfalls: „Korn", „Rittersporn",
„Born".

Ob die Menschen an solchen Sommersonntagen wirklich ihr Glück gefunden haben, bleibt bei der Heimkehr am Abend offen. Der Autor bezeichnet die Menschen als „Schatzsucher". Damit greift er die Suche nach Glanz „von der Welt" auf. Bei diesem Wort wird der Leser an die Goldgräber erinnert, wenn der Autor die „Schatzsucher" „bestaubt" (Z. 12) in die Stadt zurückkehren läßt. Sie haben genug erlebt, sind „vom Sehen satt" (Z. 12), so müde und erschöpft, da sie nicht mehr in der Lage sind, den Glanz über der Stadt wahrzunehmen, denn „zwischen den Dächern" hängt unbeachtet „der goldene Mond" (Z. 13). Mit einem ironischen Unterton macht der Autor darauf aufmerksam, daß Schönheit und Glanz der Städter auch zu Hause erleben könnte, wenn er das sehen wollte.

Aber die Masse der Menschen zieht es wie üblich an Sommersonntagen in die freie Natur, um sie Enge und Alltagssorgen vergessen zu lassen, deshalb ist der Blick dafür nicht offen. Allerdings ist die Grundstimmung des Gedichtes so optimistisch, so daß dieser Gedanke unerheblich erscheint.

Absicht und Leserwirkung

Die Beschreibung der Suche nach dem Glück fordert den Leser zum Nachdenken über sein eigenes Verhalten auf. Er wird angeregt, Naheliegendes konkreter wahrzunehmen.

Zentrale Aussage

Nur wer sich innerlich freimacht von Zwängen wie Hektik, Sucht, Besessenheit, kann auch das Positive in seiner Umgebung aufnehmen.

Max Frisch: Vorkommnis

Kein Grund zur Panik. Eigentlich kann gar nichts passieren. Der Lift hängt zwischen
dem 37. und 38. Stockwerk. Alles schon vorgekommen. Kein Zweifel, daß der elektrische Strom jeden Augenblick wiederkommen wird. Humor der ersten Minute, später Be-
schwerden über die Hausverwaltung allgemein. Jemand macht kurzes Licht mit seinem
5   Feuerzeug, vielleicht um zu sehen, wer in der finsteren Kabine steht. Eine Dame mit
Lebensmittelflaschen auf beiden Armen hat Mühe zu verstehen, daß es nichts nützt,
wenn man auf den Alarm-Knopf drückt. Man rät ihr vergeblich, ihre Lebensmittelflaschen auf den Boden der Kabine zu stellen; es wäre Platz genug. Kein Grund zur
Hysterie; man wird in der Kabine nicht ersticken, und die Vorstellung, daß die Kabine
10 plötzlich in den Schacht hinunter saust, bleibt unausgesprochen; das ist technisch wohl
nicht möglich. Einer sagt überhaupt nichts. Vielleicht hat das ganze Viertel keinen elek-
trischen Strom, was ein Trost wäre; dann kümmern sich jetzt viele, nicht bloß der Hauswart in der Halle, der vielleicht noch gar nichts bemerkt hat. Draußen ist Tag,
sogar sonnig. Nach einer Viertelstunde ist es mehr als ärgerlich, es ist zum Verzagen
15 langweilig. Zwei Meter nach oben oder zwei Meter nach unten, und man wäre bei einer
Türe, die sich allerdings ohne Strom auch nicht öffnen ließe; eigentlich eine verrückte
Konstruktion. Rufen hilft auch nichts, im Gegenteil, nachher kommt man sich verlassen
vor. Sicher wird irgendwo alles unternommen, um die Panne zu beheben; dazu verpflichtet ist der Hauswart, die Hausverwaltung, die Behörde, die Zivilisation. Der
20 Scherz, schließlich werde man nicht verhungern mit den Lebensmittelflaschen der
Dame, kommt zu spät; es lacht niemand. Nach einer halben Stunde versucht ein jüngeres
Paar sich zu unterhalten, so weit das unter fremden Zuhörern möglich ist, halblaut über
Alltägliches. Dann wieder Stille; manchmal seufzt jemand, die Art von betontem Seuf-
zer, der Vorwurf und Unwillen bekundet, nichts weiter. Der Strom, wie gesagt, muß
25 jeden Augenblick wiederkommen. Was sich zu dem Vorkommnis sagen läßt, ist schon
mehrmals gesagt. Daß der Strom-Ausfall zwei Stunden dauert, sei schon vorgekommen,
sagt jemand. Zum Glück ist der Jüngling mit Hund vorher ausgestiegen; ein winselnder
Hund in der finsteren Kabine hätte noch gefehlt. Der Eine, der überhaupt nichts sagt, ist
vielleicht ein Fremder, der nicht genug Englisch versteht. Die Dame hat ihre Lebens-
30 mittelflaschen inzwischen auf den Boden gestellt. Ihre Sorge, daß Tiefkühlwaren tauen,
findet wenig Teilnahme. Jemand anders vielleicht müßte auf die Toilette. Später, nach
zwei Stunden, gibt es keine Empörung mehr, auch keine Gespräche, da der elektrische
Strom jeden Augenblick kommen muß; man weiß: So hört die Welt nicht auf. Nach drei
Stunden und elf Minuten (laut späteren Berichten in Presse und Fernsehen) ist der Strom
35 wieder da: Licht im ganzen Viertel, wo es inzwischen Abend geworden ist, Licht in der
Kabine, und schon genügt ein Druck auf die Taste, damit der Lift steigt wie üblich, wie
üblich auch das langsame Aufgehen der Türe. Gott sei Dank! Es ist nicht einmal so, daß
jetzt alle beim ersten Halt sofort hinausstürzen; jedermann wählt wie üblich sein Stockwerk –

Aus: Lesebuch Deutsch 7, Ausgabe 1, 1994, Braunschweig 1983

Aufgabe:

Charakterisieren Sie die Personen, die im Lift eingeschlossen sind!
Versetzen Sie sich in den „Einen, der überhaupt nichts sagt" (Z. 11 und 28)!
Verfassen Sie aus seiner Sicht eine Tagebucheintragung!

Lösung

Dieses Thema erfordert von Dir die Lösung zweier Teilaufgaben: das Charakterisieren von Personen und das Schreiben einer Tagebucheintragung.

Demzufolge solltest Du Dir zunächst die **Merkmale einer literarischen Charakterisierung** bewußt machen.
Die Charakterisierung ist eine literarische Gestaltungstechnik zur Individualisierung und Typisierung von Gestalten. In der Regel vermittelt sie die äußeren Merkmale und Züge der Figuren, die sich in ihrem Denken und Handeln widerspiegeln. Dabei kann der Autor die Eigenschaften direkt nennen oder durch handelnde Personen nennen lassen, oder er macht die Charakterzüge durch das Verhalten, die Handlungen und deren Motive sowie durch die Wiedergabe der Gedanken sichtbar, charakterisiert also indirekt.

Das Besondere eines **Tagebuchs** besteht im folgenden:
Das Tagebuch gehört als Sonderform zum Genre der Epik, zur kurzen Erzählprosa. Es wird in regelmäßigen Abständen geführt und enthält chronologisch geordnete Aufzeichnungen eines Autors, sehr emotional gefärbt. Das können subjektive Bemerkungen zu Zeitereignissen, zu eigenen Lebenserfahrungen, Hinweise auf eigene literarische Arbeiten o. ä. sein.

Nach diesen Vorüberlegungen arbeitest Du wie üblich an der Gestaltungsaufgabe.

Inhalt

In diesem kurzen Text geht es um ein Vorkommnis in einem der „Wolkenkratzer" irgendeiner Großstadt, vielleicht einer amerikanischen wie New York. (Max Frisch hielt sich während seiner Reisen mehrmals in den USA auf. Die Erzählung „Vorkommnis" ist dem „Tagebuch 1966–1971" entnommen.) Aufgrund des Stromausfalls am späten Nachmittag eines Tages bleibt der Lift zwischen dem 37. und 38. Stockwerk stehen, in dessen dunkler Kabine für drei Stunden und elf Minuten mehrere Menschen bis zum Dunkelwerden eingeschlossen sind. Wie sich dieses Vorkommnis auf die eingeschlossenen Menschen auswirkt, wird in dieser Erzählung in fast dokumentarischer Kürze wiedergegeben.

Charakterisierung der Personen

Die Charakterisierung der Personen geschieht in dem Text indirekt, das bedeutet, daß bestimmte Charakterzüge von Menschen durch ihr Verhalten, ihr Handeln und die Wiedergabe der Gedanken sichtbar werden. Entscheidend ist die Situation, die eine besondere ist, auch wenn sie sich wiederholen kann. Sie läßt Charakterzüge der Menschen erkennen. Die Masse der Menschen bleibt ganz und gar anonym, erwähnenswert erschienen dem Autor „eine Dame mit Lebensmittelflaschen auf beiden Armen" (Z. 5, 6), „ein jüngeres Paar" (Z. 21, 22) und „einer, der überhaupt nichts sagt" (Z. 28). Die Eingeschlossenen bleiben während der „drei Stunden und elf Minuten (laut späteren Berichten in Presse und Fernsehen)" (Z. 34) ruhig nach außen hin. Anfangs erträgt man die Situation mit Humor und Gelassenheit, später heitert ein Scherz nicht einmal mehr auf, manchmal seufzt jemand, aber viel gesagt wird nicht. Jeder hängt in der Stille seinen Gedanken nach, hofft, daß der Schaden bald behoben wird, daß alle Welt sich um die Eingeschlossenen bemüht, daß nichts passiert, selbst Persönliches verliert in dieser Situation an Bedeutung. Jeder bleibt in der Dunkelheit allein, und mit der Wiederkehr des Stromes wird alles wie üblich wie immer: „... der Lift steigt wie üblich" (Z. 36), „wie üblich"geht auch die Tür auf, und „jedermann wählt wie üblich sein Stockwerk" (Z. 38–39).
„Eine Dame mit Lebensmittelflaschen auf beiden Armen hat Mühe zu verstehen, daß es nichts nützt, wenn man auf den Alarm-Knopf drückt" (Z. 5–7). Sie denkt nur an sich und ihre Tiefkühlwaren. Sie hört nichts, sie will nichts begreifen, sie ist sicher in Eile, da sie keine

Tragetasche bei sich hat. Sicher sind die Tiefkühlwaren kalt und schwer, doch das Abstellen auf den Boden der Kabine lehnt sie ab – vielleicht aus Angst, jemand könnte in der Dunkelheit einen unbedachten Schritt tun und auf die Waren treten bzw. die Lebensmittelflaschen beschädigen. In dieser Beziehung wirkt die Dame unsicher und äußerst ängstlich. Ihre übertriebene Sorge wegen des Auftauens der Tiefkühlware wird nicht wahrgenommen, wobei sie endlich nach fast zwei Stunden die schweren Flaschen abgestellt hat. Der Konsum von Tiefkühlwaren scheint typisch amerikanisch zu sein. Ganz anders verhält sich das jüngere Paar. Nach einer halben Stunde des Eingeschlossenseins versuchen die jungen Leute ein halblautes Gespräch über Alltägliches, „so weit das unter fremden Zuhörern möglich ist" (Z. 22). Sie wollen sich ablenken, vielleicht wollen sie einfach etwas vom anderen Partner erfahren, denn die anderen eingeschlossenen Personen sind ihnen nicht bekannt, nicht vertraut. Außerdem fällt einer auf, „der überhaupt nichts sagt" (Z. 11 und 28). Vielleicht ist er ein Fremder, ein Tourist, ein Geschäftsmann, ein Ausländer, „der nicht genug Englisch versteht" (Z. 29). Eigentlich haben die Eingeschlossenen keine Beziehung zueinander (bis auf das junge Paar), keiner kennt seinen Mitmenschen in so einem riesigen Gebäude, das mehr als 38 Stockwerke hat. Die Extremsituation führt sie nicht zusammen, aber läßt sie auch nicht gegeneinander sein. So ist am Ende eigentlich alles wie „üblich".
Was aber könnte der eine, der nichts sagt, in sein Tagebuch schreiben nach diesem Vorkommnis?

Tagebucheintragung

Im Text sind zwei Äußerungen über die Person, die nichts sagt, zu lesen. Zum einen heißt es: „Einer sagt überhaupt nichts" (Z. 11). Zum anderen wird formuliert: „Der Eine, der überhaupt nichts sagt, ist vielleicht ein Fremder, der nicht genug Englisch versteht" (Z. 28–29). Damit ergeben sich zwei grundsätzliche Möglichkeiten, aus der Sicht dieser Person eine Tagebucheintragung zu verfassen. Auf jeden Fall sollte sie als ein Text für das persönlich geführte Tagebuch sichtbar werden und subjektive Bemerkungen enthalten (Tag/Datum, vielleicht Ortsangabe, Gedanken, Gefühle u. ä.)

Zur **ersten Möglichkeit** (basiert auf der Feststellung: „Einer sagt überhaupt nichts."): Du gehst davon aus, daß die Person ein Einheimischer ist, der in der Stadt bzw. in dem Land lebt und Englisch versteht.
– Da während des unfreiwilligen Aufenthaltes im Lift genügend Zeit bleibt (über drei Stunden), seinen eigenen Gedanken nachzugehen, könnte es sein, daß sich dieser Mensch das denkt, was andere der Eingeschlossenen nicht direkt aussprechen, nämlich die Meinung über das Verhalten der Dame mit den Lebensmittelflaschen, über ihre in dieser Extremsituation übertriebene Sorge um das Auftauen der Tiefkühlwaren, über ihre Angst um die eventuelle Beschädigung der Waren.
– Die Eintragung in das Tagebuch könnte jedoch auch Formulierungen zum Vorkommnis, zu Ursachen und Folgen, zum Verhalten der Menschen, zu persönlichen Eindrücken und Gefühlen enthalten. Solche Gedanken könnten von Angst, Wut oder Gleichgültigkeit geprägt sein.
– Möglich wäre auch der Fall, daß es sich um einen Menschen handelt, der überhaupt nicht gern spricht oder nicht sprechen kann, so daß er grundsätzlich Gedanken, Empfindungen sowie Gefühle einem Tagebuch als persönlichem Lebensbegleiter bzw. Vertrauten mitteilt.
– Oder: Es ist ein Mensch, den in der Dunkelheit/Stille ganz andere Gedanken bewegen, positive oder negative Erfahrungen/Erlebnisse, z. B.:
einen Job erhalten oder die Kündigung erfahren, eine Gehaltserhöhung bekommen, endlich die gewünschte Reise gebucht, eine nette Frau/tolles Mädchen kennengelernt, von der Geburt des Sohnes/der Tochter gehört, von schwerer Krankheit oder vom Tod eines lieben Menschen betroffen, einen ungewöhnlichen Traum geträumt, etwas Außergewöhnliches erlebt usw. Aus diesem Grunde interessiert ihn dieses Vorkommnis wenig oder gar nicht.

Zur **zweiten Möglichkeit** (Grundlage ist die versuchte Deutung der Ursache des Schweigens: „Der eine, der überhaupt nichts sagt, ist vielleicht ein Fremder, der nicht genug Englisch versteht."): Nimmst du diese Sätze als Schreibanlaß, steht für Dich fest, daß die Person tatsächlich ein Fremder ist, einer, der Englisch nicht spricht bzw. nicht genügend versteht, um mit den anderen Betroffenen zu reden bzw. ihre Äußerungen zu begreifen.

– Diese Person weilt als Tourist, als Geschäftsmann oder aus irgendeinem ähnlichen Grund in dieser Stadt, in dem Land. Er ist fremd und der Landessprache unkundig. Er macht sich jedoch seine Gedanken über den Vorfall und das Verhalten der Menschen und trägt sie als Tageseindrücke in sein Reisetagebuch ein.

– Oder: Dieser Fremde denkt an ganz anderes, an seine Erlebnisse in diesem fremden Land, an die Besonderheiten und Sehenswürdigkeiten, vielleicht direkt an die USA als „Land der unbegrenzten Möglichkeiten", an die erlebten Gegensätze, an die Menschen – wobei das Vorkommnis eine untergeordnete Rolle spielt.

– Eine weitere Variante wäre folgende: Der Fremde ist ein junger Mensch wie Du, der sich anläßlich eines Schüleraustausches, einer Sprachreise oder eines Studienaufenthaltes in dem Land aufhält und seine Eindrücke in das Tagebuch schreibt, wobei das Erlebnis im Lift Schreibanlaß für Tageseindrücke sein würde.

Nach gründlichem Überlegen findest Du sicher weitere Möglichkeiten. Wähle die beste Idee für die Erfüllung der Aufgabe aus.

„Ich will keine Zukunft, ich will eine Gegenwart haben. Das erscheint mir wertvoller."

(Aus einem Roman von Robert Walser)

Aufgabe:
Man spricht heute oft vom „No-future-Denken" junger Menschen.
Setzen Sie sich mit dieser Einstellung auseinander!
Verdeutlichen Sie Ihr eigenes Verhältnis zu Gegenwart und Zukunft!

Lösung

Dieses Thema stellt eine **Erörterungsaufgabe** dar. Die Arbeitsanleitung verdeutlicht Dir, welche Anforderungen bei der Auseinandersetzung mit dieser zu bewältigen sind:
– Was bedeutet „No-future-Denken"?
– Wie wird diese Einstellung junger Menschen sichtbar?
– Wie sehe ich mein eigenes Verhältnis zu Gegenwart und Zukunft?

Für die vollständige Lösung rate ich Dir, die Schlüsselstellen zu unterstreichen sowie auf das Zitat Bezug zu nehmen.

Was beinhaltet das Zitat?

– Die literarische Gestalt aus Robert Walsers Roman lehnt jegliche Zukunft als Ausdruck einer pessimistischen Grundeinstellung ab.
– Die Forderung nach einer Gegenwart bedeutet, daß diese den heutigen Tag erleben möchte, ohne an den morgigen zu denken.
– Das Wort „wertvoller" unterstreicht diese absolute Lebenseinstellung, die nur auf das Heute orientiert ist.

Wie ist „No-future-Denken" zu verstehen?

– kein positives, von Neugierde bestimmtes Zukunftsdenken, pessimistisches Denken
– in den Tag hineinleben ohne Gedanken an die Zukunft

Wie äußert sich diese Auffassung von jungen Menschen?

– Bedürfnis, in den Tag hineinzuleben ohne Pflichten, ohne Verantwortung, ohne Ziel, „just for fun"
– kein Vertrauen in die Zukunft
– Gleichgültigkeit gegenüber allem, was um einen herum passiert

Welche Ursachen gibt es für das „No-future-Denken"?

– persönliche Probleme wie Enttäuschung, Hoffnungslosigkeit, Frust, Niederlage u. a.
– familiäre Probleme wie Generationskonflikt, Vertrauensverlust, Soziales u. a.
– schulische Probleme wie Leistungsdruck, Perspektivlosigkeit, Klassenatmosphäre u. a.
– politische und wirtschaftliche Probleme wie Arbeitslosigkeit, Politikverdrossenheit, Krieg u. a.
– ökologische Probleme wie Bedrohung der Natur, Vernichtung von Fauna und Flora, Gefährdung des menschlichen und tierischen Lebens u. a.

Wie ist meine persönliche Einstellung zum „No-future-Denken"?

Bei der Beantwortung dieser Frage ist die Pro-Contra-Argumentation anzuwenden.
– **Pro-Argument:** Gründe für diese pessimistische Einstellung
Darstellung mit Beispielen, warum viele Jugendliche diese pessimistische Auffassung vertreten und wie sich das im Alltag zeigt (z. B. Kriegsangst durch Wettrüsten/Aufrüsten, Ausländerproblematik, Großbauprojekte; bedenkenloser Verbrauch der Rohstoffe, Genmanipulation, Ersatz des Menschen durch Technik, Arbeitslosigkeit, Zerstörung der Umwelt; Überalterung der Gesellschaft, Desinteresse am Mitmenschen, auflösende Familienstruktur, erhöhte Leistungsanforderungen, Konsumverhalten, Profitdenken → Nichtstun, Vernügungssucht, Drogenmißbrauch, Beziehungslosigkeit, Angst, Depressionen u. a.)

– **Contra-Argument:** Gründe gegen diese pessimistische Einstellung
Darstellung mit Fakten, daß es aber auch viele Jugendliche gibt, die diese Lebenshaltung ablehnen, für ihre Zukunft sorgen und an eine Perspektive glauben (z. B. Friedenspolitik zur Sicherung des Friedens, politisches Mitbestimmungsrecht der Bürgerinnen und Bürger, Umweltschutzgesetze, soziale Absicherung der Menschen, hohes Bildungsangebot, Möglichkeiten der Entfaltung der Persönlichkeit; Umweltschutzmaßnahmen durch Wirtschaft und Wissenschaft, moderne Technik in Haushalt und Industrie, Fortschritt der Forschung, Wohlstand; soziale Einrichtungen auf privater Ebene, unentgeltliches Engagement für Kranke, Notdürftige und Behinderte → Sorge um eine gute berufliche Ausbildung auf der Grundlage ansprechender schulischer Leistungen, Betätigung in kultureller oder sportlicher Hinsicht, Eintreten für die Lösung ökologischer Probleme u. a)
– Beachte, es ist **nur** nach der **Einstellung** von **jungen Menschen** gefragt.

Wie ist mein Verhältnis zu Gegenwart und Zukunft?

– Was verstehe ich unter Gegenwart und Zukunft?
– Wie stehe ich zum „No-future-Denken"?
– Habe ich Träume, Wünsche, Hoffnungen?
– Wenn ja, wie will ich diese verwirklichen?
– Gab es in meinem Leben Konflikte, und wie habe ich diese gelöst?
(Diese persönlichen Fragen stichpunktartig beantworten!)

Aus der umfangreichen **Stoffsammlung** ergibt sich für Dich die Aufgabe, das Thema nach **Einleitung – Hauptteil – Schluß** ein- und abzugrenzen.

Ich möchte Dir nun in drei Beispielen aufzeigen, wie Du Deine Erörterung aufbauen und gestalten kannst:

1. Beispiel

In der **Einleitung** erläuterst du, wie das Zitat aus dem Roman von Robert Walser zu verstehen ist. (Zum Schriftsteller sind keine Ausführungen gefordert.) Als **Überleitung** zum **Hauptteil** stellst Du die Frage, ob diese Lebenseinstellung für unsere Jugend heute zutrifft. Auf der Grundlage von Pro oder Contra wählst Du Beispiele aus, die Deine Behauptungen veranschaulichen.
Es ist wichtig, daß Du nicht zu viele Beispiele nimmst, denn Du darfst sie nicht nur aufzählen, sondern Du mußt sie erläutern, begründen und entsprechende Schlußfolgerungen ableiten.
In der **Zusammenfassung** nimmst Du persönlich dazu Stellung, wie Du zu den dargestellten Fakten stehst (bejahend oder verneinend) und leitest dann zum **Schlußteil** über, in welchem Du Dich zu eigenen Zukunftsvorstellungen äußerst.

2. Beispiel

In der **Einleitung** verdeutlichst Du, wie sich das „No-future-Denken" der Jugendlichen historisch entwickelt hat. Du mußt das nicht vollständig darlegen (Einleitung!), sondern nur die Details, die Du kennst. Zur Erinnerung zähle ich einige Fakten auf:
– Entstehung aus der „Flower-Power-Bewegung" in den 60er Jahren
– Fortführung dieser Lebensauffassung in der „Hippie-Bewegung"
– Mittel der Ablehnung des Vietnam-Krieges durch die USA
– Ausdruck der Ablehnung bürgerlicher Denk- und Lebensweisen
– Distanzierung von der inhumanen bürgerlichen Gesellschaft
– Ablehnung der Stumpfheit und Menschenfeindlichkeit der spätbürgerlichen Gesellschaft

Im **Hauptteil** stellst Du dann dar, wie und warum deutsche Jugendliche diese Lebensauffassung übernommen haben.

Hierzu nenne ich Dir ebenfalls einige Stichpunkte:

– Verneinung und Ablehnung jeglicher politischer Aktionen (historische oder aktuelle Beispiele)
– Verdrossenheit zu allen Lebensfragen, vor allem zur Ohnmacht gegenüber dem Staat, zur Perspektivlosigkeit u. a.
– Einstellung gegen Leistungsdruck, gegen bürgerliche Tugenden wie Fleiß, Ordnungsliebe, Sparsamkeit und gegen Übernahme von Verantwortung
– Aneignung der Grundüberzeugung: „Es ist eh' alles zu spät!"
 vor allem auf ökologischem Gebiet in der Beziehung Mensch – Natur
– Lust, in den Tag hineinzuleben ohne Pflichten, ohne Rücksichtnahme auf alles
– Beispiele der konkreten Auswirkungen aufgrund einer solchen Lebenseinstellung der Jugendlichen:
 • Gleichgültigkeit gegenüber der Fortführung der Ausbildung
 • Rücksichtslosigkeit gegen alle und jeden
 • Suche nach Idealen in der Musik
 • Hinwendung zu fragwürdigen Jugendgruppen, Cliquen, Sekten
 • Beteiligung an Chaos-Tagen, an Randalen
 • Hinwendung zu Alkohol, Drogen
 • Geringschätzung des eigenen und des Lebens anderer durch erzwungenen Spaß mit hohem Risiko für alle Beteiligten (Gefahren provozieren, gegen das Gesetz handeln u. a.)

Aus der Fülle dieser Anregungen kannst Du nur einige auswählen, da Du die Argumentation anwenden mußt.

Im **Schlußteil** faßt Du zusammen und nimmst persönlich Stellung dazu, ähnlich wie beim ersten Beispiel.

3. Beispiel

Du stellst Deine Erörterung von Anfang bis Ende als Betroffener dar: Ich bin ein Jugendlicher und kann deshalb am besten über Gegenwart und Zukunft urteilen.

In der **Einleitung** klärst du die Begriffe Gegenwart, Zukunft und gehst auf das Zitat ein.

Als **Überleitung** kannst Du wieder eine persönliche Frage formulieren: Welche Erfahrungen habe ich mit der Gegenwart (mit meinem bisherigen Leben) gemacht? Dazu entwickelst Du Deine Erkenntnisse und Schlußfolgerungen (siehe Stoffsammlung). Diese Argumentation mußt Du unbedingt zu einem Ergebnis führen, ob es keine „heile Welt" gibt, aber trotzdem ein Licht am Horizont sichtbar ist. Im **Schlußteil** legst Du Deine Gedanken über die Zukunft dar (nach Möglichkeit Gedanken der Hoffnung, Wünsche und Träume).

„Der Liebe leichte Schwingen trugen mich;
kein steinern Bollwerk kann der Liebe wehren; ...“

(Shakespeare: Romeo und Julia)

Aufgabe:
Wählen Sie ein literarisches Werk, dem ein Liebeskonflikt zugrunde liegt!
Zeigen Sie, wie diese jungen Menschen um ihre Liebe kämpfen!
Was beeindruckt Sie daran besonders?

Lösung

Nach eingehender Analyse der Aufgabe wirst Du feststellen, daß diese folgende Schwerpunkte beinhaltet:
– Wahl eines geeigneten literarischen Werkes, dem ein Liebeskonflikt zugrunde liegt
– Darlegen des Kampfes junger Menschen um ihre Liebe und des für Dich dabei besonders Beeindruckenden

Außerdem solltest Du Dir darüber Klarheit verschaffen, was im allgemeinen unter einem Konflikt zu verstehen ist.

Was ist ein Konflikt?

Laut Literaturlexikon ist der Konflikt ein wichtiges Element der künstlerischen Gestaltung in den epischen und dramatischen Werken der Literatur, der Theater-, Fernseh- und Filmkunst, die unmittelbar menschliche Handlungen darstellen.
Der Konflikt erscheint als bewußtgewordener, in einem realistischen Kunstwerk als gesellschaftlich bedingter Widerspruch, der von den Menschen ausgetragen wird und Entscheidungen verlangt.
Die Gestaltung eines Konfliktes umfaßt seine Entstehung, Entwicklung, Zuspitzung und Austragung des wesentlichen Widerspruchs zwischen handelnden Personen oder Personengruppen, aber auch im Bewußtsein und Handeln eines einzelnen Menschen. Deshalb spricht man von zwischenmenschlichen und individuellen Konflikten. Der Konflikt in einem literarischen Werk umfaßt individuelle wie zwischenmenschliche Konflikte stets als Ganzes.
Ein Mittel der sprachlichen Gestaltung zwischenmenschlicher Konflikte in dramatischen und epischen Werken ist der Dialog.
Individuelle Konflikte werden häufig durch den Monolog bzw. durch die erlebte Rede verdeutlicht.
Die Art der Lösung der Konflikte hängt von den objektiven Möglichkeiten zur Klärung der gesellschaftlichen Widersprüche und von den Gestaltungs- und Wirkungsabsichten des Autors ab.

Im folgenden erhältst Du Anregungen zum **Schreiben** Deines Aufsatzes:
In der **Einleitung** könntest Du von einem Lese-, Fernseh-, Theater- oder Filmerlebnis ausgehen, das Dir Probleme Liebender vor Augen führte. Oder du beziehst Dich auf das **Zitat** aus Shakespeares weltberühmten Drama „Romeo und Julia", in dem der Wert echter Liebe auf poetische Art und Weise dargestellt ist. Diese Worte sind der 2. Szene im II. Akt entnommen, die in Capulets Garten spielt. Romeo eilt zu Julia und spricht: „Der Liebe leichte Schwingen trugen mich; kein steinern Bollwerk kann der Liebe wehren". Darin kommt zum Ausdruck, daß echte, wahrhaftige Liebe so tief und fest ist, daß sie zum Beherrschenden des Verhaltens der Liebenden wird und diese beflügelt, ihren Glücksanspruch zu verwirklichen – über alle Mauern, alle Festungen hinweg, allen gesellschaftlichen Konventionen zum Trotz.
Natürlich hast Du auch die Möglichkeit, Dich direkt auf William Shakespeare (1564–1616) und die Gestaltung Probleme Liebender in vielen seiner zwölfhundert Stücke, die von 1590 bis 1642 über die Londoner Bühnen gingen, zu beziehen. Bezeichnenderweise stehen dafür neben „Romeo und Julia" die Tragödie „Othello" sowie die Komödie „Ein Sommernachtstraum". In vielen Theatern unseres Landes werden noch heute Shakespeare-Stücke mit Vorliebe gespielt, haben doch deren Inhalte nichts an Bedeutung verloren.

Im **Hauptteil** bearbeitest Du die beiden Schwerpunkte der Aufgabenstellung.
Das heißt, Du mußt zuerst ein geeignetes literarisches Werk wählen, dem ein Liebeskonflikt zugrunde liegt.

Diese Forderung solltest Du nicht ganz so eng sehen. Entscheidend ist der Liebeskonflikt. Ein Buch, ein Theaterstück (Drama, Tragödie), ein verfilmtes literarisches Werk, ein Puppenspiel u. a. sind geeignet, wenn sie die genannte Bedingung erfüllen. Gleichzeitig charakterisierst Du den Konflikt.
Hast Du diesen Schwerpunkt inhaltlich und sprachlich bewältigt, setzt Du Dich mit dem zweiten auseinander.

Im Mittelpunkt steht die Darstellung des Kampfes junger Menschen um ihre Liebe, um die Verwirklichung ihres Glücksanspruchs. Du mußt aufzeigen, wie sie sich bewähren, ob es möglich ist, den Konflikt zu lösen (evtl. Happy-End), oder ob die jungen Menschen in ihrem Kampf um die Verwirklichung der Liebe zerbrechen (tragischer Untergang). Dafür ist es notwendig, treffende Episoden oder Situationen zu wählen, in denen hartnäckiges, leidenschaftliches Ringen, denn das bedeutet Kampf, zu beweisen ist.
Dabei hast Du darzustellen, was das für Dich daran Beeindruckende ist. Es kann sich auf die Charaktere der Liebenden beziehen, auf ihre Entscheidungen, auf ihren inneren Kampf oder auf ihr Auftreten u. a.
Auf keinen Fall darfst Du den **Ich-Bezug** vergessen.

Der **Schlußteil** faßt Deine Erkenntnisse zusammen oder verdeutlicht den Wert der Auseinandersetzung und der Thematik oder den Bezug auf eigenes Erleben.

Im folgenden findest du einige **literarische Beispiele**, die sich für die Aufgabe eignen würden:

Beispiel 1: „Romeo und Julia" von W. Shakespeare

– Tragödie, 1595 entstanden
– Offenbarung echter Liebe zwischen Romeo und Julia aus zwei verfeindeten Adelshäusern (Montague und Capulet) in Verona
– neue Wertauffassungen von Liebe, gegenseitiger Achtung und damit die erzwungene Auseinandersetzung mit den Vorurteilen ihrer Klasse
– Kampf um die Verwirklichung des Anspruchs auf freie Liebesentscheidung bis zum Tod
– Julias Entwicklung von der anfänglich ganz braven Haustochter, die der Mutter verspricht, in Liebesdingen keinen Schritt weiterzugehen, als die „gnäd'ge Mutter" gutheiße, bis zur tapferen, selbstlosen und bis zum Letzten (dem Geliebten in den Tod zu folgen) entschlossenen Frau, die jeden neuen Anschlag auf ihre Liebe abwehrt und von Romeo fordert, auf Familienbindung, Namen und Herkunft zu verzichten.
– Romeos Veränderung durch seine Liebe – von der damals modischen übertriebenen Liebesschwärmerei und -schwörerei zur wahrhaften Liebe; achtet Julia als gleichberechtigten Partner; begreift die Liebe als Menschenrecht und wendet sich somit gegen die bestehenden gesellschaftlichen Normen
– tragischer Untergang der Helden durch gesellschaftliche Hintergründe des Konflikts zwischen den Adelshäusern Capulet und Montague in Verona: Grafen beider Adelshäuser sind durch Tradition und adligen Stand auf die Verteidigung und Vermehrung von Macht, Ehre und Ansehen durch die Mittel und Methoden eines Edelmannes festgelegt; feudales Faustrecht und unversöhnliche Blutrache gehören dazu.

Beispiel 2: „Kabale und Liebe" von F. Schiller

– bürgerliches Trauerspiel, 1784 entstanden, Werk des Sturm und Drang
– Liebe der siebzehnjährigen Luise, Tochter des Musikers Miller – bürgerlicher Herkunft, zum adligen Major Ferdinand, dem Sohn des Präsidenten von Walther
– Forderung nach freier Partnerwahl und Liebesentscheidung; trifft auf Ablehnung der sich über die Standesgrenzen hinwegsetzenden Beziehung durch beide Väter

- Konflikt entsteht durch den Widerspruch zwischen der Liebe zweier junger Menschen unterschiedlicher sozialer Herkunft und den bestehenden gesellschaftlichen Normen
- tragischer Untergang der Liebenden – hervorgehend aus den Ereignissen, den Charakteren der Personen und der gesellschaftlichen Bedingtheit des Konfliktes
- individueller Konflikt im Innern Luises: sie liebt Ferdinand, will aber aufgrund kleinbürgerlicher Erziehung bzw. ihrer religiösen Gebundenheit und strenger Moralvorstellungen dem Bund der Liebe entsagen (Gehorsam gegenüber ihrem Vater → Kraft zur Ablehnung der Flucht mit Ferdinand; ihre religiöse Prägung fordert, durch Briefdiktat das Leben der Eltern zu retten, einen Eid zu schwören und sich zum Schweigen zu verpflichten, der sie nicht in die Lage versetzt, Ferdinand die wahren Zusammenhänge zu erklären); durch ihr Entsagen ist sie die „wahre Heldin des Augenblicks"
- Ferdinand ringt mit leidenschaftlichen Liebesbeteuerungen um Luise, will uneingeschränkt den Bund mit dem bürgerlichen Mädchen realisieren, sieht sich trotz adliger Herkunft bürgerlichen Idealen verpflichtet; aktiv, Stürmer und Dränger, befindet sich jedoch zwischen den Ständen und hofft, Raum außerhalb der Bürger- und Hofwelt zu finden; Liebe bedeutet für ihn natürliches Lebensprinzip, will mit Luise fliehen, sieht aber nicht die reale Welt, durchschaut nicht die Kabalen (Intrigen), mißtraut sogar Luise, zweifelt an ihrer Liebe – bis zur späten Reue.

Beispiel 3: „Romeo und Julia auf dem Dorfe" von G. Keller

- Novelle aus dem 1856 erschienenen Band der „Leute von Seldwyla"
- Liebe zwischen Sali und Vrenchen, den Kindern zweier Bauern, die sich und ihre Familien durch Besitzgier zerstören
- Freitod der beiden Liebenden

Beispiel 4: „Djamila" von Tschingis Aitmatow

- Novelle, 1958 veröffentlicht, kirgisischer Schriftsteller
- Liebe einer bereits verheirateten jungen Frau zu Danijar, einem Kriegsversehrten, dessen Wesen sich durch einen ungeheuren Reichtum an Gefühlen auszeichnet
- freie Entscheidung Djamilas, mit dem Geliebten aus der Heimat wegzugehen ohne Zukunftsgewißheit (Entscheidung über Traditionsgebundenheit hinweg)

Beispiel 5: „Kleiner Mann – was nun?" von H. Fallada

- Roman, 1932 geschrieben
- Bewährung der Liebe und des Zusammenhalts zwischen Pinneberg, einem jungen Verkäufer, und seiner späteren Frau Emma, genannt Lämmchen, vor dem Hintergrund der Arbeitslosigkeit und des gesellschaftlichen Abstieges (in Deutschland)

Beispiel 6: „Crisanta"

- 1951 veröffentlicht, Mexiko
- ergreifende Liebesgeschichte zwischen dem 16jährigen Waisenmädchen Crisanta und dem Jungen Miguel
- spielt in Mexiko nach der Befreiung des Landes
- Crisanta wird schwanger, bleibt aber allein mit dem Kind
- Miguel geht einen anderen Weg, nach Kalifornien

Hans Wallhof (zeitgenössischer Autor): Brücke

oder

Johann Wolfgang von Goethe: Nähe des Geliebten

Brücke

Freundschaft ist eine Brücke.
Zwei getrennte Ufer
schließen Brücken zusammen.
Sie verbinden.
5   Sie überspannen
Schluchten und Tiefen
und machen den Lauf des Weges
einfach unbeschwerlich.
Von Brücken läßt es sich leicht
10   auf das fließende Wasser
herabschauen.
Die Liebe zweier Freunde
ist eine Brücke.
Alles, was verbinden
15   und einen kann,
ist eine Brücke.

Das Verstehen. Das Dienen.
Der Humor. Das Lachen.
Die Gastfreundschaft. Der Gruß.
20   Das freundliche Wort.
Die Anerkennung. Das Verzeihen.
Das Opfer. Das Gebet.
Die Treue. Das Spiel.
Die Zärtlichkeit. Die Ekstase.
25   Mit dir, zwei Worte
schlagen
den Brückenbogen
vom Ich zum Du,
vom Du zum Ich,
30   und tragen die lebendige Kraft
der Herzen.

*(Aus: sehen werten handeln, Ethik für die 7.–10. Jahrgangsstufe, Bayerischer Schulbuch-
verlag 1990, S. 136)*

Nähe des Geliebten

Ich denke dein, wenn mir der Sonne Schimmer
Vom Meere strahlt;
Ich denke dein, wenn sich des Mondes Flimmer
In Quellen malt.

5 Ich sehe Dich, wenn auf dem fernen Wege
Der Staub sich hebt,
In tiefer Nacht, wenn auf dem schmalen Stege
Der Wandrer bebt.

Ich höre dich, wenn dort mit dumpfem Rauschen
10 Die Welle steigt.
Im stillen Haine* geh ich oft zu lauschen,
Wenn alles schweigt.

Ich bin bei dir, du seist auch noch so ferne,
Du bist mir nah!
15 Die Sonne sinkt, bald leuchten mir die Sterne.
O wärst du da!

* Hain: kleiner, lichter Wald

(Aus: Lesebuch 10. Klasse, Diesterweg-Verlag, Ausgabe 1991, S. 131)

Aufgabe:

Interpretieren Sie eines der beiden Gedichte!

Lösung

Bei dieser Prüfungsaufgabe geht es um das Interpretieren von Gedichten. Lies die beiden Gedichte sowie alle Anmerkungen und Hinweise gründlich durch, prüfe danach, welche Thematik Dich am meisten anspricht. Bevor Du mit der Interpretation des gewählten Gedichtes beginnst, solltest Du die im Kapitel B gegebene Anleitung zu dieser Aufsatzform studieren.

Lösung I

Hans Wallhof ist ein zeitgenössischer Autor, zu dem keine weiteren Informationen vorliegen.

Inhalt und Ideengehalt

In dem Gedicht wird das im Leben der Menschen Verbindende durch das Bild einer Brücke thematisiert.

Wenn sich der Leser/Hörer die Überschrift vor Augen führt, entsteht bei ihm ein entsprechendes Erwartungsbild. Was bedeutet „Brücke"?

Eine Brücke führt über einen Fluß, ein Tal, über eine Schlucht, sie verbindet zwei Punkte, zwei Seiten miteinander. Sie bedeutet etwas Festes, Stabiles, Haltbares, um Unterschiede, Höhen, Tiefen, Hindernisse zu überwinden.

Diese Gedanken erkennt der Leser/Hörer in der ersten Strophe. In sachlicher Form werden zum Thema Behauptungen aufgestellt. Die erste lautet: „Freundschaft ist eine Brücke". (Z. 1) Freundschaft existiert dann, wenn zwei Menschen sich mögen, Vertrauen und Verständnis füreinander entwickeln, sich gegenseitig helfen und unterstützen, einfach Gemeinsames haben. Das verbindet wie eine Brücke im eigentlichen Sinne. Brücken bestehen auf Grund ihrer Funktion (Z. 2–8):

„Zwei getrennte Ufer
schließen Brücken zusammen.
Sie verbinden.
Sie überspannen
Schluchten und Tiefen
und machen den Lauf des Weges
einfach unbeschwerlich."

Dabei denkt der Leser vielleicht an mittelalterliche Holzbrücken, moderne Betonbrücken, besondere Bauwunder, die Jahrhunderte überstanden haben und überstehen werden, z. B. die zweietagige Stahlbrücke in Porto (Portugal) oder die Göltschtalbrücke aus Backsteinen im Vogtland.

„Von Brücken läßt es sich leicht
auf das fließende Wasser
herabschauen",

heißt es in den Zeilen 9–11. Wahre Freundschaft ist wie eine Brücke, die Schwierigkeiten und Probleme, Höhen und Tiefen, Freuden und Ängste überwinden läßt, die Freiheit und Sicherheit gibt und eine neue Sicht gewährt auf das Leben, das wie „fließendes Wasser" (Z. 10) vorüberzieht. In den Zeilen 12 und 13 wird eine zweite Feststellung getroffen:

„Die Liebe zweier Freunde
ist eine Brücke."

Das Wort „Brücke" erhält einen anderen Sinn, erfährt eine Steigerung. Liebe schließt Gefühle ein, Sehnsucht, Verlangen, Treue – Gefühle, die verbinden und einen.

Die erste Strophe endet mit der Schlußfolgerung:

„Alles, was verbinden
und einen kann,
ist eine Brücke." (Z. 14–16)

Genau betrachtet, bedeutet dieses „Alles, was verbinden und einen kann" eine erneute Steigerung und muß hinterfragt werden. Als Antwort findet der Leser in der zweiten Strophe in den ersten acht Zeilen Belege für „Alles, was verbinden und einen kann" in Form einer Aufzählung von Nomen mit Artikel. Da nach jedem Begriff ein Punkt steht, hat jeder einen abgeschlossenen Sinn, eine selbständige Bedeutung und spielt also keine untergeordnete Rolle.

Wie können die einzelnen Wörter gedeutet werden?

„Das Verstehen." – Einander verstehen; den anderen akzeptieren; ihm zuhören können, ihn ausreden lassen; seine Meinung tolerieren.

„Das Dienen." – Partner- bzw. Freundschaft beruht auf gegenseitigem Geben und Nehmen, auf gegenseitiger, uneigennütziger Hilfe und Unterstützung.

„Der Humor. Das Lachen." – Lachen, Fröhlichsein, Spaß schaffen, Lebensfreude, Kontakt zu anderen Menschen schaffen Gemeinsamkeit, eine aufgeschlossene Atmosphäre, gemeinsame Erlebnisse.

„Die Gastfreundschaft." – Mit Freude, Herzlichkeit, Wärme andere Menschen empfangen, sie bewirten; eine gemeinsame Zeit mit anderen verbringen; Toleranz zeigen, nicht nach Rasse, Religion, Weltanschauung, sozialer Herkunft fragen; neue Ansichten gewinnen; andere Völker und ihre Traditionen kennenlernen.

„Der Gruß." – Mit einer Bewegung sich anderen zuwenden – mit dem Kopf, dem Blick, der Hand, einer Geste – Ausdruck des Miteinanderumgehens.

„Das freundliche Wort." – Dem andern etwas Nettes sagen, Verständnis zeigen, Aufmunterung geben – vielleicht in einer kritischen Situation einen Ausweg anbieten.

„Die Anerkennung." – Ein Lob für eine erbrachte Tat/Leistung aussprechen – verbal, nonverbal; Verständnis beweisen.

„Das Verzeihen." – Das Einfache, das schwer zu machen ist – Fehler entschuldigen, sie übersehen; die Chance der Wiedergutmachung geben.

„Das Opfer." – Sich für den Partner/Freund einschränken; kann vom Verzicht bis zur Selbstaufopferung gehen – z. B. für gleiche Ideale.

„Das Gebet." – In aller Stille vereint es im Glauben, in der Hoffnung; verbindet die Herzen.

„Die Treue." – Ausdruck der Zuverlässigkeit, Beständigkeit in der Beziehung zum Partner/Freund, zu einer Sache/zu einem Ideal.

„Das Spiel." – Ausdruck der Wechselbeziehung zwischen Menschen, zwischen Mensch und Gesellschaft, aber auch Ausdruck des Gruppenverhaltens – beim Sport, im Theater.

„Die Zärtlichkeit." – Gefühle, Empfindungen für den Partner; das Hinwenden zum Partner, das Erwidern von Gefühlen und Empfindungen.

„Die Ekstase." – Höchstes Erleben von Gefühlen, auch im unkontrollierten Zustand; gesteigertes Glücksempfinden.

Sicher hast Du als Leser andere Vorstellungen und Gedanken beim Lesen dieser Begriffe, deshalb sind die Sinndeutungen als Anregung zu sehen.

Aber erlebbar sind sie nur „Mit dir" (Z. 9), denn diese beiden Worte

„schlagen
den Brückenbogen
vom Ich zum Du,
vom Du zum Ich". (Z. 10–13)

Der Leser wird nun wiederholend an das Verbindende durch die Brücke erinnert. Mit diesen Worten wird sofort eine engere Bindung, ein direkter Kontakt zu einem anderen Menschen hergestellt. Das kann ein Kumpel sein, ein Freund, ein Partner, ein Ehepartner, die Mutter, der Vater, der Nachbar, aber immer bedeutet eine solche Bindung den Weg vom „Ich zum Du, vom Du zum Ich", die Aufhebung unserer Schranken und Hemmungen durch gegenseitiges Nehmen und Geben. Die Bindung basiert auf der „lebendigen Kraft der Herzen". (Z. 14–16) Liebe und Freundschaft funktionieren nur, wenn sie wahr und echt sind, vom Herzen kommen und alles überdauern.

Sprache und Form

- „Brücke" = Sinnbild für alles Einende und Verbindende, mit einer Steigerung der Bedeutsamkeit der Behauptungen:
  „Freundschaft ist eine Brücke."
  „Die Liebe zweier Freunde ist eine Brücke."
  „Alles, was verbinden und einen kann, ist eine Brücke."
- Verwendung der dreifachen Wortwiederholung „... ist eine Brücke" in den Zeilen 1, 13, 16 der ersten Strophe wirkt einprägend, vertiefend und besonders betonend.
- Abgeschlossene Hauptsätze als Behauptungen in der ersten Strophe (sachlicher Stil)
- In der zweiten Strophe erfolgte Aufzählung der Begriffe in Form von Ellipsen:
  „... Der Humor. Das Lachen. Die Gastfreundschaft ..."

- Hervorheben der Gemeinsamkeit durch Umkehrung des Begriffes in der Wiederholung:
„Vom Ich zum Du,
vom Du zum Ich"
- Betonen der Allgemeingültigkeit der Aussagen durch die Personalpronomen „Ich", „Du"
- Gedicht in Strophenform, reimlos, freie Rhythmen

Absicht und Leserwirkung

Der Autor regt mit diesem Gedicht zum Nachdenken an über wahre menschliche Beziehungen wie Freundschaft und Liebe, über den Wert dieser, um Probleme der heutigen Zeit überwinden zu können.

Lösung II

Am Anfang meiner Lösungshinweise zu dieser Aufgabe möchte ich Dich (wiederholend sicherlich) auf wichtige Eckpunkte im Leben und Schaffen Goethes aufmerksam machen.
Johann Wolfgang von Goethe wurde am 28. August 1749 in Frankfurt am Main geboren. Im Hause seiner Eltern erhielt Goethe eine sehr gute Ausbildung durch einen Hauslehrer.
1765 begann er in Leipzig ein Jurastudium, das er nach dreijähriger Unterbrechung in Straßburg fortsetzte. Nachdem der junge Goethe dies 1771 beendet hatte, arbeitete er bis 1775 als Rechtsanwalt in seiner Geburtsstadt, kurzzeitig aber auch als Praktikant am Reichskammergericht in Wetzlar. Seine Jugendwerke wie „Die Leiden des jungen Werther", „Willkommen und Abschied" sowie „Prometheus" verdeutlichen die Ideale des Sturm und Drang (1770– 1785).
1775 folgte der Dichter der Einladung des Herzogs Karl August an den Hof von Weimar und leitete dort in den folgenden Jahren verschiedene Ministerien. Außerdem veröffentlichte er als Ergebnis seiner Studien auf den unterschiedlichsten Gebieten eine Reihe von naturwissenschaftlichen und kunsttheoretischen Schriften.
1788 lernte er Christiane Vulpius, seine spätere Frau, kennen.
Von 1794 bis 1805 bestand ein wirksamer Schaffensbund mit Friedrich Schiller. Dieser Bund bildete den Kern der Weimarer Klassik. Ergebnisse der produktiven Zusammenarbeit zwischen Goethe und Schiller sind das „Balladenalmanach" (1797) und Dramen wie „Wallenstein" (Schiller) und Goethes „Faust" (Teil 1) sowie „Wilhelm Meisters Lehrjahre". Am 22. März 1832 starb Goethe in Weimar.
Für das Gedicht **„Nähe des Geliebten"** wird 1795 als Entstehungsjahr angegeben, die gleiche Zeit wie für „Mignon" (aus „Wilhelm Meisters Lehrjahre"), „Glückliche Fahrt" und „Meeresstille". Es fällt in die Epoche der Klassik (1786–1805), die die Harmonie zwischen Natur, Mensch und Gesellschaft zum Ziel hat, die dem Wesen nach aber auch festhält an den Forderungen des Sturm und Drang (Entfaltung des einzelnen zur harmonischen Individualität).
Aus dem Grund wirst Du das Gedicht bestimmt der Sturm-und-Drang-Bewegung zuordnen, da individuelle Gefühlsäußerungen in der Liebeslyrik dieser Zeit eine große Rolle spielten.
Als Hintergrundinformation findest Du in Erläuterungen zur Lyrik Goethes, daß das Gedicht „Nähe des Geliebten" nach einer Grundidee von M. Bruns entstanden sei. (Übrigens hat sich Goethe – so auch andere Dichter – der Grundgedanken anderer Werke bedient, z. B. für die Ballade „Der Zauberlehrling". Deren Grundmotiv findet man in verschiedenen deutschen und morgenländischen Sagen und Märchen.)
Ergänzend möchte ich Bemerkungen Goethes in den Tag- und Jahresheften von 1795 zum besseren Verständnis hinzufügen:
„Junge Männer, die von Kindheit auf, seit beinahe zwanzig Jahren, an meiner Seite heraufgewachsen, sahen sich nun mehr in der Welt um, und die von ihnen mir zugehenden Nachrichten mußten mir Freude machen, da ich sie mit Verstand und Tatkraft auf ihrer Bahn wei-

terschreiten sah. Friedrich von Stein hielt sich in England auf …" (aus: Goethe. Gesammelte Werke, Bd. 5, S. 135, Weimar). Für den historischen Bezug dieses Gedichtes ist diese Information wertvoll. Aber auch ohne Hinweise gelingt Dir ganz bestimmt die Interpretation dieses wunderschönen Liebesgedichtes.

Inhalt

Der Inhalt des Gedichtes wird bestimmt durch die starke Sehnsucht des lyrischen Ichs nach Liebe und Nähe des geliebten Menschen, zu jeder Zeit – Tag und Nacht, an jedem Ort – in der Nähe und in der Ferne. Dabei spielt die Beziehung zur Natur eine wichtige Rolle. Diese steht nicht im Widerspruch zu den Gefühlsaussagen des lyrischen Subjekts, sondern das Gegenteil ist feststellbar: Gefühle und Natur empfindet der Leser als harmonische Einheit.

Sprache und Form (im Bezug zum Ideengehalt)

Goethes „Nähe des Geliebten" ist ein Liebesgedicht, das in seiner Grundstimmung Ruhe und Sinnlichkeit ausstrahlt.

Deutest Du als Leser die Überschrift, wirst Du feststellen, daß sie in zweierlei Hinsicht bedeutsam ist: Das lyrische Ich wünscht sich die Nähe der geliebten Person, die aus irgendeinem Grund abwesend ist – getrennte Wohn- oder Aufenthaltsorte, Bildungsreise in ein anderes Land (s. Goethes Bericht), aufgrund sozialer Unterschiede nicht in der Gesellschaft akzeptiert, altersmäßige Trennung, Tod, Krankheit usw. Da die Beziehung zwischen den beiden tief und fest ist, empfindet andererseits das lyrische Subjekt trotz Sehnsucht die Nähe des Geliebten. In Gedanken könntest Du Dir folgendes Bild vorstellen: Ein junges Mädchen oder eine junge Frau, das lyrische Subjekt, sieht, hört und fühlt den Liebsten bei jedem Schritt und Tritt, zu jeder Tages- und Nachtzeit, weil es oder sie sich vor Sehnsucht fast verzehrt, so daß diese am Ende wie in einem Aufschrei „O wärst du da!" (Z. 4, letzte Strophe) gipfelt, denn dann wäre die Sehnsucht gestillt und die Liebe augenblicklich Realität.

Das Gedicht besteht aus **vier Strophen** zu **je vier Zeilen**, die einen **gleichförmigen Satzbau** aufweisen. Jede Strophe beginnt mit einem Ich-Satz, der das Bekenntnis des lyrischen Ichs zum geliebten Menschen beinhaltet. In der ersten Strophe heißt es:

„Ich denke dein, wenn mir der Sonne Schimmer
Vom Meere strahlt;" (Z. 1 – 2)

Mit den Gedanken an den Liebsten verknüpft sich das Naturbild. Die Sonne spendet Wärme, die sich auch Liebende schenken, die Sonne „strahlt", gibt Freude und Zuversicht. Die Wiederholung des Satzes „Ich denke dein" (Z. 3) verstärkt das Gefühl der Sehnsucht, in Gedanken beim geliebten Menschen zu sein, auch im Dunkeln, wenn sich der Mond in den sanften Wellen des Quellwassers widerspiegelt, vielleicht an der Stelle, wo sich beide öfters zum Stelldichein getroffen haben.

Das lyrische Subjekt liebt mit allen Sinnen, deshalb sagt es: „Ich sehe dich" (2. Strophe, Z. 1), „Ich höre dich" (3. Strophe, Z. 1), „Ich bin bei dir" (4. Strophe, Z. 1), „Ich denke dein" (1. Strophe, Z. 1, 3). Jemanden zu hören, sehen und fühlen ist Ausdruck höchster Gefühle füreinander und innigster Verbundenheit.

Goethe verbindet diese durchgehend in den einzelnen Strophen mit dem Naturerleben. Vielleicht ist die Stimme des Geliebten im „dumpfen Rauschen" (Z. 1, 3. Strophe) der Wellen zu hören, „Im stillen Haine" (Z. 3, 3. Strophe), „Wenn alles schweigt" (Z. 4, 3. Strophe), „auf dem fernen Wege", wenn „Der Staub sich hebt" (Z. 1 und 2, 2. Strophe) oder „auf dem schmalen Stege Der Wanderer lebt." (Z. 3 u. 4, 2. Strophe)

Die **letzte Strophe** setzt mit einer **Antithese** ein:

„Ich bin bei dir, du seist auch noch so ferne,
Du bist mir nah!" (Z. 1 und 2)

Darin kann der Leser die geistige, innere Verbundenheit beider Menschen erkennen. Das Ausrufezeichen dokumentiert die unwiderrufliche Richtigkeit dieser Feststellung. Deshalb folgt in den letzten Zeilen (15, 16) der vierten Strophe die zusammengefaßte Begründung für die Sehnsucht: „Die Sonne sinkt, bald leuchten mir die Sterne. O wärst du da!"
Der Tag geht zu Ende, die Nacht kommt, mit ihr verstärkt sich das Verlangen nach Zärtlichkeit, nach Wärme, nach Glück. Die Strophen sind alle im **Kreuzreimschema** (abab) geschrieben, so entsteht ein harmonisches Klangbild. Die Sätze sind **zeilenübergreifend**. Treffende Verben verdeutlichen die Gefühlsäußerungen, die Stimmung des lyrischen Ichs: denken, sehen, hören, strahlen, malen, beben, lauschen, schweigen, leuchten. Anschauliche Adjektive und Substantive lassen dazu die Natur in Harmonie bildhaft vor den Augen des Lesers erscheinen: „der Sonne Schimmer" (Z. 1, 1. Strophe), „des Mondes Flimmer" (Z. 3, 1. Strophe), „auf dem fernen Weg" (Z. 1, 2. Strophe), „Auf dem schmalen Wege" (Z. 3, 2. Strophe), „mit dumpfem Rauschen" (Z. 1, 3. Strophe), „Im stillen Haine" (Z. 3, 3. Strophe).

Absicht und Leserwirkung

Dieses Gedicht verkörpert die Schönheit und den Wert einer tiefen menschlichen Beziehung, und gleichzeitig wirkt es auf den Leser anregend, über sein Verhältnis zu einem geliebten Menschen nachzudenken, seine eigene Position zu überprüfen und, wenn notwendig, zu korrigieren.

Zentrale Aussage

Leben und Lieben mit allen Sinnen machen Natur und Welt erlebbar.

Schülerbeispiele

„Dichter schrieben damals über die Natur und ihre Einzigartigkeit, aber auch über die Liebe."
(Einleitung)

„Das Gedicht wirkt auf mich sehr sinnlich und ruhig, und ich verspüre auch in der vierten Strophe in den Worten 'O wärst du da!' eine große Sehnsucht nach einer geliebten Person."
(Hauptteil – Beginn)

„Jemanden zu hören, zu sehen, zu fühlen verkörpert starke, innige Liebe, die Liebe mit allen Sinnen."
(Schlußteil)

R. Eppler: Die erste Liebe

Christine war siebzehn, als ihr Vater Gedanken wälzte, die er sich bisher nicht zu machen brauchte. Chris war ein hübsches Mädchen. Außenstehende mochten sich darüber wundern, wie sehr sie immer noch an den Eltern hing. Jetzt aber blieb Christine schon seit einiger Zeit nicht mehr sonntags bei ihren Eltern. Sie besuchte auch nicht ihre
5 Freundin Helga, sondern sie ging – wie sie sagte – allein durch den Park. Sie blieb lange aus, nutzte regelmäßig die Ausgeherlaubnis bis zehn Uhr abends, die der Vater seinem großen Mädchen erteilt hatte.

Noch etwas war den Eltern aufgefallen: Chris verschwand immer ohne rechten Abschiedsgruß an den Sonntagen. Nur bevor die Tür zufiel, tönte ein lautes „Tschau",
10 dann sahen Vater und Mutter sie erst spät abends wieder. Die Mutter hatte auch bemerkt, daß Lippenstift, Augenbrauenkohle und anderes aus ihrem Make-up verhältnismäßig rasch schwanden.

An einem Sonntag aber wurden die Gedanken des Vaters dringender: Chris war um elf noch nicht zu Hause. Das war nun völlig neu. Vater ging, sie zu suchen. Er mußte nicht
15 weit gehen. Der Park begann dicht vor dem Haus, in dem sie wohnten, und dort, auf einer Bank, sah er ein Liebespaar, das sich küßte und ihn gar nicht bemerkte. Die weibliche Hälfte des Paares war seine Tochter Christine.

Er ging zurück, überredete die Mutter, sich ins Bett zu legen. Dann setzte er sich an seinen Schreibtisch und schrieb diese Geschichte:

20 *„Es war einmal ein Apfel, der war grün und unreif, denn es war früh im Jahre. Der kleine Apfel aber hatte sich unsterblich verliebt in die weißen Zähne des Briefträgers, der jeden Morgen vorbeiradelte. Wenn die alten Äste, die viele Jahre Erfahrungen mit jungen Äpfeln gesammelt hatten, den kleinen Apfel auch warnten und ihm sagten, daß er für ein normales Apfelschicksal noch zu grün sei, so sehnte sich der kleine Apfel doch*
25 *übermächtig. Er gab sich Mühe, besonders reif zu sein, und sagte zu den Ästen: „Ihr seid ja so holzig!"*

Als eines Tages ein Maler den Zaun vor dem Baum mit roter Farbe bemalte, gelang es dem Äpfelchen, eine Wange an den Zaun zu schmiegen, so daß einseitig die rechte Reifefarbe kam. Auf diesen Trick fiel der Briefträger glatt herein. Er pflückte das Äpfelchen
30 *und schlug seine blitzweißen Zähne in die rote Wange. Das tat so richtig schmerzhaft gut. Aber dann spuckte der Briefträger und warf das angebissene Äpfelchen auf die Straße.*

Dort lag es nun, klein, unreif, verloren. Ein Junge kam, spielte Fußball mit ihm. Als die anderen Äpfel reif und mit Liebe und Sorgfalt gepflückt wurden, da war es braun und
35 *faulig geworden, so daß selbst Wespen und Fliegen, wenn sie ein bißchen probiert hatten, spottend weiterflogen."*

Die Geschichte legte der Vater auf den Küchentisch, dann ging auch er zu Bett. Schlafen konnte er natürlich nicht. Er wußte auch nicht, ob er sich richtig verhalten hatte. Lange nach zwölf erst kam Christine. Sie hatte Angst, daß der Vater schelten würde. Aber es
40 gab keine Schelte. Nur die Geschichte fand sie auf dem Küchentisch. Sie las sie und verstand auch, denn mit siebzehn weiß man viel vom Leben, nur nicht aus Erfahrung.

Lange überlegte Chris, dann klopfte sie leise an die Tür zum Elternschlafzimmer: „Schlaft ihr schon?" – „Nein", sagte der Vater. – „Ich wollte nur noch vorm Schlafengehen sagen, daß ich euch lieb habe und daß ihr gar nicht holzig seid und daß ich sehr
45 auf mich aufpassen werde", flüsterte Christine. Und nach einer Pause fügte sie hinzu: „Darf ich euch nächste Woche Peter vorstellen? Vielleicht mögt ihr ihn auch." – „Wir würden uns sehr freuen", sagte Vater, „gute Nacht."

(Aus: Lesebuch Wortwechsel 10, Schroedel-Verlag, S. 308/309)

Aufgabe:

Schildern Sie Ihre Eindrücke, Gedanken und Empfindungen beim Lesen dieser Erzählung! Gehen Sie dabei besonders auf das Verhalten des Vaters und die Reaktion der Tochter ein!

Lösung

Diese Aufgabe verlangt gründliches Lesen der Erzählung „Die erste Liebe", um Inhalt, Thema und Aussage zu erfassen. Das Verständnis und die Wirkung des Textes reflektierst Du beim Schreiben des Aufsatzes durch Schildern Deiner Eindrücke, Gedanken und Empfindungen, wobei Du besonders auf das Verhalten des Vaters und die Reaktionen der Tochter eingehen sollst.
Vergiß nicht den Ich-Bezug in Deiner Darstellung!
Zum Autor R. Eppler sind keinerlei Angaben bekannt. Die Erzählung „Die erste Liebe" ist entnommen der Textsammlung: Unterwegs zum Erwachsenen, Rapperswil.

Inhalt

Christine, ein hübsches siebzehnjähriges Mädchen, das ein sehr gutes Verhältnis zu seinen Eltern hat, beunruhigt diese plötzlich durch ihr verändertes Verhalten an den Sonntagen. Sie bleibt nicht mehr zu Hause, besucht auch nicht ihre Freundin Helga und nutzt die vom Vater erteilte „Ausgeherlaubnis" bis zur letzten Minute aus. Auffällig sind Christines flüchtiger Gruß „Tschau" beim Verschwinden in den Park und das rasch weniger werdende Make-up der Mutter. Das nehmen die „sprachlosen" Eltern wortlos hin, bis sie an einem Sonntag überraschender Weise die Ausgehzeit überschreitet. Auf der Suche nach der Tochter findet der Vater die Ursache für die Veränderung: Christine ist in einen jungen Mann verliebt, mit dem sie die Sonntage im Park verbringt.
Zurückgekehrt schickt er die wartende Mutter ins Bett und schreibt in seiner Sorge um die Tochter eine Geschichte, in der er die Erfahrungen der Älteren mit der ersten Liebe in Form eines Gleichnisses darlegt. Als Christine später nach Hause kommt, findet sie anstelle von Reglementierungen diese ungewöhnliche Reaktion ihres Vaters vor. Die Geschichte hilft ihr, das Verhalten gegenüber ihren Eltern zu korrigieren. Sie geht auf diese zu, verspricht, auf sich aufzupassen und ihnen ihren Freund Peter vorzustellen.

Wiedergeben von Eindrücken – Inhaltliche Betrachtung, Sprache und Form

Wenn Du Deine Eindrücke, Gedanken und Empfindungen beim Lesen der Erzählung glaubhaft wiedergeben willst, wird von Dir eine **subjektive Darstellung** erwartet, die die inhaltliche Betrachtung und den Bezug zu sprachkünstlerischen Mitteln einschließt. Darauf bezieht sich der Lösungsvorschlag.
In der **Erzählung** von R. Eppler geht es um die Beziehung zwischen Eltern und Kind in der Zeit des Erwachsenwerdens.

Auf dem Weg zum Erwachsenwerden beginnt der Prozeß des „Abnabelns" vom Elternhaus. Die Jugendlichen wollen ihren eigenen Weg gehen, selbständig sein, eigenständig entscheiden, sich nicht bevormunden lassen, Erfahrungen sammeln. Sie erleben z. B. die erste Liebe. Da viele Eltern mit dem Erwachsenwerden ihrer Kinder oft nicht zurechtkommen, entstehen Konfliktsituationen, Mißverständnisse. Dazu könntest Du Dich in der **Einleitung** Deiner Ausführungen äußern, aber auch zu einem Erlebnis oder zum Inhalt der Erzählung. Liest Du den **Anfang**, wirst Du ganz bestimmt an Deine erste Liebe denken, an das Kribbeln im Bauch und an das Herzklopfen bis zum Hals hinauf, als Du Dich das erste Mal mit dem Freund/Freundin getroffen hast. Vielleicht waren Deine Eltern ebenso wie Christines Eltern tolerant – oder auch nicht.

Die Erzählung weist im **Aufbau** die typischen Merkmale auf:
Einleitung – Charakterisierung der Hauptperson der Handlung (Christine) und ihres Verhältnisses zu den Eltern, vor allem zum Vater, Verdeutlichung der Situation (Z. 1–13), **ansteigende Handlung** mit **Höhepunkt** – Suche des Vaters nach der Tochter und ihr Entdecken im Park, die ungewöhnliche Reaktion des sich Sorgen machenden Vaters (Parabel) (Z. 14–37), **ausklingende Handlung und Schluß** – Gespräch zwischen Tochter und Eltern. Du erfährst also am **Anfang der Erzählung**, daß die Hauptperson Christine heißt, siebzehn Jahre alt und sehr hübsch ist. Der Leser empfindet sie als ein nettes Mädchen, liebevoll Chris genannt, das ein sehr gutes Verhältnis zu den Eltern hat. Im Text heißt es: „…, wie sehr sie immer noch an den Eltern hing" (Z. 4), so bleibt sie in der Regel sonntags bei den Eltern. Sie hat sie sicher sehr gern und fühlt sich bei ihnen wohl. „Außenstehende" (Z. 2) wundern sich darüber, denn heute ist es eine Seltenheit geworden, daß Jugendliche in dem Alter ihre Zeit mit den Eltern verbringen. Christines Eltern haben nicht vergessen, daß sie auch einmal jung gewesen sind. Sie akzeptieren das Alter ihrer Tochter, und sie akzeptiert die Forderung der Eltern.

An dieser Stelle wirst Du als Leser an **Deine Möglichkeiten** betreffs des Nachhausekommens denken. Im weiteren Handlungsverlauf ändert sich plötzlich das Verhalten der Tochter an den Sonntagen. Chris bleibt nicht mehr bei den Eltern, besucht nicht mehr die Freundin, sondern geht allein durch den Park und nutzt die Ausgehzeit bis zur letzten Minute. Im Text wird nichts darüber ausgesagt, wie sich die Eltern verhalten, was die Eltern dazu sagen, ob sie die Tochter befragen. Aber auch die Tochter sagt nichts, bis auf ein „lautes Tschau" beim Verlassen des Zimmers. Die Mutter bemerkt, „daß Lippenstift, Augenbrauenkohle und anderes aus ihrem Make-up verhältnismäßig rasch verschwanden." (Z. 12–13) Sicher fühlt die Mutter, warum sich ihre Tochter verändert hat. In ihrer Jugend hat auch sie eine solche Situation erlebt. „Ihr Vater wälzte Gedanken." (Z. 1) Er spürt vielleicht besonders die Veränderung der Tochter, die ihn beunruhigt und Sorgen bereitet.

Er wird sich fragen: Was geschieht? Mit wem? Wo? Wie? Du wirst **Dir die Frage** nach der Notwendigkeit der elterlichen bzw. väterlichen Sorgen **stellen** und zum Schluß kommen, daß das im allgemeinen ein typisches Verhalten der Eltern ist. Meistens kommt es zu lautstarken Auseinandersetzungen zwischen den Eltern und ihren erwachsen werdenden Kindern, und es läuft nicht so ruhig und geradlinig wie in Epplers Geschichte ab. An einem Sonntag kommt die Tochter nicht rechtzeitig nach Hause. Die Gedanken des Vaters werden „dringender" (Z. 14), er muß etwas tun. Er sucht die Tochter, findet sie im Park auf einer Bank als „Liebespaar, das sich küßte und ihn gar nicht bemerkte." (Z. 17–18) In dieser Situation kannst Du Dir ganz bestimmt vorstellen, wie Liebenden zumute ist, wie sie um sich herum die Welt vergessen, nicht an Vater und Mutter denken, da sie etwas ganz Neues erleben, ihre Hemmungen und innere Schranken überwinden, sich selbst und den Partner entdecken, da ihnen plötzlich eine neue Art Vertrauen geschenkt wird.

Das Verständnis des Vaters schlägt um in Angst um die Zukunft der Tochter. Er möchte sie warnen vor schmerzlichen Erfahrungen. Aber wie? Es ist schwierig für ihn, das richtige zu tun, ohne die Tochter zu verletzen, ohne das gute Verhältnis zu zerstören. In die Lösung bezieht er auch die Mutter nicht ein, er schickt sie ins Bett, vielmehr „überredet" er sie, sich hinzulegen. Wie er eine alltägliche Arbeit verrichtet, setzt er sich an den Schreibtisch und schreibt eine Parabel, um auf diese (ungewöhnliche) Weise seiner Tochter den Rat zu geben, über die erste Liebeserfahrung nachzudenken, „denn mit siebzehn weiß man viel vom Leben, nur nicht aus Erfahrung". (Z. 42–43)

In der Parabel (s. Aufgabe 5) meint der Vater mit dem grünen und unreifen Apfel, der die Liebe zum Briefträger entdeckt, seine Tochter. Und mit dem Reif- und Schönwerden wird der Apfel benutzt und weggeworfen, so daß er später von keinem anderen beachtet wurde. So fordert er seine Tochter auf, über die Liebesbeziehung nachzudenken, er will sie warnen und vor schmerzlichen Enttäuschungen bewahren. Der Vater erscheint als ein äußerst liebevoller, zuversichtlicher Erzieher, der Lebenserfahrung hat und den man gern um Rat fragen würde. Er wirkt äußerlich ruhig, aber innerlich aufgewühlt. Er „wußte auch nicht, ob er sich richtig verhalten hatte". (Z. 39–40)

Du gewinnst sicherlich den **Eindruck**, daß Christine sehr wohl den Rat als hilfreich versteht, denn sie geht auf die Eltern zu und sagt, „daß ihr gar nicht holzig seid". (Z. 46) Sie ist froh und glücklich, solche verständnisvollen Eltern zu haben. Sie fühlt sich verstanden, ihre Gefühle sind nicht verletzt worden. So kann sie aus ehrlichem Herzen den Eltern versprechen, auf sich aufzupassen und ihren Freund vorzustellen – mit der Hoffnung auf Akzeptanz: „Vielleicht mögt ihr ihn auch." (Z. 48)

Und der Vater fühlt sich zum **Schluß** erleichtert und gut, seine Worte sind auf fruchtbaren Boden gefallen, seine Tochter hat ihn verstanden. Für ihn war es der richtige Weg, die entstandene Situation zu klären. Im Text überwiegt im Schlußteil die **wörtliche Rede**. Miteinander reden öffnet, klärt, führt zueinander, löst Spannungen und Konflikte.

Auch dazu könntest Du Dich im Aufsatz äußern. Siehst Du einen solchen Weg für die Lösung von Konflikten zwischen Eltern und Kindern als günstig? Ist das nicht zu außergewöhnlich? Es könnte auch hinterfragt werden, ob nicht das Überschreiten der Ausgehzeiten in jedem Falle bestraft werden müßte? Oder sollten Eltern Eigenmächtigkeiten ihrer Kinder tolerieren?

Damit siehst Du, wie vielseitig und umfassend Gedanken, Gefühle und Empfindungen aus Deiner Sicht wiedergegeben werden können. Auf keinen Fall darfst Du den Bezug zur **Sprache** vergessen.

Sowohl im Erzähltext als auch im Gleichnistext ist der **Sprachstil** dem Sinn und Zweck der Darstellung angemessen. Es ist klar und verständlich. Eine große Anzahl **zusammengesetzter Sätze** wird verwendet, um wesentliches Geschehen und Zusammenhänge zu verdeutlichen, z. B. „Christine war siebzehn, als ihr Vater Gedanken wälzte, die er sich bisher nicht zu machen brauchte". (Z. 1–2)

Besonders hervorzuheben ist die **Bildhaftigkeit** der Sprache in der Parabel, z. B. „Der kleine Apfel hatte sich unsterblich verliebt in die weißen Zähne des Briefträgers, der jeden Morgen vorbeiradelte." (Z. 22–23), „Ihr seid ja so holzig!" (Z. 27). **Umgangssprachliche Elemente** finden sich im Text: „Augenbrauenkohle" (Z. 12), „weibliche Hälfte" (Z. 18), „daß der Vater schelten würde. Aber es gab keine Schelte." (Z. 40–41), „Tschau" (Z. 11). **Schlüsselsätze** dienen dem besseren Verständnis: „als ihr Vater Gedanken wälzte" (Z. 1), „wurden die

Gedanken des Vaters dringender" (Z. 14), „denn mit siebzehn weiß man viel vom Leben, nur nicht aus Erfahrung". (Z. 42–43) In diesen und anderen Sätzen **spielt** der Autor **mit Wörtern,** worin eine doppelte Bedeutsamkeit zu sehen ist.

Absicht und Leserwirkung

Es ist über die Art und Weise des Umgangs zwischen den Generationen nachzudenken. Die jüngere Generation sollte bereit sein, die Erfahrungen der Älteren zu überprüfen und positive zur Überwindung von Problemen oder zur Vermeidung von Gefahren anzunehmen.

Schülerbeispiele

„Mit klopfendem Herzen denke ich an die ersten heimlichen Treffen am Teich, an die starre Haltung der Hände, und dann standen plötzlich meine Eltern hinter uns. Heute kann ich darüber lachen, doch damals?"
(Einleitung)

„Der Vater will damit sagen, wie es seiner Tochter ergehen kann, wenn sie sich in die erste Liebe hineinsteigert."
„Christine findet diese kleine Geschichte ihres Vaters großartig."
(Hauptteil)

„Da viele Eltern mit dem Erwachsenwerden ihrer Kinder Probleme und Ängste haben, auf ihre Kinder zuzugehen, entstehen meist Mißverständnisse zwischen Eltern und Kindern.
(Schlußteil)

„… halt mich fest – laß mich frei."

Aufgabe:

Setzen Sie sich mit der Äußerung eines Jugendlichen auseinander!
Führen Sie eigene Beispiele an! (Vorstellbar sind Bezugspersonen, wie Freund/Freundin; Eltern/Erzieher/Lehrer; Verwandte/Bekannte.)

Lösung

Beim Lesen dieser Aufgabenstellung fühlst Du dich bestimmt spontan angesprochen. Du erinnerst Dich sicherlich noch ganz genau an die Phase der Entwicklung vom „wohl" behüteten Kind zum Jugendlichen. Diese Zeitspanne war geprägt mit vielen Konfliktsituationen, da von verschiedenen Seiten aus Dein Streben nach Selbständigkeit und nach persönlicher „Freiheit" unterschiedlich beeinflußt wurde.

Es gilt bei dieser Thematik, daß Du **Deine Erfahrungen und Erkenntnisse**, die Du in diesem Entwicklungsprozeß gewonnen hast, **kritisch und ehrlich erörterst.**
Wie in Kapital A dieses Buches ausführlich dargestellt, kommt es darauf an, die einzelnen notwendigen Schritte für die Darstellung einer Erörterung einzuhalten.

Stoffsammlung

Du beginnst wie immer mit einer ausführlichen Stoffsammlung, damit Du durch viele einzelne Gedanken, Impulse zu diesem Thema Dein Konzept abgrenzen kannst. Für die Stoffsammlung schlage ich Dir folgendes Schema vor:

Was können diese beiden Aussagen alles bedeuten?

„... halt mich fest" = mich festhalten:
- Liebe
- Hilfe und Unterstützung
- Geborgenheit
- Schutz
- Bewahrung vor gefährlicher Entwicklung
- Stütze für geistige und psychische Entwicklung
- Orientierungshilfe in allen Lebensfragen
- liebevolle Zuwendung
- Verständnis und Vertrauen
- Stärkung des Selbstbewußtseins
- nicht allein lassen
- nicht enttäuschen
- nicht verstoßen
- ein vertrautes Zuhause
- ein fester Halt
- materielle Stütze
- gegenseitiges Akzeptieren

Nachteile
- Unterdrückung
- Unsicherheit
- Einschränkung der Selbständigkeit
- Abhängigkeit

„laß mich frei" = mich freilassen:
- allein leben
- allein den richtigen Weg finden
- selbständig entscheiden
- eigene Interessen entwickeln
- eigene Ideen durchsetzen
- eigene Wünsche und Träume erfüllen
- sich nicht mehr bevormunden lassen
- sich nicht mehr einengen lassen
- sich selbst ausprobieren
- sich selbst bewähren in verschiedenen Situationen
- eigene Verantwortung übernehmen
- frei und ungebunden sein
- über sich selbst bestimmen
- das Selbstwertgefühl stärken
- die Persönlichkeit entfalten

Nachteile
- Orientierungslosigkeit
- Gefühl des Alleinseins
- Fehlentwicklung
- Unfähigkeit zur Bindung

Ordnung des Stoffes

Nach dieser Stoffsammlung ordnest Du Deine Gedanken entsprechend der Aufgabenstellung. Die Schwerpunkte des Themas findest Du leicht durch Fragen, die Du für den Lösungsweg sofort beantwortest:

– Welche Bezugsperson oder Personengruppe wähle ich aus?

- In welcher Situation sagte oder sage ich: „… halt mich fest"?
- Welche Gründe habe ich zu sagen: „…laß mich frei"?
- Welche konkreten Beispiele eignen sich zur Beweisführung meiner Argumente?
- Welche Meinung (Erkenntnis) habe ich zu dieser Problematik?

Nachdem Du die Fragen stichpunktartig beantwortet hast, überlegst Du Dir, wie Du Deinen Aufsatz **einleiten und abschließen** kannst.
Ich möchte Dir jetzt aus der Fülle der Möglichkeiten **zwei Lösungswege** vorstellen.
Entsprechend der ersten Frage entscheide ich mich für das Elternhaus als Bezugspersonen.
(Hierbei kannst Du differenzieren zwischen Vater, Mutter, beide Elternteile, älterer Bruder, ältere Schwester, Onkel, Tante.)

Erstes Beispiel
In der **Einleitung** stellst Du dar, was Dir das Elternhaus (oder die ausgewählte Person) bedeutet, wie es Dich behütet und auf dem Weg zum Jugendlichen geprägt hat.
Im **Hauptteil** erörterst Du auf der Grundlage weniger ausgewählter Beispiele, wie wertvoll für Dich Liebe – Verständnis – Geborgenheit – Hilfe u. a. sind. In der **Überleitung** zum zweiten Teil („… laß mich frei") verdeutlichst Du den weiteren Lösungsweg. Entweder Du stellst Deine positiven Erfahrungen dar, wie Deine Eltern (oder die ausgewählte Bezugsperson) mit Vertrauen und Einfühlungsvermögen Dir Deine „Freiheiten" Schritt für Schritt gewährt und Dich zur Selbständigkeit mit eigenen Entscheidungen erzogen haben und wie Du dadurch Dein Selbstwertgefühl entwickeln konntest. **Oder** Du legst Deine negativen Erfahrungen dar, wie durch eine strenge und autoritäre Erziehung Deine Entwicklung zur Selbständigkeit eingeengt und durch überzogene Kontrollen, Verbote, Sanktionen eine gewisse Unterwürfigkeit erzielt wurde. Im **Schlußteil** formulierst Du als Zusammenfassung Deine Erkenntnis, welche Bedeutung allgemein das Elternhaus in Einheit von „Festhalten" und „Loslassen" für die Persönlichkeitsentwicklung eines Jugendlichen besitzt oder welche Gefahr der Fehlentwicklung bei Mißachtung dieser Einheit besteht.

Zweites Beispiel
Eine andere Möglichkeit der Darstellung wäre, daß Du allgemein Vor- und Nachteile der beiden Aussagen eines Jugendlichen kritisch mit eigenen Beispielen darstellst.
In der **Einleitung** kannst Du kurz erläutern, wie jeder Jugendliche eine Stütze benötigt und wie wichtig es ist, die Persönlichkeit durch Eigenverantwortung und Selbständigkeit zu entwickeln.

Im **Hauptteil** stellst Du auf der Grundlage ausgewählter Beispiele aus der Stoffsammlung die Vor- und Nachteile von „Festhalten" und „Loslassen" dar.

Als **Zusammenfassung** erläuterst Du im Schlußteil Deine persönlichen Erfahrungen und Erkenntnisse zu dieser Problematik, d. h. im negativen oder positiven Sinn – bezogen auf Freundschaft, Liebe oder Bezugsperson.

„**Es gibt Wichtigeres als Geld und Besitz**"
Krisenstimmung und Jammern sind „in". Aber es gibt genug Mitmenschen, denen ihr Leben Spaß macht und die nicht in Frust oder Pessimismus verfallen. Wie zum Beispiel Simone Menzel (33), Chemietechnologin aus Dresden.

(Aus: Aktiv-Wirtschaftszeitung, Nr. 7 /96)

Aufgabe:
Äußern Sie sich in einem Leserbrief zu dieser Meinung!

Lösung

Bei dieser Aufgabenstellung mußt Du unbedingt wissen, wie ein **Leserbrief** verfaßt wird und welche Formmerkmale Du zu beachten hast!

Aufbau eines Leserbriefes:
– Formulieren einer kurzen Überschrift (möglichst ausdrucksstark) oder Anrede
– Bezug auf die entsprechende Zeitung oder auf eine bestimmte Aussage einer Person im Einleitungssatz
– Überlegen einer Schreibstrategie (Zweck des Leserbriefes)
– Darstellung der Kernaussagen in Begründungszusammenhängen (persönlicher Standpunkt mit Begründung und Beweisführung)
– Formulierungen von Mahnungen, Forderungen, Ratschlägen, Hinweisen o. ä. im Schlußteil
– Abschluß des Leserbriefes mit vollständigem Namen (gut leserlich!)
– Beachten der sprachlichen Gestaltung:
  • kurzer Satzbau
  • überzeugende Argumentation
  • Zeitform – Präsens

Schwerpunkte der Auseinandersetzung:
– Standpunkt/Meinung äußern zur Behauptung der Simone Menzel, daß es „Wichtigeres als Geld und Besitz" gibt
– Was sind die Ursachen und Folgen der Krisenstimmung und des Jammerns?
– Wie zeigt sich eine optimistische Lebensauffassung?

Deine Gedanken, Impulse, Beispiele notiere stichpunktartig, ordne den Stoff und formuliere anschließend, entsprechend Deiner Schreibstrategie, den Leserbrief.

Beispiel einer möglichen Darstellung:
Deine Ausführungen beginnst Du mit einer auffälligen oder ausdrucksstarken Überschrift:
„Geld und Besitz beruhigen –
machen allein aber nicht glücklich!"

Bezogen auf die **Meinung** von Simone Menzel (33) aus Dresden: „Es gibt Wichtigeres als Geld und Besitz" möchte ich alle Schülerinnen und Schüler der 10. Klassen aufrufen, sich in unserer Schülerzeitung an der Diskussion zu beteiligen.

Du erläuterst dann zusammenhängend Deine Meinung zu dieser aktuellen Problematik. Dazu gebe ich Dir als Anregung einige Argumente in einer entsprechenden logischen Reihenfolge.

– Ich bin Schülerin (Schüler) einer Abschlußklasse 10.
– Ich stehe vor der Entscheidung, meine Zukunft selbst zu gestalten.
– Der glatte und leichte Weg zum „Traumberuf" ist illusorisch.
– Es bestehen folgende Alternativen:
  1. Jammern und Klagen über Ablehnung der Bewerbung um die gewünschte Lehrstelle mit folgenden Auswirkungen:
     • Gedanken zum aktuellen Bildungsstand
     • Passives Verhalten und Warten auf ein „Wunder"
     • Fehlentwicklung durch Anschluß an Cliquen und Gruppierungen mit „No-Future"-Vorstellungen
     • Abschluß des Gedankenganges mit einer provozierenden Frage oder einem Appell an das nötige Selbstwertgefühl
  2. Notwendigkeit eines starken Selbstbewußtseins und des Willens, die eigene Zukunft selbst zu sichern mit Optimismus und Mobilisierung aller Kräfte: „Ich bin jung – dynamisch – erfolgreich!"
     • Darstellung der Problematik, daß Ausbildung – Beruf – sinnvolle Tätigkeit – Anerkennung – soziale Beziehungen wertvoller sind als „leicht verdientes Geld" oder vererbter Besitz
     • Gedanken zum Leben, das etwas Wertvolles ist, was Spaß macht und Glück und Freude bedeuten kann
     • Entwicklung der eigenen Zukunftspläne und der Möglichkeiten der Erfüllung
     • Abschluß des Leserbriefes durch überzeugende Formulierungen in Form eines Aufrufs, eines Appells oder einer Frage

Weitere Möglichkeiten der inhaltlichen Gestaltung des Leserbriefes und in Abhängigkeit Deines erdachten Adressaten:

• Was ist wichtiger als Geld und Besitz?
• Was sind die Ursachen für die Krisenstimmung?
• Warum haben die Menschen Zukunftsangst?
• Worauf kommt es im Leben an?
• Was ist der Sinn des Lebens?
• Welche Lösungen gibt es, ein Leben in Glück und Zufriedenheit zu führen?

Gotthold Ephraim Lessing: Ringparabel aus dem Drama „Nathan der Weise"

Die drei Ringe

Vor grauen Jahren lebt' ein Mann in Osten,
Der einen Ring von unschätzbarem Wert'
Aus lieber Hand besaß. Der Stein war ein
Opal, der hundert schöne Farben spielte,
5 Und hatte die geheime Kraft, vor Gott
Und Menschen angenehm zu machen, wer
In dieser Zuversicht ihn trug. Was Wunder,
Daß ihn der Mann in Osten darum nie
Vom Finger ließ; und die Verfügung traf,
10 Auf ewig ihn bei seinem Hause zu
Erhalten? Nämlich so. Er ließ den Ring
Von seinen Söhnen dem geliebtesten;
Und setzte fest, daß dieser wiederum
Den Ring von seinen Söhnen dem vermache,
15 Der ihm der liebste sei; und stets der liebste;
Ohn' Ansehn der Geburt, in Kraft allein
Des Rings, das Haupt, der Fürst des Hauses werde. –
So kam nun dieser Ring, von Sohn zu Sohn,
Auf einen Vater endlich von drei Söhnen;
20 Die alle drei ihm gleich gehorsam waren,
Die alle drei er folglich gleich zu lieben
Sich nicht entbrechen konnte. Nur von Zeit
Zu Zeit schien ihm bald der, bald dieser, bald
Der dritte, – so wie jeder sich mit ihm
25 Allein befand, und sein ergießend Herz
Die andern zwei nicht teilten, – würdiger
Des Ringes; den er denn auch einem jeden
Die fromme Schwachheit hatte, zu versprechen.
Das ging nun so, solang es ging. – Allein
30 Es kam zum Sterben, und der gute Vater
Kömmt in Verlegenheit. Es schmerzt ihn, zwei
Von seinen Söhnen, die sich auf sein Wort
Verlassen, so zu kränken. – Was zu tun? –
Er sendet in geheim zu einem Künstler,
35 Bei dem er, nach dem Muster seines Ringes,
Zwei andere bestellt, und weder Kosten
Noch Mühe sparen heißt, sie jenem gleich,
Vollkommen gleich zu machen. Das gelingt
Dem Künstler. Da er ihm die Ringe bringt,
40 Kann selbst der Vater seinen Musterring
Nicht unterscheiden. Froh und freudig ruft
Er seine Söhne, jeden ins besondre;
Gibt jedem ins besondre seinen Segen, –
Und seinen Ring, – und stirbt. – [...]

45 Kaum war der Vater tot, so kömmt ein jeder
Mit seinem Ring', und jeder will der Fürst
Des Hauses sein. Man untersucht, man zankt,
Man klagt. Umsonst; der rechte Ring war nicht
Erweislich; – Fast so unerweislich, als
50 Uns itzt – der rechte Glaube. […]
Die Söhne
Verklagten sich; und jeder schwur dem Richter,
Unmittelbar aus seines Vaters Hand
Den Ring zu haben. – Wie auch wahr! – Nachdem
55 Er von ihm lange das Versprechen schon
Gehabt, des Ringes Vorrecht einmal zu
Genießen. – Wie nicht minder wahr! – Der Vater,
Beteu'rte jeder, könne gegen ihn
Nicht falsch gewesen sein; und eh' er dieses
60 Von ihm, von einem solchen lieben Vater,
Argwohnen laß': eh' müß' er seine Brüder,
So gern er sonst von ihnen nur das Beste
Bereit zu glauben sei, des falschen Spiels
Bezeihen; und er wolle die Verräter
65 Schon auszufinden wissen; sich schon rächen.
Der Richter sprach: wenn ihr mir nun den Vater
Nicht bald zur Stelle schafft, so weis' ich euch
Von meinem Stuhle. Denkt ihr, daß ich Rätsel
Zu lösen da bin? Oder harret ihr
70 Bis daß der rechte Ring den Mund eröffne? –
Doch halt! Ich höre ja, der rechte Ring
Besitzt die Wunderkraft beliebt zu machen;
Vor Gott und Menschen angenehm. Das muß
Entscheiden! Denn die falschen Ringe werden
75 Doch das nicht können! – Nun; wen lieben zwei
Von euch am meisten? – Macht, sagt an! Ihr schweigt?
Die Ringe wirken nur zurück? und nicht
Nach außen? Jeder liebt sich selber nur
Am meisten? – O so seid ihr alle drei
80 Betrogene Betrüger! Eure Ringe
Sind alle drei nicht echt. Der echte Ring
Vermutlich ging verloren. Den Verlust
Zu bergen, zu ersetzen, ließ der Vater
Die drei für einen machen. […]
85 Und also; fuhr der Richter fort, wenn ihr
Nicht meinen Rat, statt meines Spruches, wollt:
Geht nur! – Mein Rat ist aber der: ihr nehmt
Die Sache völlig wie sie liegt. Hat von
Euch jeder seinen Ring von seinem Vater:
90 So glaube jeder sicher seinen Ring
Den echten. – Möglich; daß der Vater nun
Die Tyrannei des Einen Rings nicht länger
In seinem Hause dulden wollen! – Und gewiß;
Daß er euch alle drei geliebt, und gleich
95 Geliebt: indem er zwei nicht drücken mögen,
Um einen zu begünstigen. – Wohlan!
Es eifre jeder seiner unbestochnen

Von Vorurteilen freien Liebe nach!
Es strebe von euch jeder um die Wette,
100 Die Kraft des Steins in seinem Ring' an Tag
Zu legen! komme dieser Kraft mit Sanftmut,
Mit herzlicher Verträglichkeit, mit Wohltun,
Mit inngster Ergebenheit in Gott,
Zu Hülf'! Und wenn sich dann der Steine Kräfte
105 Bei eueren Kindes-Kindeskindern äußern:
So lad' ich über tausend tausend Jahre,
Sie wiederum vor diesen Stuhl. Da wird
Ein weisrer Mann auf diesem Stuhle sitzen,
Als ich; und sprechen. Geht! – So sagte der
110 Bescheidne Richter. [...]

(Aus: Lesestraße 9, Lesebuch für die 9. Jahrgangsstufe,
Bayerischer Schulbuchverlag 1989)

Aufgabe:

Weisen Sie am Beispiel der Ringparabel aus dem Drama „Nathan der Weise" die Humanitätsideale Gotthold Ephraim Lessings nach!
Stellen Sie den Bezug zur Gegenwart her!

===

Lösung

Solltest Du Dich für diese Aufgabe entschieden haben, ist Dir bewußt, daß Du Dich einem
„Klassiker" der Erbeliteratur und damit einem äußerst anspruchsvollen Thema zuwendest.

Zum einen mußt Du

• die **Humanitätsideale** Lessings kennen und diese durch **Interpretieren der Ringparabel**
(als Kernstück des Dramas „Nathan der Weise") nachweisen und zum anderen

• die **Bedeutsamkeit** seiner Aussagen **für unsere heutige Zeit** darlegen.

Das setzt natürlich Kenntnisse über den **Autor** und sein **Werk** voraus, vor allem über Lessings berufliche und private Situation und den Anlaß, ein solches Werk zu schreiben. Dazu
könntest Du Dich (in knapper Form) in der **Einleitung** Deiner Darstellung äußern.

Gotthold Ephraim Lessing zählt als Dichter, Dramatiker, Literatur- und Religionskritiker zu
den wichtigsten Vertretern der deutschen Literatur des 18. Jahrhunderts. Sein Kampf um die
bürgerliche Emanzipation gegenüber adligen Privilegien und sein Einsatz für die Verwirklichung der Ideale der **Aufklärung** prägen seine Werke. Er wurde **1729** in Kamenz als Sohn
eines Pfarrers geboren und starb **1781** in Braunschweig. Die letzten zehn Lebensjahre sind
durch zwei existentielle Krisen gekennzeichnet, die maßgeblichen Einfluß auf die **Entstehung** und inhaltliche **Gestaltung** des Dramas „Nathan der Weise" (**1779**) hatten: einmal die
beruflichen Probleme durch die Auseinandersetzung mit den Vertretern der einflußreichen
Orthodoxie und andererseits die familiäre Tragödie, bedingt durch den Tod seiner Frau (Eva
König) und des Sohnes kurz nach seiner Geburt.

Gegenstand der **Auseinandersetzung zwischen Lessing und den Orthodoxen** war eine
theologische Schrift des damals bereits verstorbenen Gymnasialprofessors Reimarus, eines
Freundes Lessings. Reimarus zweifelte in dieser die biblische Überlieferung in einigen
Punkten an. Als Herzoglicher Bibliothekar in Wolfenbüttel gab Lessing diese Schrift heraus,
gegen die besonders der Hamburger Hauptpastor Goeze mit Schmähtexten vorging. Wort-

gewaltig hielt Lessing in seinem „**Anti-Goeze**" dagegen – für Humanität und Toleranz, dafür wurde jedoch für alle seine theoretischen Zeugnisse durch den Herzog von Braunschweig eine Zensurpflicht erhoben. Vier Wochen nach diesem Veröffentlichungsverbot teilte Lessing seinem Bruder Karl in einem Brief mit, als „**Kanzel**" das Theater in dem Streit zu nutzen. So entstand das Drama „**Nathan der Weise**".

Denkbar wären in der Einleitung aber auch Bemerkungen zum **Inhalt des Dramas** und zur **Stellung der Ringparabel** im Werk – als Hinführung zur Interpretation.

„**Nathan der Weise**" spielt zur Zeit des dritten Kreuzzuges (1189–1192) in Jerusalem, der heiligen Stadt der Juden, Christen und Moslems. Hier lebt der weise und reiche Jude Nathan, der gegen religiösen Fanatismus und Intoleranz kämpft. Von einer erfolgreichen Geschäftsreise zurückgekehrt, erfährt er, daß ein christlicher Ritter vom Orden der Tempelherren seine (nicht leibliche) christlich getaufte Tochter Recha aus seinem brennenden Haus gerettet hat.

Vom Schatzmeister Al-Hafi bringt er in Erfahrung, daß der Sultan Saladin in finanziellen und politischen Schwierigkeiten steckt und auf Unterstützung beim Überwinden der Misere durch den im Volk bekannten und hoch geschätzten Nathan hofft. Aus dem Grund wird Nathan in den Palast des Sultans gebeten. Saladin begrüßt den bescheiden auftretenden Nathan und stellt ohne Umschweife die entscheidende Frage, womit er seinen Gast in die Enge treiben und ihn für seine Zwecke ausnutzen will: Welche Religion die richtige sei, sollte Nathan sagen, denn nur eine, Christentum, Judentum oder Islam, könne ja die wahre sein.

Nathan, der äußerst bestürzt ist über diese nicht zu beantwortende Frage, erbittet sich einige Minuten Bedenkzeit. Er durchschaut den Plan Saladins, ihn mit einer unlösbaren Problematik in die Falle zu locken. So sieht der weise Nathan die Lösung darin, Saladin ein „Geschichtchen" erzählen zu dürfen, bevor er ihm die Frage nach der wahren Religion beantworten werde.

Das „Geschichtchen" ist die **Ringparabel**, die gleichzeitig den Höhepunkt im III. Akt und im Drama überhaupt darstellt.

Als Vorlage wählt Lessing eine Erzählung aus dem „**Decamerone**", einer **Novellensammlung** des italienischen Dichters **Boccaccio** (1313–1375). Lessing verändert diese, so daß sie als Ringparabel seine Humanitätsideale widerspiegelt.

Die Ringparabel – Lessings Humanitätsidee

Nachdem Du Dich in der Einleitung zu einem der oben erläuterten Punkte geäußert hast, folgt im **Hauptteil** Deines Aufsatzes der Nachweis von Lessings Auffassung über Humanität und Toleranz durch die Interpretation der Ringparabel.

Zuerst stellst Du den **Inhalt** dar. In Nathans Geschichte, in einem Monolog, geht es um einen vor vielen Jahren lebenden Mann, der einen Ring besitzt, dessen Wunderkraft darin besteht, den jeweiligen Besitzer „vor Gott und Menschen angenehm" (Z. 6–7) zu machen, vorausgesetzt, man glaubt an die Kraft des Wunderringes. Dieser Mann vererbt den Ring dem von ihm am meisten geliebten Sohn, und mit dem Ring ist auch der Anspruch auf das Alleinerbe des väterlichen Besitzes verbunden. Dieser Brauch wird über viele Generationen hinweg gepflegt, bis der Ring schließlich zu einem Vater gelangt, der diese Entscheidung nicht zu treffen vermag, da er seine drei Söhne alle gleich liebt. Das wird dadurch besonders kompliziert, da der Vater jedem einzelnen nach dem Tode den Ring versprochen hat. Als der Vater bemerkt, daß er nicht mehr lange zu leben hat, weicht er dem drohenden Konflikt aus, indem er zwei weitere Ringe gleicher Art anfertigen läßt. In seiner Todesstunde ruft er jeden Sohn einzeln zu sich, gibt jedem einen Ring und stirbt. Da nun jeder glaubt, den alleinigen Anspruch auf das Erbe zu haben, verklagen sich die Brüder vor Gericht und beschuldigen sich gegenseitig des Betruges. Der Richter scheint zunächst ratlos, erinnert sich aber dann an die Wunderkraft des Ringes. Da sich die Wunderkraft bei keinem der Brüder offenbart, so schlußfolgert er, müssen alle drei Ringe unecht sein. Er entläßt die drei Brüder mit dem Rat, daß jeder so leben solle, als besitze er den echten Ring. Am Ende der Tage werde ein weiserer Mann als er die offene Frage beantworten, denn nur der könne wissen, welcher Ring der echte sei.

Nathan beendet sein „Geschichtchen" mit der Frage, ob wohl Saladin von sich behaupten könne, dieser weisere Mann, gemeint ist Gott, zu sein. Saladin selbst ist betroffen und bittet Nathan, sein Freund sein zu dürfen.

Anschließend legst Du Deine Gedanken zum **Ideengehalt, zur Form und Sprache** dar. Für die Antwort Nathans wählt Lessing eine **Parabel,** ein Gleichnis in Form von reimlosen Versen mit festem Metrum (= regelmäßiger Wechsel von unbetonten und betonten Silben), womit seine Verse eine besondere sprachliche Kraft und Bewegung gewinnen.

Zur Erinnerung seien hier einige theoretische Bemerkungen zur Parabel gegeben.

Das Wort kommt aus dem Griechischen, parabole – „Wagnis", „Gleichnis". Die Parabel ist ein lehrhaftes literarisches Werk oder Teil eines Werkes, das durch ein Gleichnis eine Erkenntnis zu vermitteln sucht. Dieses Gleichnis ist deshalb meist dem Erfahrungsbereich des zu Belehrenden entnommen. Der Leser oder Hörer muß jedoch selbständig von dem geschilderten Sonder- bzw. Einzelfall auf das Allgemeine schließen.

So wird durch die lehrhafte Erzählung der Ringparabel in Lessings „Nathan" dem Sultan Saladin – und mit ihm dem Leser – auf dessen Frage nach der wahren Religion die allgemeine Schlußfolgerung ermöglicht, daß die richtige sich nur in der Tätigkeit und im Verhalten des Menschen erweisen könne und nicht in den Äußerlichkeiten der Zugehörigkeit zu einer Religion.

Lessing schließt also in seine **Humanitätsideale** die **Frage nach dem rechten Religionsverständnis** ein. Zur Vermittlung der für ihn wichtigen Botschaft wählt er die literarische Form der Parabel. Was bedeuten der Ring, der Stein und seine Kraft? Der Ring steht symbolisch für die älteste Religion, die es vor vielen Jahrtausenden gab.

„Der Stein war ein
Opal, der hundert schöne Farben spielte,
Und hatte die geheime Kraft, vor Gott
Und Menschen angenehm zu machen, wer
In dieser Zuversicht ihn trug." (Z. 2–7)

Darin ist der ethische Wert einer Religion zu sehen, die wirksam wird nur durch das Tätigsein des Menschen und sein humanes Verhalten. So wurde der Ring (die Religion) von Generation zu Generation weitergegeben, bis er

„Auf einen Vater endlich von drei Söhnen" (Z. 19) kam,
„Die alle drei ihm gleich gehorsam waren." (Z. 20)

In der Geschichte der Religionen bedeutete das, daß ein Bund entstand mit Juden, Christen und Moslems. Wie der Streit der drei Brüder um die Vorherrschaft im Hause begann („und jeder will der Fürst des Hauses sein." – Z. 46–47), begann in der Geschichte die Zeit der Glaubenskriege, die Lessing verurteilt. Deshalb verlegt er auch die Handlung in die Zeit der Kreuzzüge nach Jerusalem.

In der Parabel wird durch den Richter, der für die Öffentlichkeit steht, das Urteil gesprochen. Kein Ring ist echt, denn der Glaube an ihn und seine Wirkung fehlt, wie es in den Zeilen 75– 82 heißt:

„Nun, wen lieben zwei
Von euch am meisten? – Macht, sagt an! Ihr schweigt?
Die Ringe wirken nur zurück? und nicht
Nach außen? Jeder liebt sich selber nur
Am meisten? – O so seid ihr alle drei
Betrogene Betrüger! Eure Ringe
Sind alle drei nicht echt."

Damit will Lessing zum Ausdruck bringen, daß die Religion, die nicht gelebt wird, keinen Wert hat, schon gar nicht einen Alleinanspruch erheben kann. In der Parabel fordert der Richter die Ringträger zum friedlichen Wettstreit auf. Darin sieht Lessing sein Religionsverständnis. Es kann nur ein friedliches Miteinander der Religionen auf der Welt geben, und für das friedliche Miteinander der Religionsgemeinschaften sind **Toleranz** und **Vernunft** die Voraussetzungen. So wie die Wunderkraft des Ringes, „Vor Gott und Menschen angenehm zu machen", sich nur bei dem erweist, der im Glauben an die Kraft seines Ringes lebt, so kann sich auch die Echtheit der Religion nur im Sinne der Humanität bei den Gläubigen erweisen. Die Religionsgemeinschaften müßten also in eine friedliche Konkurrenz treten und sich gegenseitig in Menschlichkeit, Güte, Nächsten- und Friedensliebe zu überbieten versuchen (Z. 97–104):

„Es eifre jeder seiner unbestochnen
Von Vorurteilen freien Liebe nach!
Es strebe von euch jeder um die Wette,
Die Kraft des Steins in seinem Ring' an Tag
Zu legen! komme dieser Kraft mit Sanftmut,
Mit herzlicher Verträglichkeit, mit Wohltun,
Mit innigster Ergebenheit in Gott
Zu Hülf'!"

Diese Ermahnung und Weisung des Richters ist als sogenannter **„ethischer Imperativ"** formuliert und stellt somit eine bleibend gültige Forderung Lessings dar. Die drei großen Religionen Judentum, Christentum und Islam haben ihr Fundament in dem Glauben, daß Gott in besonderer und einmaliger Weise den Menschen gezeigt und den allein richtigen Weg zum Himmelreich offenbart hat. Daraus resultiert ein Alleinherrschaftsanspruch, der durch andere Religionen als falsch verurteilt wird. Das führte zu den Glaubenskriegen im Namen Christi, um das „Heilige Land" von den „Heiden" zu befreien, indem man sie unterdrückte und tötete. Dieses Handeln steht nach Lessings Auffassung im eindeutigen Widerspruch zu den religiösen Geboten.

In Nathans Gesinnung und in seiner Bereitschaft, in Freundschaft mit allen Menschen anderer Religionszugehörigkeit zu leben, offenbaren sich seine (somit auch Lessings) Humanität und Toleranz. Eindrucksvoll wird das künstlerisch durch den Dichter im Drama dargestellt, indem Nathan Recha, ein Kind des christlichen Glaubens, rettet und als seine Tochter annimmt. Er setzt sich stets kämpferisch ein, wo es gilt, Vorurteile und Glaubensfanatismus abzubauen, z. B. gegenüber dem Tempelherrn und Saladin. In Lessings Humanitätsidealen wird aber auch die Utopie von einer großen Menschheitsfamilie sichtbar: Nathan führt am Ende des Dramas alle beteiligten Personen zu einer großen Familie zusammen über religiöse, soziale und geistige Unterschiede hinweg.

Lessings **Sprache** ist klar und verständlich. In ihr kommt besonders die Dynamik des Geschehens zum Ausdruck. Viele Ausrufezeichen, Gedankenstriche und Kommas setzen Sprechpausen, so daß Zeit zum Nachdenken gegeben wird. Er verwendet Blankverse (reimlose Verse mit festem Metrum).

Absicht und Leserwirkung

Lessings „Nathan der Weise" kritisiert unaufgeklärtes Denken, wie es sich in Intoleranz, Unversöhnlichkeit und religiösem Fanatismus ausdrückt. Er zeigt Wege auf, die zu einer menschlichen Welt führen, die durch Überwindung sozialer, religiöser und geistiger Schranken gekennzeichnet ist und auf Toleranz und Humanität basiert. Es fällt nicht schwer, einen **Bezug zur Gegenwart** herzustellen. Heute sind Werk und Thematik aktueller denn je angesichts der fremdenfeindlichen und rechtsradikalen Tendenzen in Deutschland. Andersdenkende, Angehörige anderer Religionen, Rassen und Nationen werden nicht akzeptiert, nicht toleriert. Bewußt werden Unwahrheiten verbreitet, wird aggressives, gewalttätiges Verhalten an den Tag gelegt, wenn es um das Zusammenleben mit anderen Menschen geht, deren Aussehen, Weltanschauung, Herkunft, Sprache usw. nicht angenommen werden. Der Toleranzbegriff darf natürlich nicht mit Gleichgültigkeit verwechselt werden. Nur ernsthaftes Bemühen um gegenseitiges Verständnis und das Zugehen auf den Andersdenkenden bilden die Grundlage der Toleranz in der Gegenwart. Dazu muß sich jeder selbst bekennen, muß seinen Standpunkt bzw. seine Position beziehen und auch, wenn notwendig, verteidigen. Es darf keinem gleichgültig sein, wenn Vorurteile, Schein- oder Halbwahrheiten das Denken und Handeln der Menschen behindern und damit eine humane Welt bedrohen.

Zur Untermauerung solltest Du Dich auf **Beispiele** aus Deinem Lebens- und Erfahrungsbereich beziehen, z. B. Deine Forderung nach Entscheidungs- und Glaubensfreiheit, Dein Streben nach Wahrheit, Dein Verhalten gegenüber Ausländern usw. Das kann sich aber auch auf Erscheinungsformen unserer Zeit allgemein, unserer Gesellschaft beziehen, z. B. Religionskämpfe in verschiedenen Ländern der Erde (Indien, Sri Lanka, Israel, Nordirland ...).

Zentrale Aussage

Im Schlußteil der Darstellung könntest Du Dich über die zentrale Aussage des Werkes äußern. Als typisches Werk der Aufklärung zeigt „Nathan der Weise", daß Unterschiede der Rasse und Religionszugehörigkeit in einer großen Menschheitsfamilie unbedeutend werden, daß Bescheidenheit und Großzügigkeit im Denken und Handeln entscheidende Tugenden im Leben der Menschen sind und daß sich die Vernunft gegen die unmenschliche und starre Glaubenslehre behaupten muß.

Irmela Brender: Ich wollt', ich wäre du

Ich wollt', ich wäre du, Marktfrau. Du stehst da so freundlich und heiter und verkaufst deine Blumen und dein Obst, und alles ist klar. Du brauchst kein schlechtes Gewissen zu haben. Du musst nicht zur Schule gehen mit dem Gefühl, dass heute der große Krach kommt: dass du aufgerufen wirst und versagst: dass sie dir den Brief geben, in dem steht:
5 Versetzung gefährdet. Du brauchst keine Angst zu haben vor Lehrern und Eltern. Du bist schon groß, und dir kann keiner. Ich wollt', ich wäre du, Marktfrau!

Ich wollt', ich wäre du, Kundin. Du kommst hübsch und gepflegt über den Markt, dein Kind an der Hand, und suchst dir in Ruhe die schönsten Äpfel aus. Du hast keine Geldsorgen, du musst dir keine Gedanken darüber machen, wie du morgen die neue Ware
10 bezahlen sollst und nächste Woche den Standplatz hier. Du hast keine schmerzenden Beine und dauernd die Angst, dass der Arzt sagt: Schluss jetzt mit der Steherei auf dem Markt. Was soll dann werden? Ich wollt', ich wäre du, Kundin!

Ich wollt', ich wäre du, Autofahrer an der Ampel. Dein Wagen ist elegant und schnell, ein Wagen, wie Erfolgreiche ihn haben. Du bist nicht eingesperrt mit Haushalt und Kin-
15 dern, du kennst nicht diese Langeweile, die einen erdrückt, wenn ein Tag vergeht wie der andere. Du weißt nicht, wie es ist, ohne Aufgabe zu sein, ohne Abwechslung, ohne Abenteuer, nur mit der Aussicht, dass es immer so bleibt, wie es jetzt ist. Ich wollt', ich wäre du, Autofahrer an der Ampel!

Ich wollt', ich wäre du, Kind mit der Schulmappe. Du gehst so langsam über die Straße
20 wie jemand, der Zeit hat, ein Leben lang Zeit. Du musst nicht hetzen von einer Sache zur andern und jede halb getan zurücklassen, weil die nächste wartet: du kennst nicht die Angst, es nicht zu schaffen, überholt zu werden, verbraucht zurückzubleiben. Du musst nicht zittern vor dem Augenblick, der der letzte sein könnte. Ich wollt', ich wäre du, Kind mit der Schulmappe!

(Aus: Menschengeschichten. Drittes Jahrbuch der Kinderliteratur. Hrsg.: H.-J. Gelberg, Weinheim/Basel 1975)

Aufgabe:
Interpretieren Sie diese Geschichte!

Lösung

Bemerkungen zur Autorin

Irmela Brender wurde 1935 in Mannheim geboren. Sie arbeitete längere Zeit als Journalistin und Verlagsdirektorin und ist jetzt als freie Schriftstellerin tätig. Von ihr stammt auch die Geschichte „Anna liebt Jens, Katharina liebt Georg".

Inhaltliche Betrachtung

Die Autorin stellt in ihrer Geschichte „Ich wollt', ich wäre du" vier Personen vor, die mit ihrem Leben unzufrieden sind und sich wünschen, in eine andere Person zu schlüpfen. Die Gemeinsamkeit besteht darin, dass sich alle vier über ihre Situation beklagen und das Leben der Wunschfigur als positiven Gegenpol zum eigenen Dasein sehen.

Der Schüler wäre gern Marktfrau, weil sie freundlich und fröhlich erscheint und ihre Tätigkeit genau definiert ist, er jedoch unter schlechtem Gewissen und Versagensängsten leidet. Die Marktfrau aber wäre gern Kundin, die als gepflegte Frau auffällt und ein ruhiges und sorgenfreies Leben genießen kann, während sie selbst in Sorge um ihre Gesundheit und materielle Sicherheit lebt. Die Kundin wiederum wäre lieber der Autofahrer an der Ampel, denn sie betrachtet sein Leben als erfolgreich, interessant und frei, ihr eigenes aber als langweilig und ohne Sinn. Schließlich wünscht sich der erfolgreiche Autofahrer ein Schulkind zu sein, welches noch ohne Probleme lebt und genügend Zeit hat für alle seine Vorhaben. Der Mann mit Erfolg sieht sich jedoch in Stress und Angst, da er sich den Anforderungen der Zeit nicht mehr gewachsen fühlt.

Die letzte Wunschfigur ist gleichzeitig die Person, die im ersten Abschnitt spricht. Somit schließt sich der **Kreis,** und der Leser wird zur Erkenntnis gelangen, dass viele Menschen ständig unzufrieden sind und andere beneiden, so wie sie von anderen beneidet werden.

Sprache und Form

Irmela Brenders Geschichte gliedert sich in **vier Abschnitte,** die fast gleich lang sind und eine einheitliche Struktur aufweisen:

Jeder Abschnitt wird von einer anderen Person in der **Ich-Form** geschrieben und wendet sich in der **Du-Form** an einen fiktiven Gesprächspartner. Der erste Satz des jeweiligen Abschnittes wiederholt sich am Schluss. Der zweite Satz verdeutlicht stets das **Positive** der Wunschfigur, während die folgenden Ausführungen das **Negative** benennen, das den Sprecher an seinem eigenen Leben belastet (z. B. „Du musst nicht ...", Z. 3, 20; „du weißt nicht", Z. 16; „du kennst nicht ...", Z. 15, 21).

Der Leser erfährt damit **indirekt** etwas über die sprechende Person.

Der parallele Aufbau der Abschnitte und die vielen Wiederholungen sowie Aufzählungen lassen den Eindruck einer Litanei entstehen. Das Negative erfährt durch die Wiederholungen besonderen Nachdruck.

Sieht der Leser die Beispiele exemplarisch, die gewählten Personen stellvertretend für alle Menschen, dann könnte das jeder von uns sagen. Unterstützt wird dieser Eindruck dadurch, dass der Text einen Kreislauf darstellt: Die Wunschfigur des letzten ist identisch mit dem Sprecher des ersten Abschnittes. Bitten bzw. Aufforderungen, die ersehnte Figur zu sein, werden wiederholt.

Untersucht man die Vorstellungen von der Erscheinung der Wunschfiguren genauer, findet man solche Formulierungen wie „freundlich" (Z. 1), „heiter" (Z. 1), „klar" (Z. 2), „hübsch und gepflegt" (Z. 7), „in Ruhe" (Z. 8), „elegant und schnell" (Z. 13), „langsam gehen" (Z. 19), „Erfolgreiche" (Z. 14), „Zeit haben" (Z. 20). Die Wünsche ähneln sich in ihrer **positiven Grundorientierung,** was beweist, dass unsere Wahrnehmung anderer Personen äußerst subjektiv ist, so wie wir die Person in der bestimmten Situation sehen wollen und nicht, wie sie der Realität entspricht.

Gemeinsamkeiten finden sich auch in dem, was die Menschen bedrückt. Angst zu versagen empfinden der Erfolgreiche und der Schüler („du kennst nicht die Angst, es nicht zu schaffen, überholt zu werden, verbraucht zurückzubleiben", Z. 21/22; „Du brauchst keine Angst zu haben vor Lehrern und Eltern", Z. 5). Angst hat ebenso die Marktfrau, nur aus dem Grund, „dass der Arzt sagt: Schluss jetzt mit der Steherei auf dem Markt." (Z. 11/12). Allen drei Personen ist jedoch die Sorge um die Zukunft gemeinsam („Was soll dann werden?", Z. 12). Der Erfolgreiche fürchtet sich „vor dem Augenblick, der der letzte sein könnte" (Z. 23). Die Hausfrau befürchtet, „dass es immer so bleibt, wie es jetzt ist" (Z. 17).

Zum Abschluss muss der Frage nachgegangen werden, warum die Menschen so negativ empfinden und daraus ihre Wunschbilder ableiten. Die Gründe offenbart der Text: Sie sind gesellschaftlich und persönlich bedingt.

Absicht und Leserwirkung

Irmela Brender will mit ihrer Geschichte erreichen, dass der Leser über das eigene Sein und die Wunschvorstellungen vom Leben **nachdenkt,** sich selbstkritisch damit auseinander setzt und sich nicht voreilig mit Wunschbildern identifiziert, die von der Realität weit entfernt sind.

Zentrale Aussage

Das Empfinden des eigenen Lebens und das Nachempfinden des Lebens anderer ist oft sehr subjektiv und einseitig. Unzufriedenheit und Ängste bedingen die Wunschvorstellungen der Menschen, diese sind zu überprüfen und auf die eigentliche Vielfalt der Realität zu übertragen.

> Wenn die Menschen bis auf dem Mond fliegen können warum können sie dann nichts dagegen tun daß so viele Kinder auf der Welt sterben müssen?

Die Menschen können. Auch Sie können etwas tun. Wenn Sie UNICEF unterstützen. UNICEF hat sich einer einzigen Aufgabe verschrieben: den Kindern dieser Welt zu helfen. Zum Beispiel durch Impfkampagnen gegen die sechs tödlichen Kinderkrankheiten. Durch eine einfache, aber wirksame Behandlungsmethode gegen Diarrhöe.

Oder durch den Bau von Brunnen für sauberes, gesundes Wasser.

So kann UNICEF Jahr für Jahr Millionen von Kindern das Grundrecht garantieren, auf das jeder Mensch Anspruch hat: das Recht auf Leben. Wenn Sie mithelfen:

Spendenkonto 300 000 bei allen Banken, Sparkassen und beim Postgiroamt Köln.

unicef

Aufgabe:
Erörtern Sie die durch das Plakat angesprochene Problematik!
(Gehen Sie auch auf die Gestaltung des Plakates ein!)

Lösung

Bei dieser Erörterungsaufgabe empfehle ich dir, die nötigen Arbeitsschritte (→ **Kapitel A**) in der Vorbereitungsphase genau einzuhalten. In der Aufgabenstellung ist alles enthalten, was du für die Entwicklung deiner Gedanken brauchst. Dazu fertigst du zunächst die **Analyse des Themas** an und schreibst dir die entsprechenden **Schlüsselstellen** heraus. Das ergibt zugleich deine **Stoffsammlung**.

So kannst du vorgehen:

1. **Gestaltung des Plakates**
   – Was sehe ich auf dem Plakat?
   - im Zentrum des Plakates eine Frage
   - kindliche Gestaltung in Form der einfachen Zeichnung einer Rakete und des Mondes
   - fehlerhafte und kindliche Schrift
   - Zeichnung eines weißen Mädchens und eines schwarzen Jungen
   - die Bezeichnung „UNICEF"
   - einen Text mit wichtigen Aussagen

   – Wie wirkt das Plakat auf mich?
   - ausdrucksstark → Hilflosigkeit und Unschuld der Kinder
   - symbolhaft → Freundschaft von Kindern unterschiedlicher Hautfarbe, Rakete als Ausdruck des Fortschritts und der Träume der Menschen
   - fragend → Fortschritt auf Kosten der Kinder? Vernachlässigung der Kinder durch hohe Kosten der Raumfahrt?
   - kritisierend → Schuld der Menschen am Tod so vieler Kinder auf dieser Welt
   - auffordernd → Notwendigkeit der persönlichen Bereitschaft, notleidenden Kindern zu helfen nach dem Grundsatz: Damit die Kinder der ganzen Welt gerettet werden können, müssen sich alle Menschen die Hände reichen (Symbol der Zeichnung)

2. **Problematik des Plakates (Schlüsselstellen)**
   – Was bedeutet „UNICEF"?
   – Können die Menschen etwas tun gegen den Tod vieler Kinder?
   – Wollen alle Menschen helfen?
   – Warum sterben so viele Kinder auf dieser Welt?
   – Müssen die Menschen auf den Mond fliegen?
   – Wie kann ich persönlich helfen?

3. **Beantworten der einzelnen Fragen** in Form von Stichpunkten (Stoffsammlung)

4. **Überlegungen,** wie du anhand der Stichpunkte den Aufsatz mit **Einleitung – Hauptteil – Schluss** gestalten kannst

5. **Ausführungen (Reinschrift)**

Ich möchte dir für deine Gedankenführung verschiedene **Anregungen** geben:

Einleitung

– Wirkung des Plakates auf mich
– Beispiele der Wirkung von Bildern aus Medien (Fernsehen, Zeitschriften, Jugendsendungen) auf mich
– Bedeutung von „UNICEF" und anderer Hilfsorganisatonen wie „Welthungerhilfe", „Brot für die Welt", „Deutsches Rotes Kreuz", „SOS-Kinderdorf"

Hauptteil

Im Hauptteil wählst du gezielt die für dich wichtigen Fakten aus der Stoffsammlung aus. Die Darstellung erfolgt nun in zusammenhängender und erörternder Form. Folgende Grundgedanken sind zur Lösung der einzelnen Fragen möglich:

1. **Was bedeutet „UNICEF"?**
   - Weltkinderhilfswerk der UN
   - weltweite Aktion mit großer Wirkung
   - Hilfe für Kinder im Kampf gegen tödliche Kinderkrankheiten, für wirksame Behandlungsmethoden gegen Diarrhöe (Durchfall) und für den Bau von Brunnen für sauberes und gesundes Wasser
   - Durchsetzung des Grundrechts der Kinder: Recht auf Leben

2. **Können die Menschen etwas tun gegen den Tod vieler Kinder?**
   - klare und eindeutige Bejahung der Frage: Die Menschen können!
   - moralische Verpflichtung eines jeden Menschen:
     • Kinder sind das Kostbarste auf dieser Welt.
     • Kinder sind die Zukunft eines jeden Landes.
   - Hilfe durch viele Möglichkeiten: Geldspende, Kleidung, Lebensmittel, Spielzeug, Medikamente usw.
   - Mahnung an das Gewissen der satten und zufriedenen Menschen: Täglich sterben mehr als 10 000 Kinder den Hungertod.

3. **Wollen alle Menschen helfen?**
   - Bereitschaft zur Hilfe zu gering
   - Wohlstandsgesellschaften entwickeln Egoismus, Konsumdenken, Luxus auf Kosten des Mitgefühls und der Menschlichkeit.
   - Bedeutung solcher Plakate für die Erziehung der Menschen im Sinne der Hilfsbereitschaft und des Kampfes gegen Unrecht
   - Beispiele für die Hilfe vieler (aus dem Familien-, Bekannten- oder Freundeskreis)

4. **Warum sterben so viele Kinder auf der Welt?**
   - Gegensatz von Industrie- und Entwicklungsländern (Nord-Süd-Gefälle)
   - Ursachen der Rückständigkeit der Länder der Dritten Welt (koloniales Erbe u. a.)
   - Überbevölkerung dieser Länder
   - klimatische und politische Bedingungen in diesen Ländern
   - Verarmung und Verelendung der Bevölkerung
   - Kinderarbeit, Kindermissbrauch, Kinderkriminalität

5. **Wie kann das Kindersterben verhindert werden?**
   - umfassende und ständige Unterstützung durch die „reichen" Staaten
   - ehrliche Hilfe und keine Scheinlösungen:
     • Maßnahmen zur Bekämpfung der Krankheiten
     • Erhöhung der Bildung
     • Regulierung des Bevölkerungswachstums
     • Entwicklungspolitik der Ernährungssicherung aus eigener Kraft
     • Mobilisierung der Selbsthilfetätigkeit
     • Bau von Krankenhäusern, Schulen, Industrie- und Wasseranlagen u. a.
     • Bereitstellen von finanziellen und technischen Mitteln

6. Müssen die Menschen auf den Mond fliegen?

- Gegensatz: Technik/Fortschritt – Tod/Elend der Kinder
- Bedeutung der Raumfahrt für den Menschen:
  - Entwicklung neuer Technologien zur Weiterentwicklung der Menschheit
  - Entdecken von neuen Rohstoffen
  - Erkenntnisse für die Verbesserung des menschlichen Lebens
- Kapital und Wirtschaftskraft der Industriestaaten als Garant zur Lösung aller Probleme zum Wohle der Kinder

Schluss: Wie kann ich persönlich helfen?

- persönliche Meinung: Spende ist wichtig und gut, aber nur „Tropfen auf den heißen Stein"
- Möglichkeiten der jungen Generation, durch aktives Auftreten für die Verbesserung der Welt gegen Verarmung und Verelendung zu kämpfen

Zum Abschluss noch einige **Hinweise auf Fehlerquellen** bei dieser Thematik:

- Du darfst nicht nur aufzählen, was du auf dem Plakat siehst, sondern du musst deine Gedanken zu den Fakten erläutern.
- Die Erläuterungen zur Raumfahrt und zum Nord-Süd-Gefälle dürfen sich nicht verselbstständigen, da das zentrale Thema die notwendige Hilfe für Kinder ist.
- Vermeide das unpersönliche Pronomen „man"; entscheide dich für folgende Möglichkeiten: „ich", „wir", „die Menschen der ganzen Welt", „die Politiker", „die Wissenschaftler", „die Regierung" usw.

Erwin Strittmatter (1912–1994): Bücher

In den Regalen meiner Arbeitsstube stehen viele Bücher. In manche sehe ich hinein, finde, dass sie mir nichts zu sagen haben, klappe sie zu und vergesse sie.

In anderen Büchern finde ich hie und da eine Wahrheit und ab und zu eine Bestätigung eigener Gedanken. Manchmal gefallen mir an ihnen nur der Inhalt einer einzigen Seite
5 oder einige besonders geglückte Formulierungen. Nach Jahren nehme ich sie wieder zur Hand, um das, was mir an ihnen gefiel, zu lesen.

Dann gibt's Bücher, die zunächst wie Fremdlinge in meiner Stube stehen. Aber eines Tages machen sie sich bemerkbar. Bin ich in ihre geistige Nähe gekommen?

Ich schlage sie auf, lese sie in einem Zug und lese sie nach Wochen schon wieder. Viele
10 von ihnen sind alt und aus vergangenen Zeiten herübergekommen, und doch verjüngen sie mich und sind mir behilflich, meine Zeit zu verstehen. Die verjüngende Kraft, die ihnen innewohnt, heißt Poesie.

(Aus: ¾ hundert Kleingeschichten, 1971, S. 131)

Marie Luise Kaschnitz (1901–1974): Das letzte Buch

Das Kind kam heute spät aus der Schule heim. Wir waren im Museum, sagte es. Wir haben das letzte Buch gesehen. Unwillkürlich blickte ich auf die lange Wand unseres Wohnzimmers, die früher einmal mehrere Regale voller Bücher verdeckt haben, die aber jetzt leer ist und weiß getüncht, damit das neue plastische Fernsehen darauf erscheinen
5 kann. Ja und, sagte ich erschrocken, was war das für ein Buch? Eben ein Buch, sagte das Kind. Es hat einen Deckel und einen Rücken und Seiten, die man umblättern kann. Und was war darin gedruckt, fragte ich. Das kann ich doch nicht wissen, sagte das Kind. Wir durften es nicht anfassen. Es liegt unter Glas. Schade, sagte ich. Aber das Kind war schon weggesprungen, um an den Knöpfen des Fernsehapparates zu drehen. Die große
10 weiße Wand fing sich an zu beleben, sie zeigte eine Herde von Elefanten, die im Dschungel eine Furt durchqueren. Der trübe Fluß schmatzte, die eingeborenen Treiber schrien. Das Kind hockte auf dem Teppich und sah die riesigen Tiere mit Entzücken an. Was kann da schon drinstehen, murmelte es, in so einem Buch.

(Aus: Das Hirschgraben Lesebuch 9, 1991, S. 102)

Aufgabe:
Werten Sie beide Aussagen und legen Sie Ihre Meinung dar!

Lösung

Hinweise zu den Autoren

Marie Luise Kaschnitz

Marie Luise Kaschnitz wurde 1901 in Karlsruhe geboren und starb 1974 in Rom. Ihr eigentlicher Name ist Marie Luise von Kaschnitz-Weinberg. Als Erzählerin, Lyrikerin, Hörspielautorin und Essayistin erlangte sie Bedeutung. Ihre Kindheit und Jugend verbrachte sie in Berlin und Potsdam. Nach dem Abitur absolvierte Marie Luise eine Buchhändlerlehre und arbeitete später in einem Antiquariat in Rom. 1925 heiratete sie den Archäologen Guido von Kaschnitz-Weinberg, mit dem sie viele Reisen unternahm. Stellvertretend für ihr umfangreiches literarisches Schaffen, für das sie etliche Preise erhielt, seien folgende Werke genannt:

Die Romane „Liebe beginnt" (1933) und „Elissa" (1937); die Nacherzählung „Griechische Mythen" (1946); die Gedichte „Totentanz und Gedichte" (1947); die Hörspiele „Die biografischen Studien" (1987); „Das dicke Kind und andere Erzählungen" (1951); das Essay „Eichendorffs Jugend" (1984).

Erwin Strittmatter

Erwin Strittmatter wurde 1912 als Sohn eines Bäckers geboren, er erlernte ebenfalls dieses Handwerk. Später arbeitete er als Kellner, Chauffeur, Hilfsarbeiter und nach der Bodenreform 1945 als Kleinbauer. Nach seinem Eintritt in die SED wurde Strittmatter Gemeinde-Amtsvorsteher. Er betätigte sich frühzeitig schriftstellerisch, als Journalist und Zeitungsredakteur konnte er seine Fähigkeiten im Schreiben vervollkommnen. Nach dem Erscheinen seines ersten Romanes „Der Ochsenkutscher" (1950) begann er als freischaffender Schriftsteller. Von Bedeutung war das 1953 entstandene Schauspiel „Katzgraben" als Szenenfolge aus dem Bauernleben nach 1945, das Brecht überarbeitete und an seinem Theater inszenierte. Mit der Gestalt des Ole Bienkopp im gleichnamigen Roman von 1963 beschrieb Strittmatter einen Menschen, der nicht in die DDR-Wirklichkeit passte. Die Wahl der Helden und Landschaften sowie seine bildhafte und oft sehr drastische und humorvolle Sprache stellen Strittmatter in die Erzähltradition von Fritz Reuter und Wilhelm Raabe. Das spiegelt sich auch in seinen autobiografisch wirkenden Romantrilogien „Der Wundertäter" (1957; 1973; 1980) und „Der Laden" (1983; 1987; 1992) wider. Von 1959 bis 1983 übte Erwin Strittmatter verschiedene kulturpolitische Funktionen aus, u. a. die des Vizepräsidenten des deutschen Schriftstellerverbandes. Von 1957 bis zu seinem Tode 1994 lebte er als Schriftsteller und Ponyzüchter mit seiner Frau, der Lyrikerin Eva Strittmatter, auf dem „Schulzenhof" in Dollgow.

Der literarische Text „Bücher" entstammt einer Sammlung von Kurzprosa mit dem Titel „¾ hundert Kleingeschichten" (1971).

Strittmatters Verhältnis zu Büchern

Erwin Strittmatters Äußerungen zu diesem Thema lassen eine enge und ganz persönliche Bindung zu Büchern erkennen. Er beurteilt Bücher nach dem Wert für sich und sein Leben, denn sie sind ihm lebenswichtig und -notwendig, sie sind Wegbegleiter, bedeuten Zuflucht und Entspannung. In ihnen findet der Autor „hie und da eine Wahrheit und ab und zu eine Bestätigung eigener Gedanken" (Z. 3/4). Oft gefallen ihm nur das Geschriebene „einer einzigen Seite" (Z. 4) oder „einige besonders geglückte Formulierungen" (Z. 5). Das bedeutet Vergnügen und Wohlgefallen am Buch und am Lesen überhaupt. Strittmatter vertritt die Auffassung, dass man ein ganzes Leben lang auf der Suche sein kann, um die „geistige Nähe" (Z. 8) eines Buches zu kommen, d. h. das Buch zu begreifen. Zu manchen Büchern kann er keine Beziehung finden, sie sind für ihn wertlos, bleiben „Fremdlinge" (Z. 7), denn sie können ihm nichts sagen. Bücher geben Erfahrungen vieler Generationen weiter. Schafft es der

Leser, diese zu ahnen, zu verstehen und vielleicht sogar umzusetzen, findet er sich selbst wieder, geben sie ihm den Mut, über sein Innerstes zu reflektieren. Dann, so meint Strittmatter, wurde die Kraft der Poesie, der Dichtkunst, richtig verstanden, und der Schriftsteller bzw. der Dichter weiß, dass seine Werke Zugang zu den Herzen der Menschen gefunden haben. So will sich auch Erwin Strittmatter mit seinem Schaffen verstanden fühlen.

Die Sprache, die Strittmatter wählt, ist einfach und verständlich. In der Ich-Form werden seine ganz persönlichen Erlebnisse und Erfahrungen mit Büchern dargestellt, jedoch so, dass sie verallgemeinerungsfähig sind.

Die Aussage der Schriftstellerin Marie Luise Kaschnitz zum Buch

Marie Luise Kaschnitz berichtet in ihrem Text „Das letzte Buch" von einem Kind, das während eines Museumsbesuches mit seinen Mitschülern „das letzte Buch" (Z. 2) gesehen hat. Das Kind erzählt der Mutter von diesem Buch, was bei ihr Erinnerungen an frühere Zeiten auslöst, in denen Bücher („mehrere Regale voller Bücher", Z. 3) zu ihrem Leben gehörten, Bestandteil des Alltags waren. Erschrocken stellt die Mutter fest, dass für das Kind der Inhalt des Buches vollkommen unwichtig ist, denn es „murmelte" (Z. 13): „Was kann da schon drinstehen, ..., in so einem Buch." (Z. 13). Das Buch ist für das Kind nur als Gegenstand des Betrachtens interessant. „Es liegt unter Glas" (Z. 8), „es hat einen Deckel und einen Rücken und Seiten, die man umblättern kann" (Z. 6). Und das Kind wendet sich im Zeitalter der modernen Technik dem Fernseher zu, wie selbstverständlich schaltet es den Apparat ein und ist entzückt von den beeindruckenden und faszinierenden Tierbildern des Dschungels. In plastischen Bildern bringt das Fernsehen die Ferne mit ihren Reizen und Abenteuern in die Wohnzimmer, zu den Konsumenten. Da ist das Buch veraltet und wird weniger beachtet.

Marie Luise Kaschnitz erzählt eine Geschichte, in der zwei Personen unterschiedlicher Generationen ihre Beziehung zum Buch deutlich werden lassen. Die Sprache ist äußerst einfach und wirkt lakonisch durch das Aneinanderreihen des Geschehens.

Mit diesem Text macht die Autorin aufmerksam auf die verändernde Wirkung der Medien auf den Menschen in der Welt der Technik.

Darlegen der eigenen Meinung

In der Aufgabenstellung wirst du ganz konkret aufgefordert, neben dem Werten der Aussagen auch deine Meinung über den Wert von Büchern darzulegen und dabei zu verdeutlichen, ob du für oder gegen Bücher bist, d. h. welches Verhältnis du zu Büchern hast.

In den folgenden Ausführungen findest du Anregungen zur Bewältigung dieser Aufgabe.

Argumente für Bücher

1. Was bringen Bücher?

- Bezug zu Strittmatters Aussagen:
  - Anliegen der Literatur
  - Nachdenken über Mitmenschen, über das Lebensumfeld
  - Anregungen als Lebenshilfe in Entscheidungssituationen
  - Gefühle besser verstehen und benennen können
- Beispiel für ein bemerkenswertes Leseerlebnis
- Kunstgenuss durch Bücher
- Spaß, Unterhaltung, Vergnügen, Entspannung

2. Wie kann ich im Zeitalter der Computer-, Fernseh- und Videotechnik eine private Beziehung zu Büchern aufbauen?
- Eltern ermöglichen frühzeitig den Zugang zur Bibliothek
- Verwandte schenken Bücher
- Freunde geben wertvolle Tipps
- Lehrer regen zum Lesen an
- Medienangebote betreffs literarischer Verfilmungen sinnvoll nutzen

3. Was macht Bücher unvergessen?
- die Fantasie → schult die Vorstellungskraft
- Wissensvermittlung und -erweiterung → weckt Neugierde und Interessen
- Illustrationen → erzeugen unvergessene Bilder
- das Lesen → lässt die Schönheit der Sprache nachempfinden
- echte Helden → ermöglichen die Identifikation
- ein Geschenk → bleibende Erinnerung

4. Welche Bücher lese ich?
- Sach- und Fachbücher
- Lexika und Nachschlagewerke
- Kinder- und Jugendbücher
- Belletristik (Erzählungen, Romane, …)
- Trivialliteratur (Comics, Western, Krimis, …)

Argumente gegen Bücher

1. Haben Bücher heute noch Bedeutung?
- Bezug zum Text von Marie Luise Kaschnitz
  • Zeitalter der Technik, neuer Medien
  • veränderte Beziehung des Menschen zu Medien
  • technische Möglichkeiten durch Fernsehen, Computer, Videotechnik
- Inhalt der Bücher unverändert, keine Vorstellungsmöglichkeiten im Sinne des Greifbaren
- Lesen anstrengend, zeitaufwendig
- Bücher teuer, hohe Produktionskosten
- persönlicher Bezug: Bücher sind langweilig, ohne „Action"; Frage der Beschaffung und Aufbewahrung; allein tätig sein

2. Welche Vorteile bringen dagegen Fernsehen und Computer?
- Form einer interessanten Freizeitgestaltung, auch mit Freunden
- vielseitige Angebote im Fernsehen
  • verschiedene Programme, Sendezeiten
  • unterschiedliche Filme (Spiel-, Kriminal-, Trick-, Naturfilme usw.)
  • Dokumentationen
  • Natursendungen
  • Serien usw.
- Unterhaltung, Spaß, Action, Spannung
- plastische Bilder
- Wissensvermittlung mit für Zuschauer aufbereiteten Programmen
- Wissenserweiterung mit geringen Anstrengungen
- Speicherung von Informationen über Computer, Videos
- schnelles Löschen überholten Wissens
- Wiederholungs- und Einprägungsmöglichkeiten rationell
- vielseitige Nutzung des Computers (Lernprogramme, Spiele, …)

- Anwenden gelernten Wissens aus der Schule – Sprachen, Informationstechnische Grundbildung
- aber: Gefahren und Nachteile
  - an Sendezeiten des Fernsehens gebunden → Zwang
  - bei Übertreibungen gesundheitliche und psychische Schäden

3. Welche Art der Medien bevorzuge ich besonders?
- Lieblingsbeschäftigung: Computer
- zweimal wöchentlich mit Freunden im Club
- Austausch neuester Erkenntnisse (Internet u. a.), Erweiterung meines Wissens
- Studium einschlägiger Fachliteratur als notwendige Grundlage

Entsprechend der Meinung solltest du in der **Einleitung** zum Thema hinführen und im **Schlussteil** das Wichtigste zusammenfassen.

Lothar Zenetti: Zu sagen, man müßte was sagen

oder

Josef Reding: Meine Stadt / Theodor Storm: Die Stadt

Lothar Zenetti (geb. 1926): Zu sagen, man müßte was sagen

Zu sagen, man müßte was sagen, ist gut,
man müßte
man müßte was sagen.
Abwägen ist gut, es wagen ist besser,
5 doch wer macht den Mund denn schon auf?

Zu sagen, man müßte was machen, ist gut,
man müßte
man müßte was machen.
Gerührtsein ist gut, sich rühren ist besser,
10 doch wo ist die Hand, die was tut?

Zu sagen, man müßte was geben, ist gut,
man müßte
man müßte was geben.
Begabtsein ist gut, doch geben ist besser,
15 doch wo gibt es den, der was gibt?

Zu sagen, man müßte was ändern, ist gut,
man müßte
man müßte was ändern.
Sich ärgern ist gut, verändern ist besser,
20 doch wer fängt bei sich damit an?

(Aus: Lothar Zenetti: „Zu sagen, man müßte was sagen",
Texte der Zuversicht, München 1982, S. 39)

Aufgabe:
Interpretieren Sie das Gedicht!

Josef Reding: Meine Stadt

Meine Stadt ist oft
schmutzig;
aber mein kleiner Bruder
ist es auch
5 und ich mag ihn.

Meine Stadt ist oft
laut;
aber meine große Schwester
ist es auch
10 und ich mag sie.

Meine Stadt ist dunkel
wie die Stimme meines Vaters
und hell
wie die Augen meiner Mutter.
15 Meine Stadt und ich:
wir sind Freunde,
die sich kennen.
Nicht flüchtig kennen
wie die von fernher,
20 die der Bürgermeister
manchmal über die
Hauptstraße führt.
Er zeigt ihnen nicht
die Schutthalden.
25 Warum sollte er?
Zu Hause führen wir auch
unseren Besuch in das
Wohnzimmer und lassen ihn
mit unserem Mülleimer in Ruhe.
30 Aber manchmal, bevor ich
zur Schule gehe,
klopfe ich dem braven grauen
Müllkasten auf den Deckel,
daß er fröhlich klappert.
35 Und am Schuttfeld
werfe ich grüßend einen
Stein auf die
blitzende Konservendose
dahinten, daß sie scheppert.

*(Aus: Treffpunkte 7, Lesebuch für das 7. Schuljahr,
1994 Schroedel, Schulbuchverlag GmbH, Hannover, S. 214)*

Theodor Storm: Die Stadt

Am grauen Strand, am grauen Meer,
Und seitab liegt die Stadt;
Der Nebel drückt die Dächer schwer,
Und durch die Stille braust das Meer
5 Eintönig um die Stadt.

Es rauscht kein Wald, es schlägt im Mai
Kein Vogel ohn' Unterlaß,
Die Wandergans mit hartem Schrei
Nur fliegt in Herbstesnacht vorbei,
10 Am Strande weht das Gras.

Doch hängt mein ganzes Herz an dir,
Du graue Stadt am Meer;
Der Jugend Zauber für und für
Ruht lächelnd doch auf dir, auf dir,
15 Du graue Stadt am Meer.

(Aus: Das lesende Klassenzimmer, 7. Schuljahr,
R. Oldenbourg Verlag GmbH 1993, München, S. 193)

Aufgabe:
Vergleichen Sie das Verhältnis der beiden Autoren Josef Reding (geb. 1929) und Theodor
Storm (1817–1888) zu ihrer Stadt!
Stellen Sie dar, auf welche Art und Weise sie dieses verdeutlichen!

Lösung I

Bemerkungen zum Text und Autor

Die Prüfungsaufgabe 2 zum Realschulabschluss 1996 beinhaltete bereits ein Gedicht von Lothar Zenetti, das zu interpretieren war. Es hieß „Ich glaube nur was ich sehe" und stammte aus dem Buch „Wege des Glaubens". Die Wahl für die diesjährige Gedichtinterpretation fiel auf „Zu sagen, man müßte was sagen", entnommen den „Texten der Zuversicht". Bei Beachtung der Titel wird deutlich, dass sich der Autor mit ethischen Fragen unserer Zeit auseinander setzt.

Inhaltliche Betrachtung

Lothar Zenetti **thematisiert** in seinem Gedicht „Zu sagen, man müßte was sagen" das **zu geringe Engagement der Menschen** in der Gegenwart, was sich darin äußert zu schweigen, nichts zu tun, nichts zu geben, keine Bereitschaft zur Veränderung bestehender Zustände zu zeigen. Es ist zwar allen offensichtlich bewusst, reden, handeln, geben und verändern zu müssen, jedoch spiegelt sich die erkannte Notwendigkeit nur in Gefühlen und Gedanken wider. Das Handeln bleibt in der Anonymität, in der es nicht um das „Ich" geht, sondern um das unpersönliche „man". In der **ersten Strophe** wird verdeutlicht, dass die meisten Menschen erkennen, darüber etwas **sagen** zu müssen, was, wie, wo und wann geschieht, z. B. zu den Auswirkungen politischer Regime wie in der ehemaligen DDR, in dem die Meinungsfreiheit der Bürger unterdrückt wurde und politische kritische Äußerungen zum Freiheitsentzug führten. Deshalb haben die Menschen damals genau abgewogen, ihre Meinung öffentlich zu bekunden oder nicht. Doch Zenetti meint, den Schritt zum Reden zu „wagen ist besser" (Z. 4). Bewusst stellt er an den Leser die Frage: „... doch wer macht den Mund schon auf?" (Z. 5).

Die **zweite Strophe** spricht das **Handeln** der Menschen an. Jedermann weiß, dass man „was machen" (Z. 6, 8) müsste, denn gefühlsmäßig sind alle betroffen von Erscheinungsformen sozialer Ungerechtigkeit in der Gesellschaft, von Armut und Kindersterben auf der Welt, aber vom aktiven Handeln schließen sich die meisten Leute aus, sie verschließen die Augen und hoffen, irgendwer wird etwas tun, irgendwann regelt es sich vielleicht von selbst. Und wieder fordert der Autor am Schluss der Strophe auf, darüber nachzudenken, wo die Hand ist, „die was tut" (Z. 10), denn „sich rühren ist besser" (Z. 9).

Nach den Gedanken zum Tätigsein wendet sich Lothar Zenetti in der **dritten Strophe** dem **Geben** zu. „Man müßte was geben" (Z. 11) heißt es. Fast täglich ist in den Medien von notleidenden Bürgern in Krisengebieten oder auf Kriegsschauplätzen der Welt zu hören, zu sehen und zu lesen. Fast jeder ist bereit, materielle Dinge wie Decken, Kleidung, Spielzeug u. a. zu geben, aber seine Kraft und Fähigkeit, vielleicht seine technische Begabung unter schwierigsten Bedingungen bei Verzicht auf Bequemlichkeiten und Komfort beim Wiederaufbau zerstörter Städte zur Verfügung zu stellen, dazu fehlt die Bereitschaft der Menschen, sodass der Autor auch diese Strophe mit einer Frage abschließt: „... doch wo gibt es den, der was gibt?" (Z. 15).

In der **vierten** und letzten Strophe geht Zenetti auf weitere Verhaltensweisen der Menschen ein. Werden Probleme, Schwierigkeiten, Nöte, Sorgen sichtbar, sind sich alle einig, dass es gut wäre, das zu **verändern**. „Man müßte was ändern" (Z. 16), heißt es lakonisch; denn man ärgert sich über alles, was einem nicht passt oder gefällt. Viele Worte werden gebraucht über Missstände und Unzulänglichkeiten im täglichen Leben, in der Gesellschaft, auf der Welt. Fast klingt es wie eine Entschuldigung dafür, dass eben nichts geschieht – „man müßte was ändern, man müßte" (Z. 18, 17), keiner beginnt mit einer Veränderung bei sich. Am Ende der letzten Strophe bleibt die unbeantwortete Frage: „... doch wer fängt bei sich damit an?" (Z. 20).

98-16

Sprache und Form

Zenettis Gedicht besteht aus **vier Strophen mit je fünf Verszeilen,** die sich nicht reimen und von unterschiedlicher Länge sind.

Die ersten drei Zeilen einer jeden Strophe wiederholen sich fast wörtlich, sie unterscheiden sich lediglich durch den Einsatz unterschiedlicher Verben für das sechste Wort in Z. 1 und das vierte Wort in Z. 3: „sagen" – „machen" – „geben" – „ändern". Auch die Zeilen vier und fünf lassen einen gleichförmigen Aufbau erkennen, wobei vier Tätigkeiten in der Reihenfolge „Abwägen" – „Gerührtsein" – „Begabtsein" – „Sich ärgern" ausgetauscht werden.

Vers fünf stellt eine W-Frage, die mit dem einen Gegensatz verdeutlichenden Wort „doch" eingeleitet wird. Der Gegensatz besteht darin, dass die allgemein geforderte Notwendigkeit „man müßte" nicht mit der Realität übereinstimmt. Das erforderliche Handeln der Menschen findet seinen Ausdruck in den Verben „sagen" (Z. 1, 3), „machen" (Z. 6, 8), „geben" (Z. 11, 13), „ändern" (Z. 16, 18). Den Tätigkeiten wird zugeordnet, wer etwas tun soll: der „Mund" (Z. 5), „die Hand" (Z. 10), eine Person – „den, der" (Z. 15), die eigene Person – „bei sich" (Z. 20). Dadurch wird von der ersten bis zur letzten Strophe eine **Steigerung der Bedeutsamkeit in der Aussage** erzielt.

Fähigkeiten und Voraussetzungen zum Handeln bestimmen die folgenden Verben: „wagen" (Z. 4), „sich rühren" (Z. 9), „geben" (Z. 14), „verändern" (Z. 19). Durch Ausreden ist unser tatsächliches Verhalten gekennzeichnet, „man müßte" wird so häufig wiederholt, dass es wie eine „tägliche Leier" wirkt. Hinter dem unpersönlichen Pronomen „man" kann sich jeder verstecken, bestärkt wird es durch die Konjunktivform „müßte".

„Zu sagen, man müßte was sagen" (Z. 1) bedeutet die Aufforderung zum Reden, aber das Reden kann auch Aktivitäten hemmen, deshalb zwingt der Autor mit der Wiederholung „Zu sagen, man müßte …" den aufmerksamen Leser, seine Haltung in Bezug auf das Mutigsein, Tun, Geben und Verändern zu überprüfen. Das wird untermauert mit den Wortspielen: Wir „wägen" ab statt zu „wagen" (Z. 4), sind „gerührt" statt uns zu „rühren" (Z. 9), sind „begabt" statt zu „geben" (Z. 14), „ärgern" uns statt zu „verändern" (Z. 19). Passives Verhalten schließt aktives nicht aus, diese Bedeutung wird durch das Adjektiv „gut" und seine Steigerung „besser" nahe gelegt.

Am Schluss muss sich jeder fragen: Bin ich tatsächlich passiv? Wie kann mein aktives Handeln aussehen?

Absicht und Leserwirkung

Mit diesem Gedicht fordert der Autor den Leser auf, über sein Verhalten nachzudenken und seine Haltung zu Gegenwartsproblemen kritisch zu überprüfen.

Zentrale Aussage

Nur durch Überwinden der Passivität gelingt dem Menschen der Schritt zum Handeln, zum Engagement für eine gerechte Sache und für den Einsatz im Sinne des Humanismus.

Lösung II

Bemerkungen zur Aufgabenstellung

Einen Vergleich zu führen bedeutet für dich, Gemeinsamkeiten und Unterschiede zu finden im Verhältnis der beiden Autoren Josef Reding und Theodor Storm zu ihrer Stadt. Als gleichwertige Teilaufgabe musst du darstellen, auf welche Art und Weise sie dieses in den vorgegebenen Gedichten verdeutlichen.

Du hast zwei Möglichkeiten für das Vorgehen: Entweder bearbeitest du nacheinander die beiden Gedichte unter dem entsprechenden Aspekt, vergleichst und formulierst anschließend deine Erkenntnisse, oder du fixierst erst die Thesen über Gemeinsamkeiten und Unterschiede im Verhältnis der Autoren zu ihrer Stadt und trittst danach den Beweis an.

Hinweise zu den Autoren

Josef Reding

Josef Reding wurde 1929 in Castrop-Rauxel geboren. Heute lebt er in Dortmund-Lüttringhausen und ist vor allem durch seine Kurzgeschichten bekannt geworden, z. B. „Nennt mich nicht Nigger" (1991).

Theodor Storm

Der bekannte Lyriker und Novellist wurde 1817 in Husum geboren und starb 1888 in Hademarschen. Seine Kindheit und Jugend verbrachte Storm in Husum, bis er in Kiel und später in Berlin Jura studierte (1837–1842). Nach Abschluss der Studien kam er in seine Heimatstadt zurück und arbeitete dort als Advokat. Bedingt durch die Zuwendung zu politischen Ereignissen in Schleswig-Holstein verlor er die Stelle als Advokat und ging deshalb in den preußischen Justizdienst nach Potsdam und 1856 als Kreisrichter nach Heiligenstadt. Hier und während verschiedener Reisen entstanden realistische Novellen. 1864 wurde er in Husum zum Stadtvogt ernannt. 1880 ging Storm in Pension und zog in seine „Altersvilla" nach Hademarschen, wo er bis zu seinem Lebensende blieb. Zu seinen bekanntesten Werken zählt die Novelle „Der Schimmelreiter".

Das zu untersuchende Gedicht „Die Stadt" entstand 1851 und wurde im „Gedichte-Band" 1852 in Kiel veröffentlicht.

Vergleich des Verhältnisses der beiden Autoren zu ihrer Stadt

Gemeinsamkeiten

In den Gedichten „Die Stadt" von Theodor Storm und „Meine Stadt" von Josef Reding wird das Verhältnis der Autoren zu ihrer Stadt thematisiert. Trotz negativer Erscheinungen verdeutlichen beide Verfasser ihre **Liebe zur Stadt,** weil diese Teil eigener Lebenserfahrung ist und den Begriff „Heimat" einschließt. Darin liegt die Gemeinsamkeit. **Storm** formuliert sein **Liebesbekenntnis zu Husum, der Heimatstadt,** mit folgenden Worten am ausdrucksstärksten:
„Doch hängt mein ganzes Herz an dir, / Du graue Stadt am Meer; / Der Jugend Zauber für und für / Ruht lächelnd doch auf dir, auf dir" (Z. 11–14).

Josef **Reding** bringt sein **Bekenntnis** u. a. mit folgenden Zeilen zum Ausdruck:
„Meine Stadt und ich: / Wir sind Freunde, / die sich kennen." (Z. 15–17).

Unterschiede

Unterschiedlich ist die Art und Weise, wie die Autoren ihr Verhältnis zur Heimatstadt darstellen. Sichtbar wird es zunächst in der **Wahl der Titel.** Theodor Storm nennt sein Gedicht „Die Stadt", es ist für ihn nicht irgendeine Stadt, sondern eben „die" Stadt, seine Heimatstadt Husum im Norden des Landes, in der er viele Jahre seines Lebens verbracht hat und die er über alle Maßen liebt.

Bei Josef Reding findet das Bekenntnis in der Wahl des Titels „**Meine** Stadt" Ausdruck, es ist seine Stadt, in der er lebt und arbeitet, mit allen Vorzügen und Nachteilen, eine moderne Stadt, sicher Dortmund.

Ebenso zeigen sich **inhaltliche Unterschiede.** Storms Gedicht ist der Naturlyrik zuzuordnen, aber nicht der verklärenden und schwärmerischen Landschaftsschilderung. Das Gedicht wendet sich bewusst der Natur zu, die auch die Stadt als Lebensraum der Menschen mit umfasst. Der Sprecher akzeptiert die weniger schön erscheinenden Seiten dieser Stadt, weil die Landschaft und die Stadt gemeinsam Teil der Lebenserfahrung sind, vor allem aber auch durch die Erinnerung des lyrischen Ichs an die Jugendzeit; „Der Jugend Zauber für und für / Ruht lächelnd doch auf dir, auf dir, / Du graue Stadt am Meer." (Z. 13–15).

Die **erste Strophe** setzt mit einem semantischen und syntaktischen Parallelismus ein: „Am grauen Strand, am grauen Meer" (Z. 1). Die erste Zeile bestimmt die geografische Lage der Stadt und wird vom Adjektiv „grau" beherrscht. Die Landschaft ist eintönig. Das Adverb „seitab" unterstützt dieses negative Erscheinungsbild, das der schwer drückende Nebel (Z. 3) und das eintönige Brausen des Meeres (Z. 4) als Merkmale der Stadt untermauern, die ein Fremder ganz gewiss schnell verlassen würde.

In der **zweiten Strophe** folgt zunächst eine Beschreibung der Stadt durch die Negation dessen, was andere Städte und Landschaften auszeichnen könnte – der vielbesungene deutsche Wald, die Nachtigall fehlen, dafür entsteht ein herbes Landschaftsbild – die „Wandergans mit hartem Schrei" (Z. 8) fliegt im Herbst vorbei, und das Gras „weht" ewig am Strand, keine Blumen, keine außergewöhnlichen Pflanzen, nur Gras.

Die **dritte Strophe** erscheint wie eine Opposition mit der Konjunktion „doch". Am Anfang steht die Liebeserklärung an die Stadt, sie wird personifiziert mit dem Pronomen „dir" (Z. 14). Die Wortwahl wirkt freundlicher, heiterer mit „Jugendzauber" (Z. 13), „ruht lächelnd doch auf dir" (Z. 14). Der Schluss klingt etwas sentimental. **Storm** wählte die **traditionelle Gedichtform** mit Strophen und Reim, der allerdings mit seiner Form abaab vom Normalen ein wenig abweicht: Der Kreuzreim variiert mit dem Paarreim („schwer" / „Meer").

Das Gedicht „**Meine Stadt**" von **Josef Reding** spielt ähnlich wie das Storm-Gedicht mit dem **Kontrast zwischen den negativen Erscheinungen** der Heimatstadt und **dem Charme,** den eine „unaufgeräumte" Stadt für Kinder und Jugendliche hat. Dieser Kontrast wird durch Antithesen formal durchgehend im Gedicht gestaltet. Trotz Schmutz, Lärm und der Müllprobleme als modernes Bild der Stadt liebt Reding seine Stadt, das vergleicht er mit den Lieben der eigenen Familie:

„Meine Stadt ist oft / schmutzig; / aber mein kleiner Bruder / ist es auch / und ich mag ihn." (Z. 1–5)

„… laut; / aber meine große Schwester / ist es auch / und ich mag sie." (Z. 7–10)

„… ist dunkel / wie die Stimme meines Vaters / und hell / wie die Augen meiner Mutter." (Z. 11–14)

Trotz der negativen Erscheinungen wird die Stadt vom Leser als sympathisch und liebenswert empfunden, dazu trägt auch der zweite Teil des Gedichtes bei, der wie eine Geschichte erzählt wird, sehr persönlich durch die Pronomen „wir" und „ich". „Bevor ich zur Schule gehe, klopfe ich dem braven grauen Müllkasten auf den Deckel, daß er fröhlich klappert." (Z. 30–34), „werfe ich grüßend einen Stein auf die blitzende Konservendose dahinten, daß sie scheppert." (Z. 36–39). „Fröhlich" (Z. 34), „grüßend" (Z. 36), „blitzende" (Z. 38), „scheppert" (Z. 39) sind Wörter, die die negativen Zustände abschwächen.

Josef Redings Gedicht gehört zur **rhythmischen Prosa,** es ist **ohne Reim.**

Zusammenfassend ist festzustellen, dass Form, Sprache und inhaltliche Elemente sich grundsätzlich unterscheiden.

Absicht und Leserwirkung

Die Gedichte regen an, über das eigene Verhältnis zur Heimatstadt nachzudenken und seine Position zur Heimat zu bestimmen.

ich – persönliche Stellungnahmen

Ich war glücklich, als
- ich den Führerschein hatte
- ich meine Prüfung bestanden hatte
- ich wieder ein Schuljahr bestanden hatte
5 - ich Anerkennung von Mitmenschen erfuhr
- ich meinen ersten Kuss bekam
- ich gemerkt habe, dass ich angenommen wurde
- in den Ferien unsere Familie eine richtige Gemeinschaft war

Ich wäre glücklich, wenn
10 - ich noch lange leben könnte
- mein Vater öfter daheim wäre
- mich meine Mutter besser verstände
- ich manche Hemmungen überwinden könnte und mir jemand dabei helfen würde
- mir die Liebe eines Menschen sicher wäre, den auch ich liebe
15 - ich eine Familie mit Vater hätte, die mich akzeptierte, in der ich mich geborgen fühlen
könnte

Ich bin glücklich
- wenn ich merke, dass es Menschen gibt, die mich mögen und akzeptieren, wie ich bin
- wenn ich mit meinem Freund zusammen bin
20 - wenn ich manchmal allein meditiere oder mit Gott spreche
- weil ich so viele Geschwister habe
- über mein Zuhause

(Aus: Horizonte 6, C. C. Buchner, S. 13)

Aufgabe:
Was bedeutet Glück für Sie?
Berücksichtigen Sie beim Darstellen Ihrer eigenen Vorstellungen auch die Aussagen im Text!

Lösung

Die Lösung der Aufgabe erscheint auf den ersten Blick sehr einfach. Aber Vorsicht, auch diese Darstellung erfordert eine gründliche und sorgfältige Durchdringung der gegebenen Schwerpunkte. Die Aufgabenstellung verlangt einen klaren **Ich-Bezug,** und der **Text** gibt vielseitige **Anregungen,** von denen du die Beispiele auswählen musst, die dir besonders bedeutsam erscheinen.

Zunächst möchte ich dir Möglichkeiten aufzeigen, wie du das Konzept gestalten kannst: Zuerst **legst** du dir eine **Tabelle an** und **trägst** aus dem Text die für dich wichtigen **Gedanken ein.** Auf keinen Fall darfst du alle Beispiele übernehmen, sondern nur die, die mit deinen Glücksvorstellungen im Zusammenhang stehen.

Die Tabelle ergibt sich aus der Differenzierung:

Ich war – ich wäre – ich bin.

Natürlich kannst du in die Tabelle zusätzlich deine eigenen Vorstellungen vom Glück eintragen.

ich war	ich wäre	ich bin
glücklich, als	**glücklich, wenn**	**glücklich, wenn**
– ich Anerkennung von Mitmenschen erfuhr (Z. 5) – ich gemerkt habe, dass ich angenommen wurde (Z. 7)	– mir die Liebe eines Menschen sicher wäre, den ich auch liebe (Z. 14) (Vater, Mutter, Freund, Freundin u. a.)	– ich merke, dass es Menschen gibt, die mich mögen und akzeptieren, wie ich bin (Z. 18)
	oder:	
glücklich, als	**glücklich, wenn**	**glücklich, wenn**
– ich meine Prüfung bestanden hatte (Z. 3) – ich wieder ein Schuljahr bestanden hatte (Z. 4)	– ich noch lange leben könnte (Z. 10) – ich eine Lehrstelle bekommen würde	– ich mit meinem Freund zusammen bin (Z. 19) – über mein Zuhause (Z. 22) – über einen Tierfreund
↓	↓	↓
Argumente Beispiele	**Argumente Beispiele**	**Argumente Beispiele**

Mithilfe dieser Tabelle erkennst du, dass die Gedanken unter einer bestimmten Glücksvorstellung ausgewählt wurden. Für eine geschlossene und überzeugende Darstellung ist es wichtig, dass du dich entscheidest, ob für dich der soziale oder der persönlich-individuelle Aspekt am wichtigsten ist. Natürlich kannst du auch beide Aspekte auswählen und vom Persönlichen zum Sozialen deine Gedanken entwickeln. Für die weitere Erarbeitung des Konzepts musst du folgerichtig Argumente und Beispiele zum Thema in die Tabelle eintragen.

Dazu folgende Anregungen:

– **Ich war glücklich:**
  - in unterschiedlichen Lebenssituationen oder Altersjahren
  - immer als ein Ergebnis von Mühe, Fleiß, Streben, Anstrengung, Arbeit
  - Beispiele der erreichten Leistungen
  - Begründung, dass ideelle Werte wertvoller als materielle Dinge wie Konsumverhalten, Besitz, Genussmittel sind
  - Begründung, dass Entwicklung der Persönlichkeit wichtiger ist als Äußerlichkeiten oder kurzzeitige Bedürfnisbefriedigung („lieber Sein als Schein")

– **Ich wäre glücklich:**
  - Erfüllung der Grundbedürfnisse: Gesundheit, Arbeits- und Leistungsfähigkeit, Liebesfähigkeit
  - Darstellung meiner Wünsche und Sehnsüchte von einem sinnerfüllten Leben
  - Befriedigung der Alltagsvorstellungen: Lottogewinn, schöne Reisen, interessanter Beruf, idealer Partner, aufregende Erlebnisse
  - Erfüllung von kleinen persönlichen Freuden
  - persönliche Wertung: Ist für mich die soziale Seite mit Anerkennung, Zusammenleben in Harmonie und Liebe, Hilfe für andere Menschen wichtiger als die alleinige Jagd nach dem „großen Glück"?
  - Gedanken zu Frieden, Freiheit, Wohlstand für alle, Freundschaft, Toleranz u. a. in meinem Denken und Fühlen

– **Ich bin glücklich:**
  - kritische und ehrliche Darstellung der jetzigen Lebenssituation, der Beziehungen zu lieben Menschen oder Tieren, zur Tatsache, dass „ich lebe"
  - Darstellung der Gewissheit, dass ich jung, dynamisch, erfolgreich bin, wenn ich ein tätiges Leben führe

Für die **Einleitung** ergeben sich viele Möglichkeiten unmittelbar aus dem Konzept oder in Form allgemeiner Erläuterungen zur Bedeutung von Glück. Der **Schlussteil** kann als ein Ausblick oder als Zusammenfassung formuliert werden.

.

Carpe diem – Nutze den Tag

Aufgabe:
Erörtern Sie dieses Thema!
Legen Sie dabei Vorstellungen von Ihrer Zukunft dar.
Berücksichtigen Sie Ihre persönlichen Lebensumstände.

Lösung

Das Erörterungsthema trägt Appellcharakter und spricht dich persönlich an, über dein Leben und deine Zukunft nachzudenken und dich kritisch damit auseinander zu setzen. Dabei kommt es besonders darauf an, eine lineare (entwickelnde) Darstellung zu erarbeiten, die nach Gründen, Auswirkungen und Bedeutungen fragt.
Zunächst solltest du, wie immer bei einer Erörterungsaufgabe, die **Schlüsselwörter** unterstreichen und in der **Stoffsammlung** alle Gedanken, die dir dazu spontan einfallen, in Form von Stichpunkten notieren.
Am besten eignen sich dazu zielgerichtete **Fragen** aus der Aufgabenstellung:

Welche Vorstellungen habe ich von meiner Zukunft?

– **Berufliche Vorstellungen**
* Einschätzung meiner realen Möglichkeiten für den Abschluss der 10. Klasse
* kritische Betrachtung meiner beruflichen Entwicklungschancen und –möglichkeiten
* aktives Handeln und Bemühen für den Abschluss einer Lehrvertrages
* kein Resignieren bei auftretenden Schwierigkeiten
* meine Grundeinstellung: „Wer sich selbst aufgibt, ist für alle Zeit verloren!"

– **familiäreVorstellungen**
* Gedanken über die Gestaltung meines späteren Lebens (Erarbeitung der materiellen Grundlage durch Fleiß, Zielstrebigkeit, Sparsamkeit)
* Bedeutung einer Familie mit Kindern für mich
* zuerst berufliche Karriere und Befriedigung der persönlichen Bedürfnisse – später familiäre Planung

– **persönliche Wünsche und Träume von einem sinnvollen Leben**
* Was kann mein Leben bereichern? (sinnvolle Freizeitbeschäftigung, gemeinsame Erlebnisse mit Freunden, Reisen, Partnerschaftsbeziehung mit gemeinsamen Tätigkeiten)
* Wie nutze ich den Tag (mein Leben) am besten? (meine Einstellung zu täglichen Pflichten, zur Verantwortung, zu Fleiß, zum Erfolgsdenken, zu täglichen Anstrengungen)
* Wie beurteile ich das Verhältnis zwischen Spaß, Abwechslung, Unterhaltung und Anstrengung in Form von sinnvollen Tätigkeiten?

Wie sind meine augenblicklichen persönlichen Lebensumstände?
– Alter
* Zufriedenheit – Unzufriedenheit
* Selbstbewusstsein – Angst, Unsicherheit
* körperliche, physische, psychische Besonderheiten
– Familie
* Hilfe, Unterstützung – fehlendes Verständnis, gestörtes Verhältnis
* Besonderheiten bei den Eltern

Wie verstehe ich die Aufforderung „Nutze den Tag"?
– Tagesablauf
* frühes Aufstehen – langes Schlafen und Ausruhen
* Zeit planen für sinnvolle und nützliche Tätigkeiten – ohne Vorsätze in den Tag „hinein leben"
* Erfüllung von Pflichten – Erleben von Spaß durch Unterhaltung, Fernsehen, Musik u. a.
– Grundlage für eine Persönlichkeitsentwicklung
* Bedeutung des Erfolgserlebnisses für mich
* Erfüllung der Träume nur durch Selbstverwirklichung
* Früchte der Mühe, der Anstrengung, der Arbeit

- Überwindung der negativen Einflüsse auf ein tätiges Leben
  - Ablenkung und Verführung zum untätigen Leben durch Medien
  - No-future-Denken
  - Misserfolge, Schicksalsschläge
- Denken und Handeln im gesellschaftlichen Sinne
  - Möglichkeiten, zur Veränderung und Verbesserung der Gesellschaft beizutragen (Friedensbewegung, Umweltschutz, Völkerverständigung u. a.)
  - Hilfsbereitschaft in Organisationen und Vereinigungen
  - Freundschaft und Toleranz gegenüber anderen, hilfsbedürftigen Menschen

Welche persönlichen Schlussfolgerungen kann ich aus meinen Gedanken ableiten?

- „Ohne Fleiß kein Preis!" (oder ähnliche Lebensweisheiten in Form von Sprichwörtern oder Redensarten)
- gesetzmäßiger Zusammenhang zwischen täglicher Anstrengung und Erfolgserlebnis
- Kostbarkeit des persönlichen Lebens für eine glückliche Zukunft

Nachdem du dir diese Stoffsammlung erarbeitet und die entsprechenden persönlichen Fakten eingesetzt hast, musst du die Fülle der Gedanken unbedingt in Quantität und Qualität abgrenzen, da sonst der Aufsatz zu umfassend wird.

Dazu möchte ich dir einige **Anregungen** geben, wie du Einleitung – Hauptteil – Schluss gestalten kannst.

Einleitung

- kurze Erläuterung zu Herkunft und Bedeutung des Ausspruches: Carpe diem – Nutze den Tag
  - Spruch aus den Oden (Liedern) von Horaz (65 – 8 v. Chr.) – wenn bekannt
  - Verse des römischen Lyrikers über den Sinn des Lebens
  - Übersetzung von „Carpe diem": Genieße den Tag
- persönliche Interpretation des Ausspruchs:
  - das Leben leben heißt: eine tätiges Leben führen
  - den Tag für Sinnvolles nutzen
  - Probleme überwinden durch einen starken Willen
  - zielstrebige Zukunftsvorstellungen entwickeln

Hauptteil

1. Formulierung der Überleitung zum Hauptteil durch die Darstellung einer persönlichen Ausgangssituation
   - Ermahnungen und Hinweise der Eltern, Lehrer, Verwandten mit entsprechenden „Lebensweisheiten"
   - Vorbilder mit einem tätigen Leben aus dem persönlichen Umfeld oder aus Literatur, Kunst u. a.
2. Darstellung der persönlichen Lebensumstände für die Gestaltung der eigenen Zukunft
   - meine schulischen Leistungen als Ausgangsbasis für die weitere berufliche Entwicklung
   - meine Vorstellungen über die mögliche berufliche Entwicklung
   - Darstellung der inneren Überzeugung, durch Fleiß, Zielstrebigkeit und Optimismus den gewünschten Erfolg zu erringen
3. Darstellung weiterer Gedanken über Ziele und Träume meines Lebens
   - meine Gedanken über die Gestaltung des Tagesablaufs, die Zeit sinnvoll zu verbringen
   - persönliche Argumente über das ausgewogene Verhältnis zwischen Spaß und Pflichten für eine echte Persönlichkeitsentwicklung

- persönliche Gedanken zur negativen Beeinflussung durch die in den Medien verbreiteten Klischees vom schönen Genussleben (Hinweis: Diese Gedanken darfst du nicht zu ausführlich darstellen, sondern nur als eine knappe Meinungsäußerung zu aktuellen Erscheinungen.)

4. Darstellung weiterer möglicher Gedanken über ein sinnvolles Leben
   - Bedeutung der beruflichen Entwicklung zur Schaffung einer guten materiellen Grundlage
   - Erfüllung des Lebens durch eine interessante Freizeitgestaltung (Hobbys, Tiere, Reisen, Sport, Kultur u. a.)
   - Bedeutung der Partnerschaft
   - Bedeutung der Familie und Kinder für mich

5. Überleitung zu persönlichen Erkenntnissen und Schlussfolgerungen
   - Erkenntnis der Notwendigkeit, das eigene Leben selbst zu gestalten und sich selbst zu verwirklichen
   - Erkenntnis, durch Fleiß und aktives Handeln die Träume und Wünsche zu erfüllen

Schluss

– In Weiterführung der persönlichen Schlussfolgerungen können Gedanken entwickelt werden zu:
   - Erfolgserlebnis und Glücksempfindungen nur möglich durch tägliche Anstrengung und zielstrebiges Tätigsein
   - No-future-Denken als der Anfang vom Ende des glücklichen Lebens
   - Möglichkeiten eines persönlichen Beitrages für die Gestaltung einer menschenwürdigen Gesellschaft (Zusammenarbeit mit anderen Menschen für die Lösung gesellschaftlicher Aufgaben u. a.)
   - Bedeutung der Selbsterziehung zur Überwindung von „Tiefschlägen" im Leben

Abschließend möchte ich dich auf mögliche **Fehlerquellen** hinweisen:

Du darfst auf keinen Fall bestimmten „spontanen" Einfällen folgen, die nicht der Aufgabenstellung entsprechen, wie z. B. dass viele Jugendliche nur in den Tag hinein leben und ihre Zeit sinnlos vergeuden oder dass Freunde oder Bekannte keine positive Zukunft sehen und deshalb resignieren. Diese Gedanken kannst du nur kurz in der Argumentation aufführen, da das Thema nur dich und deine Probleme betrifft.

Doris Weber: Wie die E. so total auf Uwe abgefahren ist

Der Apotheker schüttelt seinen Kopf: „Nein, tut mir leid, so was haben wir nicht." –
Uwes Gesicht läuft rot an, knallrot. „Du hast eine Birne wie ein Feuermelder", pflegten
seine Klassenkameraden bei solchen Gelegenheiten zu spotten. Mein Gott, wie Uwe das
kränkte. „Aaaaber ...", stotterte Uwe, „... ich, ich brauche das Zeug dringend", und
5 dabei sieht er dem Apotheker so flehend in die Augen, dass dieser selbst schon ganz
verlegen wird. „Ich würde dir ja gerne helfen", sagt der Apotheker ratlos, „aber das, was
du willst, das gibt es nicht, ich glaube, das bekommst du in keiner Apotheke in der ganzen Stadt. Nirgends!" – Uwe schluckt, ein Kloß schnürt ihm die Kehle zu. „Dann bin ich
verloren", murmelt er mit schicksalsschwerer Stimme. Nun wird der Apotheker ungedul-
10 dig. „Donnerwetter, sag' mal Junge, warum brauchst du denn unbedingt so ein Zeug? Ein
Mittel, das innerhalb einer Stunde deine Pickel beseitigt, so was hab' ich noch nie gehört.
Da müsstest du schon eine Rasierklinge nehmen, aber dazu rate ich dir nicht, das tut weh
und macht Narben – und die hast du ein Leben lang im Gesicht. Die Pickel sind bald
wieder verschwunden, die hat man eben in der Pubertät ...“

15 „Pubertät", denkt Uwe, „was weiß denn der schon von Pubertät ...“ Uwe schlendert die
Straße entlang, mit einem erbärmlich krummen Rücken und hochgezogenen Schultern
(diese Haltung ärgerte seinen Vater immer ganz besonders), ab und zu tritt er wütend
gegen den Bordstein und ansonsten befindet er sich in seinem üblichen jämmerlichen
Gemütszustand: „Ich bin nun mal der einsamste Mensch auf der ganzen Welt ...“, es ver-
20 stand ihn sowieso niemand. „Diese Erwachsenen", raunt er mit Leichenbittermiene,
„immer labern sie einen voll mit ihren gutgemeinten Ratschlägen, aber gegen Pickel wissen sie auch nichts.“

Pickelgesicht hatten sie ihn in der Schule genannt und Streuselkuchen. Uwe läuft schon
wieder rot an im Gesicht. Zittrige Hände und Kloß im Hals, er kennt diesen Zustand nur
25 zu gut. Nein, er würde nicht zu dieser „Fete" gehen. Er ist nun mal der hässlichste Typ
aus der Klasse. „Schicksal", denkt Uwe, und irgendwie verursacht ihm das ganze Leid
dieser Welt, das er heldenhaft auf seinen Schultern trägt, ein angenehmes Kribbeln unter
der Haut. Schönheit vergeht, aber seine Klugheit, seine messerscharfe Intelligenz, eine
tiefen inneren Werte, die würden bleiben. Uwe reckt sich fünf Zentimeter in die Höhe,
30 doch im selben Moment sackt er wieder in sich zusammen. „Warum sieht bloß keiner
mein inneres Genie, was sind schon ein paar Pickel gegen so viel menschliche Größe?" –
Die Pickel auf jeden Fall, die mussten weg. Noch zwei Stunden bis zur Fete. Seit
Wochen hatte er sich auf diese Stunde X vorbereitet. Alles war perfekt geplant. Das
„geile" T-Shirt mit dem irren Aufkleber, sein Haarschnitt, einfach super, vor allem das
35 Glitzer-Gel, die einzige Pomade, die es fertigbrachte, Uwes natürlichen Wirbel vorne
links über der Stirn in Schach zu halten. Und dann sein Lächeln, stundenlang hatte er es
vor dem Spiegel geprobt. „Hallo" wollte er murmeln (bloß nicht deutlich sprechen, das
ist out) und dabei die Oberlippe leicht, aber verwegen schräg in die Höhe ziehen, am
besten nach rechts, die Zähne zu einem Drittel freilegen (nicht aufgeregt grinsen wie ein
40 Mondgesicht), ein cooles Lächeln (zuviel Freundlichkeit verdirbt den guten Ruf), und
sofort die gesamte Gesichtsmuskulatur ebenso lässig wie entspannt wieder in die Ausgangsposition zurückbringen. Und erst sein Gang: schlaksig wie Don Johnson –
nächtelang hatte er geprobt, bis sein Spiegelbild ihm unwiderruflich zunickte: „Junge, du
bist okay, du bist der Größte ...“

45 Uwe zuckt zusammen. Ein Hund bellt ihn an und reißt ihn jäh aus seinen Träumen. „Du
der Größte", lacht der kleine hässliche Teufel, den Uwe zuweilen in seinem Inneren
beherbergte, „du Pickelgesicht ...?!" Und Uwe, der gerade noch der Allergrößte war,
fühlte sich jetzt erbärmlicher und kleiner als der bellende Hund vor ihm in der Gosse.

Nein, er würde die Fete sausen lassen. Aus! Vorbei! Und überhaupt, die Sache mit E.,
50 diese Affäre musste ein Ende haben. Du lieber Himmel, E. würde zusammenbrechen,
wenn Uwe nicht käme, es wäre ein Schock für sie. E. war verrückt nach Uwe, alle
Anzeichen sprachen mehr als deutlich dafür. Wie sie ihn neulich angeschaut hat während
des Matheunterrichts ... (Uwes Klassenkamerad meinte zwar, dass sie immer wie ein
Mondkalb glotzen würde, wenn sie der Unterricht langweilte; aber Uwe wusste, dass
55 derartige Bemerkungen der hässlichsten aller Eigenschaften, dem Neid, entspringen.)
Und kürzlich auf dem Flur, da ist E. doch eindeutig ganz langsam gegangen, bis
Uwe zufällig mit ihr auf gleicher Höhe war. E. hat zwar so getan, als würde sie Uwe
nicht sehen, aber gerade diese kalte Schulter, die E. Uwe zeigte, ist der schlüssige Beweis
dafür, dass E. unsterblich in Uwe verknallt ist. Na ja, und wer jetzt noch immer nicht
60 glaubt, dass E. ganz verrückt nach Uwe ist, dem liefert folgende Geschichte aber wirklich
den allerletzten Beweis: Rief doch kürzlich die E. bei Uwe an, und als sie Uwe am Telefon hörte, redete sie sich mit der unglaublich dummen Erklärung (Uwe hörte, wie ihre
Stimme dabei zitterte) heraus, sie habe sich in der Nummer geirrt, weil sie sich auf der
Telefonliste der Klasse um eine Zeile vertan hätte ... also, wer nun noch zweifelt, dass E.
65 wirklich mit allen Tricks versucht, an Uwe ranzukommen, der muss Knöpfe auf den
Augen haben. Uwe zumindest ist ziemlich sicher: Er brauchte nur mit dem Finger zu
schnipsen, und E. läge ihm zu Füßen. Oder etwa nicht???

Irgendwie wird Uwe plötzlich schlecht im Magen. Seine Beine zittern, als hätte er Pud-
ding statt Kniescheiben. So geht's ihm immer, wenn er an E. denkt (es ist übrigens ver-
70 boten, in seiner Gegenwart ihren vollen Namen auszusprechen). So verliebt wie E. war
schließlich noch niemand in ihn. „Ein Glück", denkt Uwe, „dass ich so cool dabei bleiben kann." Oder etwa nicht???

Zu Hause erlebt Uwe dann den absoluten Absturz. Kaum hat er die Wohnung betreten,
brüllt seine Mutter aus irgendeinem Winkel des Hauses: „E. hat angerufen, sie wollte
75 wissen, ob du heute Abend zur Fete kommst?" – Uwe fühlt, wie ihm das Herz in die
Schuhe plumpst. „Ja", säuselt er, „ich gehe zur Fete." – „Dann sollst du", fährt die Mutter
fort, „ein paar Weißbrotstangen mitbringen, sagt E."

Als Uwe abends nach Hause kommt, ist er ganz leise. „Der schlurft doch sonst immer so
mit seinen Quadratlatschen über den Holzboden", wundert sich der Vater. Die Eltern
80 wälzen sich beunruhigt im Bett von einer Seite auf die andere, immerhin fanden sie ihren
Sohn in letzter Zeit höchst seltsam und bedenklich zerstreut. Vorsichtig schleichen sie
aus dem Schlafzimmer und verstecken sich hinter dem Treppengeländer. Und da gleitet
Uwe an ihnen vorbei, ein seliges Lächeln auf seinem Gesicht, er blickt weder nach rechts
noch nach links, seine Füße schweben zehn Zentimeter über dem Boden, er wandelt auf
85 rosaroten Wölkchen ...

„Was für eine wahnsinnige Fete", flüstert er, „was für eine wahnsinnige Fete ...", und
dabei sieht er rote, gelbe, blaue und grüne Herzen, und um seinen Kopf kreisen silberne
und goldene Sterne. „... die E. ist total auf mich abgefahren, ein Glück, dass ich so ein
cooler Typ bin." Oder etwa nicht???

(Nach: Wortwechsel 10, Schöningh, 1994, S. 294 ff.)

Aufgabe:

Wie wirkt der Text auf Sie?
Äußern Sie Ihre Gedanken, Gefühle und Empfindungen!
Gehen Sie in Ihrer Darstellung auch auf den Sprachstil der Autorin ein!

Lösung

Bei der Bearbeitung dieser Prüfungsaufgabe musst du folgende Anforderungen beachten:
- Inhalt der Kurzgeschichte und ihre Wirkung auf dich
- Wiedergabe deiner Gedanken, Gefühle und Empfindungen beim Lesen des Textes (Ich-Bezug)
- Eingehen auf den Sprachstil der Autorin

Das Kapitel C gibt dir Anleitung zum persönlichen ausdrucksvollen Schreiben in Verbindung mit einer Textbeschreibung.

Zur Autorin Doris Weber sind keine weiteren Angaben bekannt.

Inhalt

Im Mittelpunkt des Geschehens steht Uwe, eine Jugendlicher, für den die Pubertät im Augenblick das entscheidende Problem darstellt und den Zwiespalt seiner Gefühle auslöst. Auf der einen Seite fühlt er sich als der hässlichste Typ aus der Klasse mit seinem Pickelgesicht und einer miserablen Haltung, auf der anderen Seite möchte er cool sein mit gestyltem Aussehen, von allen beachtet, vor allem von E., einem Mädchen, von dem Uwe glaubt, dass sie in ihn verliebt sei. Diese innere Zerrissenheit führt zum Konflikt, am Abend zur Fete zu gehen oder nicht. Der Party misst Uwe große Bedeutung bei, da er meint, von ihr hänge sein weiteres Schicksal in Beziehung zu E. ab. Deshalb sucht der Junge eine Apotheke auf, um ein schnell wirkendes Mittel gegen die lästigen Pickel zu bekommen. Enttäuscht verlässt Uwe diese Einrichtung, allerdings mit gut gemeinten Ratschlägen des Apothekers, die ihn mehr verärgern denn aufmuntern. Auf dem Weg nach Hause träumt er sich in die Rolle eines coolen Typen hinein, bis ihn das Bellen eines Hundes aus den Wunschvorstellungen in die Realität zurückversetzt.

Zu Hause angekommen, informiert die Mutter ihren Sohn vom Anruf der E. Die Entscheidung fällt – Uwe geht zur Party, von der er später in einem völlig veränderten Gefühlszustand nach Hause kommt. Die besorgten Eltern beobachten einen verliebten, glücklich aussehenden Jungen, der flüstert: „Was für eine wahnsinnige Fete […], […] die E. ist total auf mich abgefahren, ein Glück, dass ich so ein cooler Typ bin." (Z. 86, 88–89) Was eigentlich auf dieser Fete geschehen ist, bleibt für den Leser offen.

Sprache und Form

Der Sprachstil der Autorin ist der Aussage des Textes angemessen. Hauptsächlich wird er bestimmt durch zwei Sprachebenen, eine treffende Wortwahl, die wörtliche Rede und unkomplizierte Satzkonstruktionen. Bildhafte Vergleiche aus der Umgangssprache sowie Wörter und Ausdrucksweisen der Jugendlichen dienen dazu, die Gefühls- und Gedankenwelt eines Pubertierenden wiederzugeben, außerdem ermöglichen sie die Identifikation mit dem Helden und seinen Problemen.

Beispiele aus der Jugendsprache:

- „total auf Uwe abgefahren" (Überschrift)
- das „geile T-Shirt mit dem irren Aufkleber" (Z. 34)
- „einfach super" (Z. 34)
- „das ist out" (Z. 37/38)
- „ein cooles Lächeln" (Z. 40)
- „schlacksig wie Don Johnson" (Z. 42)
- „du bist okay" (Z. 43/44)
- „dass ich so ein cooler Typ bin" (Z. 88/89)

Bildhafte Vergleiche aus der Umgangssprache:
- „Du hast eine Birne wie ein Feuermelder." (Z. 2)
- „... ein Kloß schnürt ihm die Kehle zu" (Z: 8)
- „raunt er mit Leichenbittermiene" (Z. 20)
- „grinsen wie ein Mondgesicht" (Z. 39/40)
- „... als der bellende Hund in der Gosse" (Z. 48)
- „gerade diese kalte Schulter" (Z. 58)
- „der muss Knöpfe in den Augen haben" (Z. 65/66)
- „mit seinen Quadratlatschen" (Z. 79)
- „wandelt auf rosaroten Wölkchen" (Z. 84/85)

Die Gefühlswelt schildernde und ausschmückende Adjektive:
- **vor der Fete**
  - „mit schicksalsschwerer Stimme" (Z. 9)
  - „erbärmlich krummer Rücken, hochgezogene Schultern" (Z. 16)
  - „in seinem üblichen jämmerlichen Gemütszustand" (Z. 18/19)
  - „heldenhaft auf seinen Schultern" (Z. 26/27)
- **nach der Fete**
  - „ein seliges Lächeln" (Z. 83)
  - „wahnsinnige Fete" (Z. 86)
  - „rote, gelbe, blaue, grüne Herzen" (Z. 87)
  - „silberne und goldene Sterne" (Z. 87/88)

Wahl der Verben:
- **Ausdruck der Unsicherheit**
  - „stotterte" (Z. 4)
  - „murmelte er" (Z. 9)
  - „raunt er" (Z. 20)
  - „sackt [...] in sich zusammen" (Z. 30)
  - „zuckt zusammen" (Z. 45)
- **Ausdruck seines veränderten Gefühlszustandes nach der Fete:**
  - „ist er ganz leise" (Z. 78)
  - „er wandelt" (Z. 84)
  - „Füße schweben" (Z. 84)
  - „blickt weder nach rechts noch nach links" (Z. 83/84)
  - „gleitet vorbei" (Z. 82/84)

Die Verwendung der wörtlichen Rede als Ausdruck des äußeren und inneren Geschehens (Beispiele):
- „Pubertät", denkt Uwe, „was weiß denn der schon von Pubertät..." (Z. 15)
- „Ein Glück", denkt Uwe, „dass ich so cool bleiben kann." (Z. 72/73)

Wiederholungen als nachdrückliche Betonung:
- das Adjektiv „cool" in der Bedeutung „kühl, gelassen zu sein" (als Wunsch)
  - „ein cooles Lächeln" (Z. 40)
- **die Ellipse „Oder etwa nicht???"** (Z. 67, 72, 89), das Infragestellen von Behauptungen in den vorangegangenen Sätzen
Die Sprache ist einfach und verständlich.

Die Wirkung des Textes auf den Leser

– spricht den jungen Leser an – jugendgemäßer Stil, Probleme der jungen Leute
– ruft Verständnis und Mitgefühl für den jungen Helden hervor
– nach mehrmaligem Lesen veränderte Wirkung des Textes auf den Leser: als übertriebene Darstellung des Problems
– regt an zum Nachdenken – über die eigene Befindlichkeit, über die Entwicklungsphase der Pubertät, über die Beziehung zu den Erwachsenen
– weckt Neugierde („Fete"; kein Mädchenname, sondern nur „E." – Erwartung der Auflösung am Schluss)

Gefühle, Gedanken und Empfindungen, die dich beim Lesen der Kurzgeschichte bewegen könnten:

– der Sprachstil der Autorin Doris Weber
– Merkmale der Kurzgeschichte:
  • unvermittelter Einstieg – Uwes Problem und der Versuch der Lösung
  • Wende am Schluss – das veränderte Gefühl des Helden
  • offener Schluss: Was könnte während der Fete passiert sein? Wie wird sich die Beziehung zwischen Uwe und E. weiterentwickeln?
– Gedanken zur Pubertät – Vergleich mit der eigenen Entwicklung
– das veränderte Verhältnis zu den Eltern, ihren Ratschlägen und Erfahrungen
– das Verhältnis zwischen Jung und Alt
– das Gefühl der ersten Liebe u. a.

Schülerbeispiele

„In der Kurzgeschichte handelt es sich um einen Jungen namens Uwe, der auf eine Party gehen möchte, aber ein Problem mit seinem Aussehen hat." (**Einleitung**)
„Mir gefällt die Schreibweise, weil sie sehr jugendgemäß ist."
„Ich bin froh, dass ich nicht solche Probleme mit Pickeln in der Pubertät hatte."
„Er hat sich der Herausforderung gestellt und sie bestanden."
„Beim mehrmaligen Lesen musste ich schmunzeln." (**Hauptteil**)
„Solche Geschichten sind sehr hilfreich, wenn man selber Probleme hat." (**Schluss**)

Hans Manz: Was Worte alles können

Aufgabe:
Interpretieren Sie das Gedicht!

oder

Ernst Jandl: My own song

Aufgabe:
Stellen Sie das im Text angesprochene Problem dar!
Formulieren Sie Ihre Auffassung und begründen Sie diese!

Hans Manz: Was Worte alles können

    erklären
    verraten
    verschweigen
    Missverständnisse
5   ausräumen
    täuschen
    preisgeben
    Misstrauen schaffen
    Herzen öffnen
10   verletzen
    trösten
    verführen
    verwirren
    Zugang finden
15   auf taube Ohren stoßen
    Barrieren überwinden
    aufmuntern
    vernichten
    ablenken
20   ermüden
    Zwietracht säen
    Frieden stiften
    nörgeln
    angreifen
25   erheitern
    traurig machen
    enttäuschen
    Erwartungen wecken
    wärmen usw.

(Aus: Wortstark 9, Schroedel, 1998)

Ernst Jandl: My own song

ich will nicht sein
so wie ihr mich wollt
ich will nicht ihr sein
so wie ihr mich wollt
5   ich will nicht sein wie ihr
so wie ihr mich wollt
ich will nicht sein wie ihr seid
so wie ihr mich wollt
ich will nicht sein wie ihr sein wollt
10 so wie ihr mich wollt

nicht wie ihr mich wollt
wie ich sein will will ich sein
nicht wie ihr mich wollt
wie ich bin will ich sein
15 nicht wie ihr mich wollt
wie *ich* will ich sein
nicht wie ihr mich wollt
ich will *ich* sein
nicht wie ihr mich wollt will ich sein
20 ich will *sein*

(Aus: Leseerlebnis I, VWV; 1990, S. 85)

Lösung

Obwohl der Aufgabe zwei Gedichte zugrunde liegen, sind unterschiedliche Anforderungen zu bewältigen. Entscheidest du dich für das Gedicht „Was Worte alles können" von Hans Manz, wird von dir eine Interpretation verlangt, während die zweite Aufgabe eine Texterörterung fordert. Für die Darstellung der Interpretation gibt dir Kapitel B Hinweise.

Lösung 1

Hans Manz wurde 1931 in Wila geboren. Eine Vielzahl moderner Gedichte machte ihn bekannt, wie z. B. „Wasserweg" und „Schnellimbiss".

Inhalt und Ideengehalt

Der Autor thematisiert in seinem Gedicht die **Bedeutsamkeit der Worte**. Diese gehören zum Wortbestand und sind neben der Grammatik eine Komponente der Sprache, die als entscheidendes Wesensmerkmal kommunikative Funktion besitzt. Demzufolge sind Worte **Mittel der Verständigung und des Umgangs der Menschen** untereinander. Jedes Wort hat seine eigene Bedeutung, durch die es sich von anderen Wörtern unterscheidet. Wörter sind die Grundbausteine der Sätze. Mit ihnen kann man eine Äußerung, einen Ausspruch, eine Beteuerung, eine Erklärung, Zusammenhängendes usw. formulieren, einen Begriff, eine These, eine Regel oder eine Erkenntnis erklären. Der Begriff „Wort" steht auch für bedeutsame einzelne Wörter, z. B. „mit anderen Worten", „mit wenigen Worten", „dies waren seine letzten Worte", „ich will nicht viele Worte machen" u. a. Es gibt geflügelte sowie goldene Worte, so kann man jemanden „beim Wort nehmen" oder „ich möchte zu Wort kommen" bzw. „jeder soll sein Wort halten". Diese Hinweise sind im Duden (Duden. Rechtschreibung der deutschen Sprache, Dudenverlag 1996, S. 836) unter dem Stichwort „Wort" zu finden. Die im Gedicht angesprochene Thematik besitzt Allgemeingültigkeit, denn für alle Menschen ist Kommunikation wichtig und notwendig. Individuelle Erfahrungen können fixiert und weitergegeben werden. Das heißt, Erfahrungen, Kenntnisse und Wissen werden gegenseitig ausgetauscht, aufbewahrt und dienen dem Fortschritt. Außerdem befindet in der zwischenmenschlichen Verständigung ein Austausch von Intentionen (Absichten, Vorhaben) und Emotionen (Gefühlen, Empfindungen) individuellen Charakters statt. Man ist an einen bestimmten Sachverhalt nicht nur mit dem Verstand, sondern auch gefühlsmäßig mit seinem Wollen, seinen Empfindungen und Leidenschaften beteiligt. Worte können sowohl im positiven wie auch im negativen Sinne Wirkungen auslösen. Sie können Menschen aufrichten, aufschließen, helfen, vereinen, aber sie tragen auch dazu bei, Menschen zu verletzen, zu entzweien, zu vernichten, sogar Gewalt auszuüben. Worte entscheiden über Freud und Leid, Liebe und Hass, Freundschaft oder Feindschaft, Leben und Tod, Frieden und Krieg. Folglich kommt es darauf an, die treffenden Worte entsprechend der Kommunikationsabsicht zu wählen, nicht voreilig, sondern durchdacht. Dafür tragen jeder Einzelne, ob Bürger, Künstler, Politiker oder Staatsmann, jede Gemeinschaft, jedes Volk, jeder Staat, jede Nation Verantwortung. Zur Verdeutlichung dieser Gedanken wählt der Autor in seinem Gedicht eine **Reihe von einzelnen Verben und verbalen Wortgruppen**.

Im Folgenden findest du Anregungen für die Interpretation des Gedichts, wobei du nicht vergessen darfst, in der Darstellung deine Äußerungen mit Beispielen zu untermauern.

– „erklären" (Z. 1): mit Worten das Verstehen ermöglichen, etwas erläutern, klar, verständlich bzw. begreiflich machen; etwas offiziell mitteilen, verkünden, sagen
– „verraten" (Z. 2): ein Geheimnis preisgeben, jemanden hochgehen lassen, anzeigen, jemandem in den Rücken fallen
– „verschweigen" (Z. 3): etwas verschweigen, verheimlichen, nicht mitteilen, schweigen, in seinem Inneren verschließen, unterschlagen, für sich behalten, totschweigen

- „Missverständnisse ausräumen" (Z. 4,5): mit den richtigen, aufklärenden Worten etwas falsch Verstandenes aus dem Weg räumen
- „Misstrauen schaffen" (Z. 8): Skepsis, Argwohn, Zweifel verursachen, mit missverstandenen Worten Menschen verschließen
- „Herzen öffnen" (Z. 9): Menschen füreinander öffnen, auftun, aufschließen, aufbrechen
- „verführen" (Z. 12): auf Abwege führen, vom rechten Weg abbringen, in Versuchung führen, verleiten, verlocken
- „auf taube Ohren stoßen" (Z. 15): sich verschließen, nicht zuhören, kein Verständnis zeigen, keine Reaktion zeigen

Form und Sprache

„Was Wörter alles können" ist ein **modernes Gedicht**, das nicht der traditionellen Form mit Strophen, Versen und Reimen entspricht. Es ist wie ein Spiel mit Sprache, bei dem zufällig ausgewählte Wörter und Wortgruppen, die in keinem direkten Zusammenhang miteinander stehen, vertikal in 29 Zeilen unterschiedlicher Länge aneinander gereiht werden. Diese Form erweckt den Eindruck einer unvollständigen Auflistung sprachlicher Mittel zur Verständigung zwischen den Menschen, die beliebig fortgesetzt werden kann („usw.").
Der Autor verwendet 17 Verben im Infinitiv und zehn verbale Wortgruppen.
In der Regel bestehen diese aus Substantiv und infiniter Verbform, z. B. „Missverständnisse ausräumen" (Z. 4, 5), „Zugang finden" (Z. 14), „Erwartungen wecken" (Z. 28). Indem Hans Manz unflektierte Verben gebraucht, weist er auf die Allgemeingültigkeit der im Gedicht angesprochenen Thematik hin. Für das Kommunizieren sind Worte unerlässlich. Es kommt aber darauf an, aus dem umfangreichen Wortschatz der Sprache in jeder Situation, entsprechend der Redeabsicht, das richtige Wort zu wählen, um nicht eine gegensätzliche Wirkungsweise zu erzielen.
Bildhafte, volkstümliche Redensarten wie „Zwietracht säen" (Z. 21), „Herzen öffnen" (Z. 9) sowie „auf taube Ohren stoßen" (Z. 15) u. a. unterstützen die Verständlichkeit, und der Leser fühlt sich angesprochen.
Einige Begriffe, die **Gegensätzliches** zum Inhalt haben, lassen sich **paarweise ordnen**: „verraten" – „verschweigen", „Zugang finden" – „auf taube Ohren stoßen", „Zwietracht säen" – „Frieden stiften" u. a.
Ergänzend ist zu sagen, dass beim Sprechen der Rhythmus des Gedichts durch die verbalen Wortgruppen unterbrochen wird, sodass es zwingend erscheint, jedes Wort zu betonen. In der Aufeinanderfolge der Begriffe gibt es keine Rangfolge, keine Über- und Unterordnung. Jedes Wort hat seine eigenen Bedeutungen.

Absicht und Leserwirkung

Hans Manz verdeutlicht in seinem Gedicht die Bedeutsamkeit der Kommunikation. Er teilt dem Leser mit, dass die Wahl der Worte die Verständigung und die Beziehung zwischen den Menschen beeinflusst und deshalb jeder dafür Verantwortung trägt. In diesem Sinne ist der Text als Anregung zum Nachdenken zu verstehen.

Zentrale Aussage

Dass die Menschen die Sprache beherrschen und gebrauchen, wird auch heute von vielen als das Selbstverständlichste angesehen. Sie nehmen ihre Muttersprache als etwas natürlich Gegebenes hin, ohne sich immer über die Wirkungsweise und ihre Bedeutung Rechenschaft zu geben. Deshalb regt das Gedicht an, eine allgemeine Unbekümmertheit zugunsten einer bewussten Sprachhaltung in Rahmen der Kommunikation abzulegen.

Hinweise zum Schreiben des Aufsatzes

in Bezug auf Einleitung – Hauptteil – Schluss

Einleitung:
– Eigene Erfahrungen betreffs der Wirkungsweise von Worten
  oder
– Allgemeines zum Wesen des Wortes
  oder
– Angaben zum Autor und zur Thematik des Gedichts

Hauptteil:
– Interpretation des Gedichts „Was Worte alles können"

Schluss:
– Zusammenfassung der Gedankengänge
  oder
– Schlussfolgerung für den eigenen Sprachgebrauch
  oder
– Abrundende Erläuterungen zur Thematik

Lösung 2

Bei dieser Aufgabenstellung wird von dir eine **textgebundene Erörterung** gefordert. Im Deutschunterricht hast du gelernt, wie eine solche Darstellungsart zu bewältigen ist. Zuerst musst du **das im Text angesprochene Problem** darlegen (Analyse) und anschließend **deine Auffassung** entwickeln und ausführlich begründen (Erörterung).
Dabei darfst du deine Gedanken nicht verselbstständigen. Achte darauf, dass stets der Bezug zum Thema gewahrt bleibt.
Für das Schreiben möchte ich dir einige Anregungen geben.

Analyse

In diesem Text wird in Form eines Gedichts von Ernst Jandl (geb. 1925 in Wien) das Problem der Einstellung von Jugendlichen gegenüber deren Mitmenschen dargestellt.
Der Titel „My own song" weist auf die Grundhaltung des lyrischen Ichs hin, selbstbewusst das „eigene Lied" im Leben zu verwirklichen.
Die Intention (Absicht) des Textes besteht darin, den Leser durch die dargestellte extreme Lebensauffassung zu provozieren, über das Zusammenleben mit anderen Menschen in der Gesellschaft nachzudenken.
Ernst Jandls Ausführungen erfahren durch die Zweiteilung des Gedichts eine dialektische Steigerung.
Jede Strophe besitzt die gleiche Anzahl von zehn Verszeilen und enthält jeweils einen Grundgedanken „so wie ihr mich wollt" und „nicht wie ihr mich wollt" in Form einer mehrfachen Wiederholung.
In der **ersten Strophe** lehnt der Verfasser jegliche Einflussnahme von Bezugspersonen (Eltern, Lehrer, Freunde u. a.) ab. Seine Worte „ich will nicht sein" (Z. 1) verdeutlichen den festen Willen, sich auf keinen Fall anzupassen und zu werden „so wie ihr mich wollt" (Z. 2). Durch die Wortspiele und Wiederholungen des Grundgedankens begibt er sich in eine völlige Opposition und ist nicht bereit, sich formen und erziehen zu lassen.
Der Gedanke der Distanz wird in der **zweiten Strophe** weiter verstärkt. Durch die Worte „nicht wie ihr mich wollt" drückt der Autor aus, dass er sich in kein Klischee pressen lässt und niemals in Selbstzufriedenheit verfallen wird. Er möchte seine eigenen Lebens- und Zukunftsvorstellungen durchsetzen und seine eigene Identität „ich will sein" (Z. 20) finden.

Erörterung

Die geforderte Erörterung schließt sich als Hauptteil dieser Analyse unmittelbar mit einer entsprechenden Überleitung an. Für deine Stellungnahme zum Text (Gedicht) gibt es drei Möglichkeiten: zustimmend, ablehnend oder differenzierend.

Ich möchte dir aufzeigen, wie du deine Ansicht zum angesprochenen Problem differenzierend darstellen kannst.

Die mögliche **Überleitung** könnte lauten: Ich kann den Verfasser gut verstehen, dass er durch das lyrische Ich die Grundeinstellung vieler Jugendlicher verdeutlichen will, unbedingt ihre eigenen Erfahrungen im Leben zu machen und sich nicht durch die Erwachsenen bzw. Gesellschaft bevormunden zu lassen.

Nun ergeben sich viele Möglichkeiten, deine **Gedanken** dazu **im logischen Zusammenhang** zu **erörtern**. Folgende **Anregungen** sollen dir dabei helfen:

– meine eigenen Erfahrungen im Umgang mit Erwachsenen bzw. Gesellschaft
  • Erziehung meiner Eltern durch ständige Verbote, Ermahnungen, Hinweise u. a.
  • Beeinflussung durch andere Bezugspersonen (Lehrer, Verwandte, Freunde, Partner u. a.)
  • Normen und Vorschriften durch die Gesellschaft

- persönliche Wertung der Entwicklung von jungen Menschen, wenn sie sich bedingungslos unterordnen und sich nach vorgegebenen Mustern formen lassen
  - keine eigene Meinung besitzen
  - keine eigenen Entscheidungen fällen
  - Vorbildern unkritisch nacheifern
  - alle gesellschaftlichen Normen ohne Widerspruch akzeptieren
  - als Mitläufer ohne Selbstbewusstsein existieren
- Textbeispiele als Beleg für diese Argumente
  - „ich will nicht ihr sein" (Z. 3)
  - „ich will nicht sein wie ihr" (Z. 5)
  - „ich will nicht sein wie ihr seid" (Z. 7)
  - „ich will nicht sein wie ihr sein wollt" (Z. 9)
  - „nicht wie ihr mich wollt will ich sein" (Z. 19)
- persönliche Schlussfolgerungen über die Beziehung zur Bezugsperson bzw. zur Gesellschaft bei Uneinsichtigkeit und Unbelehrbarkeit
  - Gefahr der Entwicklung zum Außenseiter
  - Wert des Wissens und der Erfahrungen der Erwachsenen für die eigene Persönlichkeitsentwicklung erkennen
  - Notwendigkeit der Zusammenarbeit mit anderen Menschen begreifen
  - Wert einer ehrlichen Freundschaft bzw. Partnerschaft, in der man nehmen und geben kann
  - Anspruch auf eigene Identität: „ich will ich sein" (Z. 18), „ich will sein" (Z. 20)
  - Anspruch auf Verständnis und Vertrauen: Sei also, wie du bist – du darfst!

Aufbegehren gegen gesellschaftliche Missstände und Vorurteile

Aufgabe:

Erläutern Sie die Thematik am Handeln einer oder mehrerer literarischer Figuren!
Wählen Sie aus einem der folgenden Werke:

Kabale und Liebe
Faust
Die Räuber
Romeo und Julia

Lösung

Die Aufgabe erfordert das Erörten der Thematik auf der Basis eines literarischen Stoffes. Das setzt voraus, dass du genaue Kenntnis des zu wählenden Werkes besitzt. Dir muss der Zusammenhang von Handlung und dramatischem Konflikt, die Bestimmung des Konflikts durch Spieler und Gegenspieler (in der Verwirklichung gegensätzlicher Zielvorstellungen) und der Bezug zum historisch-gesellschaftlichen Hintergrund bekannt sein. Hast du dir Klarheit über deine Voraussetzungen für eine fundierte Darstellung verschafft, beginnst du mit der Arbeit entprechend der Schrittfolge beim Erörtern (Kapitel A).

Die Analyse des Themas gibt dir Auskunft über die Schwerpunkte der Aufgabe:

- Aufbegehren gegen gesellschaftliche Missstände und Vorurteile
- Auswahl eines entsprechenden Werkes
- Erläutern der Thematik am Handeln einer oder mehrerer Figuren aus dem Werk

Was bedeutet Aufbegehren gegen gesellschaftliche Missstände und Vorurteile?

- sich auflehnen
- sich empören
- die Hände ballen
- sich aufbäumen   – gegen inhumane Verhältnisse der
- kämpfen   jeweiligen Gesellschaftsordnung,
- Opposition zeigen   gegen festgelegte Normen
- Widerstand leisten
- Kritik üben

↓

- bis zum Sieg, zur Verwirklichung
- bis zur Selbstaufgabe
- bis zum tragischen Untergang

In welche literarische Gattung sind die vorgegebenen Werke einzuordnen?
- gehören zur Dramatik
- Darstellung einer in sich geschlossenen Handlung durch Personen in Rede und Gegenrede
- gegensätzliche Kräfte und Ansichten treffen in einem Konfliktfeld aufeinander (Vergleiche: Aufgabe 5/1996, S. 96–21, Konflikt)
- Ende des Dramas – Aufklärung des Konflikts oder tragischer Untergang des/der Helden
- Werke unterschiedlicher Epochen:
  - Sturm und Drang (18. Jh.)   – Friedrich Schiller: Die Räuber,
                                                Kabale und Liebe
  - deutsche Klassik (18./19. Jh) – Johann Wolfgang von Goethe: Faust
  - das Elisabethanische Zeit-
    alter – England (16. Jh.)   – William Shakespeare: Romeo und Julia

Wie wird das Aufbegehren gegen gesellschaftliche Missstände und Vorurteile in den genannten Werken sichtbar? (Auswahl)

Beispiel 1: Kabale und Liebe

- bürgerliches Trauerspiel, 1784 entstanden auf der Grundlage der Einflüsse und Erfahrungen Schillers aus der Zeit als Karlsschüler (1773–1780)
- Sturm und Drang (1770–1785) – politisches und sozialkritisches Engagement junger Dichter (auch Goethe, Lenz, Klinger, Bürger), Aufbegehren gegen die staatliche Ordnung, Rebellion gegen weltanschauliche, religiöse und feudalstaatliche Hemmnisse, Forderung nach freier Entfaltung des Individuums

– **Aufbegehren gegen gesellschaftliche Missstände**
• **Kammerdiener-Szene (II, 2)**
– Anklage absolutistischen Machtmissbrauchs am Beispiel des Menschenhandels mit Soldaten in einem deutschen Fürstentum des 18. Jahrhunderts
– Einordnen der Szene in den Gesamtzusammenhang des Dramas (II, 1 – Lady Milford reflektiert über die geplante Heirat mit dem Fürsten und über die gewünschte Verbindung mit Ferdinand von Walter; II, 3 – Ferdinand offenbart gegenüber der Lady seine Liebe zu dem bürgerlichen Mädchen Luise Miller.)
– II, 2: Der Kammerdiener überbringt Lady Milford im Namen des Fürsten kostbare Brillanten als Hochzeitsgeschenk. Auf die Frage nach der Herkunft der Edelsteine berichtet dieser über den Verkauf von siebentausend Landeskindern als Soldaten nach England. Unter ihnen befinden sich auch seine Söhne.
Schlüsselstellen für den Nachweis des Aufbegehrens:
„Oh Gott! – nein – lauter Freiwillige."
– ironischer Ausdruck für die von den gepressten Soldaten abverlangte Erklärung, dass alles „mit rechten Dingen" zugegangen sei
„Gestern sind siebentausend Landeskinder nach Amerika fort – die zahlen alles."
– Protest gegen den nationalen Verrat der deutschen Fürsten, z. B. wurden 29 166 Mann nach England verkauft, über 11 000 kehrten nicht zurück.
„Juchhe! Nach Amerika!"
– Hoffnung auf ein besseres Leben außerhalb des feudalabsolutistischen Systems, gleichzeitig bittere Ironie, entsprungen der Einsicht in die Unmöglichkeit, unter den gegebenen Umständen eine Veränderung der feudalen Verhältnisse zu erreichen
• **Halten-zu Gnaden-Szene (II, 6)**
– Entlarvung und Anklage des höfischen Absolutismus, gleichzeitig Ausdruck des gestärkten Selbstbewusstseins des Bürgertums am Beispiel des Auftretens des Musikus Miller gegenüber dem Präsidenten von Walter
– II, 6: Der Präsident erscheint mit seinem Gefolge im Hause Millers und beschimpft dessen Tochter als „Hure" seines Sohnes. Daraufhin verteidigt Miller mit aufbegehrenden Worten seine Tochter, was zur Folge hat, dass er ins Zuchthaus muss.
Ausdruck des Aufbegehrens gegenüber einem Adligen ist der Gebrauch des „Halten zu Gnaden", das offensichtlich einen Bedeutungswandel in der Auseinandersetzung der beiden Kontrahenten erfährt, der sowohl aus dem Kontext als auch aus dem Auftreten und Sprechverhalten Millers abzulesen ist.
„… – das Kind ist des Vaters Arbeit – […] und Ohrfeig' um Ohrfeig' […] halten zu Gnaden"
– Verteidigung der Ehre seiner Tochter, Ausdruck seiner Angst vor der eigenen Courage
„Ich heiße Miller […] Halten zu Gnaden…"
– Ausdruck einer gewohnheitsmäßig gebrauchten Redewendung gegenüber einem Adligen
„Deutsch und verständlich […] Das ist meine Stube […] Aber den ungehobelten Gast werf ich zur Tür hinaus – halten zu Gnaden."
– Steigerung des Aufbegehrens gegen die Macht, Ausdruck des gestiegenen Selbstbewusstseins und des Zorns gegenüber dem erlittenen Unrecht
– **Aufbegehren gegen Vorurteile**
– die Liebe zweier junger Menschen unterschiedlicher sozialer Herkunft als Ausdruck der Opposition gegen die Normen der damaligen Gesellschaft
– Luise Miller, ein siebzehnjähriges bürgerliches Mädchen, und Ferdinand von Walter, ein aufgeklärter junger Adliger, erheben den Anspruch auf freie Gattenwahl
– Textbelege für das Bekenntnis der leidenschaftlichen Liebe
I, 3: Luise gesteht dem Vater ihre tiefe Liebe zu Ferdinand: „…dass Ferdinand mein ist, mir geschaffen zur Freude vom Vater der Liebenden."

II, 5: Ferdinand zu Luise:

„Mein bist du, und wärfen Höll' und Himmel sich zwischen uns!"

„Ich will sie führen vor des Weltrichters Thron, und ob meine Liebe Verbrechen ist, soll der Ewige sagen."

III, 4: Höhepunkt des Dramas – Ferdinands Zuversicht, sein Hinwegsetzen über die Standesschranken:

„…und die höchste Gefahr muss da sein, wenn meine Liebe den Riesensprung wagen sollte."/"Haben wir an die Welt keine Forderung mehr…!/„Mein Vaterland ist, wo mich Luise liebt."

– Das Schicksal der Liebenden, deren Liebe durch die gesellschaftlichen Umstände von Anfang an gefährdet ist, endet tragisch.

Hinweis: Vergleiche die weiteren Ausführungen zur Aufgabe 5/1996, S. 96–22, S. 96–23.

Beispiel 2: Faust

– „Faust. Der Tragödie erster Teil" – 1808 veröffentlicht, „Faust. Der Tragödie zweiter Teil" – 1832 erschienen
– gilt als die größte deutsche Dichtung
– geprägt vom Erlebniswillen des Sturm-und-Drang-Zeitalters sowie von der Humanitätsidee der Klassik, Humanität als Ziel des menschlichen Strebens, der Mensch ist zur Einsicht fähig und in der Lage, sich zu vervollkommnen, er ist für sein Handeln verantwortlich

– **Aufbegehren gegen Vorurteile und Missstände**

• **Faust. Der Tragödie erster Teil – Gretchentragödie**
– Faust und Mephisto auf der Fahrt in die „kleine Welt"
– Faust, ein mittelalterlicher Universitätsgelehrter, sozial höher gestellt, liebt das bürgerliche Mädchen Margarethe, Gretchen genannt
– Gretchen, aus kleinbürgerlichem Milieu, von einem „naiven" religiösen Gefühl geprägt, voller tiefer Empfindungen und Sehnsüchte nach erfüllter Liebe
– Gretchen entscheidet sich trotz unterschiedlicher Anschauungen und Normen für die Liebeserfüllung mit Faust
– Fausts anfängliche sinnliche Begierde wandelt sich zu einem tiefen Gefühl
– Entwicklung der Liebesbeziehung zwischen beiden bis zum tragischen Ende (Gretchentragödie)
– Das Scheitern ehrlicher Liebe und der Überzeugung von einer dauerhaften Verbindung ist vorprogrammiert, da im 17. bzw. 18. Jahrhundert eine feste Liebesverbindung, die auch eine körperliche Erfüllung einschließt, ohne Ehe nicht denkbar war
– Goethes „Gretchentragödie" ist Ausdruck seines Aufbegehrens gegen die gesellschaftliche Praxis der feudalabsolutistischen Zeit.

• **Faust. Der Tragödie erster Teil – Fausts Streben**
– Faust, als Universitätsgelehrter, hat alles studiert, aber nicht erkannt, „was die Welt im Innersten zusammenhält" (**Szene „Nacht"**)
– steckt in einer Krise: „Es möchte kein Hund so länger leben!", er ist unzufrieden mit den scholastischen Wissenschaften und deren Methoden
– seine niederschmetternde Bilanz: Sinnlosigkeit des bisherigen Erkenntnisstrebens, Nutzlosigkeit seines Tuns – „Bilde mir nicht ein, ich könnte was lehren, Die Menschen zu bessern und zu bekehren."
– Erkenntnis der Einengung der Persönlichkeitsentfaltung durch die geistige Enge des Mittelalters und durch die Unterdrückung des Menschen in der feudalabsolutistischen Zeit
– sieht keinen Ausweg und hegt Selbstmordgedanken
– Klang der Osterglocken erweckt neuen Lebensmut

Szene „Vor dem Tor"
– am Ostermorgen Spaziergang in die freie Natur

– Ausdruck eines neuen Lebensgefühls: „Hier bin ich Mensch, hier darf ich's sein!"
Szene „Studierzimmer"
– Rückkehr vom Osterspaziergang und Übersetzung den Neuen Testaments ins Deutsche
– Fausts Ringen um die Erkenntnis des Zusammenhangs zwischen Wort und Tat:
„Im Anfang war das Wort!"
„Im Anfang war der Sinn."
„Im Anfang war die Kraft!"
„Im Anfang war die Tat!"
– Fausts Erkenntnis, dass der Mensch ein aktives, schöpferisches Wesen ist
– Goethes Faust-Gestalt deutet vor allem auf **das neue Lebensgefühl der jungen bürgerlichen Generation des 18. Jahrhunderts** hin, vor allem Fausts Wünsche und Sehnsüchte, die Natur, das heißt die Wirklichkeit, zu erfassen und zu erkennen

Beispiel 3: Die Räuber
– Werk des Sturm und Drang (siehe „Kabale und Liebe")
– 1781 – erster Druck auf Kosten des Dichters
– 1782 – erste Aufführung in Mannheim, 14 Tage Arrest für Schiller wegen unerlaubten Beiwohnens an der Theateraufführung
– Augenzeugen berichten über die Wirkung das Stückes: „Das Theater gleicht einem Irrenhause, rollende Augen, geballte Fäuste, heisere Aufschreie im Zuschauerraum."
– **Aufbegehren gegen gesellschaftliche Missstände**
– Karl Moor – Hauptheld des Jugenddramas, rebellierend, aufbegehrend gegen die bestehende Feudalordnung, voller Tatendrang und Selbstbewusstsein, nach Freiheit und Gerechtigkeit strebend, adliger Herkunft
– stellt sich an die Spitze einer Räuberbande, die plündernd und mordend durch das Land zieht, will durch die Gesetzlosigkeit die Ordnung verändern
– aufgrund des Erbanspruchs werden Karl und sein jüngerer Bruder Franz unversöhnliche Feinde, zwischen denen der Vater steht
– Intrigen des Bruders führen zur Enterbung Karls und zum Einsperren des Vaters
– Flucht Karls nach Verbrechen, Gewalt und Terror auf das heimatliche Schloss und Befreiung des Vaters
– Karl Moor liefert sich der Justiz aus
Szene II, 3
– Ablegen eines Schuldbekenntnisses des rebellierenden Helden
– **Anklage der Feudalgesellschaft**, Anprangerung von Heuchelei und Unterdrückung, Verspottung des Adels und der Staatsdiener
– Textbelege:
„Kann denn der Mensch so blind sein?"
„predigen Liebe des Nächsten und fluchen…"
„…mein Handwerk ist Wiedervergeltung – Rache ist mein Gewerbe."

Beispiel 4: Romeo und Julia
– 1595 entstanden, Tragödie

– **Aufbegehren gegen gesellschaftliche Missstände und Vorurteile**
– ein Werk der Verurteilung des nutzlosen Hasses, der Anprangerung des barbarischen Krieges und eines feierlichen Plädoyers für den Frieden zwischen Adelshäusern
– Prinz Escalus verurteilt die Gewalt, durch die jahrelange Feindschaft zwischen den adligen Familien Montague und Capulet hervorgerufen
– Kampf zweier junger Menschen – Romeo Montague und Julia Capulet – um die Verwirklichung des Anspruchs auf freie Liebesentscheidung und Partnerwahl bis zum tragischen Untergang der Helden
Hinweis: Vergleiche die Ausführungen zur Aufgabe 5/1996, S. 96–22.

Abschließend möchte ich dir noch einige Tipps zum Schreiben des Aufsatzes geben.

Gegenstand der **Einleitung** können Angaben zum gewählten Werk, zu seinem Autor oder zur zeitlichen Einordnung des Werkes sein oder Gedanken zur Thematik im Allgemeinen.

Der **Hauptteil** beinhaltet die Erläuterung des Aufbegehrens gegen gesellschaftliche Missstände und Vorurteile, dargestellt am Handeln einer oder mehrerer Figuren des gewählten Werkes.

Zum **Schluss** ist es notwendig, die gewonnenen Erkenntnisse zusammenzufassen oder einen Bezug zur Gegenwart herzustellen.

Über die Jugend

„Unsere Jugend liebt den Luxus, hat schlechte Manieren, macht sich über die Autorität lustig, hat überhaupt keinen Respekt vor dem Alter. Unsere Kinder sind Tyrannen, sie erheben sich nicht vor den Erwachsenen, sie widersprechen ihren Eltern, sie sind unmöglich."

(Sokrates, griech. Philosoph, 470–399 v. Chr.)

„ ... also, ich sage Ihnen, das fängt doch schon im Kindergarten an. Wie sich diese Früchtchen benehmen – laut und frech –, das hat es früher nicht gegeben. Wo das noch hinführen soll ..."

(Verkäuferin zu einer Kundin – erlauscht in einem Supermarkt.)

Aufgabe:

Setzen Sie sich mit beiden Meinungen auseinander!
Wie sehen Sie die heutige Jugend?

Lösung

Diese Erörterungsaufgabe erfordert von dir die Analyse der zwei Aussagen, die anschließende persönliche Auseinandersetzung mit den beiden Meinungen und die Darstellung der eigenen Auffassung über die heutige Jugend.

So kannst du vorgehen:

Einleitung
In der Einleitung führst du aus, welches Problem durch die Aufgabenstellung zu erfüllen ist oder warum du diese Aufgabe ausgewählt hast.
Du könntest deine Ausführungen z. B. folgendermaßen beginnen:
„Ich habe diese Aufgabenstellung gewählt, weil das Thema sehr aktuell ist. Immer wieder kann ich in der Öffentlichkeit folgende Worte hören: ‚Was ist das nur für eine Jugend?' Mit dem Problem der Jugendwahrnehmung möchte ich mich in diesem Aufsatz auseinander setzen und beweisen, dass die Sicht Erwachsener auf Jugendliche früher vorurteilsbehaftet war und immer noch ist."

Hauptteil
Im Hauptteil analysierst du zunächst die beiden Aussagen:

Meinung von Sokrates:
– historisches Einordnen des griechischen Philosophen Sokrates in die Zeit der antiken Demokratie vor über 2000 Jahren
– Analyse der Aussage als eine klare sachliche Feststellung über die Jugend; er identifiziert sich mit allen Menschen dieser Gesellschaft (Polis), was in den Worten „unsere Jugend" und „unsere Kinder" deutlich wird

Meinung der Verkäuferin:
– kurze Darstellung des Inhalts mit eigenen Worten
– Deutung der Aussageabsicht (Intention) der Verkäuferin, dass sie für die Kinder und Jugendlichen kein Verständnis aufbringt und sich intolerant verhält

Persönliche Auseinandersetzung mit den beiden Meinungen:
Bei der Erfüllung dieser Aufgabe ergeben sich verschiedene Möglichkeiten, z. B.:
– Du kannst beide Aussagen vergleichen und zur Schlussfolgerung gelangen, dass sich das Verhältnis der Erwachsenen zur Jugend über zwei Jahrtausende nicht verändert hat und dass es deshalb bestimmte gesetzmäßige Ursachen für den Generationskonflikt geben muss.
– Du kannst bezogen auf die heutige Zeit die Worte von Sokrates bestätigen, indem du einige Werturteile auswählst und deine persönlichen Gedanken mit Beispielen dazu äußerst – im positiven oder im negativen Sinne.
„die Jugend liebt den Luxus":
zeitlos, da es so war und immer so sein wird und Ausdruck der Lebensfreude bzw. des Strebens nach dem Neuesten – oder negativ als übertriebenes Konsumdenken bzw. als Zeichen der Verwöhnung
„die Jugend hat schlechte Manieren":
Jugendliche sind spontan, temperamentvoll, lebenslustig, auffällig, provokativ, ungehemmt, ungezwungen – oder negativ kultur- und niveaulos bzw. ohne „Anstand"
„die Jugend macht sich über die Autorität lustig":
oft einseitig aus der Sicht der Erwachsenen; die Jugendlichen sind noch keine „fertigen" Menschen, sie haben eigene Ansichten und Vorstellungen und ihr Widerspruch ist oft als Spaß gedacht und nicht so todernst aufzufassen

„die Jugend hat keinen Respekt vor dem Alter":
oft Vorurteil der älteren spießigen Generation, da kein Verständnis für typische Verhaltensweisen und altersspezifische Handlungen – oder Jugendliche wollen eigene Erfahrungen machen und nicht die der Älteren übernehmen
„Unsere Kinder sind Tyrannen ... sind unmöglich":
Absicht von Sokrates, auf die Probleme der Erziehung und der Pflicht der Vorbildwirkung der Erwachsenen aufmerksam zu machen.

– Anschließend beurteilst du kritisch die Meinung der Verkäuferin, indem du ihre Worte ablehnst, ihren Worten zustimmst oder ihr Urteil differenzierend betrachtest:

ablehnend:
- Die Meinung kann ich nicht akzeptieren, da in der Grundaussage für die Kinder kein Verständnis aufgebracht wird, die Kinder als lästig empfunden werden und nur das Negative gesehen wird.
- Meine Meinung ist, dass Kinder Anspruch auf ihr Leben haben, viel Vertrauen und Liebe benötigen in ihrem Entwicklungsprozess und den Erwachsenen viel Freude bereiten können – diese Aussage musst du an anschaulichen Beispielen belegen.

zustimmend:
- Die Meinung der Verkäuferin möchte ich bestätigen, da die Kinder in der heutigen Zeit immer aggressiver, uneinsichtiger und disziplinloser den Erwachsenen gegenüber auftreten.

differenzierend:
- Einerseits gibt es Tendenzen, dass die Beziehung zwischen den Erwachsenen und den Kindern bzw. Jugendlichen immer komplizierter wird, beide Seiten kein Verständnis füreinander aufbringen und die Spannungen immer größer werden;
- andererseits ist es dringend notwendig, dass die Erwachsenen ihrer Verantwortung in der Erziehung und in der Vorbildwirkung stärker gerecht werden müssen – Beispiele dazu aus deinem Erfahrungs- und Erlebnisbereich.

Synthese
Nach dieser ausführlichen Darstellung deiner persönlichen Gedanken zu den beiden Meinungen fasst du in Form einer Synthese zusammen, wie du selbst die heutige Jugend siehst:

überwiegend positiv:
- Beispiele für die hohe Leistungs- und Verantwortungsbereitschaft der Jugendlichen
- Beweise für die tägliche Bewältigung von Problemen und Schwierigkeiten
- Beispiele der Hilfe und Unterstützung für ältere Menschen

überwiegend negativ:
- Beispiele von Auswüchsen der jugendlichen Gruppen
- Anstieg der Jugendkriminalität
- Missbrauch von Drogen und Alkohol
- kein Zukunftsdenken, da keine Perspektive gesehen wird

Schluss
Den **Schlussteil** kannst du in vielfältiger Weise gestalten, je nachdem wie du deinen Aufsatz aufgebaut hast. Wenn du meinen Empfehlungen gefolgt bist, dann solltest du entweder deine Ausführungen mit persönlichen Gedanken abschließen, wie du deine Beziehung zu den Erwachsenen siehst und wie du mögliche Probleme gelöst oder nicht gelöst hast – oder wie der Generationskonflikt von beiden Seiten mit dem Willen zur Toleranz bewältigt werden kann und das Alter Respekt und Achtung verdient bzw. die Jugend Vertrauen erhalten muss, um eigene Erfahrungen zu gewinnen und um sich kreativ für ein sinnerfülltes Leben entwickeln zu können.

Pete Johnson: Am liebsten berühmt!

Kennst du den sagenhaften Hulk? Das ist der Typ, dem von einem Moment zum andern die Muskeln wachsen, bis ihm das Hemd aus allen Nähten platzt. Vor gut einem Jahr versuchte die Berufsberaterin an meiner Schule, den Hulk zu parodieren. Erst wirkte sie völlig normal und langweilig wie immer. Plötzlich verdrehte sie die Augen und starrte
5 ins Leere. Wie der Hulk kurz vor der Verwandlung. Fasziniert beobachtete ich sie. Hatte sie vor, eine andere Gestalt anzunehmen? Hätte ihr bestimmt nicht geschadet. Leider brach sie die Vorstellung ab. Sie schüttelte lediglich ihr Doppelkinn und fragte, wie alt ich sei. „Sie wissen, wie alt ich bin", antwortete ich, „fünfzehn."

„Tatsächlich? Wenn man dich so hört, könnte man glauben, du wärst fünf. Jennifer, es ist
10 an der Zeit, dass du ein bisschen erwachsener wirst."

Wegen einer einzigen Antwort machte die einen derartigen Tanz. Nicht zu fassen. Sie hatte mich gefragt, was ich gerne werden wollte. Ich erwiderte – und meinte es auch so: „Ich würde gerne eine Talkshow im Fernsehen leiten."

Es erwartete ja keiner, dass sie mir jubelnd um den Hals fiel. Aber diese Reaktion zeigte
15 einmal mehr, dass die Schule auf nichts weiter vorbereitet als auf ein langweiliges Leben.

Den weiteren Verlauf des Beratungsgesprächs sabotierte ich. Das gebe ich zu. Sie fragte zum Beispiel, wo ich denn lebe. Meine Antwort: „Am Nabel der Welt." Als sie wissen wollte, ob ich gerne im Pflegebereich arbeiten würde oder was ich sonst werden wollte, meinte ich: „Am liebsten berühmt." Ich war einfach flippig drauf. Am Ende hat sie mich
20 rausgeschmissen. Erstklassige Vorstellung.

Trotzdem war ich die Verliererin. Am Ende der neunten Klasse hatten die meisten meiner Mitschüler den ersten Schritt in ihr zukünftiges Leben schon hinter sich. Nur ich stand noch immer am Ausgangspunkt und wusste nicht, was Sache ist.

Meine Mutter schleppte mich in die Stadt, um beim Arbeitsamt vorzusprechen. Der Typ
25 hinterm Schreibtisch – ein dürrer, schlaksiger Mann mit einem gigantischen Adamsapfel – blätterte immer wieder meine Papiere durch, als könne er nicht fassen, dass es so schlechte Zeugnisse gibt. Mir selbst ging es kaum anders. Gut, ich habe nie etwas dafür getan, also habe ich keine Wunder erwartet, aber trotzdem … nein, kein Wort mehr darüber. Ich möchte niemanden zu Tränen rühren.

30 „Hat dir nicht wenigstens ein Fach in der Schule Spaß gemacht?", fragte der Berater. Ich schüttelte den Kopf.

„Irgendwas muss dir doch gefallen". Er näherte sich dem Stadium der Verzweiflung. Doch, es gab etwas. Aber er hätte es nicht verstanden. Dir kann ich es allerdings verraten. Im Englischunterricht übten wir uns in freier Rede. Ich habe über die Lebensweise eines
35 Schnürsenkels referiert.

Total verrückt – selbst die Paarungsgewohnheiten der Schnürsenkel habe ich nicht ausgespart –, meine Klasse fand es Spitze. Ich entlockte ihnen Lachsalven, selbst der Lehrer lächelte (wenn auch sehr verhalten). Überwältigender Beifall am Ende! Aber nicht nur dieser Beifall ließ mich schweben. Es war die Art, wie sie mich ansahen. Als hätten sie
40 mich richtig gern.

Natürlich hatte ich die Klasse schon häufiger zum Lachen gebracht, aber dieses eine Mal war anders. Ich stand dem Publikum richtig gegenüber, wie im Fernsehen – mit einem Unterschied: Meine Zuhörerschaft war anspruchsvoller als die in einem Studio. Die Klasse zeigte mir nämlich sofort, wenn ihr etwas nicht passte.

45 Ich hatte den einzigen Beruf entdeckt, den ich ausüben könnte. Wie oft habe ich Showmaster gesehen, denen es nicht einmal ansatzweise gelungen ist, freundlich und locker zu wirken. Ich weiß, dass ich besser wäre als die. Ich bin nun mal eine schillernde und schlagfertige Person. Das bestätigt dir jeder. Ich bringe Leute dazu, dass sie sich wohl fühlen, und ich kann aufmerksam zuhören, selbst wenn ich null Interesse habe
50 (Berufsberater ausgenommen). Ich bin aufgeweckt, spritzig und freundlich – und ich liebe es, vor Publikum aufzutreten.

Ich habe das Zeug, eine Show zu leiten. Ohne Übertreibung. Sicher, ich weiß, dass ich in keinerlei Hinsicht Talent habe. Ich kann weder singen noch tanzen, noch schauspielern – noch sonst etwas. Wahrscheinlich kann ich rein gar nichts, außer eine Show leiten.

55 Jetzt weißt du bedeutend mehr über mich, als der Typ vom Arbeitsamt jemals erfahren hat. Selbstverständlich habe ich keine Silbe über meine Neigung verloren. Ich sagte nur: „Ich will einen aufregenden Beruf ausüben." Er und meine Mama tauschten Blicke, als hätten sie es mit einer Vierjährigen zu tun, die gerade etwas absolut Herziges geplappert hat.

60 „Das Leben ist selten so aufregend, wie wir es uns wünschen," sagte der Berufsberater noch immer lächelnd. „Um genau zu sein: Es ist mit wenigen Ausnahmen recht gewöhn-lich und nüchtern."

Es muss fürchterlich traurig und deprimierend sein, diese Erkenntnis auszusprechen. Besonders für einen Berater beim Arbeitsamt. Meine Mama saß da und nickte.

(Aus: Wortstark 9, Schroedel, 1998)

Aufgabe:
Was bewegt die Figuren in dieser Geschichte?
Welche Ratschläge würden Sie Jennifer aufgrund Ihrer persönlichen Erfahrungen geben?

Lösung

Diese Aufgabe erfordert gründliches Lesen des Textes „Am liebsten berühmt!", um die Frage beantworten zu können, was die Figuren der Geschichte bewegt, d. h. welches Problem sie beschäftigt, was sie denken und welche Emotionen freigesetzt werden. Außerdem wird von dir erwartet, dass du aufgrund deiner persönlichen Erfahrungen in einer ähnlichen Situation dem Mädchen Jennifer Ratschläge gibst. Es wäre also falsch, die Geschichte zu interpretieren, aber auf einen Hinweis zum Thema und auf eine kurze Inhaltsangabe solltest du nicht ver-zichten. Bemerkungen zur Textsorte und deren Merkmale werten deine Darstellung auf. Angaben zum Autor Pete Johnson liegen nicht vor.

Inhalt

In Pete Johnsons Geschichte „Am liebsten berühmt!" wird eines der hauptsächlichen Pro-bleme junger Menschen angesprochen: die Berufswahl. Im Mittelpunkt des Geschehens steht Jennifer, eine fünfzehnjährige Schülerin, die sich einen Beruf wünscht, der aufregend ist und berühmt macht. Aufgrund dieser, wie es scheint, überzogenen Zukunftsvorstellungen und der mangelnden Lernhaltung findet sie bei der Mutter, der Berufsberaterin der Schule und dem Vertreter vom Arbeitsamt kein Verständnis. Ob und wie Jennifer ihr Problem lösen kann, lässt der Autor offen.

Form und Sprache

Dieser Text weist typische Merkmale einer Kurzgeschichte auf: unvermittelter Einstieg, offener Schluss, straffer Aufbau und Beschränkung auf das Wesentliche, im Zentrum ein bedeutsamer Moment für das Leben eines Menschen.

Das Geschehen wird aus Jennifers Sicht wie in einem fiktiven Dialog mit einer Freundin, einem Freund oder einer anderen vertrauten/bekannten Person dargestellt. Die vom Autor gewählte Sprache charakterisiert das Wesen des Mädchens, ihr Verhalten, ihre Einstellungen, ihre Emotionen.

Bei näherer Betrachtung der Wortwahl kann man feststellen, dass das Dargestellte sehr anschaulich wirkt, manchmal sachlich, oft auch übertrieben. Das wird durch den bewussten Einsatz ausschmückender Adjektive, bildhafter umgangssprachlicher Ausdrücke sowie durch Redewendungen und im Alltag gebräuchliche Fremdwörter erreicht.
Folgende Beispiele sollen das belegen:
„Erstklassige Vorstellung" (Z. 20), „ein langweiliges Leben" (Z. 1), „überwältigender Beifall" (Z. 38), „einen aufregenden Beruf" (Z. 57); „total verrückt" (Z. 36), „freundlich und locker" (Z. 46/47), „traurig und deprimierend" (Z. 63); „fasziniert" (Z. 5), „entlockte ihnen Lachsalven" (Z. 37), „ließ mich schweben" (Z. 39); „Am Nabel der Welt" (Z. 17), „zu Tränen rühren" (Z. 27); „Talkshow" (Z. 13), „Showmaster" (Z. 46), „Show" (Z. 52) u. a.

Die Figuren der Geschichte und das, was sie bewegt:

Jennifer

Jennifer, die Hauptfigur der Kurzgeschichte, ist eine Schülerin am Ende der neunten Klasse. Ihr Problem liegt darin, dass ihre Berufs- und Zukunftsvorstellungen im Widerspruch zu den Ansichten der Erwachsenen stehen. Einer im Text nicht genannten Person teilt sie mit, vielleicht nach dem letzten ergebnislosen Beratungsgespräch im Arbeitsamt, wie überflüssig sie die Mühen anderer um ihre Zukunft sieht und wie unverstanden sie sich fühlt. Jennifer möchte sich nicht in Schablonen drängen lassen, sie akzeptiert auf keinen Fall, dass andere Menschen über sie und ihr Leben entscheiden. Sie nimmt die Erwachsenen und ihre gut gemeinten Ratschläge nicht ernst. Die Berater beurteilen Jennifer nach ihrem Äußeren und Auftreten, nicht nach ihren Bemühungen im Hinblick auf die Berufsfindung, und da kein Konsens im Gespräch zu erwarten ist, provoziert das Mädchen. Die Berufsberaterin betreffend heißt es: „Plötzlich verdrehte sie die Augen" (Z. 4); „Sie schüttelte lediglich ihr Doppelkinn ..." (Z. 7); „Sie fragte mich zum Beispiel, wie ich denn lebe. Meine Antwort: Am Nabel der Welt!" (Z. 16–17); „sabotierte ich" (Z. 16).

Über den Berater vom Arbeitsamt äußert sie sich folgendermaßen: „Der Typ ... – ein dürrer, schlaksiger Mann mit einem gigantischen Adamsapfel – blätterte immer wieder meine Papiere durch ..." (Z. 24–26); „Er näherte sich dem Stadium der Verzweiflung." (Z. 32) Jennifer liebt Spaß, schätzt sich selbst als „eine schillernde und schlagfertige Person" (Z. 47/48), „aufgeweckt, spritzig und freundlich" (Z. 50) ein.

Sie liebt die Übertreibung, das Auffallen – eben die Show – und möchte am liebsten berühmt werden. Davon träumen viele junge Leute, bei Jennifer bestimmt jedoch dieser Wunsch ihr ganzes Denken und Handeln. Im Englischunterricht ist es ihr mit einem freien Vortrag „Über die Lebensweise eines Schnürsenkels" (Z. 34–35) gelungen, den Mitschülern „Lachsalven" zu entlocken. Ihr gefällt es, im Mittelpunkt zu stehen, für das Dargebotene Beifall zu erhalten und dadurch geachtet zu werden. Shows kennt sie aus dem Fernsehen, und sie hat die Erfahrung gemacht, dass keine besonderen Voraussetzungen für die Tätigkeit eines Showmasters erfüllt werden müssen. So gelangt sie zur Erkenntnis: Ich habe zwar kein Talent, aber ich kann auch ohne Anstrengungen etwas erreichen. Jennifer wünscht sich kein gewöhnliches, sondern ein aufregendes Leben, so wie es die Medien vorgaukeln.

Das Mädchen bewegen aber auch selbstkritische Gedanken im Hinblick auf die schlechten Zeugnisse und sie weiß, dass sie niemals etwas für bessere Ergebnisse in der Schule getan hat. Sie gehört zu den Jugendlichen, die nicht durch Leistungen, sondern durch auffälliges Verhalten um Anerkennung ringen. „Wahrscheinlich kann ich rein gar nichts, außer eine Show leiten" (Z. 54) ist ihr Resümee zu ihren augenblicklichen Leistungen und Möglichkeiten.

Jennifers Mutter

Obwohl sie nur dreimal im Text erwähnt wird, spürt der Leser die Sorge der Mutter um die Zukunft ihrer Tochter. Ganz sicher wünscht sie sich für das Mädchen einen soliden Beruf, der Zukunft hat. „Meine Mutter schleppte mich in die Stadt, um beim Arbeitsamt vorzusprechen" (Z. 24), teilt Jennifer dem fiktiven Gesprächspartner mit. Mit dem Verb „schleppte" kommt zum Ausdruck, dass sich die Mutter gegenüber der ablehnenden Haltung der Tochter durchgesetzt hat. Die im Gespräch mit dem Berufsberater sichtbar gewordene fehlende Reife ihrer Tochter ruft bei ihr Enttäuschung und Hilflosigkeit hervor. Darauf deuten folgende Sätze hin: „Er und meine Mutter tauschten Blicke, als hätten sie es mit einer Vierjährigen zu tun, die gerade etwas absolut Herziges geplappert hat." (Z. 57–59) und „Mama saß da und nickte." (Z. 64). Auf jeden Fall sieht die Mutter im Berufsberater einen Verbündeten in ihrem Bestreben, der Tochter den richtigen Weg zu weisen.

Die beiden Berufsberater

Sowohl die Beraterin an der Schule als auch der Vertreter vom Arbeitsamt werden in ihrer Funktion als Berater in Berufsfragen wirksam. Mit unterschiedlichen Mitteln versuchen sie, das Mädchen auf die Anforderungen im Beruf und Leben aufmerksam zu machen. Allerdings gelingt das der Frau nicht, weder mit der Parodie auf den „sagenhaften Hulk" noch mit der Art der Gesprächsführung. Ihre Fragen, wie alt Jennifer sei und wo sie lebe, sowie die belehrenden Worte „… es ist an der Zeit, dass du ein bisschen erwachsener wirst" (Z. 9–10) sieht Jennifer als Anlass zur „Sabotage" der Beratung.

Der Vertreter vom Arbeitsamt ist genauso erfolglos in seinem Bemühen. Nachdem er mehrmals die Bewerbungsunterlagen mit den schlechten Zeugnissen durchgeblättert hat, sieht er einen Ansatz zur Beratung in der Frage, ob ihr nicht wenigstens ein Unterrichtsfach Spaß bereitet habe. Nach der Verneinung des Mädchens unternimmt er einen zweiten Versuch und äußert verzweifelt: „Irgendetwas muss dir doch gefallen." (Z. 32) Da sie sich auch jetzt nicht verstanden fühlt, verschweigt sie die wahren Neigungen und wiederholt nur ihre Wunschvorstellung: „Ich will einen aufregenden Beruf ausüben." (Z. 57) So bleibt dem Berufsberater nichts anderes übrig, als ihr klarzumachen, dass das Leben selten so aufregend ist, „wie wir es uns wünschen" (Z. 60). Außerdem fügt er hinzu: „Um genau zu sein: Es ist mit wenigen Ausnahmen recht gewöhnlich und nüchtern." (Z. 61–62) Geduldig („immer noch lächelnd") oder mitleidig weist er auf den Ernst des Lebens hin und hofft, damit Jennifer zum Nachdenken über ihr Verhalten, ihre Einstellung zum Lernen und Zukunftsvorstellungen anzuregen. Ob das Erfolg verspricht, lässt die Kurzgeschichte offen.

Ratschläge für Jennifer aufgrund deiner persönlichen Erfahrungen

Die Ratschläge, die du Jennifer geben kannst, beruhen auf deinen eigenen Erfahrungen. Das erfordert eine subjektive Darstellung und kann deshalb nicht durch genauere Angaben belegt werden.

Hinweise zum Schreiben des Aufsatzes

Einleitung:
– Bemerkungen zur Berufswahl *oder*
– Angaben zum Thema und Inhalt der Kurzgeschichte *oder*
– Darstellen eines ähnlichen Beispiels

Hauptteil:
– Die Figuren der Geschichte und was sie bewegt
– Ratschläge für Jennifer auf der Grundlage persönlicher Erfahrungen

Schluss:
– Zusammenfassung der Ergebnisse *oder*
– Wirkung der Geschichte auf dich als Leser *oder*
– Ausblick – Jennifers Zukunft

Schülerbeispiele

Einleitung:
„In dieser Kurzgeschichte geht es um das fünfzehnjährige Mädchen Jennifer, das gern Showmaster werden möchte. Sie schwärmt von einem aufregenden Leben als Star, was die Mutter und die Berufsberater nicht verstehen können.“

Hauptteil:
„Die meisten Jugendlichen haben das Bedürfnis nach einem aufregenden Job, der mit wenig Arbeit verbunden ist und in dem sich eine Menge Geld verdienen lässt. Keiner von ihnen möchte ein langweiliges Leben führen. Genauso geht es Jennifer. Sie will einen aufregenden Beruf ausüben. Nur leider wird ihr durch den Berater im Arbeitsamt sehr schnell klargemacht, dass das Leben in den seltensten Fällen nach unseren Wünschen verläuft.“
„Wenn man sich für einen bestimmten Beruf entschieden hat, muss man sich darüber im Klaren sein, dass gerade in der heutigen Zeit die Zensuren eine große Rolle spielen. Genau das muss Jennifer bedenken.“
„Ich würde ihr raten, nicht an einem bestimmten Beruf festzuhalten, sondern nach Ausweichmöglichkeiten zu suchen. Mithilfe des Arbeitsamtes findet jeder alternative Berufe entsprechend den Neigungen und Interessen.“
„Ich würde Jennifer raten, unbedingt einen guten Schulabschluss zu erzielen. Das ist das Wichtigste, damit man, wenn es mit dem Traumberuf nicht klappt, überhaupt etwas in der Hand hat.“

Schluss:
„Die Geschichte zeigt, dass es viele Jugendliche gibt, die sich wenig um ihre Zukunft sorgen. Der Autor will zum Nachdenken anregen. Vielleicht hat Jennifer Glück und wird eines Tages Showmaster – aber was ist, wenn nicht? Auf sein Glück kann man sich nicht immer verlassen.“

Reisen können Menschen verändern

Die Sehnsucht nach der Ferne, nach anderen Ländern setzt Jahr für Jahr ein Millionenheer von Touristen in Bewegung. Natürlich hat sich die Art des Reisens im Laufe der Zeit verändert. Eisenbahn, Flugzeug und Auto haben Kutsche und Pferd abgelöst. Geblieben ist allerdings das Interesse an anderen Ländern und deren Sitten und Gebräuchen, Landschaften und Menschen. Geblieben sind auch die vielen Eindrücke, die man als Reisender von einem fremden Land erhält.

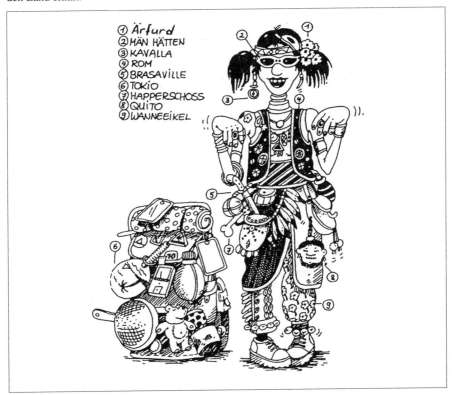

(Aus: Westermann, Lesebuch 10, 1994)

Aufgabe:
Schildern Sie Eindrücke, die Sie bei einer Reise gewonnen haben!
(Lassen Sie sich dabei von Text und Karikatur anregen.)

Lösung

Diese Aufgabe erfordert von dir, Eindrücke von einer Reise in ein fremdes Land unter dem Aspekt „Reisen können Menschen verändern" zu schildern. Ehe du zu schreiben beginnst, solltest du das Thema analysieren. Im Ergebnis werden folgende Fragen entstehen:

1. Welche Anregungen zum Thema geben mir der Text und die Karikatur?
2. Welche Eindrücke habe ich während meiner Reise nach ... gewonnen?
   Auf welche Art und Weise kann ich diese glaubhaft und anschaulich darstellen?
3. Hat mich die Reise verändert bzw. was hat mir die Reise gegeben?

Mit diesen drei Fragen hast du den „Fahrplan" für das Schreiben des Aufsatzes.

Noch ein Tipp:

Die Formulierung „in ein fremdes Land" solltest du nicht so eng auf das Ausland bezogen sehen. Ich denke, auch ein für dich unbekanntes Bundesland kann dir fremd und eine Reise wert sein.

Zum Schildern bzw. Wiedergeben von Eindrücken findest du im Kapitel C die Beschreibung dieser Aufsatzform. Da sich aber die Erläuterungen hauptsächlich (außer dem 2. Abschnitt, S. 11) auf das Schildern von Eindrücken beim Lesen eines vorgegebenen Textes beziehen, möchte ich dir für die Lösung deiner Aufgabe Grundsätzliches in Erinnerung bringen.

Beim Schildern von Eindrücken wird ein Ereignis oder Erlebnis, ein Gegenstand oder Zustand möglichst detailliert, anschaulich und mit viel persönlichem Empfinden dargestellt. Ohne zu übertreiben versuchst du genau und glaubhaft zu beschreiben und die jeweilige Stimmung auszudrücken. Kern der Darstellung ist also ein tatsächliches Ereignis oder Erlebnis. Du stehst als Verfasser nicht im Mittelpunkt der Schilderung, doch das äußere Geschehen um dich herum wird aus deiner Sicht beschrieben, d. h. du äußerst deine Gedanken, Empfindungen und Gefühle zur Wirklichkeit. Mit deinem Aufsatz solltest du das Erlebte so wiedergeben, dass die Vorstellungskraft des Lesers geweckt wird.

Verwende:

– Bilder, Metaphern (Wörter in übertragener Bedeutung), Vergleiche, Personifikationen, aussagekräftige Adjektive und Verben, die Geräusche und Bewegungen bezeichnen;
– stimmungsstarke Adjektive, die Farben, Formen, Geräusche, Geschmack, Geruch, Erfühlbares veranschaulichen;
– Substantive, die Einzelheiten bzw. Besonderheiten bezeichnen.

Vermeide:

– zu starke Verallgemeinerungen,
– urteilende oder erklärende Feststellungen,
– Übertreibungen.

Setze die sprachlichen Mittel der Schilderung maßvoll, aber zielgerichtet ein. Günstig ist es, in der Ich-Form zu schreiben. Von dir wird in dieser Aufgabenstellung eine Erlebnisschilderung erwartet, in der deine Einzelerlebnisse zu einem eindrucksvollen Gesamtbild zusammengefügt werden.

Hinweise zum Schreiben des Aufsatzes unter Beachtung der Dreiteilung

Einleitung:

Angeregt durch Text und Karikatur kannst du dich in der Einleitung zu einem der folgenden Stichpunkte äußern:

– immer während Sehnsucht der Menschen nach der Ferne, ihre Neugier auf Fremdes;
– unvergängliche Eindrücke von anderen Ländern, Menschen und ihrer Lebensart;
– Vergängliches aus fremden Ländern, z. B. Sammlung billiger, nichts sagender Souvenirs als Ausdruck des Massentourismus;
– Reisen als Ausdruck eines gehobenen Lebensstands – Dokumentieren umfangreicher Landeskenntnisse ohne eigentlichen Wissenserwerb.

Hauptteil:
Nach einem Überleitungssatz (z. B. „Unvergessliche Eindrücke hinterließ meine Reise nach …") schilderst du ausführlich und anschaulich dein Reiseerlebnis und die gewonnenen Eindrücke.

Schluss:
Die abschließenden Gedanken deiner Darstellung können eine Zusammenfassung der Eindrücke sein oder sich auf das beziehen, was dir die Reise gegeben hat (Wissenszuwachs, Sprachkenntnisse, besseres Verständnis für fremde Kulturen, Weltoffenheit usw.) oder sie orientieren auf deine zukünftigen Reiseziele.

Schülerbeispiele

„Ich hatte auch schon einmal so ein Erlebnis, aber dabei ging es mir nicht nur um das Fremde an sich, sondern um die außergewöhnliche Landschaft."

„Ich sah sie schon von Weitem, die Pyramiden. So etwas Großes und Atemberaubendes hatte ich in meinem Leben noch nie gesehen."

„Der Himmel erschien am Horizont feuerrot und diese Röte spiegelte sich im Meer wider."

„Die Menschen in Spanien habe ich ganz anders erlebt als die Deutschen. Sie sind lebhafter und aufgeschlossener, aber vor allem sind sie äußerst freundlich."

„Es ist immer belustigend, dass man auf die Speisen zeigen muss, weil die Spanier unser Englisch nicht verstehen wollen. Es wird Spanisch und Französisch gesprochen, und so habe ich begriffen, dass es wichtig ist, die Gepflogenheiten des Reiselandes zu kennen."

„… und ich würde es mir nicht entgehen lassen, so eine Reise zu wiederholen. Die Landschaft, die Menschen und deren Lebensart verlocken einfach zum Reisen."

Kurt Tucholsky: Augen in der Groß-Stadt

Wenn du zur Arbeit gehst
am frühen Morgen,
wenn du am Bahnhof stehst
mit deinen Sorgen:
5   da zeigt die Stadt
    dir asphaltglatt
    im Menschentrichter
    Millionen Gesichter:

> Zwei fremde Augen, ein kurzer Blick,
> die Braue, Pupillen, die Lider –
> 10 Was war das? vielleicht dein Lebensglück …
> vorbei, verweht, nie wieder.

Du gehst dein Leben lang
auf tausend Straßen;
du siehst auf deinem Gang,
15 die dich vergaßen.
    Ein Auge winkt,
    die Seele klingt;
    du hast's gefunden,
    nur für Sekunden …

> Zwei fremde Augen, ein kurzer Blick,
> 20 die Braue, Pupillen, die Lider –
> Was war das? kein Mensch dreht die Zeit zurück …
> vorbei, verweht, nie wieder.

Du mußt auf deinem Gang
25 durch Städte wandern;
siehst einen Pulsschlag lang
den fremden andern.
    Es kann ein Feind sein,
    es kann ein Freund sein,
30   es kann im Kampfe dein
    Genosse sein.
    Er sieht hinüber
    und zieht vorüber …

> Zwei fremde Augen, ein kurzer Blick,
> die Braue, Pupillen, die Lider.
> 35 Was war das?
>   Von der großen Menschheit ein Stück!
> Vorbei, verweht, nie wieder.

(1930)

(Aus: VWV, Texte-Literatur-Medien, Klasse 10, S. 62)

Aufgabe:
Interpretieren Sie das Gedicht!

oder

Bettina Wegner: Auf der Wiese

Auf der Wiese haben wir gelegen
und wir haben Gras gekaut
folgen wollt er mir auf allen Wegen
Blumen hat er mir geklaut.

5 Montag hat er mir das Haar gekämmt
Dienstag waren wir im Kino
Mittwoch hab ich ihm was vorgeflennt
denn wir hatten nur Casino*.

Und den Donnerstag, den ganzen
10 blieben wir in unserm Bett
und am Freitag warn wir tanzen.
Wenn ich nur den Freitag hätt.

Samstag lag er mir in meinen Ohren
dass er mich wie irre liebt
15 und er hätte sicher auch geschworen
dass es keine andre gibt.

Sonntag ist er fortgegangen
ist für immer mir entwischt.
Ach, ich hätt ihn aufgehangen
20 hätte ich ihn bloß erwischt.

Auf der Wiese habe ich gelegen
und ich habe Gras gekaut.
Folgen trage ich auf allen Wegen
Blumen klaun hab ich mich nicht getraut.

(Aus: VWV, Texte-Literatur-Medien, Klasse 10, S. 82)

Zigarettensorte

Aufgabe:
Äußern Sie Ihre Gedanken zu dem Gedicht!

Lösung

In dieser Prüfungsaufgabe geht es um zwei Gedichte mit unterschiedlichen Anforderungen. Entscheidest du dich für das Gedicht „Augen in der Groß-Stadt" von Kurt Tucholsky, wird von dir eine Interpretation erwartet. Im Kapitel B dieses Buches kannst du über das Vorgehen beim Interpretieren nachlesen. Bei der Wahl Bettina Wegners Gedicht „Auf der grünen Wiese" besteht die Aufgabe darin, deine Gedanken zu diesem Werk zu äußern. Das erfordert eine eingehende Auseinandersetzung mit dem Text. In der Darstellung muss der Ich-Bezug deutlich werden.

Lösung 1

Hinweise zum Autor

Kurt Tucholsky wurde am 9. Januar 1890 in Berlin als Sohn eines Kaufmannes geboren. Nach dem Besuch des Gymnasiums studierte er Jura in Berlin, Jena und Genf. Danach arbeitete Tucholsky für kurze Zeit in einer Berliner Bank. Bereits 1913 begann seine Mitarbeit an der Zeitschrift „Schaubühne", die er später übernahm und mit dem Titel „Weltbühne" herausgab. Als Journalist, Kritiker und Dichter veröffentlichte er zahlreiche Arbeiten unter seinem Namen und vier Pseudonymen – Peter Panter, Theobald Tiger, Kaspar Hauser und Ignaz Wrobel. Mit Erich Kästner schuf er das moderne Großstadtchanson, eine Reihe von Liedern für das Kabarett. 1929 übersiedelte Tucholsky nach Schweden. Die Nationalsozialisten verbrannten am 10. Mai 1933 auch seine Bücher, beschlagnahmten sein Vermögen und bürgerten ihn aus. Aus Verzweiflung wählte der Dichter am 21. Dezember 1935 den Freitod.

Als bürgerlich-humanistischer Schriftsteller gehörte Tucholsky in der Zeit der Weimarer Republik zu denen, die mit kritischem Sinn den Menschen in ihren Werken gestalteten. Alltägliches schilderte er mit Kenntnis und Humor, verurteilte politische Zustände und setzte sich mit sozialen Fragen auseinander. Zu den bekanntesten Werken gehören die Romane „Rheinsberg. Ein Bilderbuch für Verliebte" (1912) und „Schloss Gripsholm" (1931) sowie die Gedichte „Mutterns Hände", „Der Graben", „Fragen an eine Arbeiterfrau" und „Augen in der Groß-Stadt", welches im Jahre 1930 entstanden ist. Wenn du Kenntnisse über die Zeit der Weimarer Republik (1918/1933) hast, solltest du in der Interpretation den historischen Bezug herstellen.

Inhalt und Ideengehalt

Im Gedicht geht es um das Leben in der Großstadt. Tucholsky spricht die Menschen an, die ein Leben lang täglich zur Arbeit fahren und ständig auf der Suche nach Glück und Vertrautheit mit einem anderen Menschen sind. Trotzdem bleiben die meisten einsam, weil Sehnsucht und Hoffnung sich nicht erfüllen und die Glücksmomente vergänglich sind. Das spiegelt sich in einer elegischen (traurig-wehmütigen) Grundstimmung des Gedichts wider.

Erste Strophe:
Der Dichter kennt die Lebensverhältnisse der Arbeitenden, deshalb kann er sie genau beschreiben. Tagtäglich gilt es, den Lebensunterhalt zu sichern. Da die Stadt sehr groß ist und der Arbeitsplatz weit entfernt liegt, muss man sich „am frühen Morgen" (Z. 2) auf den Weg begeben. Inmitten vieler anderer wartet jeder auf das günstigste Verkehrsmittel, den Zug, um sich hineinzuzwängen wie in einen „Menschentrichter" (Z. 7). In der Menge sehen alle Gesichter gleich aus, grau und glatt wie Asphalt durch das grelle Neonlicht der Bahnhöfe. „Millionen Gesichter" (Z. 8) gleichen Masken, hinter denen sich die persönlichen Sorgen verbergen – der Lohn, die hohen Kosten, das Wohl der Familie, die Gesundheit, der Arbeitsplatz u. a. Historisch gesehen ist es die Zeit der Weltwirtschaftskrise, die auch Deutschland heimsuchte und die für die Arbeiter Arbeitslosigkeit, Kurzarbeit und Senkung der Löhne brachte.

In dieser Situation hofft jeder auf einen Menschen mit Verständnis. Im Text heißt es: „Zwei fremde Augen, ein kurzer Blick, die Braue, Pupillen, die Lider" (Z. 8–9). Im Vorbeifahren glaubt man, diesen Menschen gesehen zu haben, nicht die ganze Person, sondern nur das Gesicht. Obwohl in der Kürze des Augenblicks nichts vom Charakter des Menschen zu erfahren ist, könnte er trotzdem das Lebensglück bedeuten. In dem Gedicht wird die Hoffnung schnell wieder aufgehoben: „vorbei, verweht, nie wieder" (Z. 11). Schon ist derjenige in der Menge der Gesichter verschwunden.

Zweite Strophe:
Die zweite Strophe verdeutlicht, dass die Sehnsucht nach Erfüllung und Zufriedenheit ein Leben lang bleibt. Auf diesem Weg begegnet man verschiedenen Menschen, denen man Vertrauen schenken wollte, auf deren Verständnis man gehofft hat. Aber es sind diejenigen gewesen, „die dich vergaßen" (Z. 15). Für einen Moment ist der Glaube an das Glück gegeben: „Ein Auge winkt, die Seele klingt; du hast's gefunden, nur für Sekunden ...." (Z. 16–19) Der Mensch empfindet Freude, ein Gefühl der Sicherheit will sich gerade ausbreiten, doch schon ist alles wieder vorbei und man schwimmt im Strom der Masse weiter. Der Refrain zu dieser Strophe beginnt recht optimistisch: „Zwei fremde Augen, ein kurzer Blick, die Braue, Pupillen, die Lider" (Z. 19/20). In den folgenden Zeilen wird der Optimismus verwischt, denn kein Mensch kann die Zeit zurückdrehen bzw. das Leben festhalten.

Dritte Strophe:
Die unerfüllte Sehnsucht nach dem Lebensglück steigert sich von Strophe zu Strophe, bis in der dritten der Höhepunkt erreicht ist. Das ganze Leben ist geprägt von der Suche nach dem anderen Menschen, und plötzlich scheint die Hoffnung erfüllt. Dafür sprechen die Zeilen 26 bis 31: „siehst einen Pulsschlag lang den fremden andern. Es kann ein Feind sein, es kann ein Freund sein, es kann im Kampfe dein Genosse sein."

Ein Moment genügt, um sich im Vorbeieilen über den Fremden Gedanken zu machen. Man spürt den auf sich gerichteten Blick, empfindet neue Hoffnung, aber auch Zweifel. Das Leben in der Großstadt ist voller Hektik und Gefahren, man weiß oft nichts über seinen Nachbarn, geschweige denn etwas über irgendeinen Fremden. Aus diesem Grund stellt man sich die Frage: Was für ein Mensch ist es? Kann er mir schaden? Oder ist es einer, der bereit ist, Freud und Leid mit mir zu teilen, zu dem ich Vertrauen haben kann? Oder ist der Fremde ein Mitstreiter in meinem Kampf um die Verbesserung der Lebensverhältnisse der einfachen Menschen? Die Hoffnung platzt wie eine Seifenblase, denn „er sieht hinüber und zieht vorüber" (Z. 32/33). Was bleibt, ist die Erinnerung und das Verständnis dafür, dass Augenblicke der Hoffnung und der erfüllten Sehnsucht nur winzige Abschnitte im Leben der Menschheit sind. Der Mensch ist zwar reicher an Lebenserfahrungen, aber allein mit seinen Sehnsüchten und Wünschen, allein in einer Großstadt, die „Millionen Gesichter" (Z. 8) hat.

Sprache und Form
Kurt Tucholskys Gedicht besteht aus drei fast gleich gebauten Strophen mit je einem sich regelmäßig wiederholenden Vier- bzw. Fünfzeiler (dritte Strophe), einem Refrain. Auf diese Weise erhält das Gedicht Liedcharakter.

Die Strophen 1 und 2 sind achtzeilig, die letzte weist zehn Zeilen auf. Die Verszeilen sind metrisch gebunden und reimen sich als Kreuz- und Paarreime. Gleiches kann zum Refrain gesagt werden. Eine Ausnahme bildet die separate Stellung der Frage „Was war das?" in der dritten Wiederholung des Refrains.

Tucholskys Sprache ist geschliffen. Ihm gelingt es, mit kurzen, zeilenübergreifenden Sätzen sowie mit einer Aneinanderreihung für den Gegenstand und die Aussage typischer Begriffe Wesentliches zu verdeutlichen.

Beispiele für zeilenübergreifende Sätze: „Du gehst dein Leben lang / auf tausend Straßen" (Z. 12/13), „siehst einen Pulsschlag lang / den fremden andern" (Z. 26/27). Beispiele von Aneinanderreihungen aus dem Refrain: „Zwei fremde Augen, ein kurzer Blick, die Braue, Pupillen, die Lider" (die ersten beiden Zeilen), „vorbei, verweht, nie wieder" (die letzte Zeile).

Der Leser spürt Tucholskys Verbundenheit mit dem Menschen. Zum einen lässt er den Leser den Arbeitsalltag und das pulsierende Leben in der Großstadt nacherleben (z. b. „Wenn du zur Arbeit gehst am frühen Morgen" – Z. 1/2, „im Menschentrichter" – Z. 7, „dein Leben lang" – Z. 12, „auf deinem Gang" Z. 14, 24, „einen Pulsschlag lang" – Z. 26). Zum anderen erreicht der Autor durch die persönliche Anrede mit „du" Vertrautheit mit dem Leser.

Bildhafte Vergleiche („asphaltglatt", „Menschentrichter" u. a.), mehrfache Wiederholungen ganzer Zeilen und Satzanfänge (Zeilen 1, 2, 4 bzw. 5 des Refrains; „wenn du" – Z. 1, 3; „es kann" – Z. 29–30) sowie dreigliedrige Steigerungen („vorbei, verweht, nie wieder"; „Es kann ein Feind sein, es kann ein Freund sein, es kann im Kampfe dein Genosse sein.") unterstreichen die Bedeutsamkeit des Gesagten. Ebenso sind die Satzzeichen im Gedicht nicht funktionslos. Auslassungspunkte, Frage- und Ausrufezeichen fördern das Nachdenken und das Hinterfragen.

Zusammenfassend ist festzustellen, dass Sprache und Form dem Inhalt und der Aussage des Gedichtes entsprechen.

Absicht und Leserwirkung

In diesem Gedicht kommen Tucholskys Liebe und Verständnis für die Menschen zum Ausdruck. Sehnsucht und Hoffnung sowie das Gefühl der Vereinsamung stehen gleichermaßen nebeneinander. Der Dichter vermittelt den Eindruck, dass das Leben schön sein kann, aber auch schmerzliche Erfahrungen bringt. Trotzdem lohnt es sich, das Leben lebenswert zu gestalten und jeden glücklichen Moment zu genießen. Das fordert den Leser heraus, über sich und seine Beziehung zu anderen Menschen nachzudenken. Er wird sich fragen: Worin sehe ich den Sinn des Lebens? Welche Hoffnungen und Sehnsüchte bestimmen mein Denken und Handeln? Liebe ich das Leben in der Gemeinsamkeit mit anderen oder bevorzuge ich die Abgeschiedenheit? Vielleicht denkt der Leser auch darüber nach, dass sich in der heutigen Zeit Tendenzen zeigen, die zu Isolierung und Vereinsamung führen.

Anregungen zum Schreiben des Aufsatzes

Einleitung:
– Bemerkungen zum Autor des Gedichtes *oder*
– Beispiele aus der Literatur zum Thema „Stadt" (z. B. Gedichte aus dem Unterricht wie „Meine Stadt" von Josef Reding oder „Die Stadt" von Theodor Storm) *oder*
– Erfahrungen persönlicher Art im Hinblick auf das Leben in einer Großstadt *oder*
– Gedanken zum Titel des Gedichtes

Hauptteil:
Interpretation des Gedichtes „Augen in der Groß-Stadt"

Schluss:
– Zusammenfassende Gedanken *oder*
– Bezugnahme auf die Einleitung *oder*
– Ein Blick in die Zukunft *oder*
– Die Wirkung des Gedichtes auf mich

Schülerbeispiele

„Da das Gedicht zur Lyrik gehört und sicherlich auf einem Erlebnis des Dichters beruht, ist Tucholsky von sich ausgegangen, von seinem Erlebten und Beobachteten."

„In der ersten Strophe geht es um den Arbeitsalltag, um den Stress, dem man ausgesetzt ist, und um die Sorgen, die sich daraus ergeben."

„Gehst du durch die Stadt, siehst du unterschiedliche Gesichter und diese sehen dich, doch du vergisst sie wieder und sie vergessen dich."

„Der Autor hat die Absicht, dem Leser einen Einblick in das Leben in einer Großstadt zu geben. Er möchte, dass sich die Menschen nicht nur begegnen, sondern dass sie aufeinander zugehen und sich gut verstehen."

Lösung 2

Bemerkungen zu Bettina Wegner

Bettina Wegner ist eine Liedermacherin, sie wurde 1947 in der ehemaligen DDR geboren. Mit ihren Liedern prangerte sie die Missstände im damaligen Ostdeutschland an und erhielt dafür Schreib- und Auftrittsverbote. Zu den in dieser Zeit erschienenen Texten gehören „Smogalarm" und „Kinder". Aus politischen Gründen musste sie 1979 die DDR verlassen und siedelte in die Bundesrepublik über. Im Februar 1992 kehrte Bettina Wegner in ihre alte Heimat zurück – mit Konzerten in Halle und Dresden unter dem Titel „Sie hat's gewusst". Begleitet von dem Münchner Gitarristen Peter Maier sang sie eigene Texte wie „Wir haben so lange …". Auch „Auf der Wiese" ist ein von ihr vertontes Gedicht.

Gedanken zu den Liedermachern

Neben Bettina Wegner gehören Wolf Biermann, Reinhard Mey und Gerhard Schöne zu den populären Liedermachern Deutschlands. In ihren Liedern und (Rock-) Balladen erzählen sie Geschichten vom heutigen Lebensalltag. Sie setzen sich mit sozialen und Umweltproblemen auseinander und protestieren gegen Gewalt und Unrecht. Die Wirkungsweise ihrer Werke beruht u. a. auf der einfachen Sprache, dem klaren Rhythmus und dem Reim sowie dem balladenhaften Vortrag des Liedermachers.

Gedanken zum Inhalt und Ideengehalt

Im Gedicht geht es um die Frage nach dem Sinn, dem Inhalt und um die Verantwortung in einer Partnerbeziehung. Das lyrische Ich, ein junges Mädchen oder eine junge Frau, blickt kritisch zurück auf eine nur kurz andauernde Liebe zu einem Mann.

1. Strophe:
Über den Beginn der Beziehung zwischen den beiden Liebenden kannst du als Leser Vermutungen anstellen, da keine konkrete Aussage dazu getroffen wird. Vielleicht verbringt das Mädchen zum ersten Mal allein den Urlaub und lernt einen jungen Mann kennen. Dieser lädt das Mädchen zu einer Fahrt ins Grüne ein. Die jungen Leute liegen auf einer grünen Wiese und „haben Gras gekaut" (Z. 2). Sie schauen in den Himmel und träumen von Liebe und Glück. Nichts scheint sie zu stören. Als Beweis seiner Liebe schwört er dem Mädchen ewige Treue („folgen wollt er mir auf allen Wegen", Z. 3) und schenkt Blumen, die er „geklaut" hat. An dieser Stelle drängt sich die Frage auf, ob er dem Mädchen gegenüber aufrichtig ist oder ob er sich in der Rolle eines Casanova fühlt.

2. Strophe:
An den folgenden Wochentagen, vom Montag bis zum Mittwoch, geschieht Alltägliches, aber immer in Gemeinsamkeit und Vertrautheit. Sie lässt sich gern verwöhnen – das Haar kämmen und ins Kino einladen. Der Verliebten geht es zu gut und sie wird dadurch so anspruchsvoll, dass etwas Belangloses ausreicht, um sie zum Weinen zu bringen: Sie muss sich mit der wenig begehrten Zigarettensorte „Casino" zufrieden geben.

3. Strophe:
Am Donnerstag und Freitag genießen die beiden die Liebe in vollen Zügen. „Und den Donnerstag, den ganzen / blieben wir in unserm Bett" (Z. 9, 10). Sicher ist, dass das Mädchen dem jungen Mann in jeder Beziehung vertraut und sich ihm hingibt. Jeder spürt die Nähe des anderen, auch beim Tanzen. An diesen Augenblicken des Glücks möchte das lyrische Ich festhalten: „Wenn ich nur den Freitag hätt." (Z. 12)
Hier wirst du dir als Leser bestimmt Gedanken machen, ob und wann man in einer erst kurze Zeit währenden Partnerschaft Intimitäten austauscht.

4. Strophe:

Den Sonnabend empfindet das Mädchen als Höhepunkt ihrer Beziehung, denn im Nachhinein stellt es fest: „Samstag lag er mir in meinen Ohren / dass er mich wie irre liebt" (Z. 13, 14). Man kann sich in Gedanken vorstellen, wie viele Male er ihr sein Liebesgeständnis ins Ohr geflüstert hat. In ihrer Verliebtheit hört sie es gern. „Und er hätte sicher auch geschworen / dass es keine andere gibt." (Z. 15, 16) Es klingt so, als ob ihm diese Worte leicht von den Lippen gekommen wären. Vielleicht hätte das Mädchen bereits an dieser Stelle über die Ernsthaftigkeit des Verhältnisses mit dem Jungen nachdenken sollen.

5. Strophe:

Und so bestätigt sich, was der Leser schon ahnt: „Sonntag ist er fortgegangen / ist für immer mir entwischt." (Z. 17, 18) Der in einer Woche Liebgewonnene verlässt das Mädchen ohne Abschiedsgruß und -kuss, heimlich und feige. Er zieht es vor, keine Erklärung für sein Verhalten zu geben. Die Enttäuschung des lyrischen Ichs spürt man in folgenden Zeilen: „Ach, ich hätt ihn aufgehangen / hätte ich ihn bloß erwischt." (Z. 19, 20) Hier wird deutlich, dass das Mädchen erkannt hat, dass es sich viel zu schnell dem „ersten Besten" anvertraut hat. Jeder junge Mensch muss in seinem Leben eine solche Erfahrung machen, denn nur aus Erfahrungen kann man lernen, die richtigen Entscheidungen zu treffen.

6. Strophe:

Die erste und letzte Strophe bilden den äußeren Rahmen der Erinnerung des lyrischen Ichs an die Liebesbeziehung. Jetzt verwendet die Autorin nicht mehr die Pluralform „wir", sondern das Personalpronomen „ich": „Auf der Wiese habe ich gelegen / und ich habe Gras gekaut." (Z. 21, 22) Das Mädchen ist wieder allein, und wie es scheint, ist der erste Schmerz vorbei. Sicher hat sie über sich und ihr Verhalten nachgedacht und erkannt, dass sie Fehler begangen hat. Das Verb „folgen" aus der Eingangsstrophe wird in der letzten zum Substantiv: „Folgen trage ich auf allen Wegen" (Z. 23). Es bleibt offen, was Bettina Wegner damit meint. Sind die Folgen eine ungewollte Schwangerschaft? Oder nur Schmerz, Trauer, Wut oder Einsamkeit? Oder eher Erleichterung? „Blumen klaun hab ich mich nicht getraut." (Z. 24), resümiert das lyrische Ich Das Geschehene ist vergessen und ein neuer Anfang möglich.

Absicht und Leserwirkung

Der Leser wird zum Nachdenken angeregt über die Liebe und die Voraussetzungen für eine dauerhafte Partnerschaft. Er erkennt, dass eine Liebesbeziehung auf Vertrauen und gegenseitiger Achtung der Partner beruht und dass sie sich entwickeln und reifen muss, ehe sie Bestand hat. Die Beschäftigung mit dem Gedicht bringt nicht nur positive, sondern auch negative Erkenntnisse. Auf jeden Fall bedeuten diese eine Bereicherung für das Leben.

Gedanken zur Form und Sprache des Gedichtes

Das Gedicht weist Formmerkmale eines Liedes auf: Es besteht aus sechs gleich gebauten Strophen im Kreuzreim. Die Handlung ist leicht nachvollziehbar, denn sie wird wie eine Geschichte erzählt. Die Autorin wählte einen einfachen und unkomplizierten Sprachstil. Auffällig sind umgangssprachliche Formulierungen („geklaut", Z. 4; „vorgeflennt", Z. 7, „entwischt", Z. 18 u. a.) und die Verwendung der Personalpronomen „ich", „er", „wir", wodurch der Leser sich persönlich angesprochen bzw. in das Geschehen einbezogen sieht.

Hinweise zum Schreiben des Aufsatzes

Die Ausführungen sollen für dich Anregungen sein, in welche Richtung sich deine Gedanken bewegen können. Bedenke: Eine Interpretation im eigentlichen Sinne ist nicht gefordert.

Wie kann die Aufteilung des Aufsatzes erfolgen?

Einleitung:
– Gedanken zur Autorin Bettina Wegner *oder*
– Liedermacher und das Anliegen ihrer Werke *oder*
– Gedanken zum Thema des Gedichtes *oder*
– Ein ähnliches persönliches Erlebnis

Hauptteil:
Auseinandersetzung mit dem Gedicht – deine Gedanken dazu

Schluss:
– Schlussfolgerungen für das persönliche Leben *oder*
– Bezug zur Einleitung *oder*
– Zusammenfassung deiner Erkenntnisse – Verallgemeinerungen

Schülerbeispiele

„Bettina Wegner ist eine zeitgenössische Autorin, die sich mit Problemen der Gegenwart auseinander setzt und darüber schreibt."

„In der ersten Strophe stellt die Autorin zwei Menschen vor, die verliebt auf einer herrlichen Wiese liegen und ihre junge Beziehung genießen."

„Ich denke, dass die Frau durch die Beziehung die positiven und negativen Seiten einer Partnerschaft kennen gelernt hat und ihre Konsequenzen daraus zieht."

„Ich verstehe das so, dass man nicht immer füreinander geschaffen ist, und wenn man eine Beziehung halten möchte, muss man auch Abstand halten können. Ich habe schon einige solcher Beziehungen erlebt, die durch ständiges Beisammensein gescheitert sind. Außerdem finde ich, dass manchmal eine gute Freundschaft viel mehr wert ist als eine Risikobeziehung."

Lehrstellenwünsche contra Ausbildungsplätze

Aufgabe:

1.1 Analysieren Sie unter oben genanntem Gesichtspunkt den Text und die Diagramme!
Formulieren Sie Ihr Ergebnis in Stichpunkten! (mindestens 13 Fakten)
1.2 Lehrstellenwunsch contra Ausbildungsplatz?
Äußern Sie sich zusammenhängend zu dieser Frage!
Vergleichen Sie Ihr Analyseergebnis mit Ihren persönlichen Vorstellungen!

Hinweis: Beide Teilaufgaben 1.1 und 1.2 sind zu bearbeiten.

Wenn man in absehbarer Zeit die Schule verlässt und für die Zeit danach eine Ausbildungsstelle sucht, dann möchte man natürlich in die Zukunft blicken können und die Frage beantworten: Was ist dann? Wie gut werden die Chancen sein, eine Ausbildungsstelle in dem Beruf zu finden, den man sich ausgesucht hat?
5   Auf dem Arbeitsmarkt lässt sich ein langfristiger Trend von der Produktions- zur Dienstleistungsgesellschaft beobachten. Tätigkeiten in der Produktion werden tendenziell weniger nachgefragt, während die Zahl der Arbeitsplätze zunimmt, auf denen Dienstleistungen erbracht werden. Im Dienstleistungssektor wachsen allerdings nicht alle Bereiche, sondern nur die qualitätsintensiveren wie Organisation, Planung, Beratung sowie die schwer mess
10 baren und kreativen Dienstleistungstätigkeiten Forschen, Erfinden, Entwickeln und Unternehmertätigkeit. Vieles hat der Siegeszug der Computertechnik bewirkt. Tendenziell fallen einfache Tätigkeiten weg, Kontroll- und Überwachungstätigkeiten nehmen zu.
Anfang der 90er-Jahre wurden Ausbildungsplätze in einigen Bereichen massiv abgebaut. Von 1992 bis 1995 wurden zum Beispiel die Ausbildungskapazitäten in der Metall- und
15 Elektroindustrie mehr als halbiert.
In einer sich schnell ändernden Gesellschaft verändern sich ebenso schnell die Berufsbilder. Deshalb sollte jeder Jugendliche gründlich über seine Berufsvorstellungen nachdenken.

(Nach: Lernchancen, 11/99)

Anzahl der Lehrstellenwünsche und die realisierten Ausbildungsplätze für Jungen
in Sachsen-Anhalt-Thüringen:

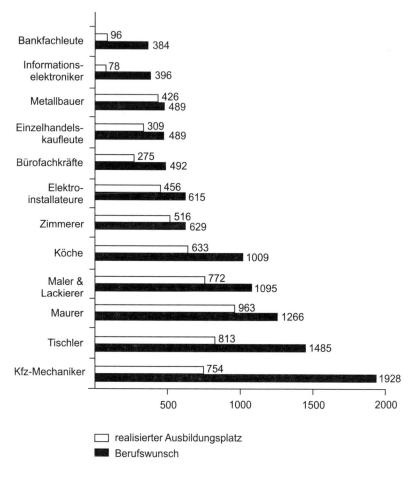

Anzahl der Lehrstellenwünsche und die realisierten Ausbildungsplätze für Mädchen in Sachsen-Anhalt-Thüringen:

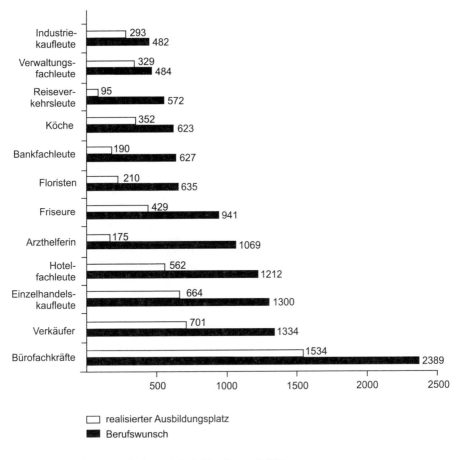

(Aus: Landesarbeitsamt Sachsen-Anhalt-Thüringen, 9/99)

Lösung

Mit dieser Aufgabe stellst du dich neuen Prüfungsanforderungen, d. h., du musst zum einen die Methoden der Informationserfassung, -speicherung und -darstellung anwenden (Teilaufgabe 1.1) und dich zum anderen unter Einbeziehung dieser Arbeitsergebnisse zusammenhängend zur Frage „Lehrstellenwunsch contra Ausbildungsplatz?" äußern können (Teilaufgabe 1.2). Entscheide dich für diese Darstellungsformen, wenn du die geforderten Verfahren beherrschst.

Teilaufgabe 1.1

Analysieren bedeutet das Untersuchen des Textes und der beiden Diagramme nach Aussagen zum vorgegebenen Gesichtspunkt „Lehrstellenwünsche contra Ausbildungsplätze". Das stellt einen komplexen Aspekt dar, sodass Hilfsfragen zur schnelleren Orientierung für die Informationserfassung und -darstellung notwendig sind.

Mögliche Fragen:
- Stimmt der vorgegebene Gesichtspunkt mit dem Inhalt des Textes und der Diagramme überein?
- Entspricht dieser Aspekt der Realität?
- Was spricht dafür bzw. dagegen?
- Welche Lehrstellenwünsche überwiegen bei den Mädchen bzw. bei den Jungen?
- Welche Tendenz zeigt sich bei der Bereitstellung von Ausbildungsplätzen?
- In welchem Verhältnis stehen Berufsbilder zur Entwicklung von Wirtschaft und Technik?
- Welche Branchen liegen im Trend bzw. sind überhaupt nicht gefragt?
- Welche Schlussfolgerungen betreffs der Berufswahl sollte ein Jugendlicher aus der augenblicklichen Wirtschaftslage ziehen ?

Zur **Informationsentnahme** wende folgende **Lesetechniken** an:

1. Schritt:
Lies die Überschrift und den Text gründlich durch und betrachte aufmerksam die Diagramme. Damit beginnt bereits die **Informationsaufnahme.**

2. Schritt:
Verschaffe dir durch **kursorisches Lesen** (diagonales Durcharbeiten) des Textes einen Gesamteindruck bzw. einen Inhaltsüberblick.

3. Schritt:
Arbeite den Text und die Diagramme unter Beachtung der Hilfsfragen zum konkreten Gesichtspunkt „Lehrstellenwünsche contra Ausbildungsplätze" durch und streiche gezielt die wichtigen Fakten an. Hierbei solltest du deine eigenen **Markierungshilfen** (Unterstreichen, Abkürzungen, Symbole, Randbemerkungen u. a.) anwenden.

4. Schritt:
Schreibe die **wesentlichen Informationen** in Form von **Stichpunkten** (mindestens 13 Fakten) in knapper Form, übersichtlich und geordnet heraus.

Tipps zum Zusammenfassen

- Lasse unwesentliche Informationen, Wiederholungen, unwichtige Beispiele und unnötige Erläuterungen weg.
- Fasse mehrere Einzelaussagen zu einer komplexen Information zusammen.
- Verallgemeinere verschiedene Aussagen durch die Verwendung von Oberbegriffen.
- Verwende den Nominalstil (bevorzugte Darstellung von Substantiven bzw. Substantivierungen).

So könnte dein **Analyseergebnis** zum vorgegebenen Gesichtspunkt aussehen:

Lehrstellenwünsche contra Ausbildungsplätze

- im Wesentlichen Bestätigung der Richtigkeit des oben genannten Gesichtspunktes
- Aussage entspricht der Realität des Arbeitsmarktes bzw. der Wirtschaft
- veränderter Bedarf an Berufen durch Weiterentwicklung von Wissenschaft und Technik
- Trend von der Produktions- zur Dienstleistungsgesellschaft
- Anwachsen der qualitätsintensiveren Dienstleistungssektoren wie Organisation, Planung, Beratung
- Weiterentwicklung kreativer Dienstleistungstätigkeiten wie Forschen, Erfinden, Entwickeln
- Zunahme der Kontroll- und Überwachungstätigkeiten durch Computertechnik
- massiver Abbau von Ausbildungskapazitäten in der Metall- und Elektrobranche seit Anfang der 90er-Jahre
- Umfang der realisierten Ausbildungsplätze in den Wunschberufen der Jungen (Kfz-Mechaniker, Bankfachleute, Informationselektroniker) weniger als 50 %
- Umfang der realisierten Ausbildungsplätze in den Wunschberufen der Mädchen (Reiseverkehrsleute, Bankfachleute, Floristen, Arzthelferin) weniger als 50 %
- größere Chancen auf einen Ausbildungsplatz für männliche Bewerber in handwerklichen Berufen
- mehr Chancen auf einen Ausbildungsplatz für weibliche Bewerber in Verwaltungsbereichen
- ständiges Anpassen der Berufsbilder an die sich verändernde Gesellschaft
- nach Schulabschluss zielgerichteter Berufswunsch Schlüsselfrage im Leben eines jeden Jugendlichen
- Schlussfolgerung: kritisches und objektives Nachdenken über Möglichkeiten und Aussichten des Wunschberufes

Teilaufgabe 1.2

Die Aufgabenstellung weist darauf hin, dass sich deine Arbeit an den vorgegebenen Materialien aus der ersten Teilaufgabe orientieren muss und du deine Analyseergebnisse im Vergleich mit den eigenen Vorstellungen zur Frage „Lehrstellenwunsch contra Ausbildungsplatz" als Sprachganzes, also als **Aufsatz mit Einleitung, Hauptteil und Schluss** zu formulieren hast. In diesem Falle spricht man von einem **textgebundenen Aufsatz** bzw. von einer **textgebundenen Erörterung**, da der Ausgangspunkt eine Frage ist, die es in Form einer Argumentation zu beantworten gilt.

Mögliches Vorgehen bei einer textgebundenen Erörterung

1. Vorgegebenen Text/Materialien auswerten, analysieren und mit eigenen Worten wiedergeben
   - Thema des Textes formulieren (Kernaussage)
   - Beispiele darstellen, an denen das Thema erläutert wird

2. Dargestellte Behauptungen aus deiner Sicht erörtern
   - Behauptungen aufgreifen und durch eigene Beispiele belegen bzw. mit eigenen Erfahrungen vergleichen
   - persönlich Stellung nehmen

Vereinfacht könnte das **Grobgerüst** des textgebundenen Aufsatzes zur Teilaufgabe 1.2 wie folgt aussehen:

Lehrstellenwunsch contra Ausbildungsplatz

1 Einleitung

2 Hauptteil

2.1 Formulieren der Frage: Steht der Lehrstellenwunsch im Widerspruch zum Ausbildungsplatz?

2.2 Darlegung des Analyseergebnisses zu den vorgegebenen Materialien (s. Stichpunkte unter Beachtung einer gezielten Auswahl)
  – Darstellung der These: Der Lehrstellenwunsch steht im Widerspruch zum Ausbildungsplatz.
  – Argumente durch Fakten/Beispiele aus den Materialien belegen

2.3 Persönliche Vorstellungen zu dieser Frage
  – Behauptungen aufgreifen und durch persönliche Beispiele ergänzen
  – Stellung nehmen:
    • Zustimmung (Pro)
    • Ablehnung (Contra)
    • Differenzierung (Zustimmung mit Einschränkung)

3 Schluss

Nach diesen Überlegungen erstelle nun eine **Stoffsammlung**. Dazu möchte ich dir folgende Anregungen geben:

Zur Einleitung

– Hinführen zum Thema und Bekanntmachen mit der Problematik
– Interesse wecken durch einen aktuellen, persönlichen Bezug, durch ein Ereignis o. Ä.
– Beispiele:
  • jährliche Suche Tausender Schulabgänger nach einem Ausbildungsplatz
  • Traum- bzw. Wunschvorstellungen von der Zukunft
  • Problem von Angebot und Nachfrage – nicht alle finden einen Ausbildungsplatz, nicht alle Berufe sind gefragt
  • Arbeitslosigkeit nicht nur bei Erwachsenen, sondern auch bei Jugendlichen
  • kein Traumjob, aber eine Garantie für einen zukunftsorientierten Beruf

Zum Hauptteil

– **Analyseergebnis**
  • *Pro-These* als Antwort auf die zu erörternde Frage:
    Der Lehrstellenwunsch/Lehrstellenwünsche stehen im Widerspruch zum Ausbildungsstellenangebot.
  • Angebot und Nachfrage werden durch die Marktlage einer sich schnell ändernden Gesellschaft bestimmt.
    Beleg: massiver Abbau von Ausbildungskapazitäten, von 1992 bis 1995 in der Metall- und Elektroindustrie um mehr als 50 %;
    1999 größere Chancen für Metallbauer (von 489 Bewerbern erhielten 426 eine Lehrstelle) und Elektroinstallateure (von 615 erhielten 456 eine Lehrstelle)

- Trend von der Produktions- zur Dienstleistungsgesellschaft durch Weiterentwicklung von Wissenschaft und Technik
  Beleg: Anwachsen der qualitätsintensiveren Dienstleistungssektoren und kreativer Dienstleistungstätigkeiten;
  Zunahme der Kontroll- und Überwachungstätigkeiten in der Computerbranche
- Wunsch nach Traumberuf trotz sich ständig ändernder Berufsbilder
  Beleg: geringe Chancen in den Wunschberufen männlicher Bewerber (Kfz-Mechaniker, Bankfachleute, Informationselektroniker);
  wenig Möglichkeiten in den Wunschberufen der Mädchen (Reiseverkehrsleute, Bankfachleute, Floristen, Arzthelferin)

– Meine persönlichen Vorstellungen

Anknüpfen an die Behauptungen und diese durch eigene Beispiele untermauern, z. B.

- Angebot und Nachfrage – Lehrstellenwünsche der Klassenkameraden und der aktuelle Stand der Realisierung;
- Trend zur Dienstleistungsgesellschaft – trotzdem geringe Chancen in Dienstleistungsbereichen als Verkäuferin, Einzelhandelskauffrau, Hotelfachfrau eine Lehrstelle zu bekommen;
- Beharren auf dem Wunsch nach dem Traumberuf – keine Erfüllung durch fehlende persönliche Voraussetzungen

– Schlussfolgerungen

Veränderte Forderungen der Jugendlichen an sich selbst und an den Berufswunsch:

- Bemühen um gute schulische Leistungen
- erhöhte Lernbereitschaft zum Erreichen der notwendigen Voraussetzungen
- ständiges Informieren über Lehrstellenangebote
- Nutzen aller Angebote bei der Ausbildungsplatzsuche (Internet, BIZ, Medien u.a.)
- Verzicht auf den Ideal- bzw. Wunschberuf
- mehr Flexibilität (Anpassen an aktuelle Bedingungen, Ortswechsel)

Kritische Bemerkungen zu Aufgaben und Anforderungen an die Gesellschaft und an den Staat:

- größere finanzielle Unterstützung bei der Bereitstellung von zusätzlichen Lehrstellen
- Erweiterung der überregionalen Angebote
- Organisation von landesweiten Projekten

Zum Schlussteil

- Bezugnahme zur Themafrage der Einleitung oder
- Zusammenfassung der wesentlichen Erkenntnisse

Schülerbeispiele zur Einleitung und zum Schlussteil

„Jeder von uns verlässt irgendwann die Schule und macht sich Gedanken über seine Zukunft: Welchen Beruf will ich ergreifen? Welche Chancen habe ich in der heutigen Gesellschaft, einen Ausbildungsplatz zu bekommen?"

„Ich sehe das zusammenfassend so, dass die wenigsten heutzutage ihren Traumberuf ausüben können. Nur Berufe mit Zukunftschancen sind in nächster Zeit lukrativ. Deswegen wird es immer ungelöste Probleme geben: Lehrstellenwünsche – realisierte Ausbildungsplätze."

Hinweis: Aufgrund der umfangreichen Anforderungen ist bei der Bearbeitung der beiden Teilaufgaben auf ein gutes Timing zu achten. Insgesamt stehen dir nur 210 Minuten (einschließlich der Einarbeitungszeit) zur Verfügung. Arbeite also zügig und konzentriere dich auf das Wesentliche.

Aufgabe:
Interpretieren Sie eines dieser Gedichte!

Heinrich Heine (1797–1856)

Der Schmetterling ist in die Rose verliebt,
Umflattert sie tausendmal,
Ihn selber aber, goldig zart,
Umflattert der liebende Sonnenstrahl.

5   Jedoch, in wen ist die Rose verliebt?
Das wüßte ich gar zu gern.
Ist es die singende Nachtigall?
Ist es der schweigende Abendstern?

Ich weiß nicht, in wen die Rose verliebt;
10   Ich aber lieb euch all:
Rose, Schmetterling, Sonnenstrahl,
Abendstern und Nachtigall.

(Aus: Heines Werke in fünf Bänden, Volksverlag, Weimar 1956)

Bertolt Brecht (1898–1956): Ich habe gehört, ihr wollt nichts lernen

Ich habe gehört, ihr wollt nichts lernen
Daraus entnehme ich: ihr seid Millionäre.
Eure Zukunft ist gesichert – sie liegt
Vor euch im Licht. Eure Eltern
5   haben dafür gesorgt, dass eure Füße
an keinen Stein stoßen. Da musst du
Nichts lernen. So wie du bist
Kannst du bleiben.

Sollte es dann noch Schwierigkeiten geben, da
10   doch die Zeiten
Wie ich gehört habe, unsicher sind
Hast du deine Führer, die dir genau sagen
Was du zu machen hast, damit es euch gut geht.
Sie haben nachgelesen bei denen
15   Welche die Wahrheiten wissen
Die für alle Zeiten Gültigkeit haben
Und die Rezepte, die immer helfen.

Wo so viele für dich sind
Brauchst du keinen Finger zu rühren.
20   Freilich, wenn es anders wäre
Müsstest du lernen.

(Aus: Lesebuch Deutsch 8, Westermann, 1991)

Lösung

Die Gedichte der vorliegenden Prüfungsaufgabe präsentieren Gedanken zweier Klassiker der deutschen Literatur unterschiedlicher Epochen. Lies beide gründlich durch. Prüfe danach, ob dich die Thematik eines der Werke so anspricht, dass du eine Gedichtinterpretation als Aufsatz wählen kannst. Beachte dabei die im Kapitel B gegebene Anleitung zum Interpretieren.

Lösung 1

Hinweise zum Autor und zum Werk

Heinrich Heine wurde am 13. Dezember 1797 als Sohn des jüdischen Kaufmanns Samson Heine und seiner Ehefrau Betty geb. von Geldern in Düsseldorf geboren. Nach dem Schulabschluss trat Heine 1817 auf Wunsch seiner Eltern in das Bankgeschäft des Onkels Salomon in Hamburg ein. Der junge Heine erwies sich als unbegabter Geschäftsmann und sollte deshalb Jura studieren. Von 1819 bis 1824 widmete er sich dem Studium der Rechtswissenschaft, Philosophie und Philologie in Bonn, Göttingen sowie in Berlin. In Berlin schloss er Bekanntschaft mit Rahel Levin, einer emanzipierten Jüdin, in deren Salon er sich häufig mit Humboldt, Hegel, Chamisso und Fouqué traf.

Nach einer Wanderung im Herbst 1824 entstand Heines erstes bedeutendes Werk „Die Harzreise". Es folgten Aufenthalte in Polen, England, Norderney und die damit verbundene Herausgabe des ersten und zweiten Bandes der „Reisebilder". Im Jahre 1827 erschien das „Buch der Lieder", eine Sammlung von Gedichten aus den Jahren 1819 bis 1827, die großes Aufsehen und Bewunderung erregte.

Unter dem Eindruck der französischen Julirevolution verließ Heine im Mai 1831 Hamburg und reiste über Frankfurt nach Paris, wo er bald Bekanntschaft mit den Saint-Simonisten machte und deren Zirkel besuchte. In Paris arbeitete Heine als Korrespondent der Augsburger „Allgemeinen Zeitung" und verschiedener französischer Journale. In dieser Zeit lernte er seine spätere Frau Mathilde kennen.

1843 weilte der Dichter nach 12 Jahren freiwilligen Exils zum ersten Mal wieder in Deutschland, um seine Mutter und den Verleger Campe zu besuchen. Die während der Reise gewonnenen Eindrücke und Erkenntnisse in der Auseinandersetzung mit den politischen Verhältnissen in Deutschland findet der Leser in dem versifizierten Reisebild von 1844 „Deutschland. Ein Wintermärchen", einer neuen Form der politischen Publizistik, wieder. Im gleichen Jahr erschien das ebenfalls bekannte Gedicht „Die schlesischen Weber", enthalten in der Gedichtsammlung „Neue Gedichte".

1848 erkrankte der Dichter an Rückenmarkschwindsucht. Damit begann die bis zu seinem Tode andauernde „Matratzengruft". In dieser Zeit arbeitete er u. a. an der „Lutetia. Briefe über das politische, künstlerische und gesellschaftliche Leben in Frankreich" (1854) und an der dritten Lyriksammlung „Romanzero" (1851). Am 17. Februar 1856 starb er im Alter von 59 Jahren in Paris.

Heinrich Heine zählt zu den bedeutendsten europäischen Dichtern des 19. Jahrhunderts. Sein Weltruhm beruht hauptsächlich auf seiner Lyrik. Es sind nicht unbedingt die großen Gestalten, sondern die kleinen Lieder, die das Publikum in Deutschland und Europa liebte und liebt. Einzelne Gedichte erlangten eine solche Popularität, sodass es nahezu zehntausend Vertonungen allein von Gedichten aus dem „Buch der Lieder" gibt, u. a. die „Lorelei", deren herrliche Melodie von Philipp Friedrich Silcher ihr Volksliedcharakter verlieh.

Das Gedicht „**Der Schmetterling ist in die Rose verliebt**" gehört der zweiten Gedichtsammlung „Neue Gedichte" an, die 1844 veröffentlicht wurde. Neben Gedichten aus den Jahren 1827 bis 1829 entstanden ihre wesentlichen Teile zwischen 1830 und 1840, also in der ersten Periode von Heines Exil in Frankreich. Die 1830 geschriebenen Gedichte, darunter auch das obige, hatte der Dichter zunächst unter dem Titel „Neuer Frühling" drucken lassen, ebenso wie den von Felix Mendelssohn Bartholdy vertonten Text „Leise zieht durch mein Gemüt".

Inhalt und Ideengehalt

In diesem Gedicht geht es um die Thematik der Liebe, die der Dichter in die Natur verlagert. Diese erscheint als Träger und Übermittler von Emotionen des lyrischen Ichs.

Ein Schmetterling, zartgelb wie die ersten Frühlingsboten, umflattert viele Male eine Rose, in die er verliebt ist. Er selbst aber wird von den wärmenden Strahlen der Sonne hin und her getrieben. Das lyrische Ich beobachtet dieses Spiel und möchte allzu gern wissen, wem die Rose zugetan ist. Da es sich aber in einer, wie es scheint, heiteren Stimmung befindet, ist es ihm fast gleichgültig, für wen sich die Rose entschieden hat. Das lyrische Ich liebt alle – die Rose, den Schmetterling, den Sonnenstrahl, den Abendstern und die Nachtigall.

Das dreistrophige Gedicht gehört zur Erlebnislyrik und erschien mit einer Reihe anderer Gedichte zum ersten Mal 1830 unter dem bezeichnenden Titel „Neuer Frühling". Ein Bezug zur Biografie Heines lässt vermuten, dass sich der jahrelange Kampf des Juden Heine um die Gleichberechtigung und für die materielle Sicherheit beruhigt hat, dass er neue Hoffnung auf politische Veränderungen durch die Julirevolution in Frankreich geschöpft hat, sodass in diesem Gedicht von Zorn nichts zu spüren ist.

Der Text weist eine heitere und lebensbejahende Grundstimmung auf.

In der **ersten Strophe** wird die vom lyrischen Ich erlebte Situation in einem poetischen Bild geschildert. Im Zentrum des Interesses steht die Rose, eines der beliebtesten Symbole der Weltliteratur. Wenn von Rosen in der Poesie die Rede ist, handelt es sich meistens um Liebe und um die Beziehung zu Frauen. Der Schmetterling, vielleicht ein junger Mann, sehr empfindsam und verletzlich („goldig zart", Z. 3) liebt die Rose, die Schönste aller Blumen, die Schönste aller Frauen. Immer wieder bringt er sein Begehren ihr gegenüber zum Ausdruck, indem er sie tausendmal „umflattert" (Z. 2) – vergeblich. Sie erscheint unnahbar, stolz, edel. Es ist möglich, dass sie einer gehobenen Gesellschaftsschicht angehört und den Konventionen ihrer Klasse beugt. Vielleicht möchte sie nur beachtet und bewundert bzw. verehrt werden, ohne für sie verpflichtende Bindungen einzugehen.

Der Schmetterling erfährt die Zuneigung des Sonnenstrahls, welcher Wärme und Licht spendet. Im Text heißt es in den Zeilen 3–4: „Ihn selber aber ... umflattert der liebende Sonnenstrahl." Die Sehnsucht nach Erwiderung der Liebe bleibt bestehen.

Die **zweite Strophe** beginnt mit der alles entscheidenden Frage des lyrischen Ichs: „Jedoch, in wen ist die Rose verliebt?" (Z. 5) Das „Jedoch" (Z. 5) und die Zeile 6 „Das wüßte ich gar zu gern." unterstreichen das große Interesse für die Schöne, die das lyrische Ich verehrt bzw. liebt. Zunächst beharrt es auf dem Herausfinden des Herzallerliebsten der Rose und stellt deshalb Vermutungen an, die gegensätzliche Wesen betreffen. Zuerst wird die Nachtigall in Erwägung gezogen. „Ist es die singende Nachtigall?" (Z. 7) Dieser kleine Sänger gilt als der poetischste aller Vögel. Sein Gesang verzaubert die Menschen, so wie ein Poet mit schönen Versen vor allem Frauen begeistern kann. Oder ist es der „schweigende Abendstern?" (Z. 8), der nicht viele Worte macht um seine Gedanken und Wünsche.

Zu Beginn der **dritten Strophe** stellt das lyrische Ich fest: „Ich weiß nicht, in wen die Rose verliebt;" (Z. 9). Es klingt ein wenig nach Enttäuschung. Alle Fragen erbrachten keine befriedigende Antwort.

Von Seiten des Lesers könnte ein Gefühl des Bedauerns entstehen, wenn nicht in Zeile 10 unvermittelt, etwas ironisch, gesagt werden würde: „Ich aber lieb euch all: Rose, Schmetterling, Sonnenstrahl, Abendstern und Nachtigall." Damit wird der Eindruck verstärkt, dass sich das lyrische Ich in einer optimistischen Stimmung befindet, wenn auch nicht alle individuellen Wünsche und Erwartungen in Erfüllung gehen, besonders nicht die Sehnsucht nach Liebe.

Form und Sprache

Im Text fällt der enge Bezug zu volkstümlichen Traditionen der Lyrik auf. Das spiegelt sich in der kunstvoll-einfachen Struktur und in der schlichten Sprache (geringer Wortschatz) wider.

Das Gedicht besteht aus drei vierzeiligen Strophen, wobei sich nur die Endverse der zweiten und vierten Zeile jeder Strophe reimen. Unreine Reime finden sich z. B. in den Zeilen 2 und 4: „… tausendmal" – „… Sonnenstrahl".

Im Aufbau des Gedichts ist Folgendes feststellbar: In der ersten Strophe steht die vom lyrischen Ich erlebte Situation im Mittelpunkt in Form eines zusammengesetzten Satzes, der in der zweiten Strophe dreimal hinterfragt wird. Die Fragen finden auch in der dritten Strophe keine Antwort, aber das lyrische Ich zieht ein Resümee (Zusammenfassung durch Semikolon und Doppelpunkt angezeigt).

Um innere Gedanken sichtbar zu machen, verwendet Heine poetische Bilder aus der Natur. Rose, Sonnenstrahl, Nachtigall, Abendstern und Schmetterling werden personifiziert. Schmückende Adjektive (z. B. „der liebende Sonnenstrahl", Z. 4; „die singende Nachtigall", Z. 7; „goldig zart", Z.3) und Wiederholungen („die Rose verliebt", Z. 1, 5, 7; das Verb „umflattert", Z. 2, 4) verdeutlichen die Intention des Autors. Die gegensätzlichen Gedanken des lyrischen Ichs werden durch folgende Formulierungen ausgedrückt: „Ich selber aber …" (Z. 3); „Jedoch" (Z. 5); „Ich aber lieb euch all…" (Z. 10).

Absicht und Leserwirkung

Heinrich Heine schildert die inneren seelischen Vorgänge ganz sparsam, nur so weit, dass die Fantasie des Lesers in eine bestimmte Richtung gelenkt wird. Es geht um die Thematik der Liebe, für die poetische Bilder aus dem Bereich der Natur verwendet werden. Die Sehnsucht nach erfüllter Liebe, einer Liebe in Harmonie in den zwischenmenschlichen Beziehungen wurde im 19. Jahrhundert als ein Teil des modernen Lebensgefühls empfunden. Auch in der heutigen Zeit spielt die erfüllte Liebe für die Menschen eine entscheidende Rolle. Wichtig ist dabei die Einsicht, dass die unerwiderte Liebe kein Grund für tiefste Verzweiflung ist. Es gibt immer einen Ausweg, das persönliche Glück zu finden.

Anregungen zum Schreiben des Aufsatzes

Einleitung: Biografisches zu Heinrich Heine / Zeitliche Einordnung des Gedichtes / Persönliches Natur- bzw. Liebeserlebnis
Hauptteil: Interpretation
Schluss: Bezug zu anderen Gedichten Heinrich Heines mit einer Liebesthematik / Weiterführende Gedanken zu Heines politischer Lyrik

Schülerbeispiele

„Es ist Heine gut gelungen, seine Fröhlichkeit und Lebensfreude auszudrücken."

„Man erfährt nicht, wie sich die Rose besser fühlt: ob in der ruhigen Nacht mit dem Abendstern oder am belebten Tag mit der Nachtigall."

„Wenn man den Text näher betrachtet, erkennt man, dass in jeder Strophe der 2. und 4. Vers mit einem unreinen Reim endet."

Lösung 2

Hinweise zum Autor und zum Werk

Bertolt Brecht wurde am 10. Februar 1898 in Augsburg als Sohn wohlhabender Eltern geboren. Nach dem Besuch der Volksschule und des Realgymnasiums studierte der junge Brecht von 1917 bis 1921 Medizin sowie Literatur und Philosophie in München. Seit frühester Jugend galt sein Interesse dem Theater. So wurde er bereits 1923 Dramaturg der Münchner Kammerspiele und ein Jahr später Regieassistent am Deutschen Theater in Berlin. In dieser Zeit entwickelte Brecht die Theorie und Praxis des epischen Theaters.

In den 20er-Jahren setzte er sich eingehend mit der Lehre des Marxismus auseinander. Die Ergebnisse dieses Studiums spiegeln sich in Lehrstücken wider wie „Die heilige Johanna der Schlachthöfe" (1930) und „Die Rundköpfe und die Spitzköpfe" (1933), mit denen er sozusagen Anschauungsunterricht im Klassenkampf geben wollte. 1928 entstand die weltberühmte „Dreigroschenoper" und 1932 inszenierte er Gorkis „Mutter". Am 28. Februar 1933, einen Tag nach dem Reichstagsbrand, emigrierte Brecht mit seiner Familie über Prag, Wien, Zürich nach Dänemark und später nach Schweden und Finnland. 1941 siedelten die Brechts in die USA nach Kalifornien über. Im Exil entstanden einige seiner berühmten Theaterstücke wie „Furcht und Elend des Dritten Reiches" (1935/1938), „Das Leben des Galilei" (1939), „Herr Puntila und sein Knecht Matti" (1940).

1948 kehrte Brecht nach Deutschland zurück. Er wählte seinen Wohnsitz in Berlin (Ost) und übernahm die Generalintendanz des Deutschen Theaters. Bereits ein Jahr später gründete er zusammen mit seiner Ehefrau Helene Weigel das Berliner Ensemble. Am 14. August 1956 verstarb Bertolt Brecht infolge eines Herzinfarkts.

Brecht war mit mehr als 2000 Gedichten einer der produktivsten Lyriker des 20. Jahrhunderts. Eine Vielfalt von Themen und Motiven verleihen seinen Werken eine unverwechselbare Eigenart. Frühe Gedichte sind aufgrund ihrer Sprech- und Singbarkeit oft Dramen beigefügt, z. B. „Lob des Lernens" dem Drama „Die Mutter".

Das Gedicht „**Ich habe gehört, ihr wollt nichts lernen**" schrieb Brecht um 1932. Es fällt in die Schaffensperiode von 1929 bis 1932, dem Beginn seiner antifaschistischen Literatur.

Inhalt und Ideengehalt

In diesem Gedicht geht es um die Notwendigkeit des Lernens und Denkens, um den Zusammenhang zwischen der individuellen Lebensgestaltung des Menschen und seiner Verantwortlichkeit gegenüber anderen und der Gesellschaft.

Das Gedicht wendet sich an Menschen, die glauben nichts lernen zu müssen, weil ihnen ihre Eltern den Weg in die Zukunft gesichert haben. Zu dieser Überzeugung gelangt der Leser durch das von Brecht eingesetzte Stilmittel der Ironie (Gegenteil des Gesagten). Bei auftretenden Schwierigkeiten/Problemen wird im Gedicht auf existierende Führer hingewiesen, welche die passenden Lösungen parat halten und diese als Anleitung zum Handeln weiterreichen. Sollte das allerdings nicht mit der Realität übereinstimmen, müsste der Mensch lernen, sein Leben selbst zu gestalten.

Das Gedicht besteht aus drei Strophen unterschiedlicher Länge.

In der **ersten Strophe** spricht das lyrische Ich den Leser direkt an: „Ich habe gehört, ihr wollt nichts lernen" (Z. 1) und schlussfolgert: „Daraus entnehme ich: ihr seid Millionäre." (Z. 2) Für das Nicht-Lernen-Wollen kann es seiner Meinung gar keinen anderen Grund geben. Wer Millionär ist, ist für die Zukunft materiell abgesichert und kann sich, wie es scheint, alles kaufen. Jedem ist die Redensart bekannt: „Geld regiert die Welt!" Unter diesen Umständen kann das

lyrische Ich nur ironisch äußern: „Eure Zukunft ist gesichert – sie liegt / Vor euch im Licht."
(Z. 3, 4) Aber niemand kann vorausschauen, in welchen Bahnen sein Leben verlaufen wird.
Eine Garantie für dauerhaftes Glück und lebenslange Sicherheit gibt es nicht.

Wenn es in den Zeilen 4 bis 6 heißt: „Eure Eltern / haben dafür gesorgt, dass eure Füße / an
keinen Stein stoßen.", dann bedeutet das, dass die Eltern als Erzieher und Ernährer ihre Kinder auf dem Weg ins Leben von allen Hindernissen und Unannehmlichkeiten befreit haben.
Auf diese Weise würden die Kinder mit keinerlei schwierigen Situationen konfrontiert werden
und müssten sich nicht bewähren. Aktivität, Selbstständigkeit, Fleiß, Lernbereitschaft wären
nie gefordert und die Notwendigkeit der Weiterentwicklung der Persönlichkeit würde sich
erübrigen. Im Gedicht wird das folgendermaßen formuliert: „Da musst du / Nichts lernen. So
wie du bist / kannst du bleiben." (Z. 6–8) Dieser letzte Satz der ersten Strophe provoziert den
Leser ungemein, mehr Ironie scheint nicht möglich zu sein. Auch wenn einem Menschen jeglicher Ehrgeiz fehlt, sich Wissen anzueignen, möchte er nicht sein ganzes Leben lang auf dem
gleichen Entwicklungsstand verharren.

Zu Beginn der **zweiten Strophe** wird der Leser mit einer Einschränkung konfrontiert: „Sollte
es dann noch Schwierigkeiten geben, da doch die Zeiten / Wie ich gehört habe, unsicher sind"
(Z. 9–11). Gesellschaftliche und politische Veränderungen oder unvorhergesehene Ereignisse
machen die Zeiten unsicher und beschwören Probleme herauf. Bei historischer Betrachtungsweise könnten die „unsicheren Zeiten" auf die realen Umstände der Entstehungszeit dieses
Gedichtes hinweisen, auf das Jahr 1932. Brecht äußert sich vorsichtig zu den politischen Verhältnissen, indem er sagt: „Wie ich gehört habe." (Z. 11) Mit dem Wahlsieg der Nationalsozialisten wird der Weg frei zur Machtergreifung Hitlers und damit für den Faschismus.
Brecht ist sich seiner Verantwortung als Dichter bewusst, mit seinem Wort die Menschen für
den antifaschistischen Kampf zu motivieren. Der Mensch braucht eine Orientierung, besonders
in solchen Zeiten. Wenn er orientierungslos ist, nicht denken bzw. nicht nachdenken kann,
dann sind Führer für ihn da, wie es im Gedicht heißt: „Hast du deine Führer, die dir genau
sagen / Was du zu machen hast, damit es euch gut geht." (Z. 12–13) Die Nationalsozialisten
brauchten Mitläufer, Willenlose und Unwissende für ihre Ziele.

Der Bezug zur Politik der Nationalsozialisten soll aber nicht den Blick auf die Gegenwart vergessen lassen. Auch heute durchschauen viele Menschen nicht die Politik und lassen sich leicht
„lenken" bzw. von den eigentlichen Problemen ablenken. Sie lassen sich von Scheinwahr-
heiten täuschen, denn „Welche die Wahrheiten wissen / Die für alle Zeiten Gültigkeit haben /
Und die Rezepte, die immer helfen" (Z. 15–17) gab es nicht und wird es niemals geben. Jede
Situation wirft neue Probleme auf und fordert neue Entscheidungen auf der Grundlage persönlicher Erfahrungen.

Die **dritte Strophe** schließt mit einem Resümee: „Wo so viele für dich sind / Brauchst du
keinen Finger zu rühren." (Z. 18–19) Wenn es aber keine materielle Sicherheit, keine für-
sorglich handelnden Eltern, keine Führer und keine Orientierungshilfen gibt, dann muss sich
jeder selbst beweisen und das Leben allein meistern. Und dafür „Müsstest du lernen." (Z. 21)

Sprache und Form

Die drei Strophen weisen eine unterschiedliche Länge auf. Die Strophen 1 und 2 mit pole-
misierendem Charakter bestehen aus 8 bzw. 9 Versen, die dritte mit resümierendem Inhalt aus
4 Versen.

Die Verwendung freier Rhythmen und der Verzicht auf Reimformen verleiht dem Gedicht den
Anschein eines Gesprächs. Unterstützt wird das durch den Gebrauch der Personal- bzw. Anredepronomen (ich, du, ihr). Bereits in der ersten Zeile wird der Leser direkt angesprochen:
„… ihr wollt nichts lernen". Verstärkt wird diese Wirkung durch den Wechsel vom „ihr" zum
„du" (Z. 6–8) und die Verwendung von Modalverben („ihr wollt", „musst du", „kannst du").

Indem Brecht die Redensart „Ich habe gehört" (Z. 1) und „Wie ich gehört habe" (Z. 12) sowie das Stilmittel der Ironie verwendet, gelingt es ihm, eine gewisse Distanz zur Intention zu schaffen, d. h. er will ohne erhobenen Zeigefinger die Menschen zum Lernen und Denken, zur Eigenverantwortlichkeit auffordern. Eine Verstärkung der Aussage wird ebenfalls durch die Metapher („Zukunft – Licht", Z. 3–4) und den bildhaften Vergleich („Füße / an keinen Stein stoßen", Z. 5–6) erreicht.

Die zweite Strophe beginnt mit einem uneingeleiteten Konditionalsatz „Sollte … Schwierigkeiten geben" (Z. 9) als Ausdruck einer Einschränkung. Der Wechsel vom „du" zum „euch" weist auf die Allgemeingültigkeit der Aussage des Gedichts hin.

Absicht und Leserwirkung

Das Gedicht regt zum Nachdenken an in Bezug auf die eigene Selbstständigkeit und das Verantwortungsbewusstsein für sich und andere. Es soll und will den Leser aktivieren, Entscheidungen selbst zu treffen und nicht auf Lösungen durch andere zu warten. Außerdem will Brecht folgende Wahrheit vermitteln: Wissen ist Macht!

Schülerbeispiele

„In diesem Gedicht geht es u. a. auch darum zu zeigen, wie es ist, wenn man sein eigenes Leben von anderen leiten lässt."

„Ich denke, man kann sich das Leben nicht nur mit Geld lebenswert gestalten. Es gibt viel zu viel, was man sich nicht mit Reichtum erkaufen kann. Um im Leben etwas zu erreichen, braucht man Wissen."

„Das Gedicht regt zum Nachdenken an über den Sinn des Lernens. Ich lerne nicht für andere, sondern für mich und mein Leben."

Hinweis: Da bei der Aufgabenstellung keine Angabe zur Entstehungszeit vorliegt, wirst du die zeitlose, persönliche oder aktualitätsbezogene Interpretation wählen. Es ist aber auch möglich, den historischen Bezug in die Interpretation einzubeziehen.

Aufgabe:
Entwickeln Sie einen inneren Monolog aus der Sicht einer beteiligten Person, der das gesamte Geschehen widerspiegelt!

Ingrid Hintz: Herzlichen Glückwunsch, Isabell!

„Hey", sagte Johanna. „Ich könnte sie in den Schwitzkasten nehmen, wenn sie kommt."
„Und ich könnte ihr einfach eine runterhauen", fügte Lili hinzu. „Oder ihr den Arm umdrehen, bis die eingebildete Ziege mal richtig schreit."
„Das bringt doch nichts", warf Martina ein. „Ich finde, es reicht, wenn wir ihr mal richtig
5 die Meinung sagen, wie sie uns nervt und so."
„Erst muss sie mal hier sein", stellte Nina fest. „Und dann locken wir sie hinter die Turnhalle, wo uns niemand sehen kann."
„Das ist doch cool", meinte Johanna. „Da können wir ihr zeigen, was wir mit solchen Angeberinnen machen."
10 Lili lachte und Nina nickte zustimmend mit dem Kopf. Nina gab den Ton an in der Klasse 9a und in ihrer Clique. Sie bestimmte, wer mal wieder ‚dran war'.
Und heute war Isabell ‚dran'. Denn Isabell hatte Geburtstag und den wollten die vier auf ihre Weise mitfeiern. Häufig genug hatten sie sich über diese hochnäsige Mitschülerin geärgert, die immer so cool tat und sich mit ihren superteuren Klamotten für unwidersteh-
15 lich hielt.
„Guten Morgen, Herr Schüttler", sagte Nina, als ihr Klassenlehrer auf seinem Fahrrad am Fahrradständer vor dem Haupteingang der Schule ankam. Die drei anderen schlossen sich an: „Guten Morgen, Herr Schüttler."
„Guten Morgen", antwortete Herr Schüttler, während er seine Aktentasche vom Gepäck-
20 träger nahm. Er warf den Mädchen einen skeptischen Blick zu. Bei so viel Freundlichkeit am frühen Morgen wurde er misstrauisch.
„Was macht ihr hier vor dem Eingang?", fragte er und blieb stehen. „Warum seid ihr nicht in der Pausenhalle?"
„Isabell hat Geburtstag", sagte Lili mit einem zuckersüßen Lächeln.
25 „Wir wollen sie überraschen", fügte Nina hinzu und bemühte sich dabei ganz unschuldig auszusehen. Diesen Gesichtsausdruck hatte sie lange vor dem Spiegel geübt. Hinterher, wenn sie mal wieder ein anderes Mädchen ‚drangehabt' hatten, war Nina immer diejenige, die mit überzeugender Unschuldsmiene beteuern konnte: „Das war doch nur Spaß!"
Aber Herr Schüttler zog die Augenbrauen zusammen und blickte die vier noch einmal
30 scharf und zweifelnd an, bevor er die Schule betrat.
„Alter Spinner", murmelte Lili, nachdem die Glastür hinter ihm zugefallen war.
„Sei still", sagte Nina. „Isabells Bus ist angekommen."
Isabell war an diesem Morgen in Geburtstagsstimmung. Schließlich wird man nicht alle Tage fünfzehn Jahre alt. Beim Frühstück hatte ein Kranz von fünfzehn kleinen Kerzen
35 mit einer größeren als Lebenslicht in der Mitte vor ihrem Platz am Küchentisch gestanden. Die ersten Geschenke waren schon ausgepackt. Eins davon, ein Paar schwarze Plateau-Schuhe, trug sie bereits jetzt zu weißen Jeans. Sie fühlte sich toll mit ihrem rosa Erdbeerlippenstift und ihren schwarzgrünen Lidschatten.
Als sie die vier Mädchen aus ihrer Klasse vor dem Eingang der Schule stehen sah, wurde
40 sie unsicher und fing an langsamer zu gehen. Aber Nina und die anderen hatten sie schon gesehen und kamen auf sie zu.

„Hallo, Isi!", schrie Nina und ergriff Isabells freie Hand, um sie so heftig zu schütteln, dass es wehtat.

„Herzlichen Glückwunsch!", rief Lili und umarmte sie, dass ihr beinahe die Luft weg
45 blieb.

„Wirklich, herzlichen Glückwunsch zum Geburtstag!", sagte auch Johanna und boxte sie mit solcher Wucht vor die linke Schulter, dass sie zurücktaumelte. Der blaue Fleck würde sie noch lange an diesen Tag erinnern.

Martina sagte nur „Hi" und hielt sich etwas im Hintergrund. „Ist die Kleine dreizehn
50 geworden?", fragte Nina und versuchte echt interessiert auszusehen.

„Oder schon vierzehn?", äffte Lili Ninas Tonfall nach.

„Fünfzehn, wenn ihr nichts dagegen habt", sagte Isabell, wobei sie all ihren Mut zusammennahm. Jetzt bloß nicht zeigen, dass ihr der Arm und die Schulter wehtaten und dass sie Angst hatte. Sie wollte weitergehen.

55 Aber Nina packte wieder ihre Hand und hielt sie zurück.

„Fünfzehn, das sieht man dir wirklich nicht an", meinte sie mit erstauntem Augenaufschlag.

„Nun lass sie doch gehen. Sonst kriegen wir wieder Ärger", mischte Martina sich ein.

Aber jetzt kam auch Lili langsam in Fahrt. „Gib uns mal deinen Rucksack!", rief sie gna-
60 denlos und riss ihn ihr von der Schulter. „Den werden wir heute für dich tragen. Als Geburtstagsüberraschung."

Isabell griff mit der linken Hand nach ihrem Rucksack, um ihn zurückzubekommen, aber Johanna fasste ihren Arm und drehte ihn auf den Rücken.

„Lasst mich los, ihr Dreckziegen!", rief Isabell und versuchte sich zu befreien.

65 Nina und Johanna drehten ihr nur umso fester die Arme um.

„Auch noch frech werden, die Kleine. Und das an ihrem Geburtstag." Nina tat entrüstet. Dabei blickte sie zu Janette und Susan hin, zwei anderen Mädchen aus der 9a, die bei der Gruppe stehen geblieben waren. „Ihr habt's gehört. Isi beschimpft uns", stellte sie fest. Die beiden gingen weiter.

70 „Beweg dich!", befahl Nina. Johanna und sie schubsten Isabell über den Plattenweg am Schulgebäude entlang in Richtung Turnhalle. Lili trug den Schulrucksack wie einen geraubten Schatz und lachte dabei laut und drohend.

Martina sagte nichts mehr, trottete aber langsam hinterher.

Hinter der Turnhalle standen trotz der frühen Morgenstunde schon zwei Jungen und
75 rauchten die erste Schulzigarette. Ein dritter spähte um die Ecke, um sie rechtzeitig vor der Frühaufsicht zu warnen. Aber meist kam keiner hier vorbei. Gelangweilt schauten sie zu, was passierte.

Nina und Johanna drückten Isabell gegen die Hallenwand. Lili warf den Rucksack auf die Erde.

80 „Du hast noch eine Chance, die Beleidigung wieder gutzumachen", sagte Nina. „Erzähl uns, was du alles zum Geburtstag gekriegt hast! Vielleicht ist was für uns dabei."

Isabell kniff die Lippen zusammen. Die Arme schmerzten, die weiße Jeans und ihre Jacke hatten Flecken von der schmutzigen Wand. Jetzt nur nicht heulen, dachte sie.

„Dann muss ich wohl mal im Rucksack nachsehen", hörte sie Lili sagen und sah, wie sie
85 sich hinkniete und den Verschluss langsam öffnete.

„Lass meine Sachen in Ruhe, du blöde Kuh! Da ist nichts drin", rief sie, während sie merkte, wie ihr die Tränen kamen.

„Halt die Klappe, du Modepuppe!", rief Lili zurück und kramte dabei im Rucksack herum.

90 „Wirklich nichts Besonderes drin – bis auf ihr Portmonee", verkündete sie dann, nachdem sie ein paar Hefte und Bücher auf dem Boden verteilt hatte.

Sie kniete neben dem Rucksack und guckte zu Isabell rüber, die immer noch von Nina und Johanna festgehalten wurde.

„Ist ja ehrlich interessant, was ich von hier unten so sehe", fügte sie hinzu. Höhnisch ver-
95 zog sich ihr Mund zu einem Grinsen und die beiden anderen blickten sie neugierig an.
„Guckt doch mal an der Süßen runter!" forderte Lili sie auf und da begriffen sie, was Lili
meinte.
„Na, Kleine, dann müssen wir dir wohl mal zeigen, was wir mit Leuten machen, die nicht
nett zu uns sind", zischte Nina Isabell ins Ohr.

(Aus: Wortstark 9, Schroedel Verlag, Hannover 1998)

Lösung

Voraussetzung für die Bewältigung dieser Aufgabe sind Kenntnisse zum inneren Monolog,
das Textverständnis (Textsorte, Thema und Inhalt – Gesamtgeschehen) und die Analyse der
Figuren sowie die Bereitschaft zum kreativen Schreiben.

Innerer Monolog

Neben der erlebten Rede ist der innere Monolog ein Erzählmittel der Epik zur Wiedergabe
von Gedanken einer der handelnden Personen.

Das Typische des inneren Monologs besteht darin, eine Person zu sich sprechen zu lassen
(Selbstgespräch), ohne dass der Erzähler kommentierend eingreift. Auf diese Art und Weise
werden unausgesprochene Gedanken, Assoziationen, Ahnungen sowie Gefühle und Empfindungen (innere Vorgänge) in Beziehung mit dem äußeren Geschehen in der Ich-Form wiedergegeben. Augenblicksregungen der Handelnden erscheinen so dem Leser unmittelbar nachvollziehbar und er kann sich mit der im inneren Monolog sich äußernden Person identifizieren.

Der Erzähler eines Textes gibt oft nur die sichtbaren, äußeren Handlungen wieder. Er überlässt
es dem Leser, die Innenwelt zu erschließen.

Zum Text

Angaben zur Autorin Ingrid Hintz liegen nicht vor.

Der Text „Herzlichen Glückwunsch, Isabell!" weist die typischen Merkmale einer Kurzgeschichte auf. Unter anderem wird gesagt, dass es in einer Kurzgeschichte nichts Überflüssiges
gibt und alles im Zusammenhang mit dem Ereignis steht. Für das Schreiben des inneren
Monologs einer Person ist das von Bedeutung.

Beim Lesen dieser Geschichte erlebst du in der Hauptsache die Außenwelt (Handlungen, wörtliche Reden) der am Geschehen beteiligten Personen. Lediglich an zwei Stellen (Z. 52 – 54;
Z. 83) werden Gedanken und Gefühle der Hauptfigur Isabell dargestellt.

Inhalt

In der Kurzgeschichte geht es um ein Beispiel für Gewalt als Mittel der Interessendurchset-
zung bzw. Konfliktlösung einer kleinen Gruppe von Schülern gegenüber einer Gleichaltrigen.
Im Mittelpunkt steht Isabell, eine Schülerin der Klasse 9a in irgendeiner Stadtschule, die am
Tag ihres fünfzehnten Geburtstages zur Zielscheibe einer gewalttätigen Auseinandersetzung
wird, sozusagen als „Geburtstagsüberraschung", wie die Wortführerin und Mitschülerin Nina
gegenüber dem misstrauisch gewordenen Klassenlehrer meint.

Unter der „Geburtstagsüberraschung" verstehen Lili, Johanna und Nina, der „Angeberin Isabell" zu zeigen, was sie „mit Leuten machen, die nicht nett" (Z. 98 – 99) zu ihnen sind. Anstatt

der angeblichen Widersacherin wegen des unpassenden Verhaltens und Aussehens die Meinung zu sagen, ziehen sie körperliche Gewalt als Mittel der Auseinandersetzung in Betracht. Als der Vorsatz zur Wirklichkeit wird, versucht Martina, eine der Mitschülerinnen, das Vergehen abzuwenden.

Vier andere Jugendliche werden zu Beobachtern bzw. zu Zeugen des Vorfalls, ohne etwas dagegen zu unternehmen.

Analyse der Figuren

Nach der Lektüre der Kurzgeschichte solltest du in Form einer Skizze die Personen und ihren Standpunkt zum Geschehen verdeutlichen. Das erleichtert dir, die jeweilige Perspektive zu durchdenken, aus der du den inneren Monolog verfassen willst.

Geschehen: Auseinandersetzung mit verbaler und körperlicher Gewalt zwischen (fünfzehnjährigen) Schülerinnen einer 9.Klasse unter dem Vorwand „Geburtstagsüberraschung"

Zeit/Ort: am frühen Morgen des 15. Geburtstages von Isabell, vor Unterrichtsbeginn – Schuleingang und Turnhalle

Personenübersicht:

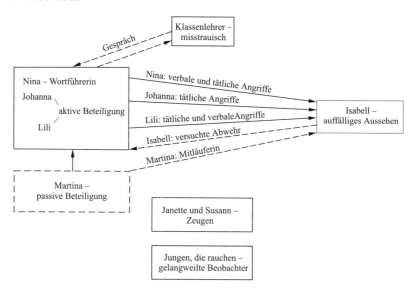

Wähle eine am Gesamtgeschehen beteiligte Person, notiere passende Informationen aus dem Text (Handlungen, wörtlich Gesagtes) und versuche aus der Sicht dieser Person ihre wirklichen Gedanken, Gefühle, Empfindungen und Motive des Handelns herauszufinden. Lege dazu eine **Tabelle** mit zwei Spalten an. So entsteht deine **Stoffsammlung**, mit deren Hilfe du anschließend eine zusammenhängende Darstellung entwickelst.

Für diese Verfahrensweise gebe ich dir ein Beispiel:

Ausgewähltе Person: Isabell	

Äußeres Geschehen: **Handlungen und wörtlich Gesagtes, Informationen zum Geschehen im Text**	**Innere Vorgänge:** **Isabells Gedanken/Gefühle/ Motive ihres Handelns**
– Z. 35–38: 15. Geburtstag – morgens zu Hause (Beispiele)	in Geburtstagsstimmung – ich fühlte mich toll – war beschwingt – ich glaubte, nichts könnte mein Glück trüben
– Z. 39–41: vier Mädchen am Eingang zur Schule bemerkt	ein Gefühl der Unsicherheit – ich dachte nichts Gutes – die Mädchen waren als bösartig bekannt
– Z. 44–51: „Gratulationskur" der Mädchen mit Gewalt und zynischen Fragen (Beispiele)	sie verletzten mich am Körper und in der Seele – ich verbarg meine Angst – weinte nicht – wollte mir keine Blöße geben
– Z. 59–69: Lili kam in Fahrt, nahm den Rucksack weg, Johanna drehte Isabell den Arm um, Isabells Abwehr: „Lasst mich los, ihr Dreckziegen!" Martina stand im Hintergrund	Lili ist nicht besser als Nina – sauer war ich auch auf Martina, die mir nicht beistand
– Z. 70: Nina zu Isabell: „Beweg dich!"	ich bekam immer mehr Angst – was haben die vor
– Z. 80–81: Nina zu Isabell: „Du hast noch eine Chance, die Beleidigung wieder gut zu machen!"	Nina hatte Spaß, mich fertig zu machen
– Z. 84–92: die Mädchen hielten Isabell fest und drückten sie an die Wand, Isabell spürte ihre Tränen kommen	meine Geburtstagslaune war endgültig vorbei – nur nicht heulen – man müsste mit ihnen reden
– Z. 93–Schluss: Lilis höhnisches Grinsen, Ninas Zischen in Isabells Ohr: „Na, Kleine, dann müssen wir dir mal zeigen, was wir mit Leuten machen, die nicht nett zu uns sind!"	die Mädchen schreckten vor nichts zurück – was sie wohl vorhatten – ich spürte ungeheuren Zorn – ich bin fünfzehn

Der Anfang deiner Darstellung könnte so lauten:

Isabells innerer Monolog

Endlich 15! An diesem Morgen fühlte ich mich so richtig in Geburtstagsstimmung. Mutti frühstückte mit mir, Kerzen standen auf dem Küchentisch und eine Menge Geschenke lagen bereits ausgepackt da. Sogar ein Paar schwarze Plateau-Schuhe, die ich mir so sehr gewünscht hatte. Die zog ich gleich zu meinen weißen Jeans an, suchte noch die passende schwarze Jacke dazu und schminkte mich. Der Blick in den Spiegel sagte mir: Du siehst einfach toll aus. So fühlte ich mich auch.

Als ich im Bus saß, dachte ich noch, nichts könnte an diesem Tag mein Glück trüben. Und dann kam ich zur Schule und sah ...

Tipps zum Schreiben

– Wähle die Person, in deren Gedankenwelt du dich am besten hineinversetzen kannst.
– Entwirf dir ein Bild von der Person (Eltern, Freunde, Interessen ...).
– Beziehe die passenden Informationen aus dem Text in die Gestaltung des inneren Monologs ein.
– Schreibe einen zusammenhängenden Text in der Ich-Form ohne Zeichen der wörtlichen Rede.
– Verwende einen jugendgemäßen Sprachstil.
– Vergiss nicht, die Person namentlich zu erwähnen.

Schülerbeispiele

Isabell: „In bester Geburtstagsstimmung fuhr ich zur Schule. Ich habe viele Geschenke bekommen. Mutti hat mich wie immer verwöhnt. Sie will, dass ich genauso flott aussehe wie sie. Sie ist wie eine Freundin zu mir."

Martina: „Ich fühlte, dass Isabell einfach weglaufen wollte. Aber das ging nicht, die hielten sie fest. Und ich war sauer auf mich selbst. Ich habe ihr einfach nicht geholfen, denn meine Angst war viel zu groß. Nina und Lili haben einfach riesigen Spaß, jemanden zu ärgern."

Nina: „Und unser Schüttler hatte wieder diesen misstrauischen Ausdruck im Gesicht, als ob ich was Schlimmes vorgehabt hätte. Ich hoffte nur, dass er nicht zurückkommen und mir eine Moralpredigt halten würde."

Dem Trend folgen – oder nicht?

Aufgabe:

Eine Jugendzeitschrift startete eine Umfrage zum Thema: „Dem Trend folgen – oder nicht?"
Einige der Meinungen können Sie der Abbildung entnehmen.
Schreiben Sie einen Leserbrief, in dem Sie sich erörternd mit dieser Frage auseinander setzen!

(Nach: Wortstark, Schroedel Verlag, Hannover 1997)

Lösung

Diese Prüfungsaufgabe verlangt von dir die Bearbeitung zweier Schwerpunkte:
– Schreiben eines Leserbriefes an eine Jugendzeitschrift zur Leserumfrage
– Inhalt des Briefes ist die Erörterung der strittigen Frage „Dem Trend folgen – oder nicht?"
Die in der Abbildung geäußerten Meinungen können einbezogen werden.

Nach diesen Überlegungen beginnst du dich eingehender mit der Thematik auseinander zu setzen. Am besten, du wendest dich zuerst dem Schwerpunkt der Erörterung zu. Bei der Bearbeitung rate ich dir, die notwendigen Arbeitsschritte (Kapitel A) genau einzuhalten. Fertige zunächst die Analyse des Themas an, schreibe die entsprechenden Schlüsselstellen heraus. So entsteht deine Stoffsammlung, bei der du zwei Möglichkeiten des Vorgehens hast:
– die traditionelle Stoffsammlung,
– die Form einer Mind Map (Bezug zum neuen Lehrplan).

Traditionelle Stoffsammlung (Stichpunkte in linearer Anordnung)

– Was bedeutet Trend?
  - engl. Grundrichtung einer Entwicklung
  - in sein: dazu gehören, zeitgemäß, modern sein
  - out sein: unzeitgemäß, unmodern sein

– Wie entstehen Trends? Wie wird man Trendsetter?
  - in der Schule, in Gruppen, in Cliquen als Zeichen des Zusammengehörigkeitsgefühls
  - durch Anregungen in der Öffentlichkeit, z. B. man sieht originelle Dinge beim Stadtbummel, man macht Leute nach, die auffallen
  - durch Musikgruppen und Stars, deren auffallendes Outfit kopiert wird
  - durch Medien als wichtigste und aktuellste Trendsetter: Fernsehen, Radio, Videoclips, Radio, Zeitschriften, Magazine

– In welchen Bereichen treten Trenderscheinungen auf?
  - Kleidung/Mode: Markenklamotten, Plateau-Schuhe u. a.
  - Haarschnitt/Frisur: Kahlschnitt, verschiedene Färbungen
  - Sport/Freizeit: PC, Videospiele, Inline-Skating
  - Verhalten/Aussehen: cool sein, Punks, schwarze Kleidung
  - Sprache/Werbung: Tatoos, Streetfashion, Techno-Szene

– Welche Gründe gibt es, dem Trend zu folgen?
  - Streben nach Anerkennung und Beliebtheit
  - Stärkung des Gemeinschafts- und Selbstwertgefühls
  - Unterordnen einer Gemeinschaft
  - Entwickeln des Solidaritätsgefühls
  - Kreativität entwickeln

– Welche Gründe gibt es, dem Trend nicht zu folgen?
  - Verzicht auf die eigene Persönlichkeit
  - Anpassung im Denken und Handeln
  - Selbstüberschätzung bzw. -unterschätzung
  - Orientierung an Äußerlichkeiten, Charakter bedeutungslos
  - Manipulierbarkeit des Einzelnen
  - Konflikte zwischen Alt und Jung

– Welche Schlussfolgerungen sind zu ziehen?
- • Streben nach Einzigartigkeit, um Persönlichkeit zu entwickeln
- • Entwicklung eines selbstständigen Denkens und Handelns
- • Erhöhung des Selbstwertgefühls
- • Wie ist meine persönliche Meinung?
- • Jeder entscheidet selbst, dem Trend zu folgen oder nicht.
- • Entscheidend ist die eigene Persönlichkeit und ihre Stellung in der Gesellschaft.
- • Ich achte auf meine Individualität und folge Trends nur in Maßen.

Mind Map

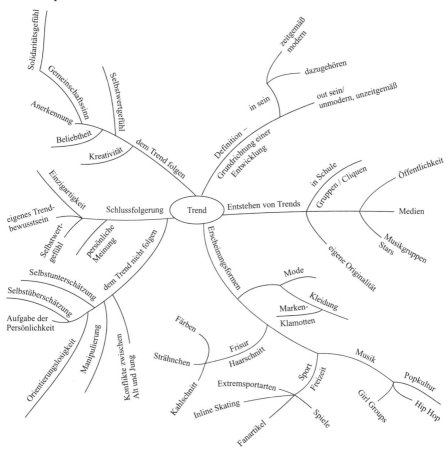

Du solltest die Methode anwenden, die du beherrschst.

Entsprechend deiner Gedankenführung und persönlichen Erfahrungen im Hinblick auf diese Problematik wählst du aus dem gesammelten Material geeignete **Beispiele** und formulierst den geforderten **Leserbrief**.

Obwohl du in diesem Arbeitsbuch bereits auf der Seite 97-16 Hinweise zum Leserbrief vorfindest, möchte ich dir unter besonderer Beachtung dieser Thematik zwei Möglichkeiten der Textgestaltung vorstellen.

Erste Möglichkeit

Du nutzt das Thema der Leserumfrage der Jugendzeitschrift „Dem Trend folgen – oder nicht?" als Überschrift deines Briefes und beziehst dich in der Einleitung auf bereits geäußerte Meinungen in der Abbildung. Mit der Definition des Begriffes „Trend" leitest du zum Hauptteil über, in welchem du an ausgewählten Beispielen erörterst, was es bedeutet, dem Trend zu folgen und wieso man es vermeiden sollte. Mit der persönlichen Schlussfolgerung rundest du deine Ausarbeitungen ab.

Zweite Möglichkeit

Du beginnst den Leserbrief mit einer Anrede. In der Einleitung stellst du dich kurz vor, wählst den Bezug zur Leserumfrage der Zeitschrift mit einer kurzen Wertung. Anschließend folgt der Hauptteil mit der Erörterung der Frage und der persönlichen Schlussfolgerung. Abschließender Gedanke dieses Briefes könnte die Bitte sein, aktuelle Trends genauer vorzustellen und durch Fachleute bewerten zu lassen (in Weiterführung des Themas).

Beachte unbedingt den Adressatenbezug und demzufolge den jugendgemäßen Sprachstil!

Schülerbeispiele

Einleitung

„Hallo, liebe Leser! Ich bin Denise, 16 Jahre alt und Leserin dieser Zeitschrift, die ich ganz toll finde …"

„Liebe Leserinnen und Leser, habt ihr euch schon mal gefragt, ob ihr überhaupt trendy genug seid, damit wir dieses Magazin kaufen und lesen? Wie wichtig ist es eigentlich in der heutigen Zeit einem Trend zu folgen? Oder sollte man es nicht tun?"

„Sehr geehrte Mitarbeiter der Zeitschrift, eure Umfrage zum Thema ‚Dem Trend folgen – oder nicht?' finde ich gut. Hierzu kann ich einiges sagen …"

„Die Äußerungen einiger Leser zur Umfrage eurer Zeitschrift finde ich interessant. Manche passen sich einem bestimmten Trend an, um auf keinen Fall aufzufallen. Andere wiederum finden es langweilig, sich dem allgemeinen Trend anzuschließen. Was versteht man überhaupt unter Trend?"

Hauptteil

„Ich denke, dass der Gruppenzwang eine große Rolle spielt. Man kann schnell als ‚out' oder als Langweiler abgestempelt werden, wenn man sich von bestimmten Dingen ausschließt."

„In diesem Jahr ist meiner Meinung nach in der Mode ein eigenartiger Trend angesagt. Viele Klamotten und Gegenstände sind rosafarben und glänzend. Na ja, das ist nicht gerade mein Geschmack."

„Es gibt Menschen, die mit Absicht gegen den Trend schwimmen, um interessanter zu sein und aufzufallen. Ich finde die Menschen toll, die sich nicht von der Masse beeinflussen lassen."

Schluss

„Abschließend möchte ich sagen, dass Trends nicht verkehrt sind. Man sollte sich nur nicht so sehr davon beeindrucken lassen und sich selbst treu bleiben."

„Ich würde mich so einschätzen, dass ich den goldenen Mittelweg nehme. Ich trage zwar auch Markenklamotten, die trendy sind, aber die Sachen, in denen alle herumlaufen, werde ich bestimmt nicht kaufen."

Aufgabe:

1.1 Ordnen Sie den im Text gegebenen Zeitangaben jeweils eine Information zu, die die Geschichte der Gedenkstätte Buchenwald aufzeigt!
Stellen Sie Ihr Ergebnis in einem Flussdiagramm oder in einer Zeitleiste dar!

1.2 Die Gedenkstätte Buchenwald – ein Angebot zur Auseinandersetzung mit dem Ort und seiner Geschichte. Empfehlen Sie Gleichaltrigen den Besuch dieser oder einer anderen Gedenkstätte! *(Hinweis: Beide Teilaufgaben 1.1 und 1.2 sind zu bearbeiten.)*

Die Gedenkstätte Buchenwald

Im Juli 1937 wurde auf dem Ettersberg bei Weimar in Thüringen das Konzentrationslager Buchenwald errichtet. Zunächst war es für politische Gegner des Naziregimes, vorbestrafte Kriminelle und so genannte Asoziale, Juden, Zeugen Jehovas und Homosexuelle bestimmt. Mit Beginn des 2. Weltkrieges wurden zunehmend Menschen aus anderen

5 Ländern eingeliefert. Bei der Befreiung waren 95 % der Häftlinge keine Deutschen. Vor allem nach 1943 wurden in Buchenwald und in seinen insgesamt 136 Außenkommandos KZ-Häftlinge – darunter seit Herbst 1944 auch Frauen – rücksichtslos in der Rüstungsindustrie ausgebeutet. Obwohl das Lager kein Ort des planmäßigen Völkermordes war, fanden Massentötungen von Kriegsgefangenen statt, kamen viele Häftlinge bei medizini-

10 schen Versuchen und durch die Willkür der SS ums Leben. Durch Aussonderung von Häftlingen in die Vernichtungslager war Buchenwald in den Vernichtungsapparat des Nationalsozialismus integriert. Anfang 1945 wurde das Lager Endstation für Evakuierungstransporte aus Auschwitz und Groß-Rosen. Kurz vor der Befreiung versuchte die SS, das Lager zu räumen und schickte 28 000 Häftlinge auf Todesmärsche. Etwa 21 000 Häft-

15 linge, darunter über 900 Kinder und Jugendliche, blieben im Lager. Am 11. April 1945 erreichten Einheiten der 3. US-Armee den Ettersberg. Die SS floh, Häftlinge der geheimen Widerstandsorganisation öffneten das Lager von innen.
Insgesamt waren von 1937 bis 1945 über 250 000 Menschen inhaftiert, von denen mehr als 50 000 starben.

20 Von 1945 bis 1950 nutzte die sowjetische Besatzungsmacht das Gelände des ehemaligen Konzentrationslagers als Internierungslager (Speziallager Nr. 2). Es wurden vorwiegend Personen, die als Mitglieder der NSDAP oder in einer Funktion dem nationalsozialistischen Regime nahestanden, aber auch willkürlich Verhaftete eingeliefert. Von etwa 28 000 Inhaftierten starben über 7 000 vor allem an den Folgen von Vernachlässigungen

25 und Unterernährung. Die Toten wurden nördlich des Lagers und in der Nähe des Bahnhofs in Massengräbern beerdigt.
Im Zusammenhang mit dem Aufbau einer Gedenkstätte des antifaschistischen Widerstands wurde das Lager ab 1951 weitgehend abgerissen und 1958 mit dem Mahnmal als „Nationale Mahn- und Gedenkstätte Buchenwald" eingeweiht.

30 Die heutige Gedenkstätte ist Teil der von der Bundesregierung und vom Land Thüringen getragenen Stiftung Gedenkstätten Buchenwald und Mittelbau-Dora. Sie ist der Erinnerung an das nationalsozialistische Konzentrationslager und das ehemalige sowjetische Speziallager auf dem KZ-Gelände gewidmet. Der Schwerpunkt liegt auf der Erinnerung an das Konzentrationslager. Seit Abschluss der Neukonzeption der Gedenkstätte bieten

35 vier neue Dauerausstellungen, ergänzende Beschilderungen auf dem Gelände sowie pädagogische Einrichtungen, wie die Jugendbegegnungsstätte, ein differenziertes Angebot zur Auseinandersetzung mit dem Ort und seiner Geschichte.

(Aus: „Materialien" des Thüringer Instituts f. Lehrerfortbildung, Lehrplanentwicklung u. Medien, Heft 43)

Lösung

Auf den ersten Blick erscheint die Aufgabenstellung eindeutig. Es sind zwei Teilaufgaben zu bearbeiten, von denen sich die erste auf die Methoden der Informationserfassung sowie -speicherung bezieht und die folgende auf die Gestaltung eines zusammenhängenden Textes. Während zu 1.1 die Art der Ergebnisformulierung konkretisiert ist (Flussdiagramm **oder** Zeitstrahl), fehlt bei der zweiten Teilaufgabe der Hinweis auf eine bestimmte Darstellungsform. Außerdem ist kein Vermerk vorhanden, welchen prozentualen Anteil die Einzelergebnisse bei der Festlegung der Gesamtnote aufweisen. (**Tipp**: In der Regel geht die Informationserfassung und -speicherung mit 25 % und der zusammenhängende Text mit 75 % in die Bewertung ein.)

Entscheide dich für dieses Thema, wenn du mit Sicherheit die Lösungswege beider Aufgabenstellungen beherrschst.

Teilaufgabe 1.1
Wende zum Erfassen der Zeitangaben zur Geschichte der Gedenkstätte Buchenwald (chronolog. Ablauf) und für das Zuordnen einer entsprechenden Information folgende Lesetechnik an:

1. Schritt:
Versuche den Text „Die Gedenkstätte Buchenwald" mit den Augen rasch zu überfliegen, diagonal zu lesen, um einen Überblick über den Inhalt zu bekommen. Dabei kannst du nach dem so genannten **Zickzacklesen** (s. Kapitel E) vorgehen (Beachten der Zeitangaben).

2. Schritt:
Orientierend an der Aufgabenstellung lies den Text ein zweites Mal und kennzeichne am Rand grob die Textstellen (**selektives Lesen**), die dir beim Lösen der Aufgabe helfen sollen.

3. Schritt:
Jetzt studiere den Text gründlich, Zeile für Zeile unter dem Blickwinkel der geforderten Zeitangaben und der notwendigen Informationen zur Geschichte der Gedenkstätte und **markiere das Wesentliche** (Markierungshilfen: Unterstreichungen, Abkürzungen, evtl. Nummerierung der Fakten in Reihenfolge).

Markierungsbeispiel:
„Im Juli 1937 wurde auf dem Ettersberg bei Weimar in Thüringen das Kon-   1. I / Z
zentrationslager Buchenwald errichtet. Zunächst war es für politische Gegner   KZ
des Naziregimes, vorbestrafte Kriminelle und so genannte Asoziale, Juden,
Zeugen Jehovas und Homosexuelle bestimmt. Mit Beginn des 2. Weltkrieges   2. I / Z
wurden zunehmend Menschen aus anderen Ländern eingeliefert …"

Verwendete Abkürzungen:
Z = Zeitangabe
I = Information
KZ = Konzentrationslager

4. Schritt:
Abschließend stellst du die dem Text entnommenen Informationen als **Flussdiagramm *oder* Zeitleiste** dar. Wähle die für dich günstigere Darstellungsart. Bevor du mit der Arbeit beginnst, solltest du in jedem Fall an die Überprüfung der Ergebnisse (korrekte Zuordnung von je einer Information zu den Zeitangaben) und die Verwendung einer Überschrift denken.

Formuliere die **Stichpunkte knapp und präzise**. Es bietet sich der Nominalstil an. Bewertet werden die Fakten, Darstellungsweise und Sprachrichtigkeit. Achte beim Herausschreiben auf die Rechtschreibung.

Beispiel 1: Flussdiagramm (Hinweise findest du im Kapitel E und auf Seite A-5.)

Die Geschichte der Gedenkstätte Buchenwald

Juli 1937
Errichtung des KZs auf dem Ettersberg bei Weimar für politische Gegner der Nationalsozialisten,
Kriminelle, Asoziale, Juden, Zeugen Jehovas, Homosexuelle

Beginn des 2. Weltkrieges
zunehmend Einlieferung von Menschen aus anderen Ländern

nach 1943
rücksichtslose Ausbeutung der Häftlinge in Rüstungsindustrie im KZ und 136 Außenkommandos

ab Herbst 1944
Frauen im Lager Buchenwald

Anfang 1945
Endstation für Evakuierungstransporte aus Auschwitz und Groß-Rosen

April 1945
Befehl der SS zur Räumung des Lagers und zu so genannten Todesmärschen von
28 000 Häftlingen

11. April 1945
Einmarsch der 3. US-Armee, Flucht der SS und Selbstbefreiung des Lagers durch geheime
Widerstandsorganisation

1937–1945
Inhaftierung von über 250 000 Menschen; mehr als 50 000 starben

1945–1950
Nutzung des ehemaligen KZs als sowjetisches Internierungslager (Speziallager Nr. 2)

1951–1958
weitgehender Abriss des Lagers und Aufbau einer Gedenkstätte

1958
Einweihung als „Nationale Mahn- und Gedenkstätte Buchenwald" mit Mahnmal

Heute
Erinnerungsort an das ehemalige Konzentrationslager und das spätere sowjetische Speziallager Nr. 2

Beispiel 2: Zeitleiste

Wie die Zeitleiste angelegt wird – ob waagrecht oder senkrecht – ist von untergeordneter Bedeutung. Entscheidend ist, dass Zeitangabe und Ereignis/Fakt in Verbindung stehen. Das kann durch Pfeile/Striche/Balken/Punkte o. Ä. verdeutlicht werden. Diese Art der grafischen Darstellung dürfte dir aus dem Geschichtsunterricht bekannt sein.

Zeitleiste (waagrecht)

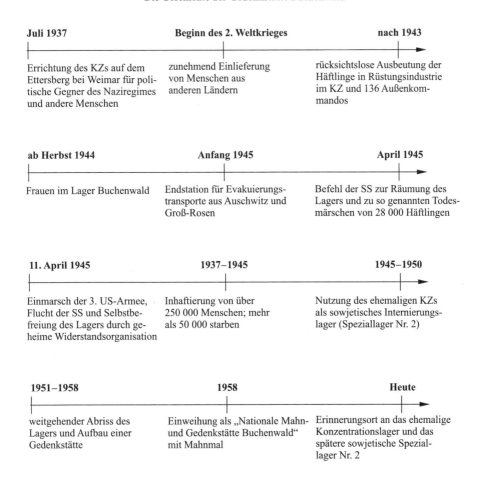

Die Geschichte der Gedenkstätte Buchenwald

Juli 1937	**Beginn des 2. Weltkrieges**	**nach 1943**
Errichtung des KZs auf dem Ettersberg bei Weimar für politische Gegner des Naziregimes und andere Menschen	zunehmend Einlieferung von Menschen aus anderen Ländern	rücksichtslose Ausbeutung der Häftlinge in Rüstungsindustrie im KZ und 136 Außenkommandos

ab Herbst 1944	**Anfang 1945**	**April 1945**
Frauen im Lager Buchenwald	Endstation für Evakuierungstransporte aus Auschwitz und Groß-Rosen	Befehl der SS zur Räumung des Lagers und zu so genannten Todesmärschen von 28 000 Häftlingen

11. April 1945	**1937–1945**	**1945–1950**
Einmarsch der 3. US-Armee, Flucht der SS und Selbstbefreiung des Lagers durch geheime Widerstandsorganisation	Inhaftierung von über 250 000 Menschen; mehr als 50 000 starben	Nutzung des ehemaligen KZs als sowjetisches Internierungslager (Speziallager Nr. 2)

1951–1958	**1958**	**Heute**
weitgehender Abriss des Lagers und Aufbau einer Gedenkstätte	Einweihung als „Nationale Mahn- und Gedenkstätte Buchenwald" mit Mahnmal	Erinnerungsort an das ehemalige Konzentrationslager und das spätere sowjetische Speziallager Nr. 2

Zeitleiste (senkrecht)

Die Geschichte der Gedenkstätte Buchenwald

Heute — Erinnerungsort an das ehemalige Konzentrationslager und das spätere sowjetische Speziallager Nr. 2

1958 — Einweihung als „Nationale Mahn- und Gedenkstätte Buchenwald" mit Mahnmal

1951 bis 1958 — weitgehender Abriss des Lagers und Aufbau einer Gedenkstätte

1945 bis 1950 — Nutzung des ehemaligen KZs als sowjetisches Internierungslager (Speziallager Nr. 2)

11. April 1945 — Einmarsch der 3. US-Armee, Flucht der SS und Selbstbefreiung des Lagers durch geheime Widerstandsorganisation

April 1945 — Befehl der SS zur Räumung des Lagers und zu so genannten Todesmärschen von 28 000 Häftlingen

Anfang 1945 — Endstation für Evakuierungstransporte aus Auschwitz und Groß-Rosen

ab Herbst 1944 — Frauen im Lager Buchenwald

nach 1943 — rücksichtslose Ausbeutung der Häftlinge in Rüstungsindustrie im KZ und 136 Außenkommandos

Beginn des 2. Weltkrieges — zunehmend Einlieferung von Menschen aus anderen Ländern

Juli 1937 — Errichtung des KZs auf dem Ettersberg bei Weimar für politische Gegner des Naziregimes und andere Menschen

Inhaftierung von über 250 000 Menschen; mehr als 50 000 starben

Teilaufgabe 1.2

Beginne die Lösung dieser Aufgabe mit der **Analyse und Eingrenzung des Themas**, damit dir klar wird, was das Anliegen deines zu entwickelnden Textes sein muss. Erfasse hierfür die **Schlüsselstellen** des Themas **(Sinnträger)** und formuliere dazu entsprechende Fragen:

(Meine) Empfehlung an Gleichaltrige	zum Besuch der Gedenkstätte Buchenwald oder einer anderen	als Angebot zur Auseinandersetzung mit dem Ort und seiner Geschichte

– Welche Textform für die Empfehlung wähle ich?
– Worin besteht die Absicht?
– Wer genau sind meine Ansprechpartner?
– Was bedeutet Auseinandersetzung mit Ort und Geschichte?
– Aus welchen Gründen wähle ich gerade diese Gedenkstätte?

Damit erhältst du ein gedankliches Gerüst für deine Stoffsammlung. Als günstig erweist sich eine **Mind Map** (s. Beispiel 3 Seite 2002-9), um gefundene Informationen (Textbezug 1.1) und Gedanken zu ordnen. Du hast natürlich ebenso die Möglichkeit der traditionellen Stoffsammlung mit der linearen Anordnung der Stichpunkte.
Hinweis: Im Folgenden bezieht sich der Lösungsvorschlag auf die Gedenkstätte Buchenwald, da die meisten Schüler Thüringens diese auf Exkursionen im Rahmen des Geschichtsunterrichts kennen lernen. Das ist jedoch keinesfalls zwingend für den Aufsatz (s. Aufgabenstellung).

Aus dem gesammelten Material wählst du dann unter dem Aspekt „**meine Empfehlung**" aus:
– **Form** der Darstellung,
– **Absicht/Zweck** deiner Empfehlung,
– **Adressaten**, an die du dich wenden willst,
– überzeugende **Gründe/Beweise** für die Wahl der Gedenkstätte Buchenwald als Angebot zur Auseinandersetzung mit dem Ort und seiner Geschichte.

Diese Punkte werden zu Maßgaben für die **Art und Weise** deiner Textgestaltung. Sicherlich wirst du feststellen, dass mehrere Zwecke in der Darstellung zusammentreffen und der entstehende Text **sachorientierendes Informieren** (objektives Darstellen, Beschreiben, Berichten), **anschauliches Wiedergeben subjektiv erlebter Eindrücke** (Schildern von Gedanken und Gefühlen) und **appellative und wertende Aussagen** enthält. Das muss sich in der Verwendung sprachlicher Mittel (Wortwahl) widerspiegeln – im gesamten Text und in der Formulierung der Überschrift bzw. Anrede (Adressatenbezug).

Sprachliche Mittel – Beispiele

beschreibend:
– „ehemaliges Konzentrationslager und sowjetisches Internie-   *Fachwörter/Fremdwörter*
  rungslager"
– „Im kleinen Lager gab es die Pferdestallbaracken mit drei bis   *anschauliche Ausdrücke*
  vier Stockwerke hohen Boxen für 1 200 bis 1 700 zusammen-
  gepferchte Häftlinge."
– „ein bestimmter Typ von Tätern gehörte zum Lager: kalt, be-   *wertende Ausdrücke*
  rechnend und beharrlich im Töten."

berichtend:
– „Im Juli 1937 wurde auf dem Ettersberg bei Weimar das Kon-   *Daten/Zahlen*
  zentrationslager Buchenwald errichtet."
– „Nach 1943 setzte im Lager und seinen 136 Außenkomman-
  dos eine rücksichtslose Ausbeutung der Häftlinge ein."   *wertender Ausdruck*

schildernd:
- „Wie zugeschnürt war mir der Hals und meine Stimme versag-   *anschauliche Ausdrücke*
  te, als ich in Anbetracht der veranschaulichten faschistischen
  Gräueltaten an Häftlingen etwas fragen wollte."
- „Der Besuch wird euch wie mir ein unvergessliches Erlebnis   *wertender Ausdruck*
  bleiben."

Besonderheiten verschiedener Darstellungsformen

- *Persönlicher Brief:* Informationen austauschen, Wünsche äußern, Gefühle zeigen; Anrede,
  Grußformel usw.
- *Leserbrief:* Stellungnahme zum Sachverhalt; Appell an Leser; Briefmerkmale
- *Diskussionsbeitrag:* Darlegung des eigenen Standpunktes zum Zweck der Zustimmung/
  Unterstützung des Anliegens (argumentieren)
- *Zeitungsartikel:* Schlagzeile/Überschrift; Aufbereitung der Mitteilung in Aufbau und Spra-
  che für den Leser
- *Aufruf:* Überschrift finden; informieren und appellieren
- *Werbetext/Prospekt:* Sachinformationen; Zielgruppe beachten; auf Sprache achten und wel-
  che gefühlsmäßigen Assoziationen geweckt werden sollen

Zum Aufbau des Textes

- *Überschrift bzw. Anrede*
- *Einleitung: Anlässe der Empfehlung*
  - persönliche Erlebnisse
  - Filmerlebnis
  - aktuelles Ereignis
  - Bezug zum Geschichtsunterricht/Deutschunterricht oder Schulsituation
  - Begriff „Gedenkstätte" u. v. m.
- *Hauptteil*
  - Empfehlung des Besuches der Gedenkstätte Buchenwald/einer anderen Gedenkstätte
  - ausgewählte Gründe für den Besuch dieser Einrichtung als Angebot zur Auseinanderset-
    zung mit dem Ort und seiner Geschichte (s. Mind Map und Ergebnisse zur Aufgabe 1.1)
- *Schluss*
  - Zusammenfassung der Gedanken
  - Folgerung und Appell (Aufruf)
  - Zustimmung zum Besuch der Gedenkstätte bzw.
  - Schlusssatz und Aufruf zum Besuch der Gedenkstätte
  - Grußformel, Unterschrift

Es kommt bei deiner zusammenhängenden Darstellung nicht auf den Textumfang an, sondern
auf überzeugende Argumente und eine dem Inhalt und der Form adäquate Sprache.

Als Anregung sei ein **Beispiel** für die Empfehlung des Besuches der Gedenkstätte Buchenwald etwas genauer vorgestellt:

Diskussionsbeitrag unter der Überschrift:
„Wer Weimar kennt, muss auch Buchenwald und seine Geschichte kennen"

Einleitung
- Bezug nehmen auf die augenblickliche Diskussion zum Ziel der Klassenfahrt unserer
  10. Klasse – Weimar und das ehemalige KZ Buchenwald – und die widersprüchliche Haltung unter den Mitschülern
- ein Teil will nur die Klassikerstadt Weimar besuchen, der andere Teil nur Buchenwald

Hauptteil

– Darlegung des eigenen Standpunktes: Wer Weimar kennt, muss auch das ehemalige Konzentrationslager Buchenwald kennen, um die Geschichte zu begreifen.
– Gründe:
  • Weimar und seine Museen als Zeugnisse humanistischer Werte aus der deutschen Kultur/Geschichte – 18./19. Jh.
  • ehemaliges Konzentrationslager – Synonym für Barbarei, Willkür und Unmenschlichkeit des deutschen Faschismus – 20. Jh.
  • 1937–1945 – über 250 000 Menschen aus 30 Ländern im Lager
  • gequält, gepeinigt, ausgebeutet – Pferdestallbaracken, Steinbruch, Rüstungsindustrie
  • 50 000 davon fanden den Tod – geprügelt, verhungert, getötet – medizinische Versuche, Genickschussanlage, Todeszellen, Seuchenbaracke
  • Lagerinsassen – kein Name, ein Nichts, kein Beruf, wertlos
  • Erlebnis dieses Ortes: Erschütterung, Empörung, Verachtung
  • Faschismus „Tragödie der deutschen Nation" in der Vergangenheit
  • meine Meinung: Jeder muss die Vergangenheit/Geschichte kennen, um sich in der Gegenwart zurecht zu finden, um in Zukunft die Fehler von gestern nicht zu wiederholen
  • Gültigkeit für mich und für die Schüler meiner Klasse

Schluss

– Aufforderung zur Entscheidung aller Schüler für die Exkursion nach Weimar *und* Buchenwald
– Notwendigkeit, sich mit eigenen Augen von der Bedeutsamkeit der Gedenkstätte Buchenwald zu überzeugen

Schülerbeispiel 1: Brief an eine 10. Klasse (Auszüge)

Einleitung
Hallo, liebe Jugendliche, was fällt euch bei dem Begriff „Nationalsozialismus" ein ...?

Hauptteil
... Da stand ich vor dem Tor mit der Inschrift „Jedem das Seine" und dahinter lag das weite Gelände, riesig in seiner Ausdehnung. Ich staunte nicht schlecht ... Dann begann die Führung in die ehemaligen Todeszellen. Eine Zelle so groß wie ein Hundezwinger. Und es gab keine sanitären Einrichtungen. Ich war erschüttert und erschrocken ...

Schluss
Also mein Appell an alle Jugendlichen: Besucht die Gedenkstätte. Es ist ein Angebot zur Auseinandersetzung mit dem Ort und seiner Geschichte.

Schülerbeispiel 2: Wandzeitungsartikel (Auszüge)

Einleitung
Euch ist es bestimmt auch schon einmal so ergangen: „Schon wieder Geschichte. Langweilig." Aber den Geschichtsunterricht praktischer Natur bietet Buchenwald.

Hauptteil
– Beschreibung des Lagers
– Bericht über Unmenschlichkeit und Willkür der Faschisten (Textbezüge zu 1.1)
– Eindrücke, Gedanken – Beweise

Schluss
– Also auf nach Buchenwald! Es ist eine echte Möglichkeit, sich an historischer Stätte mit deutscher Geschichte auseinander zu setzen.

Beispiel 3: Mind Map

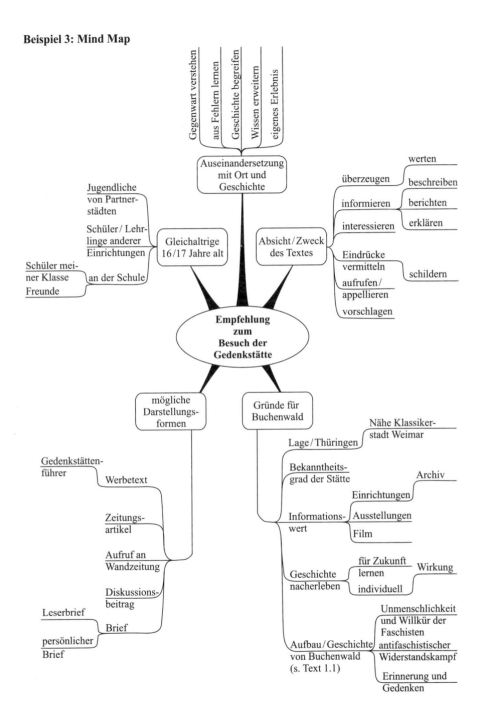

2002-9

Aufgabe:
Vergleichen Sie beide Gedichte!

Christoph Geiser (geb. 1949 in der Schweiz, lebt heute in Berlin)

osterspaziergang

    die sonne schlägt durch
    die wolken
    sind in die flucht geschlagen
    schlagschatten fallen über den boden her
5 hinter den bäumen
    hinter den häusern
    hinter den telefonstangen
    auf der straße
    rückt die autokolonne
10 langsam vor
    die soldaten
    tragen auch sonntags
    uniform
    auf den spazierwegen
15 fault der schnee
    am wegrand
    nimmt das feldgrün
    überhand

(Aus: TLM 8, Volk und Wissen Verlag,
Berlin 1997, S. 176)

Johann Wolfgang Goethe (1749–1832)

Osterspaziergang

Vom Eise befreit sind Strom und Bäche,
Durch des Frühlings holden, belebenden Blick,
Im Tale grünet Hoffnungsglück;
Der alte Winter in seiner Schwäche,
5   Zog sich in raue Berge zurück.
Von dorther sendet er, fliehend, nur
Ohnmächtige Schauer körnigen Eises
In Streifen über die grünende Flur;
Aber die Sonne duldet kein Weißes,
10 Überall regt sich Bildung und Streben,
Alles will sie mit Farben beleben;
Doch an Blumen fehlt's im Revier,
Sie nimmt geputzte Menschen dafür.
Kehre dich um, von diesen Höhen
15 Nach der Stadt zurückzusehen.
Aus dem hohlen, finstern Tor
Dringt ein buntes Gewimmel hervor.
Jeder sonnt sich heute so gern;
Sie feiern die Auferstehung des Herrn.
20 Denn sie sind selber auferstanden:
Aus niedriger Häuser dumpfen Gemächern,
Aus Handwerks- und Gewerbesbanden,
Aus dem Druck von Giebeln und Dächern,
Aus der Straßen quetschender Enge,
25 Aus der Kirchen ehrwürdiger Nacht
Sind sie alle ans Licht gebracht.
Sieh nur, sieh! wie behänd sich die Menge
Durch die Gärten und Felder zerschlägt,
Wie der Fluss, in Breit' und Länge
30 So manchen lustigen Nachen bewegt.
Und bis zum Sinken überladen
Entfernt sich dieser letzte Kahn.
Selbst von des Berges fernen Pfaden
Blinken uns farbige Kleider an.
35 Ich höre schon des Dorfs Getümmel,
Hier ist des Volkes wahrer Himmel,
Zufrieden jauchzet Groß und Klein;
Hier bin ich Mensch, hier darf ich's sein.

(Aus: J. W. Goethe, Poetische Werke,
Aufbau-Verlag, Berlin und Weimar 1960/1966, S. 175)

Lösung

Hinweise zu den Autoren

Christoph Geiser

Christoph Geiser ist ein Vertreter zeitgenössischer Literatur. Er wurde 1949 in Basel (Schweiz) geboren. Dort besuchte er das humanistische Gymnasium und absolvierte später ein Soziologiestudium in Freiburg i. Br. und Basel, das er aber nicht zum Abschluss brachte.

Der Schweizer wurde durch seine Mitbegründung der Literaturzeitschrift „drehpunkt" (1968) und die Arbeit als Redakteur der sozialdemokratischen Zeitschrift „Vorwärts" bekannt. Längere Zeit hielt er sich im Ausland auf, u. a. in Paris, London, Australien und in den USA. Heute lebt und arbeitet der freischaffende Schriftsteller in Bern (Schweiz), zeitweise in Berlin.

Geisers Arbeitsgebiete sind das Gedicht, die Erzählung und der Roman. Das eigene „Ich" ist stets programmatischer Ausgang seines literarischen Schaffens, für das er bereits mehrere Auszeichnungen bzw. Preise und Ehrungen erhielt, z. B. den Baseler und Berliner Literaturpreis und 2001 die Auszeichnung „Stadtschreiber von Dresden".

Zu seinen Veröffentlichungen gehören:
„Bessere Zeiten. Gedichte und Prosa" (1968),
„Warnung für Tiefflieger. Gedichte und Mittellandgeschichten" (1974),
„Disziplinen" (1982), „Wüstenfahrt" (1984),
„Das geheime Fieber" (1987, Roman) sowie
„Der Baumeister. Eine Fiktion" (1998).

Johann Wolfgang von Goethe

Hinweise zu Goethe sind auf Seite 97-5 im Rahmen der Lösung zur Prüfungsaufgabe 1/1997 *(Johann Wolfgang von Goethe: Nähe des Geliebten)* zu finden.

Der „Osterspaziergang" ist Goethes Faust-Dichtung entnommen, einem Werk, mit dem er sich über 60 Jahre seines Lebens beschäftigte und das er als sein „Hauptgeschäft" und seinen „Hauptzweck" bezeichnete.

Bereits in der Jugend las Goethe das 1587 erschienene Volksbuch mit dem Titel „Historia von D. Johann Fausten" und lernte den dramatisierten Faust-Stoff des Engländers Christopher Marlowe in Puppenspielversion kennen.

Während der Studienjahre in Leipzig begann sich Goethe intensiver mit dieser Thematik zu befassen. Einen großen Einfluss übte der Prozess gegen die Kindsmörderin Susanna Margaretha Brandt im Jahre 1772 in Frankfurt/Main auf die Textgestaltung aus, so dass in der ersten Fassung von 1775, dem „Urfaust", die so genannte Gretchentragödie einen wesentlichen Teil ausmacht. 1790 folgte eine zweite Fassung der Faust-Dichtung: „Faust. Ein Fragment". Zunächst ruhte die Arbeit an diesem Thema, bis Goethe auf Drängen Schillers den Faust-Stoff wieder aufnahm und 1808 den „Faust. 1. Teil" veröffentlichte. Kurz vor seinem Tode 1832 vollendete der Dichter sein Lebenswerk mit einem zweiten Teil des Dramas, „Faust. Der Tragödie zweiter Teil in fünf Akten".

Zu Beginn der Handlung im ersten Teil des Dramas (Szene „Nacht") erleben wir Faust in einer tiefen Krise, verzweifelt und unzufrieden mit dem bis zu diesem Zeitpunkt Erreichten. Als Gelehrter hat er sich das gesamte von der Menschheit angehäufte Wissen durch Studien angeeignet und fühlt sich doch nicht in der Lage, das Ziel seines Lebens und Strebens, „die Menschen zu bessern und zu bekehren", zu erreichen. Er ist der Meinung, dass die scholastischen Wissenschaftsmethoden des Mittelalters unzureichend sind. Deshalb wendet er sich der Magie zu – über den Makrokosmos zum Erdgeist. Das endet mit einer Niederlage. In seiner Verzweiflung wählt Faust den Weg nach Erkenntnis im Jenseits – den Selbstmord – als Ausweg. Doch Glockengeläut und Gesang am Ostersonntagmorgen lösen Jugenderinnerungen aus und halten ihn von diesem Irrweg ab. Faust begibt sich mit seinem Famulus Wagner zum Osterspaziergang in die Natur, vor die Tore der Stadt. Die Szene heißt „Vor dem Tor", zu welcher der abgedruckte Text „Osterspaziergang" gehört. Es ist der Monolog Fausts, in dem er seine Gedanken, Gefühle, das Erlebte und Beobachtete in dieser Situation offenbart.

Hinweise zur Aufgabenstellung

Die Aufgabenstellung beinhaltet weder eine Anweisung zum vergleichenden Interpretieren noch die Vorgabe von Teilaspekten (vgl. Aufgabe 4/1998, Lösung II, S. 98-18 bis S. 98-20), nach denen die beiden lyrischen Texte untersucht werden sollen. Folglich musst du einen Textvergleich anstellen. Bei einem Textvergleich gelten alle Anforderungen und Arbeitsschritte, die bei der Interpretation von Einzeltexten verlangt werden.

Du hast zwei Möglichkeiten des Vorgehens: Entweder du interpretierst zunächst jedes Gedicht einzeln und führst danach einen Vergleich nach ausgewählten Gesichtspunkten oder du unternimmst einen direkten Vergleich beider Texte entsprechend der Teilaspekte, die Elemente der Gedichtinterpretation sind. Im Schlussteil wird in jedem Fall zusammengefasst und Stellung genommen. (Der folgende Vorschlag folgt der zweiten Variante.)

Geeignete Vergleichsaspekte sind:
– inhaltliche Aspekte,
– formale Aspekte sowie
– Autoren- und Zeitbezüge.

Thematik der beiden Texte

Die zu untersuchenden Gedichte tragen die gleiche Überschrift und sind thematisch miteinander verwandt. In ihnen wird das Erlebnis „Osterspaziergang" thematisiert. Das lyrische Ich erlebt den beginnenden Frühling und beobachtet die Menschen, die hinausziehen in die erwachende Natur. Die Wahrnehmungen spiegeln sich in poetischen Bildern wider. Beide Texte gehören zur literarischen Gattung Lyrik, genauer gesagt zur Erlebnislyrik. Neben diesen inhaltlichen und formalen Parallelen gibt es eine Reihe wesentlicher Unterschiede, die Gegenstand des nachfolgenden Textvergleichs sind.

Inhaltliche Aspekte des Vergleichens

In beiden Gedichten reflektiert das lyrische Ich das Erlebte und Beobachtete während eines Osterspaziergangs. Die Stimmung und die dabei entstehenden Bilder unterscheiden sich wesentlich voneinander. Osterzeit bedeutet Frühlingsbeginn: Erwachen der Natur – die ersten wärmenden Sonnenstrahlen, das Schmelzen letzter Schneereste, beginnendes Grünen und Blühen; für die Menschen Aufatmen nach der langen Winterzeit, Freude an der erwachenden Natur. Mit Ostern verbindet sich aber auch das Fest von der „Auferstehung des Herrn", ein Fest religiösen Ursprungs, gefeiert als Frühlingsfest.

Dieses **Erwartungsbild** findet der Leser in **Christoph Geisers „osterspaziergang"** nicht bestätigt, die Grundstimmung ist pessimistisch, sie wird geprägt durch wenig freudvolles Erleben während des Osterspazierganges, denn die Sonne muss sich „durchschlagen" (Z. 1), eine „autokolonne" (Z. 9) rollt durch die Stadt und der Schnee „fault" (Z. 15) „auf den Spazierwegen" (Z. 14). Außerdem sieht es so aus, als ob von der Masse der Stadtbevölkerung nur die Soldaten unterwegs wären.

In **Goethes „Osterspaziergang"** finden wir eine wesentlich ausführlichere Schilderung des Beobachteten und Erlebten während des österlichen Spaziergangs, eine intensivere Sinneswahrnehmung des erwachenden Frühlings durch das lyrische Ich, von dem wir wissen, dass es Faust ist, der Hauptheld im gleichnamigen Drama. Die poesievolle Darstellung ermöglicht dem Leser das Miterleben bzw. erleichtert das Nachvollziehen des Osterspaziergang-Erlebnisses von Faust. Seine Eindrücke werden in drei Bildern vermittelt:

1. Bild
Darstellung der erwachenden, sich vom Winter befreienden Natur in den Zeilen 1 bis 15
Beispiele: „Vom Eise befreit … / Durch des Frühlings holden, belebenden Blick …" (Z. 1/2); „grünet Hoffnungsglück" (Z. 3); „… die Sonne duldet kein Weißes …" (Z. 9)

2. Bild
Darstellung der „Auferstehung", der Befreiung der Menschen aus der Enge der mittelalterlichen Stadt in den Zeilen 16 bis 26
Beispiele: „Aus niedriger Häuser dumpfen Gemächern" (Z. 21); „Aus dem Druck von Giebeln und Dächern …" (Z. 23); „Sind sie alle ans Licht gebracht." (Z. 26) Der Gebrauch des biblischen Motivs der Auferstehung wird in mehrfacher Hinsicht verwendet – für die Natur, die Menschen und das Osterfest.

3. Bild
Darstellung des Einklangs zwischen Mensch und Natur in den Zeilen 27 bis zum Schluss
Beispiele: „… wie behänd sich die Menge / Durch die Gärten und Felder zerschlägt …" (Z. 27/28); „… von des Berges fernen Pfaden / Blinken uns farbige Kleider an." (Z. 33/34) Faust ist aus seiner Isolierung aufgebrochen und hat wieder zum Leben gefunden. Hier, wo das Volk sich mit der Natur in Einklang befindet, kann auch er feststellen: „Hier bin ich Mensch, hier darf ich's sein!" (Z. 38) In Fausts Worten und Haltung wird Goethes Auffassung von der Welt und der Natur deutlich: Welt und Natur bilden eine Einheit, sie bedeuten Verbindung mit dem Leben, eröffnen Möglichkeiten der freien Entfaltung der Persönlichkeit.

Die Suche nach inhaltlichen Parallelen in Bezug auf die Darstellung der Wahrnehmungen in Bildern verläuft in **Geisers Gedicht** ergebnislos. Das lyrische Ich erlebt eine **andere Realität**, mit der sich auch die Betrachtungsweise des Erlebten verändert. So gesehen haben die drei Bilder in „**osterspaziergang**" im Vergleich zu Goethes Gedicht eine andere Aussagekraft:

1. Bild
Darstellung der sich mit „Gewalt" in der Großstadt durchsetzenden Sonne – Symbol für den beginnenden Frühling – in den Zeilen 1 bis 7
Beispiele: „die sonne schlägt durch" (Z. 1); „die wolken / … in die flucht geschlagen" (Z. 2/3); „schlagschatten fallen über den boden her" (Z. 4), sichtbar hinter „bäumen" (Z. 5), „häusern" (Z. 6), „telefonstangen" (Z. 7). Das lyrische Ich muss feststellen, dass sich die Sonne nur mühevoll durchsetzen kann. Dichte Wolken – vielleicht Smog – über der Stadt, Hochhäuser, hohe Bäume und Telefonmasten wirken erschwerend.

2. Bild
Darstellung der Menschen, die zum Osterspaziergang aufbrechen
Beispiele: „auf der Straße / rückt die autokolonne / langsam vor" (Z. 8–10). Die Menschen bewegen sich nicht zu Fuß hinaus in die Natur, sondern sie nutzen für den Osterspaziergang das beliebte und in der Stadt notwendige Fortbewegungsmittel Auto, das die Umweltschädigung in hohem Maße bewirkt. Da Ostersonntag („sonntags" Z. 12) und arbeitsfrei ist, drängt alles hinaus. Die dabei entstehende Autoschlange verlangt von den Insassen viel Geduld, denn es geht nur schleppend vorwärts.

3. Bild

Darstellung der Menschen in der Natur

Beispiele: „die soldaten" (Z. 11); „auf den spazierwegen" (Z. 14); „fault der schnee" (Z. 15); „am wegrand" (Z. 16) „nimmt das feldgrün / überhand" (Z. 17/18). Endlich am Ziel angekommen, nimmt das lyrische Ich nicht zuerst die im Frühling erwachende Natur wahr, sondern Soldaten in ihren eintönigen, farblosen Uniformen. Sie bilden keine Farbtupfer, welche die Natur beleben. Immerhin zeigt sich das erste Grün an den Wegrändern und auf den Feldern.

Im Vergleich zu Goethes „Osterspaziergang" kann der Leser bei Geiser erkennen, dass die Natur für die Menschen nicht Kraftquell und Verbindung zum Leben bedeutet. Die folgende **Gegenüberstellung von Textstellen** verdeutlicht zusammenfassend den unterschiedlichen Gehalt der thematisch verwandten Gedichte:

Geiser: osterspaziergang	Goethe: Osterspaziergang
„die sonne schlägt durch" (Z. 1)	„Aber die Sonne duldet kein Weißes" (Z. 9)
„die wolken / sind in die flucht geschlagen" (Z. 2/3)	„Durch des Frühlings holden, belebenden Blick" (Z. 2)
„hinter den häusern" (Z. 6)	„Aus niedriger Häuser dumpfen Gemächern" (Z. 21)
„auf der straße" (Z. 8)	„Aus der Straßen quetschender Enge" (Z. 24)
„rückt die autokolonne / langsam vor" (Z. 9/10)	„. . . wie behänd sich die Menge / Durch die Gärten und Felder zerschlägt" (Z. 27/28)
„die soldaten / tragen . . . uniform" (Z. 11–13)	„Blinken uns farbige Kleider an" (Z. 34)
„fault der schnee" (Z. 15)	„Vom Eise befreit . . ." (Z. 1)
„nimmt das feldgrün / überhand" (Z. 17/18)	„In Streifen über die grünende Flur" (Z. 8)

Formale Aspekte des Vergleichens

Aus den inhaltlichen Unterschieden bei Geiser und Goethe resultiert zwangsläufig eine unterschiedliche sprachliche Gestaltung.

Während sich durch **Goethes** Wortwahl ausgesprochen **positive Assoziationen** ergeben (z. B. „befreit" Z. 1; „holden, belebenden Blick" Z. 2; „Hoffnungsglück" Z. 3; „ans Licht gebracht" Z. 26; „jauchzet" Z. 37), dominiert in **Geisers** Gedicht ein **negativ besetztes Assoziationsfeld** (z. B. „schlägt" Z. 1; „in die flucht geschlagen" Z. 3; „fault" Z. 15).

Zu J. W. Goethes Text

Mit einer Vielzahl **schmückender Adjektive** (z. B. „holden, belebenden" Z. 2; „körnigen" Z. 7; „hohlen, finstern" Z. 16; „ehrwürdiger" Z. 25), mit **aussagestarken Verben** (z. B. „grünet" Z. 3; „duldet" Z. 9; „auferstanden" Z. 20; „blinken . . . an" Z. 34; „jauchzet" Z. 37) sowie mit **treffenden Substantiven** (z. B. „Strom und Bäche" Z. 1; „Hoffnungsglück" Z. 3; „Bildung und Streben" Z. 10; „Druck von Giebeln und Dächern" Z. 23) wird das Erlebte des lyrischen Ichs veranschaulicht.

Vergleiche (z. B. „Kirchen ehrwürdiger Nacht" Z. 25; „Straßen quetschender Enge" Z. 24; „Ohnmächtige Schauer" Z. 7) und **Personifizierungen** von Vorgängen (z. B. „Der alte Winter

... / Zog sich ... zurück. / Von dorther sendet er ..." Z. 4–6; „Aber die Sonne duldet kein Weißes" Z. 9) erhöhen diesen Aspekt.

Dem Wohlklang des Sprachstils ordnet sich die **Syntax** unter. Für die Schilderung des Naturbildes (1. Bild) und die Darstellung der mit der Natur vereinten Menschen im dritten Bild werden vollständige **Aussagesätze** verwendet, die im Wesentlichen je Satz eine Zeile beanspruchen. Somit ergibt sich das **Reimschema abbab** (umarmender Reim – mit reinen Reimen, z. B. „Bäche" – „Schwäche", und mit unreinen Reimen, z. B. „Revier" – „dafür"). Damit das Reimschema nicht durchbrochen wird, entstehen „Zeilensprünge", z. B. die Zeilen 14/15; 16/17 u. a. Die Anhäufung gleichförmiger Aufzählungen substantivischer Wortgruppen in den Zeilen 21–25 (z. B. „Aus niedriger Häuser dumpfen Gemächern" Z. 21; „Aus Handwerks- und Gewerbesbanden" Z. 22 usw.) erweckt den Eindruck einer düsteren Enge der Stadt, einer Dunkelheit, die verlassen werden muss.

Für die Reflexion des Osterspaziergang-Erlebnisses und der Gedanken sowie Empfindungen des lyrischen Ichs, der Faust-Gestalt, wählt Goethe die Form des **Monologs**. Auffallend sind in diesem Monolog zwei Aufforderungen in der Zeile 14 „Kehre dich um ..." und in der Zeile 27 „Sieh nur, sieh!". Sie weisen auf Fausts Begleiter Wagner während des Osterspaziergangs hin, den Faust anspricht, ohne eine Erwiderung zu erwarten.

Schließlich ist der **Ich-Bezug** in den letzten Zeilen hervorzuheben: Fausts Erkenntnis und Höhepunkt der Textaussage zugleich: „Ich höre schon des Dorfs Getümmel" (Z. 35); **„Hier bin ich Mensch, hier darf ich's sein."** (Z. 38)

Zu Christoph Geisers Text

In seinem Gedicht „osterspaziergang" fallen die **Nichtbeachtung der Regeln** zur Groß- und Kleinschreibung, die Syntax sowie die Form des Textes auf. Die Verwendung freier Rhythmen und der Verzicht auf Reimformen sind Ausdruck der Einstellung des Autors zur erlebten Wirklichkeit. Durch die Menschen selbst wird Schönes aus Enttäuschung bedeutungslos, so auch die Natur im Frühling. Die Kleinschreibung der Wörter und das Weglassen jeglicher Satzzeichen unterstreichen diese Bedeutungslosigkeit.

Geisers Wortwahl ist treffend, **expressiv**. Er verzichtet auf schmückende Adjektive. Mit wenigen **typischen Ausdrücken** („fallen ... her" Z. 4; „rückt ... vor" Z. 9/10; „nimmt ... überhand" Z. 17/18), mit dem Wortfeld „schlagen" (Z. 1, 3, 4) und mit der Wiederholung gleichförmiger Wortgruppen („hinter den bäumen", „hinter den häusern", „hinter den telefonstangen" Z. 5–7) wird die Verdichtung und Bedeutsamkeit der Aussage des Textes erreicht. Kein Wort erscheint überflüssig, jedes hat seine Funktion. Beim Lesen der Verszeilen 2, 5–8, 14, 16 stellt der Leser fest, dass diesen eine doppelte Funktion zukommt – sie gehören zum vorherigen bzw. zum nachfolgenden Satz.

Zusammenfassend ist festzustellen, dass sich die Positionen der Autoren Geiser und Goethe in ihren Werken in unterschiedlicher Form und Sprache widerspiegeln.

Autoren- und Zeitbezüge

Ein weiterer Aspekt des Vergleichens sind Kenntnisse über das Leben und Schaffen der Autoren und die epochale Einordnung der Gedichte. Gedichte sind Texte, die subjektives Fühlen und Denken darstellen und gleichzeitig die Befindlichkeiten der Zeit, in der sie entstanden sind, widerspiegeln. Das Wissen darum erleichtert das Verständnis der Botschaft eines Gedichtes und die Klärung der Sinnfrage.

Johann Wolfgang Goethe ist einer der bedeutendsten Vertreter der Weimarer Klassik. Er wurde 1749 in Frankfurt/Main geboren und starb 1832 in Weimar. Er lebte in einer Zeit, in der in Deutschland von Industrialisierung wenig zu spüren war. Feudale Machtverhältnisse und Kleinstaaterei hemmten die Entwicklung des Fortschritts, das Bürgertum kämpfte um seine Emanzipation. Zur Entstehungszeit seines Faust-Dramas lebte Goethe in Weimar, der Hauptstadt des Herzogtums Sachsen-Weimar. Als Landeszentrum hatte Weimar damals lediglich 6 000 Einwohner und ein durchweg ländliches Erscheinungsbild. Goethe, ein gebildeter Mensch mit weltbürgerlichem Bewusstsein, sah in der Literatur eine Möglichkeit, das Bürgertum im Sinne der Ideale der Weimarer Klassik zu erziehen. Zu diesen Idealen gehörten als Wertvorstellungen die Harmonie zwischen Mensch und Natur, zwischen Gesellschaft und Individuum und die Entfaltung einer lebensbejahenden, schöpferisch fähigen, allseitig gebildeten und harmonischen Persönlichkeit. Ausdruck dieses Zeitgeistes, des bürgerlichen Lebensgefühls, ist die konkret-sinnliche Beziehung zur Natur, die Darstellung der Harmonie zwischen Mensch und Natur im Gedicht „Osterspaziergang". Faust artikuliert in seinem Monolog das Erlebnis Natur und gelangt zur Erkenntnis, dass Natur und Wirklichkeit (Welt) eine Sache sind, gleichzusetzen mit Leben, mit der Möglichkeit der schöpferischen Tätigkeit und der Entfaltung der Persönlichkeit.

Christoph Geiser vertritt die moderne Autorengeneration. Er wurde 1949 in Basel geboren, 200 Jahre später als Goethe. Zwei Jahrhunderte haben Mensch und Natur sowie ihr Verhältnis zueinander wesentlich verändert, so dass auch die Wirklichkeit eine andere sein muss. Das 20. bzw. 21. Jahrhundert, das Zeitalter der Wissenschaft und Technik, wird durch die zunehmende Zerstörung der Natur, der gesamten Umwelt geprägt, so dass die „misshandelte" Natur die jahrelange positive Sinnerfahrung dem Menschen verweigert. Geisers Leben spielt sich zum größten Teil in Großstädten ab, z. B. in Berlin. Er kennt aus eigenen Erfahrungen die Auswirkungen der Technik und Industrie. Dieses Thema greift Christoph Geiser auf und sieht in seinem Gedicht „osterspaziergang" die Botschaft darin, Kritik zu üben und die Menschen aufzurütteln, über ihr Verhältnis zur Umwelt, zur Welt überhaupt nachzudenken.

Abschließende Bemerkungen

- Durch den direkten Vergleich erhältst du eine Fülle nutzbarer Einzelergebnisse. Es lohnt sich also, diesen Weg zu wählen.
- Beachte, dass eine zusammenhängende Darstellung gefordert ist.
- In der Einleitung kannst du auf die Vergleichbarkeit der beiden Texte hinweisen oder auf die Methode des Vergleichens eingehen.
- Der Hauptteil beinhaltet das Vergleichen nach den entsprechenden Gesichtspunkten.
- Zum Schluss solltest du deine Ergebnisse des Textvergleichs zusammenfassen (Parallelen, Gemeinsamkeiten und Unterschiede).

Aufgabe:

Es gibt die These, dass Bücher zunehmend von anderen Medien verdrängt werden.
Verfassen Sie eine Stellungnahme, die Ihre Sichtweise auf alte und neue Medien verdeutlicht!
(Sie können Karikatur und Text mit einbeziehen.)

(Aus: Stuttgarter Zeitung, 7. 10. 1993)

Auf dem Weg nach Multimedia

[…] In den Großstädten eröffnen die ersten Cyber-Cafés. Sie laden ein zum Kaffeeklatsch im Cyber-Space. Auf den ersten Blick sehen sie aus wie normale Kneipen mit einer Bar, Tischen und Stühlen. Dann fallen allerdings die vielen Computer und die Schaltkästen an der Wand auf. Die Besitzer verteilen keine Drinks oder Cappuccinos, sondern erklären ih-
5 ren Gästen, was sie mit den Computern alles machen können – Videokonferenzen abhal-ten, durchs Internet surfen, digital und preiswert nach Japan telefonieren oder in Fotos von Partys blättern, die jemand auf seiner Homepage im Internet anbietet. Suchen Menschen künftig ihre Freunde im World-Wide-Web? Wird nicht der Wohnort ihre Wiederfindbar-keit sichern, sondern die virtuelle Adresse in den email-Boxen der weltweiten Computer?
10 Mehr noch: Jeder kann sich künftig die Fernsehprogramme selbst zuschneiden, ausgewählt aus Hunderten von Angeboten nach selbst gewählten Kriterien. Es wird auf die jeweiligen Wünsche programmierte, lernfähige Datenköpfe geben, die den weltweiten Bit-Strom[1] unablässig durchforsten, um den Einzelnen mit dem zu informieren und zu unterhalten, was seinen Vorlieben, Neigungen und Sympathien entspricht. Zeitungen können gelesen
15 werden, die exklusiv für jedes Individuum nur in einem „persönlichen" Exemplar er-scheinen. Medien werden die Menschen mit allem versorgen, was ihnen und ihren Wert-vorstellungen schmeichelt. […]

[1] Daten-Strom im Internet

(Aus: Massenkommunikation – quo vadis?. In: Hermann Fünfgeld, Claudia Mast (Hrsg.), Massenkommunikation, Westdeutscher Verlag, Opladen 1997, S. 213 f.)

Lösung

Setze dich zuerst eingehend mit der Aufgabenstellung auseinander, um das zu bearbeitende Thema einzugrenzen und die Schwerpunkte deiner Arbeit festzulegen.

Analyse des Themas

– Die Stellungnahme ist eine Reaktion auf einen Sachverhalt oder eine Meinungsäußerung, deshalb musst du auf die vorgegebene These Bezug nehmen. Dazu entnimmst du den zentralen Gedanken und machst diesen zum Ausgangspunkt der folgenden Argumentation, die deine Sichtweise auf alte und neue Medien verdeutlicht. Die Aussagen der Karikatur und des Textes „Auf dem Weg nach Multimedia" kannst du als Beispiel/Beweismittel einbeziehen.

– Wie erreichst du die Verdeutlichung deiner Betrachtungsweise alter und neuer Medien?
  • Gegenüberstellung alter und neuer Medien
  • Darlegung der eigenen Auffassung zu den Medien
  • Schlussfolgerungen (zusammenfassende Stellungnahme)

Nach diesen Gesichtspunkten kannst du deine Stoffsammlung anlegen (Stichpunkte oder eine Mind Map). Die folgenden Ausführungen sind als ein Angebot zu betrachten.

Stoffsammlung

Einleitung

Bezug zur These
– Bestätigung der getroffenen Behauptung
– Lesebedürfnis kaum mehr vorhanden
– Gedanken zur Karikatur:
  • satirisch-ironische Darstellung zur These
  • Buch als geistige Quelle und als Mittel der Unterhaltung überholt, dient gedankenlos als Stütze für moderne Medien
– persönliche Beispiele als Belege zur These
– ständig neue Medien auf dem Markt
  (als Überleitung zum Hauptteil)

Hauptteil

1. Gegenüberstellung alter und neuer Medien

Begriffserklärung
Medien: Mittler und Träger von Informationen, Informationsspeicher, Informationen selbst sowie Programme zur Verarbeitung von Informationen

alte Medien
Bücher, Zeitungen, Zeitschriften: Printmedien
Flugschriften, Plakate u. a.
Radio, Film: elektronische Medien
Kassetten, Schallplatten u. a.

neue Medien
vornehmlich Computer, Internet, digitales Fernsehen
technische Mittel und Wege der Übertragung: Bildschirmtexte, Videotexte, Kabel- und Satellitenfernsehen
Videorecorder, Videokamera, Digitalkamera, Handy, Stereoanlage, SMS, Email, CD-Rom, Scanner u. a.

Mögliche Auswertung des Textes „Auf dem Weg nach Multimedia":
– Beispiele für die Nutzung und Vernetzung von Computern, für die neuesten technischen Mittel und Wege der Übermittlung v. Daten/Informationen: Videokonferenzen, im Internet surfen, digital ins Ausland telefonieren, in privater Homepage blättern, programmierte Datenköpfe suchen nach individuellen Informationen im Daten-Strom des Internets usw.
– Einrichten von Cyber-Cafés als Informationszentrum und Treffpunkt

2. Darlegen der eigenen Meinung zu den Medien

Persönliche Erfahrungen mit Medien
– Benennen der Medien
– Angaben zur Nutzung; Zweck/Ziel
  • Informieren über Aktuelles
  • Wissenserwerb/Bildung
  • Unterhaltung, z. B. spielen
  • Meinungsbildung/Gedankenaustausch, z. B. chatten
  • Nutzen im Alltag, z. B. Hausaufgaben erledigen

Meinung zu den neuen Medien
– Eingehen auf ein oder mehrere Medien und ihre Wirksamkeit
– Benennen der Vorzüge/Beweise
– Aufzeigen der Nachteile/Beweise

Beispiel: Internet (World Wide Web)

– Medienwirksamkeit
  • heute im Alltag große Bedeutung
  • beeinflusst grundlegend das Leben
  • Zahl der Internetbenutzer steigt rasant an
  • eine immer größere Vielzahl ist im Internet präsent (Internetadresse)

– Vorzüge dieser technischen Einrichtung
  1. Informationsbeschaffung aus allen Fach- u. Wissensgebieten
     • elektronisches Nachschlagewerk
     • Informationen für Referate, Tele-Working per Mausklick
     • Fotos, Grafiken, kurze Videoaufzeichnungen
  2. Nachrichtenübermittlung per elektronischer Post: Email
     • schnellste Übermittlung elektronischer Nachrichten für private u. berufliche Zwecke
     • Übermittlung jederzeit und kostengünstig
     • Speicherung beim Empfänger, Weiterverarbeitung möglich
  3. Shopping im Internet
     • bequem und preisgünstig
     • Katalogangebote überprüfen, in Ruhe auswählen, „Schnäppchen" erwerben
     • per Internet bezahlen

– Nachteile bzw. Vorurteile
  • Kommunikation entbehrt den direkten Kontakt von Mensch zu Mensch
  • Gefahr des Missbrauchs des Internets, z. B. beim Shopping per Kreditkarte
  • persönliche Post (Briefe schreiben) im eigentlichen Sinn entfällt
  • viel Zeit wird am Computer verbracht, wenig Zeit für andere Freizeitinteressen
  • gesundheitliche Schäden: Augen- u. Haltungsprobleme, Konzentrationsschwierigkeiten

Meinung zu den alten Medien
– Eingehen auf ein oder mehrere Medienbeispiele und ihre Wirksamkeit
– Vorzüge aufzeigen/Beweise
– Nachteile benennen/Beweise

Beispiel: Bücher

– Verschiedene Arten: Sach- und Fachbücher, Lexika; Belletristik: Romane, Erzählungen, Novellen, Kinder- und Jugendbücher, Western, Sciencefiction-Romane u. a.
  • Bedürfnisbefriedigung vieler Interessen
  • bleibende Dokumente der Zeitgeschichte
  • Gedanken, Gefühle literarischer Helden nacherleben

– Vorzüge der Bücher:
  • Leseerlebnis – Sprache erleben
  • Wissensvermittlung – Neugierde wecken
  • Fantasie – Vorstellungskraft entwickeln
  • echte Helden – Identifikation finden
  • Unterhaltung – Spannung erleben u. a.

– Nachteile der Bücher:
  • Inhalt visuell nicht erlebbar
  • Lesen zeitaufwändig und anstrengend
  • Bücher kostenmäßig zu teuer
  • Lesen: „langweilig", ohne „action"

Schluss

Zusammenfassende Stellungnahme (pro – contra – differenzierend)
– zu den neuen Medien
– zu den alten Medien bzw. zur Eingangsthese

Schülerbeispiele (Auszüge)

Einleitung

„Ich persönlich halte Bücher für veraltete Medien, mit denen ich mich gezwungenermaßen beschäftige. Würden wir nicht im Unterricht Goethe und Schiller lesen, so würde ich kein Buch in die Hand nehmen."

„Bücher werden zunehmend von anderen Medien verdrängt. Um diese These zu widerlegen oder ihre Richtigkeit zu bestätigen, muss erst geklärt werden, was die anderen Medien sind."

„Dass Bücher immer mehr verdrängt werden, möchte ich behaupten. Kaum einer von der jungen Generation liest noch ein Buch in seiner Freizeit."

Hauptteil

„Für mich sind die Medien Kommunikationsmittel, die Informationen übermitteln und Wissen weitergeben ...
Der Nachteil ist, man sitzt zu Hause allein, hat keinen Partner zum Gedankenaustausch, deshalb gehe ich ins Internet-Café. Oder man könnte ins Cyber-Café gehen, das Treffpunkt und Informationsquelle in einem ist. ... "

Schluss

„Zusammenfassend muss ich feststellen, dass ich keine eindeutige Stellung beziehen kann. Für mich haben alle Medien etwas Positives und Negatives."

„Ich denke nicht, dass das ‚alte' Medium Buch von den anderen Medien gänzlich verdrängt wird. Es wird nur durch moderne Medien ergänzt."

Aufruf zum Schreibwettbewerb

Aufgabe:
Schreiben Sie ein **modernes Märchen** oder führen Sie ein **fiktives Gespräch** mit Ihrem Spiegelbild! Gefragt sind Ihre Kreativität und Fantasie!

Spieglein, Spieglein …

Lösung

Das Besondere an dieser Aufgabe ist das freie Schreiben (Aufruf zum Schreibwettbewerb), bei dem du deine Kreativität (schöpferische Kraft) und Fantasie (Vorstellungskraft) entfalten kannst. Prüfe zuerst anhand der Vorgaben, was gefordert ist:

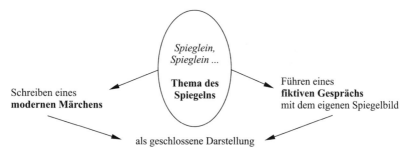

- Aufgreifen der Merkmale des Märchens **oder** der eines fiktiven Gesprächs
- Aufgreifen des Themas des Spiegelns, freie Gestaltung möglich

Nach diesen Überlegungen triffst du die Wahl der Darstellungsform entsprechend deiner Fähigkeiten und Vorstellungen.

Im Folgenden werden beide Möglichkeiten vorgestellt. Das Schreiben eines solchen Textes ist eine sehr subjektive Angelegenheit, deshalb können die hier vorgeschlagenen Ausführungen nur Anregungen oder Ansätze für deine Arbeit sein.

Lösung 1

Vorüberlegungen

MODERNES	MÄRCHEN
↓	↓
Was heißt „modern"?	*Was sind Merkmale des Märchens?*

– neu (zeitlich), zeitgemäß, was „in" ist
– zeitgemäßer Märcheninhalt: Figuren denken und handeln wie normale Menschen und leben in modernen Verhältnissen
– Umkehr von bekannten Wirkungsweisen / Gegensätzen:
  Hexe → gut
  Hänsel → böse
  König → arm
  Happyend → negativer Schluss
– Märchen umschreiben

– fantastisch-wunderbare Erzählung
– Inhalt frei erfunden, Ort und Zeit weitgehend unbestimmt
– fantastisch-wunderbare Ereignisse (Zauber, Wunder) neben realer Welt
– Wirken übernatürlicher Kräfte im Alltag (Hexen, Feen, Zwerge, Riesen)
– Tiere, Pflanzen, Gegenstände können reden
– Gegensätzliches bei Figuren:
  schlau ↔ dumm
  gut ↔ böse
  reich ↔ arm
  mutig ↔ feige usw.
– Inhalt / Ausgang entspricht den Wunschvorstellungen des Erzählers nach Gerechtigkeit und Hoffnung auf ein gutes Ende
– Zaubersprüche (Spieglein, Spieglein an der Wand ...)
– magische / symbolische Zahlen (Drei, Sieben, Dreizehn ...)
– typische Wendungen: „Es war einmal ...", „Und wenn sie nicht gestorben sind ..."

Schreibideen zum Thema „Spieglein, Spieglein ..."

1. Ein neues Märchen schreiben – mit zeitgemäßem Inhalt, z. B.:
   – an einem Wettbewerb teilnehmen (Sport, Kultur, Miss-Wahl u. a.), sich gegenüber der Konkurrenz behaupten;
   – sich gegen Rivalen durchsetzen, um einen Freund / Freundin kämpfen;
   – Tipps / Ratschläge / Wahrheiten durch den Spiegel erfahren betreffs der Erfüllung / Lösung von Aufgaben, Wünschen, Träumen, Problemen u. a.
2. Das Märchen „Schneewittchen" umschreiben
3. Ein **Antimärchen** verfassen, d. h. Umkehrung des Rollenverhaltens von Märchenfiguren, Veränderung der Absicht und Struktur des Märchens (z. B. Zuordnung negativer Verhaltensmerkmale den Gestalten Hänsel und Gretel, dem gestiefelten Kater, Schneewittchen; Zuordnen positiver Verhaltensweisen der Hexe, der Stiefmutter, dem Wolf usw.)

Stoffsammlung

Du suchst dir eine passende Schreibidee zum Thema und notierst unter Beachtung der Vorüberlegungen alle Gedanken, die dir spontan dazu einfallen. Dafür wendest du die Cluster-Methode an. (Cluster bedeutet: freie Assoziationen, spontane Einfälle, ungeordnete Gedanken zu einem Begriff.)

Anschließend formulierst du deinen Text. (Allgemeine Hinweise zum Schreiben einer Erzählung findest du im Kapitel D.)

Beispiel: Cluster „modernes Märchen"

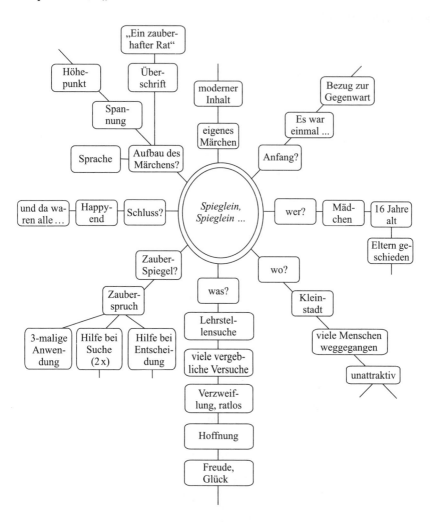

Aus Schülerarbeiten (Auszüge)

Beispiel 1: „Du bist schön"

Einleitung

Es war einmal ein älteres Ehepaar, das bekam 1982 das lang ersehnte Kind. Es war ein Mädchen, welches sie Tatjana nannten. Dieses sah aber von Anfang an nicht so wohlgeformt aus wie die meisten Kinder. Tatjana wirkte dick und mollig.

Hauptteil

Eben hatte das Mädchen seinen sechsten Geburtstag gefeiert, da begannen die ewigen Hänseleien wegen der körperlichen Fülle. Die Erwachsenen gaben ihre unmissverständlichen Kommentare ...
Eines Tages warf sie sich auf ihr Bett und weinte und weinte. In ihrem Schmerz rief Tatjana: „Warum bin ich sooo dick?"
Auf einmal wurde es dunkel im Zimmer und auf dem Spiegel konnte sie in Leuchtschrift lesen: „Du bist nicht zu dick, du bist schön" ...

Schluss

Tatjana hatte das passende Outfit gefunden und zeigte ein gesundes Selbstbewusstsein. Sie hört nicht mehr auf andere, sondern auf ihr Herz.

Beispiel 2: „Herr Ratzeputz und die Aktien"

Einleitung

Es war einmal vor nicht allzu langer Zeit ein junger Mann namens Herr Ratzeputz, der sich ans Telefon begab und seine ersten Aktien kaufte.

Hauptteil

Er kaufte und kaufte. Ständig war er auf Ausschau nach den günstigsten Angeboten. Dann begann er zu zocken, er wollte unbedingt der Beste sein. Wachte Herr Ratzeputz auf, sah er in seinen Spiegel. Der Griff des Spiegels war weiß wie Schnee, der Rahmen schwarz wie Ebenholz und die Rückseite rot wie eine Rose. Der Spiegel wurde geputzt und Herr Ratzeputz trat mit ihm in einen Dialog: „Spieglein, Spieglein in der Hand, wie steh'n die Aktien im ganzen Land?" Der Spiegel antwortete: „Im Bremer Land sind heut' die Aktien am allerbesten" ...

Schluss

Und wenn Herr Ratzeputz nicht gestorben ist, dann kauft er heute noch auf Ratschlag seines Spiegels seine Aktien.

Lösung 2

Vorüberlegungen

FIKTIVES	GESPRÄCH	mit dem SPIEGELBILD
↓	↓	↓
Was bedeutet fiktiv?	*Welche Möglichkeiten gibt es?*	*Was ist zu sehen?*

– erdacht
– nur angenommen
– nicht wirklich

Dialog: Wechselrede
– Gedankenaustausch zweier Personen: Frage/Antwort bzw. Rede/Gegenrede
– charakterisiert Personen
– verdeutlicht Prozess der Erkenntnisgewinnung/Meinungsänderung
– dient u. a. der Darstellung/Austragung von Konflikten

oder

Monolog (innerer): mit sich selbst reden
– Selbstgespräch einer einzelnen Person
– Mitteilung von Vorgängen/Ausdruck der seelischen Verfassung (Gedanken, Gefühle, Ahnungen, Unausgesprochenes)
– dient der Konfliktlösung
– Ich-Form

– Widerspiegelung des „eigenen Konterfeis"
– Abbild/Zerrbild

Schreibanlässe für (fiktive) Gespräche mit dem Spiegelbild

Eine Situation, in der es geht um:
1. verletzte Eitelkeit (Aussehen, Kleidung, Figur ...)
2. vermindertes Selbstwertgefühl (Aussehen, Leistung ...)
3. gesteigertes Selbstwertgefühl (Leistung, Ansehen ...)
4. eine Entscheidung (Lehrstelle, Ortswechsel, Freundschaft ...)
5. Konflikte und Missverständnisse (der eigenen Person mit Eltern, Lehrern, Freunden ...)
6. das Nachahmen und Nacheifern von Idolen (Sänger, Schauspieler, Models, berühmte Persönlichkeiten ...)

Stoffsammlung

Hier verfährst du genauso wie beim Märchenschreiben:

Du wählst eine geeignete Situation als Schreibanlass aus, entscheidest dich für die Darstellungsform (Dialog oder Monolog) und sammelst Stoff nach der Cluster-Methode.

Anschließend formulierst du einen zusammenhängenden Text – unter Beachtung typischer Merkmale der gewählten Darstellungsform (zum inneren Monolog vgl. S. 2001-17).

Beispiel: Cluster „fiktives Gespräch"

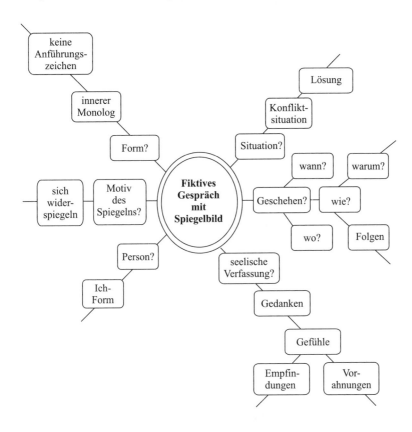

Schülerbeispiel (innerer Monolog)

Wie jeden Morgen erwartet mich auch heute der unvermeidbare Anblick meines Spiegelbildes. Es ist 7.00 Uhr. Ich stehe auf, gehe in Richtung Bad und schon fällt mein Blick in den Spiegel. Eine Möglichkeit, dem auszuweichen, gibt es nicht. Dieses Möbelstück ziert meine Badtür. Sehe ich heute besser aus?, frage ich ängstlich. Nein. Abscheulich. Das Gesicht ist noch immer verquollen, die Augen erscheinen klein wie Mäuselöcher und der Mund ist ziemlich verzerrt. Von meinen hellen Haaren ist kaum etwas zu sehen. Wenn nicht dieser hässliche weiße Verband wäre! Er entstellt mich vollends. Zum Glück habe ich den Spiegel. Den Verband ordne ich neu und schon fühle ich mich etwas besser ...

Aufgabe:
Interpretieren Sie die Fabel!

Gottlieb Konrad Pfeffel (1736–1809)

Die Reichsgeschichte der Tiere

Die Tiere lebten viele Jahre
in friedlicher Demokratie.
Doch endlich kamen sie einander in die Haare,
und ihre Republik versank in Anarchie.
5 Der Löwe machte sich den innern Streit zunutze
und bot sich ohne Sold dem kleinern Vieh,
als dem gedrückten Teil, zum Schutze,
zum Retter seiner Freiheit an.
Er wollte bloß des Volkes Diener heißen
10 und brauchte weislich seinen Zahn
im Anfang nur, die Räuber zu zerreißen.
Als dies die frohen Bürger sahn,
ernannten sie zum wohlverdienten Lohne
den Diener feierlich zum Chan*,
15 versicherten die Würde seinem Sohne
und gaben ihm die Macht, die Ämter zu verleihn,
um kräftiger beschützt zu sein.
Nun sprach der neue Fürst in einem andern Tone:
Er gürtete sein Haupt mit einer Eichenkrone,
20 enthob Tribut, und wer ihm widerstand,
fiel als Rebell in seine Pranke.
Der Tiger und der Fuchs, der Wolf, der Elefant
ergaben sich aus List, und jeder ward zum Danke
zum königlichen Rat ernannt.
25 Jetzt halfen sie dem Chan die schwächern Tiere hetzen,
bekamen ihren Teil an den erpreßten Schätzen
und raubten endlich trotz dem Chan.
„Ha", rief das arme Volk mit tiefgesenkten Ohren
und mit geschundner Haut, „was haben wir getan!" –
30 Allein der Freiheit Kranz, war nun einmal verloren,
der Löwe war und blieb Tyrann;
er ließ von jedem Tier sich stolz die Pfote lecken,
und wer nicht kroch, der mußte sich verstecken.

* Chan: mongolisch-türkischer Titel für Fürst

*(Aus: Der Kuckuck sprach zur Nachtigall ..., Fabeln von Luther bis Heine,
Aufbau-Verlag, Berlin und Weimar 1988, S. 94 f.)*

Lösung

Hinweise zum Autor

Gottlieb Konrad Pfeffel wurde am 28. Juni 1736 geboren, er starb am 1. Mai 1809 in Kolmar. Pfeffel studierte in Halle Jura und gründete mit Erlaubnis von König Ludwig XV. 1773 in Kolmar eine protestantische Erziehungsanstalt. Hier war er als Internatsleiter tätig und wirkte maßgeblich im protestantischen Kirchen- und Schulwesen mit. Bedingt durch die Französische Revolution wurde 1792 das Internat geschlossen und Pfeffel musste die Ausübung seines Berufes aufgeben. So konnte er sich mehr dem literarischen Schaffen widmen. Es entstanden verschiedene Prosaschriften, Erzählungen, Dramen, Gedichte und Fabeln. Unter dem Einfluss der französischen Fabeldichtung und der literarischen Strömung der Aufklärung schrieb er von 1754 bis zu seinem Tod mehr als 300 Fabeln – Alltagsfabeln, politische Fabeln und solche mit einer aufklärerisch-pädagogischen Tendenz. Es wird von Kritikern behauptet, dass Pfeffels Fabeln oftmals zeitkritischer waren als die des Zeitgenossen Ch. F. Gellert. Der Dichter bezeichnete sich selbst als einen „Freund der Unabhängigkeit" und als einen „Feind der Tyrannen und Schmeichler".

In folgenden Ausgaben wurden seine Fabeln veröffentlicht:

1761 „Politische Versuche" (drei Bücher)
1766 „Neue Beiträge zur deutschen Makulatur" (Gedichte und Versfabeln)
1783 „Fabeln, der Helvetischen Gesellschaft gewidmet" (1. Fabelband; Formulierung dieses Titels als Dank für die Aufnahme in diese Gesellschaft)
1784 2. Fabelband
1790 3. Fabelband
1802 Zehnbändige Gesamtausgabe

Fabelbeispiele:

– „Der Adler und der Weih"
– „Der Wiesel und die Maus"
– „Der Hund und der Esel"
– „Der Affe und der Löwe"
– „Der Tanzbär"

Zu den Merkmalen der Fabel

Die Fabel (lat. fabula: Erzählung) ist ein Genre der Epik und gehört zu den ältesten Arten der Weltliteratur. Sie ist zumeist ein kurzer Text, in Prosa oder Versform gehalten, in dem Tiere, Pflanzen oder Gegenstände wie Menschen reden, denken und handeln (Mittel der Verfremdung) und menschliche Eigenschaften oder Verhaltensweisen verkörpern. Deshalb werden die Fabeln auch Stellvertretergeschichten genannt.

Was mit einer Fabelgeschichte (Gleichniserzählung) erklärt werden soll – ihre „Moral" oder eine Lehre – kann im Vorspann oder im Schluss ausdrücklich formuliert sein. Es gibt aber auch Fabeln, die nur den bestimmten Fall schildern; die Erklärung muss man aus dem Handlungsablauf erschließen. Fabeln verdeutlichen eine religiöse, moralische oder praktische Belehrung oder üben Kritik an menschlichen Schwächen oder gesellschaftlichen bzw. politischen Verhältnissen. Für das Verständnis vieler Fabeln ist die Kenntnis der historisch-politischen Zeitverhältnisse eine wichtige Voraussetzung.

Typisch für die Fabel ist, dass die Handlung zielstrebig auf die Pointe zuläuft. Die Aufbaustruktur ist episch und dramatisch: Aus einer bestimmten Situation entwickeln sich Handlung und Gegenhandlung, die oft auch in Dialogform dargestellt werden. So entsteht eine vierteilige Gliederung: Situation – Handlung (actio) – Gegenhandlung (reactio) – Ergebnis.

Zu den bekanntesten Fabeldichtern gehören (chronologisch geordnet):

6. Jh. v. u. Z.:	Äsop („Der Fuchs und die Trauben")
16. Jh. (Reformation):	Martin Luther, Hans Sachs
17. Jh. (Frankreich):	La Fontaine
18. Jh. (Aufklärung):	G. E. Lessing, Ch. F. Gellert, G. K. Pfeffel
19. Jh.:	H. Heine, F. Grillparzer, W. Busch
20. Jh. (moderne Fabeln):	J. Thurber, F. Kafka, G. Anders, G. Kunert, H. Arntzen, W. Schnurre

Hinweise zum Vorgehen

Du interpretierst die Fabel nach den notwendigen Arbeitsschritten (s. Kapitel B). Das Endprodukt ist eine zusammenhängende Darstellung der Arbeitsergebnisse, in der Folgendes erkennbar sein muss:
– Spezifik der Interpretation,
– genretypische Merkmale der Fabel,
– deine persönliche Auseinandersetzung mit dem Demokratieverständnis.

Hinweis: Beim Lesen des Textes wirst du auf Begriffe treffen, die dir vielleicht nicht so geläufig sind. Verschaffe dir Klarheit über ihre Bedeutung vor der eigentlichen Interpretationsarbeit. Das erleichtert dir das Verständnis der Fabel.

Begriffserklärungen:
– Tyrann (griech.): Gewaltherrscher
– Demokratie (griech.): „Volksherrschaft"; Staatsform, in der die vom Volk gewählten Vertreter die Herrschaft ausüben; Formen: mittelbare, parlamentarische, unmittelbare, repräsentative Demokratie
– Anarchie (griech.): Zustand der Herrschafts- und Gesetzlosigkeit, Chaos in politischer und wirtschaftlicher Hinsicht
– Tribut: Abgabe, Steuer
– Sold (militärisch): Entlohnung
– Rebell: Aufrührer, Aufständischer
– Chan: s. Text, Fürst (mongolisch-türkisch)

Inhaltliche Betrachtungen

In dieser Fabel thematisiert Pfeffel das Wesen der Tyrannei und die Auswirkungen auf die Menschen. Dazu wählt er als Gleichnis „Die Reichsgeschichte der Tiere".

Ausgangssituation: Durch Machtkämpfe im Land gerät das einstmals friedlich und demokratisch regierte Reich der Tiere in den Zustand der Herrschafts- und Gesetzlosigkeit.

Einsetzen der Handlung: Die Situation ausnutzend, bietet sich der starke Löwe, der bekannt ist für seine Machtgier, den kleinen und unterdrückten Tieren zum Schutz und Retter ihrer Freiheit an, zum Diener des Volkes. Er stellt sich auf die Bedürfnisse der wesentlich Schwächeren ein und erfüllt anfangs seine Aufgaben scheinbar uneigennützig („ohne Sold" Z. 6).

Gegenhandlung: In ihrem blinden Eifer ernennen die zufriedenen Tiere den Löwen zum Fürsten als Lohn für seine Taten. Außerdem übertragen sie seinem Nachkommen die Fürstenwürde und weitere Machtbefugnisse in Form der Ämtervergabe, immer im naiven Glauben an das Recht und in der Hoffnung auf Freiheit und Gerechtigkeit.

Erneute Handlung: Der Fürstensohn ernennt sich selbst zum alleinigen Herrscher über alle Tiere („... sein Haupt mit einer Eichenkrone" Z. 19). Er legt die Steuern und Abgaben fest, mit denen er ein verschwenderisches Leben am Hofe führen kann. Außerdem fordert er absoluten Gehorsam von seinen Untergebenen. Aufbegehren und Rebellion werden sofort im Keim erstickt („... als Rebell in seine Pranke" Z. 21).

Gegenhandlung: Einige Tiere (Fuchs, Wolf, Tiger und Elefant) schmeicheln dem Herrscher, stellen sich aus List und Berechnung an seine Seite, um von der Macht zu profitieren. Sie erhalten den Beamtenstatus „Königlicher Rat" und gehören somit dem Hofstaat an.

Wende: Jetzt ändern diese Höflinge ihre Strategie. Skrupellos unterwerfen sie sich dem Tyrannen und werden zu Teilhabern der Macht auf Kosten der Schwachen. Sie beuten aus und werden mit „Schätzen" (Z. 26) gebührend belohnt.

Ergebnis in Redeform: Endlich erwacht das ausgebeutete, gedemütigte, rechtlose, besitzlose Volk („... mit tiefgesenkten Ohren / und mit geschundner Haut" Z. 28/29) aus seiner Sprachlosigkeit: „Ha, ... was haben wir getan!"

Die Besitzlosen begehren auf, weil sie endlich ihre Lage begreifen. Sie sind Opfer der Mächtigen und ihrer Politik geworden. Glaube und blindes Vertrauen in Recht und Ordnung schaffen keine Freiheit, keine demokratischen Veränderungen.

Der Ausruf: „... was haben wir getan!" (Z. 29) erlaubt eine mehrfache Deutung:
– als Ausdruck des Aufbegehrens, des Zorns
– als Behauptung: Wir haben alles getan, was von uns verlangt und erwartet wurde.
– als Hinterfragung:
  • Was haben wir getan, dass wir die schamlose Ausbeutung und Unterdrückung erdulden müssen?
  • Was haben wir getan, um Ausbeutung, Tyrannei und Machtmissbrauch abzuwenden?

Lehre: Freiheit und Demokratie existieren nicht mehr, der Löwe ist und bleibt Tyrann. Für ihn gibt es kein gleichberechtigtes, freies Volk, nur Unfreie und Schmeichler („... ließ ... sich stolz die Pfote lecken" Z. 32). Er besitzt die absolute Macht und legt Recht und Gesetz fest. Wer sich dem System nicht beugt, muss in Angst und Schrecken leben und für sich die Konsequenzen ziehen.

Form und Sprache

Pfeffels Fabel weist typische Merkmale dieses Genres auf. Es ist ein kurzer, in Versform verfasster Text. Kreuzreime (z. B. Z. 1–4: „Jahre" – „Demokratie" – „Haare" – „Anarchie") und wenige Paarreime (z. B. Z. 25/26; „hetzen" – „Schätzen") verbinden die Verse zu Klang- und Sinneinheiten, in der Regel mit reinen Reimen, z. B. Z. 5 und 7: „zunutze" – „Schutze".

Diese Fabel erzählt eine Geschichte mit klaren, leicht überschaubaren Handlungseinheiten, die gezielt auf die gewünschte Pointe bzw. das Ergebnis zustreben. Dem ist auch der Erzählstil untergeordnet. Pfeffel setzt auf eine prägnante Wortwahl (z. B. „... dem gedrückten Teil" Z. 7; „... zum wohlverdienten Lohne" Z. 13; „... versicherten die Würde" Z. 15; „... die schwächern Tiere hetzen" Z. 25), auf Fremdwörter zum Verdeutlichen des historisch-politischen Zeitbezuges (z. B. „Demokratie" Z. 1; „Anarchie" Z. 4; „Tyrann" Z. 31) und auf alle Formen von Aussagesätzen (einfache Sätze, Satzgefüge, Satzverbindungen), wobei die anreihende Konjunktion „und" eine wesentliche Rolle spielt (z. B. Z. 4, 6, 10, 27). Nur ein einziges Mal kommt die wörtliche Rede in der Fabel zum Einsatz. Sie wird zielgerichtet zur Verdeutlichung der Erkenntnis eingesetzt („Ha, ... was haben wir getan!" Z. 28/29).

Einige der im Text verwendeten Formulierungen sind als zeitgemäße Wendungen des 18. Jh. zu sehen, z. B. „kamen ... einander in die Haare" (Z. 3); „... brauchte weislich seinen Zahn" (Z. 10); „... um kräftiger beschützt zu sein" (Z. 17).

Typisch für die Fabel ist es, dass die Tiere wie Menschen denken, sprechen und handeln. Pfeffel wählte solche handelnden Tiere, die über eine feststehende Charakterisierung verfügen. Im übertragenen Sinn verkörpern sie menschliche Eigenschaften und Verhaltensweisen. Der Löwe steht für den Typ des Herrschers, des Tyrannen: stark, machtgierig. Das „kleine Vieh" (Z. 6) bedeutet das unterdrückte Volk: schwach, unterwürfig, leichtgläubig, zum Schluss aufbegehrend.

Der Tiger (raubgierig, lautlos, gefährlich), der Fuchs (listig, schlau), der Wolf (gefräßig) sowie der Elefant (stark, arbeitsam) werden durch List und Schmeicheleien zu Figuren der Macht, zu Höflingen, die in ihrer Gier nach Reichtum gefährlich und unberechenbar erscheinen. Im Text heißt es: „... halfen sie dem Chan die schwächern Tiere hetzen" (Z. 25), „... raubten endlich trotz dem Chan" (Z. 27).

Absicht und Leserwirkung

Gottlieb Konrad Pfeffel stellt seine Fabel in den Dienst der „Aufklärung", der Epoche der bürgerlichen Emanzipation auf geistig-kulturellem Gebiet. Er übt Kritik an den gesellschaftlichen und politischen Verhältnissen des 18. Jh., indem er sich gegen die historischen Tyrannen und Despoten wendet, gegen den Unterdrückergeist der Mächtigen des Adels. In seiner Fabel zeigt er das Wesen und die Auswirkungen der Tyrannei. Unter einer Gewaltherrschaft verlieren Freiheit und Demokratie, Recht und Gerechtigkeit ihren Sinn. Pfeffel kritisiert aber auch die Schmeichler, ihre Arglist und Skrupellosigkeit als menschliche Schwächen. Bei falsch verstandener Demokratie werden sie zur Gefahr für die Menschlichkeit, sie lassen sich leicht missbrauchen für die Intrigen der Macht. Ein wichtiges Anliegen der Aufklärung ist die Stärkung des bürgerlichen Selbstbewusstseins, die Aufforderung zum Aufbegehren gegen die bestehenden Verhältnisse. Die Absicht des Dichters mit dieser Fabel ist zeitgemäß, und deshalb ist das Wissen um den historisch-politischen Kontext für die Erkenntnis wichtig.

Man kann aber auch den Bezug zur Gegenwart herstellen. Meiner Meinung nach regt die Fabel an, über das eigene Demokratieverständnis nachzudenken. In der heutigen Zeit verstehen wir unter Demokratie eine Staatsform, in der gewählte Volksvertreter die Herrschaft ausüben. Es ist eine politische Form des Lebens, die von Gleichheit und Freiheit aller Bürger ausgeht. Deshalb verdeutlicht uns/mir die Fabel, dass es keine Anarchie geben darf, damit es nicht geschehen kann, dass Tyrannen oder Diktatoren an die Macht kommen können, die durch Terror und Machtmissbrauch die Demokratie zunichte machen (z. B. Faschismus). Somit bedarf es des Zusammenhalts aller demokratischen Kräfte, und der Einzelne bzw. die Masse (das „kleine Vieh") darf nicht kritiklos und unwissend handeln.

Schülerbeispiele (Auszüge)

„Ich habe die Fabel ‚Die Reichsgeschichte der Tiere' gewählt, weil sie mir auch heute noch etwas zu sagen hat. Sie regt mich an, über Macht und Politik nachzudenken."

„Die Fabel spricht ein bedeutsames Thema der Menschheit an – das Problem der Gewaltherrschaft."

„Aber da gibt es Führer, die zwar vom Volk gewählt sind, aber das Volk schamlos unterdrücken. Das ist wohl falsch verstandene Demokratie."

„In der Sprache der Fabel wird auch der Zeitbezug deutlich, z. B. in den Zeilen: ‚Jetzt halfen sie dem Chan die schwächern Tiere hetzen, ... und wer nicht kroch, der mußte sich verstecken.'"

Wasser – Leben, Herausforderung, Bedrohung ...

Aufgabe:

Verdeutlichen Sie Ihre Beziehung zum Thema „Wasser"!
Wählen Sie eine geeignete Darstellungsform (z. B. Erörterung, Schilderung, ...)!

Hartmut Böhme

Wasser

Wasser tritt aus der Erde als Quelle, bewegt sich als Fluss, steht als See, ist in ewiger Ruhe und endloser Bewegtheit das Meer. Es verwandelt sich zu Eis oder zu Dampf; es bewegt sich aufwärts durch Verdunstung und abwärts als Regen, Schnee oder Hagel; es fliegt als Wolke.

5 Es spritzt, rauscht, sprüht, gurgelt, gluckert, wirbelt, stürzt, brandet, rollt, rieselt, zischt, wogt, sickert, kräuselt, murmelt, spiegelt, quillt, tröpfelt, ...
Es ist farblos und kann alle Farben annehmen. Im Durst weckt es das ursprünglichste Verlangen, rinnt erquickend durch die Kehle; es wird probiert, schlückchenweise getrunken, hinuntergestürzt.

10 Es ist formlos, passt sich jeder Form an; es ist weich, aber stärker als Stein. So bildet es selbst Formen: Täler, Küsten, Grotten. Es gestaltet Landschaften und Lebensformen durch extremen Mangel (Wüsten) oder periodischen Überfluss (Regenzeit). Es ängstigt, bedroht, verletzt und zerstört den Menschen und seine Einrichtungen durch Überschwemmungen, Sturmfluten, Hagelschlag.

15 Wasser fordert den menschlichen Erfindungsgeist heraus: Flussregulierung, Dammbau, Bewässerungsanlagen, Kanalisation, Schiffsbau, Navigation, Fischereitechnik ...

(Aus: Wortstark 8, Schroedel Verlag, Hannover 1997)

oder

Wasser – mal romantisch, mal gefährlich

Aufgabe:

Schildern Sie Ihre Eindrücke, die Sie zur „Jahrhundertflut" bewegten und noch bewegen! Beziehen Sie das Bildmaterial mit ein!

Im Riesengebirge
Hier entspringt die Elbe. Bei Spindler-mühle vereinigen sich ihre Quellbäche. Mit 1165 km ist sie einer der größten Ströme Europas.

Glashütte

Hier beginnt die Katastrophe. Am Nachmittag des 12. 8. bricht ein Damm, eine Springflut schießt durchs Müglitztal. 7 Tote. Das Tal war tage-lang von der Außenwelt abgeschnitten.

Das schöne Grimma ein Trümmerfeld

Die Perle des Muldetals – so sieht sie aus, wenn die Mulde bösartig wird …

(Aus: Superillu-Sonderheft, Superillu Verlag GmbH & Co. KG., Berlin, August 2002)

Lösung

Die Prüfungsaufgabe 1 bietet zwei unterschiedliche Vorschläge zur Auseinandersetzung mit dem Thema „Wasser" an. Analysiere gründlich die Aufgabenstellungen und wähle eine geeignete Darstellungsform. Entscheide dich für das Angebot, zu dem du die sichersten Sach- und Methodenkenntnisse besitzt!

Lösung 1

Angebot zur Erörterung

Hinweise zur Beschreibung der Aufsatzform findest du im Kapitel A. Setze dich zuerst mit dem Thema und den Anforderungen auseinander, finde die Schlüsselstellen und grenze das Thema ein, um die Schwerpunkte deiner Arbeit festzulegen.

Analyse und Eingrenzen des Themas

Textgrundlage: **„Wasser" von Hartmut Böhme**
Welche Antworten gibt der Autor in seinem Text auf diese Fragen?

Thema: **Wasser – Leben, Herausforderung, Bedrohung ...**
  * Was ist Wasser?
  * Unter welchen Umständen bedeutet Wasser Leben, Herausforderung, Bedrohung?
  * In welcher Beziehung stehen die Menschen zum Wasser?

Aufgabe: **Verdeutlichen meiner Beziehung zum Wasser**

Erörterung

Das Analyseergebnis zielt auf eine **textgebundene Erörterung** hin. Das erfordert die Untersuchung des Textes „Wasser" im Hinblick auf die Aussagen des Autors zum Thema „Wasser", die anschließende persönliche Auseinandersetzung mit seinen Behauptungen, die Darstellung des eigenen Standpunktes und das Verdeutlichen deiner Beziehung zum Thema.

Bei der Stoffsammlung bzw. beim Schreiben des Aufsatzes kannst du wie folgt vorgehen:

Einleitung

In der Einleitung formulierst du, was das Anliegen deiner Ausführungen ist oder warum du diese Darstellungsform gewählt hast. Möglich wäre auch die Reflexion eines persönlichen Erlebnisses mit Wasser oder eine allgemein gültige Aussage zur Thematik o. Ä.

Hauptteil

Der Hauptteil wird durch die Struktur der textgebundenen Erörterung bestimmt.

1. Texterschließung

Untersuche den vorliegenden Text nach Thema und Kernaussagen. Bestimme die Textsorte und gehe auf die sprachliche Gestaltung ein.

- **Textsorte:** „Wasser" von Hartmut Böhme, ein Sachtext aus dem Deutschbuch „Wortstark 8", Schroedel Verlag, Hannover 1997
- **Sprache:** sachlich informierend, anschaulich, knapp und präzise
- **Thema:** Eigenschaften und Erscheinungsformen des Wassers, seine Bedeutung und Problematik für den Menschen
- **Kernaussagen:**
  - Wasser ist ein lebenswichtiges Element, es bewegt sich ständig verändernd und verändert sich bewegend.
  - Wasser bedeutet Leben für die Menschen, aber auch Gefahr für das Leben.
  - Wasser fordert den Menschen heraus, seine Bedrohung zu besiegen und die Natur zum Wohle des Menschen zu verändern.

2. Auseinandersetzung mit den Aussagen des Textes bzw. des Autors

- **antithetische** Auseinandersetzung des Autors mit dem Thema „Wasser"
- **Behauptung,** dass Wasser Gegensätzliches und gleichzeitig ursächliche Zusammenhänge verdeutlicht:
  - aus der Quelle entstehen Bäche, Flüsse, Ströme, Seen, Meere – ein unendliches Wasserreservoir
  - Wandlungsfähigkeit zu verschiedenen Formen – Regen, Schnee, Hagel, Eis, Dampf
  - Gestaltungskraft: Mangel → Wüsten, Überfluss → fruchtbare Landschaften
  - Vernichtungs- und Zerstörungskraft durch Überschwemmungen, Sturmfluten, Hagelschlag
  - Herausforderung für den menschlichen Erfindungsgeist
- **Behauptung,** dass Wasser farblos ist, aber viele Farben annehmen kann:
  - ein Tropfen auf der Hand erscheint völlig farblos
  - das Meer bei Sonnenschein erscheint leuchtend blau
  - das Meer bei Sturm und Regen erscheint tiefschwarz
- **Behauptung,** dass Wasser Leben, aber auch Vernichtung des Lebens bedeutet:
  - Wasser nützt dem Menschen und hilft Bedürfnisse befriedigen durch seinen funktionierenden natürlichen Wasserkreislauf
  - Gewährleistung des Trinkvorrates zur Absicherung des täglichen Wasserbedarfs der Menschen
  - Grundwasser für das Wachstum der Pflanzen, für den natürlichen Rhythmus der Jahreszeiten
  - Mangel an Niederschlag führt zu Trockenheit und Dürre (Folgen: Ernteausfälle, Hunger, Durst u. a.)
  - extrem starke Regenfälle führen zu Überschwemmungen, Flutwellen, Hochwasserkatastrophen (z. B. Jahrhundertflut im August 2002: Schäden in Milliardenhöhe, Vernichtung ganzer Ortschaften, Zerstörung der Natur)
- **Behauptung,** dass Wasser die Menschen herausfordere, die Gewalt des Wasser zu besiegen und die Natur zum Wohle des Menschen zu verändern:
  - Mensch reguliert Flussläufe, baut Dämme und Kanäle
  - Mensch errichtet Bewässerungsanlagen
  - Mensch wird zum Beherrscher der Natur, fordert sie heraus
  - Natur wehrt sich, die Folgen sind Naturschäden, Hochwasserkatastrophen u. a.

3. Absicht des Autors

Der Autor vermittelt Grundkenntnisse über das Wasser. Durch seine antithetische Auseinandersetzung mit dem Thema provoziert er den Leser.

4. Meine Beziehung zum Wasser

- für mich das wertvollste Gut, Bedürfnis und Notwendigkeit zugleich
  * kein Mensch kann länger als fünf Tage ohne Wasser leben
  * hoher täglicher Wasserbedarf für die Dinge des Alltags und für die Erhaltung des Lebens aller Lebewesen
  * Wasser als eines der wichtigsten Produktionsmittel in Industrie und Wirtschaft
- für mich unbedingte Notwendigkeit des Schutzes des Wassers vor Umweltverschmutzung und Sorge um den Erhalt natürlicher Wasserressourcen
  * ständig zunehmenden Verbrauch verringern (in Deutschland durchschnittlicher Wasserverbrauch von 136 Litern pro Tag und Person)
  * ansteigende Verschmutzung/Vergiftung des Wassers durch Abfälle, Gifte, Abwasser, Öle u. Ä. vermeiden
  * mein Beitrag für Sparsamkeit und Reinhaltung des Wasser
- für mich bedeutet Wasser Leben, Erholung und Entspannung
  * Wasser regt mich an, die Natur zu genießen (am Wasser sich erholen, träumen, sich sonnen)
  * Wasser motiviert mich zur aktiven Erholung (baden, schwimmen, tauchen, Boot fahren, surfen u. a.)
  * Wassertherapie zur Gesunderhaltung
- Respekt vor der Kraft und Schönheit des Wassers

Schluss

Der Schlussteil kann eine Zusammenfassung der Gedanken, Schlussfolgerungen oder einen Bezug zur Einleitung beinhalten.

Angebot zur Schilderung

Im Gegensatz zur Erörterung (sachliche Darstellung) handelt es sich bei der Schilderung um ein **persönliches ausdrucksvolles Schreiben** in Verbindung mit einer Textbeschreibung. Deshalb werde ich mich auf wenige Hinweise zu dieser Darstellungsart beschränken.

Informationen findest du
- zur Darstellungsart im Kapitel C,
- zu inhaltlichen Ansätzen in den Lösungsvorschlägen 1/1 und 1/2.

Folgendes muss in deiner Schilderung nachvollziehbar sein:
- Verbindung der Textbeschreibung mit persönlichen Eindrücken, Gedanken und Empfindungen
- erkennbarer Themenbezug
- ausdrucksvolles Darstellen, Erkennen der Grundstimmung und Wahrnehmung von Details
- wirkungsvoller Einsatz sprachlicher Mittel

Schülerbeispiele (Auszüge)

Einleitung

– „Der Text ‚Wasser', der von Hartmut Böhme verfasst wurde und in einem Schulbuch der 8. Klasse zu finden ist, beschreibt kurz und präzise, welche Eigenschaften und Schönheiten das Wasser besitzt und welche Gefahren und Probleme es mit sich bringt."
– „Wasser, der Ursprung des Lebens auf der Erde, ist eine Notwendigkeit für jeden Menschen. Und da das Leben im Wasser entstand, ist es nicht schwer vorstellbar, weshalb das Verlangen danach so groß ist."
– „Tagtäglich braucht der Mensch Wasser, zwei Liter sauberes, keimfreies Trinkwasser, Wasser für die Körperpflege, für das Kochen, Geschirrspülen, Wäschewaschen, für Hof und Garten und für andere Dinge des Alltags. Und wie selbstverständlich nimmt jeder das kostbare Nass aus dem Wasserhahn. Wird das aus irgendwelchen Gründen erschwert oder sogar verhindert, entsteht ein Problem: denn Wasser ist unentbehrlich für die Existenz des Menschen. Dass Wasser auch unter anderen Aspekten zu betrachten ist, möchte ich in meinen Darlegungen nachweisen."

Hauptteil

– „Weil die Menschen das Wasser beherrschen wollen und das auf unnatürliche und unverantwortliche Weise, entstehen als Folge Naturschäden, Fluten und Katastrophen."
– „Wasser ist so unberechenbar, dass ein Bächlein zum reißenden Strom werden kann, wie uns die ‚Jahrhundertflut' gezeigt hat."

Schluss

– „Wasser ist etwas Wichtiges und ganz Besonderes. Wir könnten niemals ohne Wasser leben, darum sollten wir es schützen und Respekt vor ihm haben."
– „Wir dürfen die vom Wasser ausgehende Gefahr nicht über seine Lebensnotwendigkeit siegen lassen."
– „Vom Wasser geht eine faszinierende Wirkung aus, trotzdem dürfen wir nicht die von ihm ausgehende Gefahr unterschätzen. Wasser ist für den Menschen eine lebenswichtige Grundlage. Setzen wir alle unsere Kräfte für den Erhalt und den Schutz der natürlichen Wasserressourcen ein."

Lösung 2

Durch die Analyse der Arbeitsanweisung und der darin enthaltenen Schlüsselwörter werden folgende Gesichtspunkte für deine Darstellung deutlich:
- Wasser – mal romantisch, mal gefährlich
- Schildern der Eindrücke, die dich zur „Jahrhundertflut" bewegten und noch heute bewegen
- Bildmaterial als Belege

Danach erarbeitest du eine Stoffsammlung für die Schilderung. Wichtiger Bestandteil sind dabei deine persönlichen Eindrücke, Gefühle, Empfindungen und Gedanken. Die folgenden Ausführungen können daher nur Anregungen geben.

Stoffsammlung

1. Wasser – mal romantisch, mal gefährlich

- **Wasser:** lebenswichtig für Menschen, Tiere und Pflanzen; 71 % der Erdoberfläche sind Bäche, Flüsse, Seen und Meere; Wasser – eines der vier Elemente
- **romantisch:** versetzt in eine schwärmerische Stimmung, kann verschiedene Farben annehmen, es murmelt, plätschert, in ihm spiegelt sich die Sonne wider
- **gefährlich:** explosiv, bösartig, bringt Unheil, es stürzt, es zerstört, ängstigt (Bezug zu den Bildern), ist schwer zu kontrollieren

2. Auswertung des Bildmaterials

Bild 1

- ein idyllischer Ort im Riesengebirge
- verbreitet eine romantische Stimmung, bestimmt auch im August letzten Jahres
- ruhig plätschernde Quellbäche der Elbe bahnen sich ihren Weg über Steine, entlang bunter Sommerwiesen
- sie vereinigen sich in Spindlermühle zum Fluss, der in Richtung Deutschland fließt
- z. B. durch die Sächsische Schweiz, bis die Elbe, mit 1165 Kilometern einer der größten Ströme Europas, in Hamburg in die Nordsee mündet

Bild 2

- ein Bild der Verwüstung im sächsischen Ort Glashütte an der Müglitz, einem kleinen Fluss
- durch sintflutartige Regenfälle im August 2002 ein mitreißender gefährlicher Strom
- am 12. August Beginn der schlimmsten Hochwasserkatastrophe des Jahrhunderts durch einen Dammbruch
- chaosartige Zustände im Ort, Wohnhäuser total zerstört, sieben Menschen ertrinken
- Müglitztal tagelang von der Außenwelt abgeschlossen

Bild 3

- auch in Grimma, der „Perle des Muldentals", ein Bild der totalen Verwüstung
- die friedliche Mulde durch Dauerregen ein reißender Fluss, gefährliche Wassermassen
- zerstörte Häuser gleichen Ruinen, anstelle von Straßen klaffen tiefe Löcher, Kabel und Rohre ragen gespenstisch aus dem Boden, überall Schlamm, Wasser, Steine, Bretter …

3. „Jahrhundertflut": Eindrücke, die mich damals bewegten und heute noch bewegen

- Jahrhundertflut an Elbe, Donau, Mulde und anderen Flüssen im August des Jahres 2002
- verheerendste Hochwasserkatastrophe in Europa seit 50 Jahren
- Ausrufen des Notstandes in vielen Gebieten – wie zu Kriegszeiten
- mehrere Tote, viele Vermisste, abertausende Evakuierungen
- Gesamtschäden in Milliardenhöhe

Die „Jahrhundertflut" –
erlebt als Augenzeuge oder
durch die Medien (Fernsehen ...)

Eindrücke, die mich August 2002 bewegten	Eindrücke, die mich heute noch bewegen
– der wandelbare Charakter des Wassers: wie sich in Minutenschnelle vorher harmlos plätschernde Bäche und Rinnsale plötzlich und unerwartet in aggressive Sturzfluten verwandeln (Bilder 1–3)	– unvergessene Bilder spektakulärer Rettungsaktionen: Helfer arbeiten unter Einsatz ihres Lebens (z. B. in Grimma: Rettung eines Babys und Rettung von 50 in einer Kirche eingeschlossenen Menschen)
– die verheerenden Folgen der Hochwasserkatastrophe (Bilder, andere Beispiele)	– der unbeugsame Wille und die ungeheure Energie der Menschen
– grenzenlose Solidarität mit den Menschen in den betroffenen Gebieten (Beispiele)	– der unverdrossene Kampf gegen diese Schicksalsschläge (Beispiele)

Bemerkungen zum Verfassen der Darstellung

Bei deiner Schilderung (Erlebnisschilderung) kommt es darauf an, ein anschauliches Bild der „Jahrhundertflut" zu vermitteln, sodass der Leser die Grundstimmung nachempfinden kann. Wahrgenommene Details (deine Einzelerlebnisse) müssen ein eindrucksvolles Gesamtbild ergeben. Mit der Darstellung persönlicher Gedanken und Empfindungen solltest du nicht sparsam umgehen (Ich-Bezug). Tempus der Schilderung ist das Präteritum.

Um Anschaulichkeit zu erreichen, verwende
– Bilder, Metaphern, Vergleiche, Personifizierungen,
– aussagestarke Verben, auch Verben der Bewegung,
– stimmungsvolle Adjektive und
– Substantive, die Einzelheiten bzw. Besonderheiten benennen.

Beispiele für den wirkungsvollen Einsatz sprachlicher Mittel

– aggressive Sturzfluten, der Himmel öffnete seine Schleusen, Häuser gleichen Ruinen, stürzen ein wie Kartenhäuser, Kabel und Rohre wie Gespenster, Zustand wie in Kriegszeiten, Verkehrschaos entstand, das ganze Hab und Gut verloren, altbekannte Ortsansichten verschwanden von der Erdoberfläche u. a.
– harmlos plätschernde Bäche, kleine Rinnsale, sintflutartiger Dauerregen, reißende Flüsse, übermannshohe Wassermassen, verheerendste Hochwasserkatastrophe, unsägliches Leid, zahllose Evakuierungen, katastrophale Folgen, bedrohliche Lage, verfaultes Getreide u. a.

Beispiele für die Formulierung von Gedanken und Empfindungen

– Unfassbares, Unbegreifliches war geschehen.
– Atemlos lauschte ich den Berichten.
– Mit Entsetzen verfolgte ich die täglichen Berichte / Meldungen.
– Bilder des Schreckens verfolgten mich im Traum.
– Die Bilder im Fernsehen und in den Zeitungen wirkten wie ein Schock.
– Mir versagte die Stimme beim Anblick ...
– Ich fand keine Worte ...
– Ich fühlte mit den Notleidenden ...
– Ich spürte Angst, Angehörige meiner Familie könnten betroffen sein.
– Ich hörte nachts das Weinen derer, die alles verloren hatten.
– Ich weiß, diese furchtbaren Bilder bleiben noch lange im Gedächtnis der Menschen.

Abschließend sei auf unterschiedliche Gestaltungsmöglichkeiten von Einleitung und Schluss in deiner Darstellung hingewiesen:
– Gegenstand der **Einleitung** kann die Bedeutung des Wassers sein oder ein persönliches Erlebnis.
– Der **Hauptteil** beinhaltet die eigentliche Schilderung (s. Aufgabenstellung).
– Zum **Schluss** fasst du deine Erkenntnisse zusammen oder du schlussfolgerst bzw. du rundest deine Darstellung mit einem Ausblick auf Zukünftiges ab.

Schülerbeispiele (Auszüge)

Einleitung

– „Jeder kennt Wasser und assoziiert mit diesem Begriff das schönste Naturerlebnis. Ein Bächlein fließt am Waldesrand entlang. In ihm tummeln sich die verschiedensten Fische, ein Vogel badet am sandigen Ufer, die Sonne spiegelt sich im ruhigen Wasser wider ... Ein Wanderer hält inne und lauscht.“
– „In meinen Augen ist Wasser die schönste Sache der Welt. Wasser kann so romantisch wirken – stimmungsvoll, träumerisch, kann Spaß und Erholung bieten. Aber es kann auch äußerst gefährlich sein.“
– „Es war der Nachmittag des 12. August 2002, ein Nachmittag wie jeder andere. Nach dem Training begab ich mich auf den Nachhauseweg. Auf der alten Holzbrücke blieb ich stehen und sah auf die Elster und erfreute mich am leisen Murmeln des Wassers. Es war mir nicht klar, dass zur gleichen Zeit die Elbe zum reißenden Strom geworden war.“

Hauptteil

– „Ich selbst habe die ‚Jahrhundertflut‘ nicht miterlebt. Bilder aus dem Fernsehen übermittelten das grausame Geschehen ...“
– „Ich fühlte mich hilflos, genauso hilflos wie die Menschen, die alles verloren hatten und vor dem Nichts standen ...“
– „Die Bilder im Fernsehen schockierten mich. Oft musste ich weinen bei der Vorstellung, dass so etwas in meiner Heimatstadt passieren könnte.“

Schluss

– „Wasser ist nach wie vor etwas sehr Schönes, doch man sollte die von ihm ausgehende Gefahr nicht unterschätzen.“
– „Ich wundere mich immer noch, wie es geschehen konnte, dass aus einem harmlosen Fluss so ein zerstörerischer Strom werden konnte. Jetzt fließt die Elbe wieder ganz ruhig zur Nordsee und an einem der Quellbäche im Riesengebirge badet vielleicht wieder ein Vogel am sandigen Ufer.“
– „Irgendwann werden die Flutschäden vollständig beseitigt sein. Aber die Bilder bleiben in den Köpfen der Menschen, vor allem derjenigen, die ihr ganzes Hab und Gut verloren haben. Die Erinnerung an dieses Ereignis wird ewig bleiben – auch meine.“

Aufgabe:

Charakterisieren Sie die „Vogelalte" aus der Sicht Marions!

Susanne Kilian (geb. 1940 in Berlin, lebt in Wiesbaden)

Marion guckt aus dem Fenster

Marion sitzt direkt unter dem Fenster an ihrem Tisch und macht Hausaufgaben. Es ist so
die Zeit: nach dem Mittagessen, ab zwei bis ungefähr vier, halb fünf, je nachdem.
Manchmal guckt Marion durchs Fenster in den trüben, grauen Oktobernachmittag. Und
ab drei Uhr guckt sie immer öfter hoch, rüber zu dem Balkon vom Altersheim. Der liegt
5   genau in ihrem Blickfeld. Die bunten Blumenkästen haben sie längst reingebracht. Der
Balkon ist leer und glänzt dunkel vor Feuchtigkeit. Das ist jetzt schon der zweite Tag, wo
sie nicht kommt. Sie – das ist die alte Frau aus dem Heim drüben. Marion nennt sie
heimlich für sich „die Vogelalte". Jeden Nachmittag im Herbst und Winter füttert sie die
Vögel. Das läuft Tag für Tag gleich ab: Irgendwann zwischen drei und vier, immer zwi-
10 schen drei und vier, nie früher und nie später, geht drüben die Balkontür auf. Eine dicke,
alte Frau, auf zwei Stöcke gestützt – sie hat jedesmal Schwierigkeiten, entweder mit den
Stöcken oder mit der Türklinke –, watschelt auf den Balkon. An ihrem unförmigen,
dicken Körper hängen, krumm und nach innen gebogen, die Beine, als würden sie sich
biegen unter dem Gewicht: Watscheln ist eigentlich ein lustiges Wort, aber Marion fällt
15 kein anderes ein, das so genau den Gang der Frau beschreiben könnte. Aber es sieht nicht
lustig aus, wie sie geht. Kein bisschen. Eher sehr beschwerlich.
Zuerst läuft die Frau auf dem Balkon hin und her. Langsam. Ganz langsam. Wie das
Pendel einer riesigen Uhr. Hin-tick, nach links; her-tack, nach rechts. Nach einer Weile
bleibt sie stehen. Direkt am Geländer. Sie hängt ihre beiden Stöcke daran und stützt sich
20 darauf, hält sich fest und lässt sich vor, zurück, vor, zurück schaukeln. Dann lehnt sie nur
noch vorn mit dem Bauch gegen das Geländer, lässt es los und kramt mit den Händen in
ihren Manteltaschen.
Marion hat sie noch nie in einem anderen Mantel gesehen: schwarz, oben ein kleiner
Pelzkragen, mit drei riesigen, glänzenden Knöpfen zugeknöpft. Und so altmodisch! Und
25 nie hat Marion sie etwas anderes aus der Tasche rausholen sehn als die rote Plastiktüte.
Sachte wird sie aufgewickelt. Ein Stück Brot kommt zum Vorschein. Stückchen für
Stückchen wird es mit zittrigen, runzligen Händen zerkrümelt und fliegt in eine aufgeregt
flatternde, nickende, pickende Vogelversammlung. Tauben und Spatzen zanken sich um
das Brot. Und die Alte hört mittendrin auf und schaut ihnen zu. Dann verteilt sie sehr
30 langsam und bedächtig die letzten Krümel. Das rote Plastiksäckchen wird zurückgesteckt.
Jetzt läuft alles wieder genauso ab wie vorher, nur so, als liefe nun der Film rückwärts.
Die Alte steckt den Beutel ein. Schaukelt vor, zurück am Geländer. Nimmt die Stöcke
wieder. Läuft hin, her, hin. Und geht vom Balkon, wobei sie wieder Schwierigkeiten mit
der Tür hat.
35 Und heute ist sie nicht da! Marion schaut nicht jeden Tag so genau nach ihr. Bloß wenn
sie Langeweile hat, guckt sie ihr die ganze Zeit zu. Dann überlegt sie, ob die Frau wohl
Kinder hat? Und wie viele? Wo die wohl wohnen? Ob sie überhaupt verheiratet war?
Sicher war sie früher mal nicht so dick. Und vielleicht ein sehr schönes junges Mädchen.
Bestimmt war sie mal so alt wie Marion, zehn. Und ein winziges Baby war sie auch mal.
40 Jetzt ist sie dick und alt und ganz allein da auf dem Balkon.

Marion kann sich richtig vorstellen, wie sie beim Frühstück ihr Brot in das Plastik-säckchen schiebt. Bestimmt verstohlen und heimlich. Und wahrscheinlich lächelt sie ein bisschen dabei, weil sie daran denkt, wie sich am Nachmittag die Vögel drum streiten werden.

45 Vielleicht ist sie bloß krank. In einer Woche oder zwei, drei Wochen – bei alten Leuten dauert das ja immer länger, denkt Marion –, da wird sie wieder drüben stehn. Aber vier Wochen vergehen, sechs, acht.

Früher hat Marion nicht jeden Tag auf die Frau gewartet. Sie hat einfach nur gesehen, wie sie drüben stand, so, wie sie einen Bus oder einen Zug sehen würde, der an einem
50 bestimmten Ort zu einer bestimmten Zeit täglich eine Stunde steht.

Jetzt wartet Marion. Die Alte fehlt ihr. Sie hatte sich an ihren Anblick, an ihr Dasein gewöhnt. Und die Alte hatte zu ihrer Umgebung gehört, ohne dass sie es richtig gemerkt hatte.

Nach einem Vierteljahr wartete Marion nicht mehr. Die Frau war nicht krank gewesen.
55 Sie war gestorben. Hinter den Fensterscheiben drüben im Altersheim hatte Marion schon eine Neue gesehen. Zwischen den andern, die sie wie die Vogelalte nur vom Ansehn kannte. Die Neue fiel durch ihr schneeweißes Haar besonders auf.

Marion würde die Vogelalte nie, nie mehr sehen. Da erst fiel ihr ein, dass sie nicht mal wusste, wie die Frau geheißen hat. Keinen Namen wusste sie. Nie hatte sie ein Wort mit
60 ihr gesprochen. Noch nicht mal zugewinkt hatte sie ihr. Dabei war es ihr jetzt, als wäre etwas, was sie sehr lieb hatte, fortgegangen.

Sie dachte, die Frau mit den schneeweißen Haaren wird auch sterben. Sie sind alle bis zum Tod da drüben. Keine geht einfach so weg. Und immer kommen andere nach. Es war das erste Mal, dass sie zum Altersheim rübergguckte und so was dachte.

(Aus: Deutschstunden Lesebuch, Klasse 8, Cornelsen Verlag, Berlin 1988, S. 8 ff.)

Lösung

Voraussetzung für die Bewältigung dieser Aufgabe sind Kenntnisse über Inhalt und Verfahrensweise einer textgebundenen Charakteristik (literarische Charakteristik).

Hinweise zur Autorin

Die Kinderbuchautorin Susanne Kilian wurde am 2. August 1940 in Berlin geboren. Sie war eine Zeit lang als Lehrerin und im Buchhandel tätig. Heute lebt sie in Wiesbaden. Bekannt wurde sie nach der Publizierung von Kindergedichten und -texten in verschiedenen Anthologien und im Buch „Kaugummi – Gustav & Automatensusi" (1970). Das 1972 erschienene „Nein-Buch für Kinder. Hinterher ist man schlauer" begründete einen neuen Trend der Kinder- und Jugendliteratur, den Trend zum kritischen Kinderbuch.

Indem die Autorin konkrete, auf die Alltagssprache bezogene Texte mit umweltorientierten Grafiken und Fotografien zu einer stilistischen Einheit verknüpft, will sie Probleme der Kinder in einer mehr oder weniger kinderfeindlichen Erwachsenenwelt aufzeigen und lösen helfen (z. B. Manipulation der Konsumenten durch Werbung, Spielplatzprobleme in der Großstadt, Umweltverschmutzung u. a.). Problematisch erscheint in einigen ihrer Bücher, dass die Erfahrungen der Kinder allzu oft in der Ohnmacht gegenüber Erwachsenen enden.

Susanne Kilian veröffentlichte eine ganze Reihe interessanter Werke, wie z. B. „Na und? Zwischen Aufstehen und Schlafengehen liegt ein Tag" (1972), „Von Igor, dem schrecklichen Kind" (1972), „O.K." (Kinderroman, 1974), „Große Ferien" (1975), „Die Stadt ist groß. Erzählungen, Bilder, Geschichten für Kinder und andere Stadtbewohner" (1976), „Geh und spiel mit dem Riesen" (Gedichte), „Lenakind".

Die Erzählung „Marion guckt aus dem Fenster" ist dem Buch „Kinderkram, Kinder-Gedanken-Buch" entnommen, das 1987 im Verlag Beltz & Gelberg, Weinheim und Basel, erschienen ist.

Hinweise zur Charakteristik

Die Charakterisierung ist eine literarische Gestaltungstechnik zur Individualisierung und Typisierung von Gestalten. In der Regel vermittelt sie die äußeren Merkmale und Züge der Figuren, die sich in ihrem Denken und Handeln widerspiegeln. Dabei kann der Autor die Eigenschaften direkt nennen oder durch handelnde Personen nennen lassen, oder er macht die Charakterzüge durch das Verhalten, die Handlungen und deren Motive sowie durch die Wiedergabe der Gedanken sichtbar, charakterisiert also indirekt.

Folgende Schwerpunkte müssen sich in deiner Darstellung widerspiegeln:
– Erkennen der Beobachtungsperspektive
– Merkmale der textgebundenen Charakteristik
– Erfassen des äußeren Erscheinungsbildes der Figur (Aussehen, Handlungen, Bewegungen, Verhaltensweisen, typische Gewohnheiten)
– Schließen auf erkennbare charakterliche Eigenschaften (direkt im Text genannt oder vom Betrachter beobachtet)
– Stellung des Betrachters zur Figur

Mithilfe der **Texterschließung** gewinnst du die notwendigen Angaben:
– An erster Stelle steht das **gründliche Lesen** des Textes. Konzentriere dich insbesondere auf alle Textstellen, welche die zu charakterisierende Figur, die „Vogelalte", betreffen.
– Anschließend **exzerpiere** die wichtigen Textstellen mit genauen Angaben, sinngemäß oder wörtlich (Zitate).
– Lege ein **Gliederungsschema** fest und ordne die gefundenen Textstellen nach einer sinnvollen Reihenfolge der Merkmale, wie die folgende Übersicht zeigt.

Darstellung der Ergebnisse der Texterschließung (Stoffsammlung)
„Marion guckt aus dem Fenster" von Susanne Kilian

Erzählung

Geschehen (kurz)

Die zehnjährige Marion
wartet eines Tages vergeblich
auf die „Vogelalte" und stellt
fest, dass mit dem Tod der
Frau etwas Gewohntes
verloren gegangen ist.

Erzählperspektive

Das Geschehen wird aus der
Sicht einer anderen Figur
erzählt, die nicht an der
Handlung beteiligt ist.
(personaler Erzähler)

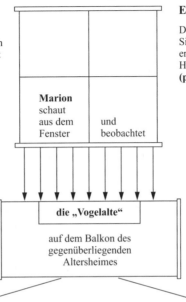

Marion
schaut
aus dem   und
Fenster   beobachtet

die „Vogelalte"

auf dem Balkon des
gegenüberliegenden
Altersheimes

äußeres Erscheinungsbild	erkennbare charakterliche Eigenschaften	
(Textbelege)	**direkt im Text genannt**	**(indirekt) beobachtet**
Name, Alter – eine alte Frau „mit zittrigen, runzligen Händen" (Z. 27) – wird „Vogelalte" genannt, weil sie Vögel füttert und der richtige Name unbekannt ist		– schätzt das Alter auf 80 Jahre – wie Alte oft sind: eigenwillig, wie kleine Kinder
Aussehen – sie ist dick und hat einen „unförmigen, dicken Körper", an dem „krumm und nach innen gebogen, die Beine hängen", „als würden sie sich biegen unter dem Gewicht" (Z. 12 ff.) – sie trägt immer einen schwarzen Mangel mit kleinem Pelzkragen, „mit drei riesigen, glänzenden Knöpfen zugeknöpft" (Z. 24)	– „Und so altmodisch!" (Z. 24)	– unförmiges Aussehen, Beschwerlichkeit, sich zu bewegen – ist mit der Zeit stehen geblieben; Kleidung nebensächlich

Bewegungen

– stets auf zwei Stöcke gestützt, läuft „watschelnd", sieht nicht lustig, sondern „sehr beschwerlich" aus (Z. 16) – läuft zuerst immer ganz langsam auf dem Balkon hin und her wie „das Pendel einer riesigen Uhr" (Z. 18) – lehnt sich zum Schluss „vorn mit dem Bauch gegen das Geländer" (Z. 21)		– Hilflosigkeit, jede Bewegung fällt ihr schwer – gibt trotz der Probleme nicht auf – möchte der Langeweile entfliehen

Handlungen

– füttert jeden Nachmittag im Herbst und Winter die Vögel – kramt in den Manteltaschen nach der roten Plastiktüte mit dem Stück Brot	– „immer zwischen drei und vier Uhr, nie früher und nie später" (Z. 10)	– liebt die Tiere als ihre einzige Beziehung – es ist zu vermuten, sie ist ein guter Mensch – ein Ritual, Tag für Tag

Verhaltensweisen

	– „Das läuft Tag für Tag gleich ab." (Z. 9) – „wie das Pendel einer riesigen Uhr" (Z. 18)	– hält sich an ihre festen Gewohnheiten
– „Sachte wird sie aufgewickelt" (Z. 26), zerkrümelt das Brot Stück für Stück, „verteilt sehr langsam und bedächtig" den Rest (Z. 29 f.) – „Marion kann sich richtig vorstellen, wie sie beim Frühstück ihr Brot in das Plastiksäckchen schiebt … verstohlen und heimlich … lächelt … dabei" (Z. 41 f.) – „die Alte hört mittendrin auf und schaut ihnen zu" (Z. 29) – „ganz allein da auf dem Balkon" (Z. 40) – viele Monate lang lässt sie sich nicht sehen		– das Alter und ihr körperlicher Zustand lassen keine Eile und Hast zu – bedeutet Vorfreude auf das Kommende und Genuss für wenige Augenblicke
	– Gedanken / Fragen Marions zum Leben und den Angehörigen der Frau (Z. 36 ff.) – „Vielleicht ist sie bloß krank." (Z. 45) – „Sie war gestorben." (Z. 55)	– Bestätigung, dass jeder Mensch sterben muss

⇓

Marions Stellung zur „Vogelalten"

Im vergeblichen Warten bemerkt Marion, dass ihr die Alte fehlt.
„Sie hatte sich an ihren Anblick, an ihr Dasein gewöhnt." (Z. 51 f.)
Die alte Frau ist Teil ihrer Umwelt, ist ihr lieb und vertraut geworden.
Der Tod der „Vogelalten" lässt sie über die älteren Menschen und über die Beziehung Leben – Tod nachdenken.

Bemerkungen zur Darstellung

Die Charakteristik der „Vogelalten" aus der Sicht Marions zu schreiben, heißt, die **Ich-Form** zu verwenden. Achte darauf, dass die Erschließung und die Auswertung der in Frage kommenden Textstellen einen sachlich-beschreibenden Stil verlangen und der Hauptteil nicht zur Nacherzählung wird.

– In der **Einleitung** artikulierst du
  • das Anliegen deines Schreibens,
  • die Stellung der Person innerhalb der Handlung,
  • Angaben zum Geschehen der Erzählung,
  • den ersten Eindruck, den die Person auf den Betrachter macht o. Ä.
– Der **Hauptteil** beinhaltet die Charakteristik der „Vogelalten".
– Im **Schlussteil** fasst du die wichtigsten Ergebnisse deiner Untersuchungen zusammen, z. B. zu einem Gesamturteil über die Person.

Schülerbeispiele (Auszüge)

Einleitung

– „In der vorliegenden Erzählung geht es um die 10-jährige Marion. Diese beobachtet eine alte Frau, die im gegenüberliegenden Altersheim lebt und deren Namen sie nicht kennt. Da die Alte jeden Tag im Herbst und Winter die Vögel füttert, gibt Marion ihr den Namen „Vogelalte". Irgendwann ist sie nicht mehr da und Marion erkennt, dass sie ihr vertraut geworden ist. Sie charakterisiert die „Vogelalte" wie folgt: Die Frau ist bestimmt schon an die 80 Jahre alt. Ihre Hände sind ganz runzlig und zittern schon. …"
– „Es ist jetzt ein halbes Jahr her, seitdem die „Vogelalte" gestorben ist. Irgendwie vermisse ich sie, obwohl sie mir von ihrer Figur und ihrem Getue her recht eigenartig vorkam. Jeden Tag sah ich sie auf dem Balkon die Vögel füttern."
– „Ich heiße Marion und möchte die Frau aus dem Altersheim charakterisieren. Immer, wenn ich mich bei den Hausaufgaben langweile, gucke ich aus dem Fenster, geradewegs zum Balkon des gegenüberliegenden Altersheimes. Und immer sehe ich eine alte Frau, die ich Vogelalte nenne. Ich weiß nichts von ihr, nicht einmal ihren Namen. Aber sie fällt mir auf, weil sie Tag für Tag die Vögel füttert. Deshalb nenne ich sie auch die Vogelalte. Sie ist furchtbar dick, unförmig, möchte ich behaupten. …"

Hauptteil

– „Ich glaube, sie ist ein guter Mensch. Sie füttert jeden Tag die Vögel, im Herbst und im Winter. Das macht ihr ganz bestimmt Spaß, denn sie unterbricht immer für eine Weile das Füttern, um den Tauben und Spatzen zuzuschauen, wie sie sich um die letzten Krümel zanken."
– „Die Vogelalte tut mir Leid, sie ist immer allein und im Altersheim muss es ziemlich langweilig sein."

Schluss

– „Seit einem halben Jahr lebt die Vogelalte nicht mehr. Sie fehlt mir sehr, ihr auffällig altmodischer Mantel, der rote Plastikbeutel, ihr watschelnder Gang – einfach alles um sie herum. Ich fühle mich richtig traurig, wenn ich nicht mehr auf dem Balkon ihr vertrautes Gesicht sehen kann."
– „Gern hätte ich ihr noch etwas gesagt. Ich vermisse sie, sie ist ein Teil von mir geworden."
– „Sie war bestimmt eine nette alte Frau, wie man sie aus dem Fernsehen kennt. Hätte ich sie doch nur besucht, dann wüsste ich, was für ein Mensch sie gewesen ist. Vergessen werde ich die Vogelalte jedenfalls nie."

Aufgabe:

Nach Erkenntnissen der Bundeszentrale für gesundheitliche Aufklärung (BZgA) gibt es drei größere gesundheitliche Problembereiche, die Kindern und Jugendlichen zu schaffen machen.

3.1 Finden Sie diese aus dem Text heraus und ordnen Sie jeweils fünf Informationen zu! Wählen Sie eine geeignete Methode der Darstellung, z. B. Mind Map, Tabelle, …!

3.2 Schreiben Sie einen Artikel für die Schülerzeitung, in dem Sie sich kritisch mit einem dieser Problembereiche auseinander setzen!

Hinweis: Beide Teilaufgaben 3.1 und 3.2 sind zu bearbeiten.

Was Kinder krank macht

Der Mensch ist, was er isst – und viele Kinder und Jugendliche essen entweder viel zu viel oder viel zu wenig. Das belegen zumindest die Zahlen des Ernährungsberichtes 2000 der Deutschen Gesellschaft für Ernährung. Danach sind Übergewicht und auch Untergewicht als Folge von Essstörungen ein weit verbreitetes Problem:

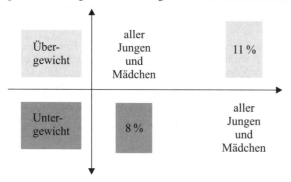

5 Insgesamt liegt fast jedes dritte Kind außerhalb seines Normalgewichts, was bereits bestehende bzw. sich entwickelnde Essstörungen vermuten lässt. Wie sehr Jugendliche mit Gewichtsproblemen kämpfen, zeigen wiederum die Zahlen: Unter den 11- bis 15-Jährigen haben 11 Prozent der Jungen und 17 Prozent der Mädchen bereits Diäterfahrungen. Körperkult und Schönheitsideal fordern ihren Preis. Eine aktuelle Studie von 1999 zeigt
10 außerdem: Insbesondere Mädchen betrachten sich durchweg sehr kritisch: 56 (!) Prozent der 13- bis 14-jährigen Mädchen wären gern dünner. Sie erliegen damit dem Traum vom (vermeintlichen) Schönheitsideal mit Kleidergröße 34/36, das von den Medien und der Werbung entgegen der Realität (Durchschnittskleidergröße 40/42) als unbedingt erstrebenswert verordnet wird.
15 Unsere veränderten Essgewohnheiten tragen indessen nicht gerade dazu bei, die Pfunde purzeln zu lassen: Fastfood, Snacks und Fertiggerichte, meist besonders energie- und fettreich, verdrängen frisch zubereitete Kost mehr und mehr. Und auch der Faktor Bewegung scheint auf dem Weg zur Traumfigur keine wesentliche Rolle zu spielen. Denn Bewegungsmangel und die daraus resultierende Empfehlung, mehr Sport zu treiben, ist
20 eine Diagnose mit unübersehbar steigender Tendenz.

Die Menschen sind mobil wie nie und trotzdem fehlt es an Bewegung. Immer weniger bewegungsorientierte Freizeitangebote finden vor der Haustür statt. Die Faszination von Fernsehen, Computer und digitaler Spielewelt läuft sportlich orientierter Freizeitgestaltung den Rang ab.

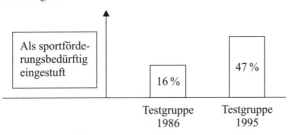

Als sportförderungsbedürftig eingestuft

16 %   47 %

Testgruppe   Testgruppe
1986   1995

25 Stress ist der dritte große Bereich, unter dem Kinder und Jugendliche leiden. Stressauslöser sind in erster Linie Schule, soziales Umfeld (Eltern, Mitschüler etc.), aber auch Lärm und andere äußere Einflüsse. Steigende Leistungsanforderungen und Informationsdichte verlangen hohe Konzentration, Flexibilität und Anpassung an einen weitgehend durchorganisierten Alltag, der wenig Freiräume übrig lässt. Hinzu kommt der Druck,
30 einem bestimmten Standard zu entsprechen: „In"-Sein ist Muss.

(Aus: BARMER Das aktuelle Gesundheitsmagazin, Zeitschrift für Mitglieder der BARMER Ersatzkasse Nr. 3, 3. Quartal 2001)

Lösung

Entscheidest du dich für dieses Thema, musst du ausgewählte Methoden der Informationserfassung, -darstellung (Teilaufgabe 3.1) und -weiterverarbeitung (Teilaufgabe 3.2: Textproduktion) anwenden. Sachdienliche Hinweise findest du im Kapitel E sowie in den Erläuterungen zu verschiedenen Aufgaben (Übungsaufgabe 1; 1997/4; 2001/1 und 4; 2002/1 und 3).

Teilaufgabe 3.1

Zum Herausfinden der drei größeren gesundheitlichen Problembereiche bei Kindern und Jugendlichen sowie der dazu geforderten Informationen wende die dir bekannten Schritte des Lesens von Texten an.

1. Schritt:
Überfliege den Text einschließlich der Grafiken, um dir einen Überblick über Inhalt und Aufbau zu verschaffen (**orientierendes Lesen**). Gehst du nach dem sog. **Schlängellesen** vor (s. Kapitel E, S. 15), erfasst du evtl. schon beim ersten Durcharbeiten die drei Problembereiche.

2. Schritt:
Unter dem Aspekt der Aufgabenstellung lies den Text ein zweites Mal (**selektives Lesen**) und kennzeichne am Rand grob die Passagen (Begriffe, Fakten u. Ä.), die dir bei der Lösung der Aufgabe helfen können.

3. Schritt:
Studiere zum Schluss den Text und die Grafiken noch einmal Zeile für Zeile (**totales bzw. gründliches Lesen**) und markiere das Wesentliche. Mithilfe von Abkürzungen, unterschiedlichen Unterstreichungen, Nummerierungen u. Ä. (**Markierungshilfen**) kannst du differenzieren nach Problembereichen (z. B. P I, P II, …) und Informationen (z. B. I 1, I 2, …).

Abschließend wählst du eine geeignete **Methode zur Darstellung** der Ergebnisse. Neben einer **Mind Map** oder einer **Tabelle** (in der Aufgabenstellung vorgeschlagen) könntest du auch das **Blockdiagramm** oder eine **schematische Übersicht** in Betracht ziehen. Wähle die für dich rationellste Methode. Bevor du mit den Ausführungen beginnst, solltest du die Vollständigkeit und die einwandfreie Zuordnung der Informationen überprüfen und an die Formulierung einer geeigneten Überschrift denken. Notiere die Stichpunkte knapp und präzise. Bewertet werden insgesamt 15 Informationen zu den drei Problembereichen (unter Einbeziehung der Statistiken), die korrekte Umsetzung der Methode sowie die Sprachrichtigkeit (beim Herausschreiben der Fakten unbedingt auf die exakte Rechtschreibung achten!).

Im Folgenden findest du vier unterschiedliche Beispiele der grafischen Veranschaulichung der Arbeitsergebnisse.

Beispiel 1: Tabelle

Was Kinder krank macht

Essstörungen	Bewegungsmangel	Stress
– Gewichtsprobleme – Über- und Untergewicht – Diäterfahrungen – Körperkult und Traum vom Schönheitsideal – veränderte Essgewohnheiten – energie- und fettreiche Kost durch Fastfood und Fertiggerichte	– steigende Tendenz – Empfehlung zur sportlichen Betätigung – wenig bewegungsorientierte Freizeitangebote – Fernsehen, Computer und digitale Spiele als Freizeitbeschäftigung – Anstieg der sportförderungsbedürftigen Kinder	Stressauslöser: – Schule – soziales Umfeld – Lärm und andere äußere Einflüsse – steigende Leistungsanforderungen – Informationsdichte – „In"-Sein als Muss

Beispiel 2: Mind Map

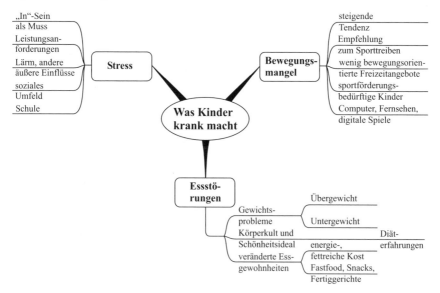

2003-18

Beispiel 3: Schematische Übersicht (Strukturskizze)

Gesundheitliche Probleme der Kinder und Jugendlichen

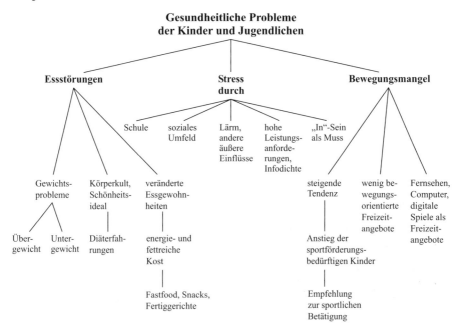

Essstörungen **Stress durch** **Bewegungsmangel**

Schule · soziales Umfeld · Lärm, andere äußere Einflüsse · hohe Leistungsanforderungen, Infodichte · „In"-Sein als Muss

Gewichtsprobleme · Körperkult, Schönheitsideal · veränderte Essgewohnheiten · steigende Tendenz · wenig bewegungsorientierte Freizeitangebote · Fernsehen, Computer, digitale Spiele als Freizeitangebote

Übergewicht · Untergewicht · Diäterfahrungen · energie- und fettreiche Kost · Anstieg der sportförderungsbedürftigen Kinder

Fastfood, Snacks, Fertiggerichte · Empfehlung zur sportlichen Betätigung

Beispiel 4: Blockdiagramm

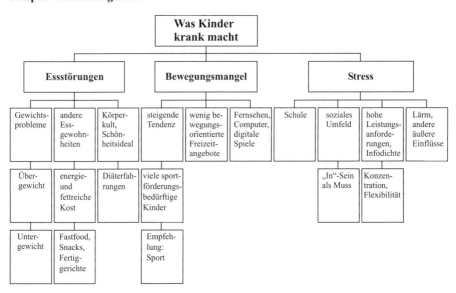

Was Kinder krank macht

Essstörungen · **Bewegungsmangel** · **Stress**

Gewichtsprobleme · andere Essgewohnheiten · Körperkult, Schönheitsideal · steigende Tendenz · wenig bewegungsorientierte Freizeitangebote · Fernsehen, Computer, digitale Spiele · Schule · soziales Umfeld · hohe Leistungsanforderungen, Infodichte · Lärm, andere äußere Einflüsse

Übergewicht · energie- und fettreiche Kost · Diäterfahrungen · viele sportförderungsbedürftige Kinder · „In"-Sein als Muss · Konzentration, Flexibilität

Untergewicht · Fastfood, Snacks, Fertiggerichte · Empfehlung: Sport

Teilaufgabe 3.2

Durch Analyse und Eingrenzen des Themas (Aufgabenstellung) kannst du klären, was für deine Textgestaltung in Frage kommt.

Analyse und Eingrenzen des Themas
- Erfassen der Sinnträger bzw. Schlüsselstellen: **Schreiben** *Sie* einen **Artikel für die Schülerzeitung**, in dem *Sie* sich **kritisch mit einem der Problembereiche auseinander setzen!**
- Daraus ergeben sich folgende Schwerpunkte:
  - Art der Darstellung – Artikel für die Schülerzeitung,
    d. h. Beachten des Adressatenbezuges und der Spezifika eines Zeitungsartikels
  - Inhalt des Artikels – kritische Auseinandersetzung mit einem der Probleme aus Teilaufgabe 3.1 mit eigener Stellungnahme (sachorientiertes Darstellen)

Diese Schwerpunkte bilden das Gerüst für deine **Stoffsammlung** (traditionelle Form oder Mind Map).

Was ist beim Schreiben des Artikels für die Schülerzeitung zu beachten?
1. Merkmale eines Zeitungsartikels
   - Form der öffentlichen Stellungnahme mit erörterndem Charakter
   - Angabe des Anlasses (Text oder Thema)
   - Ziel, Adressaten zur Stellungnahme anregen
   - Äußere Formmerkmale:
     - Schlagzeile (Überschrift) – ermöglicht schnelle Orientierung, lässt Grundgedanken erkennen, motiviert zum Lesen
     - evtl. Untertitel – präzisierende Funktion
     - namentliche Unterzeichnung als Leser oder Redaktionsmitglied der Zeitung
   - Präsens als Zeitform der Darstellung
   - Stellungnahme auch als Kommentar oder Leserbrief möglich (s. S. 97–16, 2001-24)

2. Adressatenbezug
   - Adressaten sind Schüler
   - Wahl von Beispielen aus dem Lebens- und Erfahrungsbereich dieser Zielgruppe
   - jugendgemäßer Sprachstil (verständliche Begriffe verwenden)

Wie erfolgt die kritische Auseinandersetzung mit einem der Problembereiche?
- in Form einer **textgebundenen Erörterung** (vgl. S. 2001-3)
- Vorgehen :

1. **Ergebnisse** der Teilaufgabe 3.1 **auswerten** und **mit eigenen Worten wiedergeben**
   - Quelle benennen
   - Kernaussagen formulieren
   - Beispiele darstellen, durch die das Thema erläutert wird
   - Wiedergabe deines persönlichen Eindrucks zum dargestellten Sachverhalt
   - Beurteilung der aufgestellten Behauptungen: zutreffend, nicht zutreffend, teils-teils

2. **Dargestellte Behauptungen zu einem Bereich aus deiner Sicht erörtern**
   - Auswahl eines Problembereichs
   - Behauptungen aufgreifen, kritisch betrachten, durch eigene Beispiele belegen bzw. mit eigenen Erfahrungen vergleichen
   - persönlich Stellung nehmen

Das folgende Beispiel kann dir als Anregung zum Schreiben eines Artikels für die Schülerzeitung dienen.

WAS KINDER UND JUGENDLICHE KRANK MACHT
Zum Problem Essstörungen

Von S. Wagenknecht, Redakteurin der Schülerzeitung

Anlass meiner schriftlichen Äußerungen – ein Artikel aus der Zeitschrift für Mitglieder der BARMER Ersatzkasse aus: „BARMER Das aktuelle Gesundheitsmagazin", 3. Quartal 2001 mit dem Titel „Was Kinder krank macht".

1. Auswertung der Teilergebnisse 3.1

Thema: drei größere gesundheitliche Problembereiche, die Kinder und Jugendliche belasten: Essstörungen, Bewegungsmangel und Stress
– Beispiele wiedergeben, mit denen die Problembereiche erläutert werden (Auswahl treffen aus der Ergebnisdarstellung 3.1)

Artikulieren des persönlichen Eindrucks
– Zustimmung zu dem Gesagten, d. h. gleiche Erkenntnisse wie Verfasser des Artikels im Gesundheitsmagazin
– aufgestellte Behauptungen entsprechen den krankhaften Erscheinungsformen bei Kindern und Jugendlichen in der gegenwärtigen Zeit, auch wenn die Untersuchungen nicht auf dem aktuellsten Stand sind (1999 – 2001)
– Problem Nr. 1 scheinen Essstörungen zu sein (größerer Textumfang, reichliches Zahlenmaterial als Beleg)
– dargestellte Beispiele überzeugend und beweiskräftig, sehr detailliert
– zu Problemen Bewegungsmangel und Stress vorrangig nur Behauptungen aufgestellt, kaum oder gar nicht an Beispielen erläutert
– zweifelhaft erscheint die Behauptung von „weniger bewegungsorientierten Freizeitangeboten" und die Statistik von 1995 betreffs der 47 % der Sportförderungsbedürftigen

2. Kritische Auseinandersetzung mit dem (einem) Problem Essstörungen
– These zutreffend, veränderte Essgewohnheiten als Ursache
– meine Feststellung: „Fastfood" – ein Bedürfnis der modernen Jugend
– Vorteile:
  • individuelle Zusammenstellung des Essens
  • große, preisgünstige Portionen (z. B. Big Mac zum halben Preis)
  • gut aussehende Mahlzeiten in farbenfroher Verpackung
  • Überraschungen, die besonders Kindern gefallen (z. B. Junior Tüte)
– Nachteile, die missachtet werden :
  • Ausrichtung der Speisen nach Geschmack und nicht nach ernährungswissenschaftlichen Richtlinien (zu viel Kohlenhydrate, Zucker; zu wenig Vitamine, Ballaststoffe)
  • Gewichtszunahme als Folgeerscheinung
  • Verdauungsprobleme und Zahnschäden
  • 11 % der Mädchen und Jungen übergewichtig
  • negativer Einfluss der Medien und der Werbung, da sie Bedürfnisse schaffen und Idealbilder prägen, die von der Gesellschaft als erstrebenswert angesehen werden
– meine Erfahrung:
  • Traum vieler Mädchen und Jungen von Körperkult und Schönheitsideal
  • Streben nach Anerkennung und Bewunderung durch „Schönheit" und Attraktivität
  • Diäterfahrung bei 17 % der Mädchen und 11 % der Jungen zwischen 11 und 15 Jahren
  • Streben nach einem bestimmten Schönheitsideal mit Konfektionsgröße 34/36 durch wenig oder gar kein Essen
  • Essstörungen in Form von Magersucht und Bulimie (Ess-Brech-Sucht)
  • Störungen der Psyche der Kinder und Jugendlichen für das ganze Leben
  • Notwendigkeit einer jahrelangen klinischen Betreuung

3. Persönliche Schlussfolgerungen

– Aufforderung zur kritischen Haltung eines jeden jungen Menschen gegenüber propagierter Scheinideale
– Überprüfung eigener Bedürfnisse und Essgewohnheiten
– Stärkung des eigenen Selbstbewusstseins zur Wahrung der eigenen Persönlichkeit
– Gewinnung der Erkenntnis, dass ein ausgewogenes Verhältnis zwischen gesunder Ernährung und Bewegung für das eigene Wohlbefinden notwendig ist
– Annahme von Ratschlägen bei gesundheitlichen Problemen durch Eltern, Freunde bzw. medizinisches Personal aufsuchen
– Präventivmaßnahmen durch Schulen, Krankenhäuser und andere staatliche Einrichtungen verstärken

Schülerbeispiele (Auszüge)

Einleitung

– „Was Kinder krank macht
Die Zahlen des Ernährungsberichtes 2000 der Deutschen Gesellschaft für Ernährung belegen es. Immer mehr Kinder und Jugendliche haben Über- oder Untergewicht als Folge von Essstörungen."
– „ZU DICK oder ZU DÜNN?
Der Mensch ist, was er isst! Dass der Satz besonders für Kinder und Jugendliche zutrifft, habe ich in einem Artikel der Zeitschrift ‚BARMER Das aktuelle Gesundheitsmagazin' gelesen. Und das stimmt, immer mehr junge Leute leiden unter Gewichtsproblemen."

Hauptteil

– „Viele Kinder und Jugendliche leiden unter ihrer Figur. Sie sind in den meisten Fällen selber Schuld, denn sie essen zu viel und vor allem energie- und fettreich. ‚Fastfood' und Snacks sind besonders beliebt. Es gibt sicherlich keinen von uns, der auf einen Big Mac verzichten würde."
– „Ursachen für Essstörungen sind auch der Körperkult und das Streben nach Schönheitsidealen. Und wer nicht passt, wird eben passend gemacht."
– „Es kann doch nicht sein, dass junge Menschen, die durch falsche Essgewohnheiten Übergewicht haben, noch gefördert werden sollen."

Schluss

– „Viele Menschen, auch Kinder und Jugendliche, leben heute zu stressig und denken nicht über ihre Gesundheit nach. Deshalb ist es wichtig, ruhiger zu werden und Lebensgewohnheiten zu überprüfen, vor allem die Essgewohnheiten. (Max Binder, Schüler, 10. Klasse)"
– „Zum Schluss möchte ich auf den zweiten Teil der Artikelserie ‚Was Kinder krank macht' in der nächsten Ausgabe verweisen. Es handelt vom Bewegungsmangel der Kinder und Jugendlichen. (Elke Heidenreich, Redaktionsmitglied der Schülerzeitung)"
– „Ich kann nur sagen: Ernährt euch richtig und treibt Sport! Dann habt ihr keine Gewichtsprobleme und bleibt gesund. In der nächsten Ausgabe folgt Teil 2 mit Stressproblemen. (Euer Schulreporter S. Bauch)"

Aufgabe:
Interpretieren Sie die Parabel!

Nach: **Pedro Calderón de la Barca** (spanischer Dramatiker 1600–1681)

Ein „guter Mensch" am Höllentor

Die Hölle war total überfüllt und noch immer stand eine lange Schlange am Eingang.
Schließlich musste sich der Teufel selbst herausbegeben, um die Bewerber fortzuschicken.
„Bei mir ist alles so überfüllt, dass nur noch ein einziger Platz frei ist", sagte er. „Den
muss der ärgste Sünder bekommen. Sind vielleicht ein paar Mörder da?" Und nun
5   forschte er unter den Anstehenden und hörte sich die Verfehlungen an. Schließlich sah
er einen, den er noch nicht gefragt hatte. „Was ist eigentlich mit Ihnen – dem Herrn, der da
für sich allein steht? Was haben Sie getan?" „Nichts", sagte der Mann. „Ich bin ein guter
Mensch und nur aus Versehen hier. Ich glaubte, die Leute ständen hier um Zigaretten an."
„Aber Sie müssen doch etwas getan haben", sagte der Teufel. „Jeder Mensch stellt etwas
10   an." „Ich sah es wohl", sagte der gute Mensch, „aber ich hielt mich davon fern. Ich sah,
wie Menschen ihre Mitmenschen verfolgten, aber ich beteiligte mich niemals daran. Sie
haben Kinder hungern lassen und in die Sklaverei verkauft; sie haben auf den Schwachen
herumgetrampelt und die Armen zertreten. Überall um mich herum haben Menschen von
Übeltaten jeder Art profitiert. Ich allein widerstand der Versuchung und tat nichts."
15   „Absolut nichts?", fragte der Teufel ungläubig. „Sind Sie wirklich sicher, dass Sie das
alles mit angesehen haben?" „Vor meiner eigenen Tür", sagte der „gute Mensch". „Und
nichts haben Sie getan?", wiederholte der Teufel. „Nein!" „Komm herein, mein Sohn:
Der Platz gehört dir!" Und als er den „guten Menschen" einließ, drückte sich der Teufel
zur Seite, um mit ihm nicht in Berührung zu kommen.

(Aus: Leben leben, Ethik 9/10, Klett-Verlag, Leipzig 1997, S. 185)

oder

Aufgabe:

Interpretieren Sie das Gedicht!

Johann Wolfgang Goethe (1749–1832)

Mailied

Wie herrlich leuchtet
Mir die Natur!
Wie glänzt die Sonne!
Wie lacht die Flur!

5 Es dringen Blüten
Aus jedem Zweig
Und tausend Stimmen
Aus dem Gesträuch,

Und Freud und Wonne
10 Aus jeder Brust.
O Erd, o Sonne!
O Glück, o Lust!

O Lieb, o Liebe!
So golden schön,
15 Wie Morgenwolken
Auf jenen Höhn!

Du segnest herrlich
Das frische Feld,
Im Blütendampfe
20 Die volle Welt.

O Mädchen, Mädchen,
Wie lieb ich dich!
Wie blickt dein Auge!
Wie liebst du mich!

25 So liebt die Lerche
Gesang und Luft,
Und Morgenblumen
Den Himmelsduft,

Wie ich dich liebe
30 Mit warmem Blut,
Die du mir Jugend
Und Freud und Mut

Zu neuen Liedern
Und Tänzen gibst.
35 Sei ewig glücklich,
Wie du mich liebst!

(Aus: Goethe, J. W., Gesammelte Werke, Bd. 3, Weimar 1961)

Lösung

Als Darstellungsart wird in dieser Aufgabe eine Interpretation (s. Kapitel B) verlangt. Dabei solltest du beachten, dass die angebotenen Texte aufgrund ihrer genrespezifischen Merkmale (Epik – Lyrik) und der epochalen Zuordnung (17. Jahrhundert/Zeit des Barock in Spanien – 18. Jahrhundert/Sturm-und-Drang-Zeit in Deutschland) wesentliche Unterschiede aufweisen. Wähle die Textart, die für dich persönlich bedeutsam erscheint bzw. zu der du kompetente Aussagen treffen kannst.

Lösung I

„Ein ‚guter Mensch' am Höllentor" nach Pedro Calderón de la Barca

Hinweise zum Autor

Pedro Calderón de la Barca wurde am 17. Januar 1600 als Sohn einer verarmten Adelsfamilie in Madrid geboren. Er studierte in seiner Heimatstadt und in Salamanca Theologie. Als 22-Jähriger trat Calderón in den Soldatenstand und nahm an verschiedenen Feldzügen in Italien und Flandern teil. Nach der Soldatenzeit wandte er sich verstärkt dem Katholizismus und dem Schreiben von Theaterstücken zu, wofür er 1635 vom König Philipp IV. mit dem Posten des Theaterleiters am Hof belohnt wurde. Im Jahre 1651 erfolgte seine Weihe zum Priester und 1663 die Ernennung zum Hofkaplan sowie seine Erhebung in den Adelsstand. Der Dichter verstarb am 25. Mai 1681 in Madrid.

Pedro Calderón de la Barca zählt zu den bedeutenden Dramatikern des spanischen Barock. Er verfasste mehr als 400 Bühnenstücke, geistliche und weltliche, Lust- und Zwischenspiele. Zu seinen frühen Werken gehört die Mantel- und Degenkomödie „Dame Kobold" (1629), die noch heute an den Theatern gern aufgeführt wird. In den späteren Jahren beschäftigte sich der Dichter mit ernsteren Themen, wie z. B. mit dem Konflikt zwischen Adel und Bürgertum im Drama „Der Richter von Zalamea" (1643). Weitere Werke sind „Das Leben ist ein Traum" (1635) und „Das große Welttheater" (1645).

Calderóns Stücke sind getragen vom optimistischen Traditionalismus, der auf drei Säulen basiert: Katholizismus, Königstreue, Nationalstolz. Sicher waren ihm die korrupten Zustände an den Höfen Philipps IV. und Karls II. bekannt, aber er kritisierte in seinen Werken nur „... durch die Darstellung einer Gesellschaft, deren Anständigkeit die Unanständigkeit jener Zustände bloßstellen musste" (Zitat aus: Geschichte der Literatur, Band 3, Literatur und Gesellschaft in der westlichen Welt, Propyläen Verlag Berlin, 1988, S. 323).

Dieser spanische Dramatiker übte einen nachhaltigen Einfluss auf die deutschen Romantiker aus, so übersetzten August Wilhelm Schlegel und Freiherr Joseph von Eichendorff einige seiner Werke.

Hinweise zur Parabel

Das Wort kommt aus dem Griechischen, parabole – „Wagnis", „Gleichnis". Die Parabel ist ein lehrhaftes literarisches Werk oder Teil eines Werkes, das durch ein Gleichnis eine Erkenntnis zu vermitteln sucht. Dieses Gleichnis ist deshalb meist dem Erfahrungsbereich des zu Belehrenden entnommen. Der Leser oder Hörer muss jedoch selbstständig von dem geschilderten Sonder- bzw. Einzelfall auf das Allgemeine schließen.

In der Literatur wird die parabolische Redeweise oft verwendet, Parabelhaftes findet sich auch in Allegorien, Gleichnissen, Fabeln und sogar im epischen Theater. Gemeinsam ist diesen literarischen Formen, dass man die Bedeutung erst durch Übertragung des Gesagten (**Bildebene**) auf etwas Gemeintes (**Sachebene**) erfährt (**Analogieschluss**). Der Begriff Parabel im engeren Sinn ist **kürzeren Prosatexten** vorbehalten, in denen in bildhafter Erzählweise ein interessanter Einzelfall dargestellt wird. Mit der Vieldeutigkeit der Bildebene geht der lehrhafte Charakter zurück. Von der Verallgemeinerung des Einzelfalls ausgehend (Abstraktion) soll der Leser vom Gesagten auf das Gemeinte, von der Bildebene zur Sachebene vordringen. Im Schnittpunkt der beiden Ebenen findet die Sinnvermutung ihre Bestätigung.

Ergänzende Parabelbeispiele (chronologisch geordnet):
– Menenius Agrippa (römischer Staatsmann, 63–12 v. Chr.):
  Die Geschichte vom Magen und den Gliedern
– Titus Livius (römischer Geschichtsschreiber, 59 v. Chr.–17 n. Chr.):
  Der Aufruhr gegen den Magen
– Gesta Romanorum (lat. Schrift, 14. Jh.):
  Der Blinde und der Lahme
– Arthur Schopenhauer (dt. Philosoph, 1788–1860):
  Die Stachelschweine
– Leo Tolstoi (russ. Dichter, 1828–1910):
  Die drei Söhne
– Franz Kafka (tschech. Schriftsteller, 1883–1924):
  Kleine Fabel; Auf der Galerie
– Robert Musil (dt. Schriftsteller, 1880–1942):
  Die Affeninsel
– Bertolt Brecht (dt. Schriftsteller, 1898–1956):
  Wenn die Haifische Menschen wären
– Max Frisch (Schweizer Schriftsteller, 1911–1991):
  Der andorranische Jude
– Walter Jens (dt. Schriftsteller, geb. 1923):
  Bericht über Hattington

Textbeschreibung

In seinem **kurzen Prosatext** „Ein ‚guter Mensch' am Höllentor" geht Calderón der Frage nach, wie es dazu kommt, dass ein Mensch, der sich als „guten Menschen" bezeichnet, ein größerer Verbrecher als ein Mörder sein kann (**Thema**). Diesen scheinbaren Widerspruch löst der Dichter in **Form einer Parabel**. Über einen bildhaft erzählten Einzelfall (**Bildebene**) erkennt der Leser, dass „**gut**" definiert wird durch die humanistische Betrachtungsweise (**Standpunkt**) der Haltung eines Menschen gegenüber seinen Mitmenschen (**Sinnebene**). **Ausgangspunkt** der Beispielparabel sind die durch die Religion vermittelten und die in den Mythen bekannten Vorstellungen vom Leben der Menschen nach dem Tod. Jedem Gläubigen und auch Ungläubigen ist folgendes vereinfachtes Einteilungsprinzip bekannt:

„gute Menschen"   „schlechte bzw. böse Menschen"

Vorstellungen vom Leben nach dem Tod

Himmel: Ort der
Seligkeit
– Herr ist Gott
– Aufenthaltsort der Engel

Hölle: Ort der
Verdammnis
– als Herr regiert der Teufel
– oft als Flammeninferno
  dargestellt

Der Dichter wählt eine **Überschrift** für die Parabel, die dem Leser aufgrund seines Wissens bzw. Glaubens als paradox, unlogisch und provokant erscheint. Diese Wirkungsweise macht die **Untersuchung der Textelemente** zwingend.

Zu **Beginn** zeigt sich folgende **Situation:** Die Hölle ist „total überfüllt" (Z. 1) und am Tor halten sich Massen von Bewerbern auf, die Einlass begehren. Das erweckt den Eindruck, dass unter den Lebenden auf der Erde Verfehlungen und Verbrechen an der Tagesordnung sind. Folglich muss der Teufel selbst aktiv werden und die Lage klären. Er legt fest, die überzähligen Bewerber wegzuschicken und den noch einzigen freien Platz an den „ärgste(n) Sünder" (Z. 4) zu vergeben. Mordtaten zählen zu den schlimmsten Sünden der Menschen, deshalb forscht der Teufel unter den Anwesenden nach Mördern (**Handlung**). Er betrachtet alle, fragt nach ihren Verfehlungen und sie offenbaren der Reihe nach ihre Taten (**Gegenhandlung**). Ein positives Ergebnis kann der zuhörende Teufel nicht ermitteln, bis er an einen abseits stehenden „Herrn" die entscheidende Frage richtet: „Was haben Sie getan?" (Z. 7; **Handlung/ Rede**). Auf der Basis dieser Fragestellung spielt sich die nachfolgende Handlung in Form eines Dialogs (Rede und Gegenrede) ab. In seiner Antwort gibt der Mensch zu verstehen, dass er ein „guter Mensch" sei und nichts getan habe. Er sei „nur aus Versehen hier", weil er glaubte, „die Leute ständen hier um Zigaretten an" (Z. 8; **Gegenrede**).

Die Verwendung der Begriffe „glauben" und „um Zigaretten anstehen" in der Hölle sind mehrfach zu deuten – im Sinne von unglaublicher Unbeschwertheit eines Menschen, von naiver Unüberlegtheit oder einfach Genusssucht. Das scheint dem Herrn der Hölle sehr zweifelhaft und er wiederholt deshalb mit Nachdruck: „Aber Sie müssen doch etwas getan haben", „Jeder Mensch stellt etwas an." (Z. 9 f.; **Rede**) Der „gute Mensch" sieht sich genötigt zuzugeben, dass er in seinem Leben die verschiedensten Übeltaten wie Verfolgung, Unterdrückung und Knechtung der Menschen, Armut und Hunger, ja sogar Verkauf von Kindern in die Sklaverei gesehen habe und dass Menschen auf Kosten anderer leben. Scheinbar mit Stolz resümiert er: „Ich allein widerstand der Versuchung und tat nichts." (Z. 14; **Gegenrede**)

Das überzeugt den Teufel nicht und ungläubig, im höchsten Grade das Verhalten des Mannes bezweifelnd, hinterfragt er noch einmal das Gehörte: „Absolut nichts? ... Sind Sie wirklich sicher, dass Sie das alles mit angesehen haben?" (Z. 15 f.; **Rede**) Der „gute Mensch" bestätigt das Geschehene mit den Worten „Vor meiner eigenen Tür" (Z. 16; **Gegenrede**) kurz und bündig, bestimmt schon genervt ob der ewigen Fragerei des Teufels.

Um die letzten Zweifel auszuräumen, um ganz sicher zu sein, dass der „ärgste Sünder" für den einzigen freien Platz in der Hölle in Frage kommt, erfolgt zum letzten Mal die Frage: „Und nichts haben Sie getan?" (Z. 16 f.; **Rede**). „Nein!" (Z. 17; **Gegenrede**) – Eine kategorische Antwort, die eine erneute Frage nicht zulässt.

Ein logischer, vom Leser erwarteter Schlusseffekt bzw. eine Pointe wäre, dass der Teufel diesen „guten Menschen" als ungeeignet für den „ärgsten Sünder" wegschicken würde. Aber es tritt eine **überraschende Wende** ein: In vertrauter Weise fordert der Herr der Hölle diesen Menschen auf: „Komm herein, mein Sohn: Der Platz gehört dir!" (Z. 17 f.) Der Teufel, selbst das Synonym des Bösen, bezeichnet den so „guten Menschen" als „mein Sohn", als seinesgleichen. Trotzdem vermeidet er bewusst jede Berührung mit diesem „Sünder", weil er sich keinesfalls mit ihm auf eine Stufe stellen möchte.

Nach der Textuntersuchung gelangt der Leser zur Erkenntnis, dass jemand, der bei unmenschlichen Taten nur zusieht und nichts unternimmt, kein guter Mensch sein kann. Calderón erfüllt mit dieser Parabel den Anspruch der gläubigen Spanier und kritisiert gleichzeitig die gesellschaftlichen Missstände seiner Zeit (historischer Bezug).

Sinnverständnis

Der Autor zielt mit seiner Parabel auf das Verhalten der Menschen im gesellschaftlichen und persönlichen Leben (**Sachebene**). Sein Standpunkt liegt in der Beantwortung der Frage: Wie muss ein Mensch sein, wenn er „gut" sein will? Auf keinen Fall darf er sich durch „Zusehen" und „Nichtstun" auszeichnen.

Die Schlussfolgerung ergibt folgendes Bewertungsmuster: Ein guter Mensch ist, wer
- sich im Sinne des Humanismus engagiert,
- vor Missständen die Augen nicht verschließt,
- offen seinen Standpunkt vertritt,
- gegen Gewalt protestiert,
- Solidarität übt,
- hilft und sich mitfühlend zeigt,
- nicht auf Kosten anderer lebt,
- aktiv handelt,
- sich selbstkritisch betrachtet u. a.

Persönliche Wertung

In deiner persönlichen Wertung solltest du die Allgemeingültigkeit der Aussage in der Parabel bedenken und einen möglichen Bezug herstellen – sowohl auf politische und gesellschaftliche Verhältnisse der Gegenwart (z. B. Stellungnahme zu Kriegen, zu globalen Weltproblemen wie Hunger, Armut u. a.) als auch auf persönliche Lebens- und Erfahrungsbereiche (z. B. Haltung gegenüber den Mitmenschen, besonders gegenüber den Außenseitern der Gesellschaft; Engagement für den Schutz von Natur und Umwelt u. a.).

Hinweise zum Schreiben des Aufsatzes

Einleitung
- Merkmale der Parabel oder
- Gemeinsamkeiten und Unterschiede der Kleinformen Parabel und Fabel oder
- Vorstellungen nach dem Tod oder
- Beispiele für humanes bzw. inhumanes Verhalten von Menschen oder
- Bezug zum Fach Ethik bzw. Religion

Hauptteil
Interpretation der Parabel
Beachte dabei folgende Schwerpunkte:
- logischer Gedankenaufbau
- Erkennen der Pointe als überraschende Wende
- Erfassen des Gleichnisses

Schluss
Persönliche Wertung und weiterführende Gedanken

Schülerbeispiele (Auszüge)

Einleitung
„Im Folgenden möchte ich die Parabel „Ein ‚guter Mensch' am Höllentor" nach P. Calderón de la Barca interpretieren. Der Autor, ein spanischer Dramatiker, lebte von 1600–1681. Die Thematik der Parabel deutet darauf hin, dass er sich mit religiösen Vorstellungen beschäftigt."

Hauptteil
„Ein Merkmal der Parabel ist, dass am Ende eine plötzliche Wende eintritt. So wird in dieser Parabel der letzte freie Platz an den vermeintlich guten Menschen vergeben, obwohl dieser eigentlich dem ärgsten Sünder zustünde."

Schluss
„Der Dichter will damit wohl sagen, dass Sünden zum Leben gehören und dass sich keiner davor verstecken kann. Selbst der, der nichts sieht und sehen will, sündigt. Er lässt die Sünden anderer zu. So etwas ist typisch in unserer ‚Ellenbogengesellschaft'. Ich aber will nicht so sein."

Lösung II

Johann Wolfgang Goethe (1749–1832): Mailied

Hinweise zum Autor

Johann Wolfgang von Goethe wurde am 28. August 1749 in Frankfurt am Main geboren. Im Hause seiner Eltern erhielt Goethe eine sehr gute Ausbildung durch einen Hauslehrer. 1765 begann er in Leipzig ein Jurastudium, das er nach dreijähriger Unterbrechung in Straßburg fortsetzte. Nachdem Goethe dies 1771 beendet hatte, arbeitete er bis 1775 als Rechtsanwalt in seiner Geburtsstadt, kurzzeitig aber auch als Praktikant am Reichskammergericht in Wetzlar. Seine Jugendwerke wie „Die Leiden des jungen Werther", „Willkommen und Abschied" sowie „Prometheus" verdeutlichen die Ideale des Sturm und Drang (1770–1785). 1775 folgte der Dichter der Einladung des Herzogs Karl August an den Hof von Weimar und leitete dort in den folgenden Jahren verschiedene Ministerien. Außerdem veröffentlichte er als Ergebnis seiner Studien auf den unterschiedlichsten Gebieten eine Reihe von naturwissenschaftlichen und kunsttheoretischen Schriften.
1788 lernte er Christiane Vulpius, seine spätere Frau, kennen.
Von 1794 bis 1805 bestand ein wirksamer Schaffensbund mit Friedrich Schiller. Dieser Bund bildete den Kern der Weimarer Klassik. Ergebnisse der produktiven Zusammenarbeit zwischen Goethe und Schiller sind das „Balladenalmanach" (1797) und Dramen wie „Wallenstein" (Schiller) und Goethes „Faust" (Teil 1) sowie „Wilhelm Meisters Lehrjahre".
Am 22. März 1832 starb Goethe in Weimar.

Hinweise zum Gedicht

Das „Mailied" entstand im Jahre 1771. Es ist Bestandteil der „Sesenheimer Lieder", die der junge Goethe während seiner Studienzeit in Straßburg (März 1770 bis August 1771) verfasst hat. In dieser Zeit betrieb er ernsthaft und zielstrebig seine juristischen Studien, sodass er im August 1771 zum „Lizentiaten der Rechte" (Doktortitel) promovieren konnte. Zu seinem Freundeskreis in Straßburg gehörte u. a. Johann Gottfried Herder, der ihn für Homers und Shakespeares Werke sowie die Volkspoesie begeisterte. Das führte dazu, dass Goethe Volkslieder im Volksliedstil zu dichten begann. Bei Spaziergängen in der näheren Umgebung der Stadt lernte er nicht nur die elsässische Natur kennen, sondern auch die Pfarrersfamilie Brion in Sesenheim, in deren Tochter Friederike er sich verliebte. Zu dem 18-jährigen Mädchen entwickelte sich eine innige Beziehung, die sich in den Sesenheimer Gedichten „Willkommen und Abschied" und „Mailied" widerspiegelt. Sie sind der Erlebnislyrik zuzuordnen, die geprägt ist durch hohe „Empfindsamkeit", ein typisches Merkmal der sich herausbildenden literarischen Epoche des Sturm und Drang. Unter „Empfindsamkeit" verstanden die Poeten, allen Regungen des Gefühls, allen leisen Stimmungen, allen Eindrücken des Schauens und Genießens weit geöffnet zu sein.
Goethe trug die Gedichte seinen Freunden vor. Erst einige Jahre später wurden sie veröffentlicht: 1774 anonym in Almanachen und Zeitschriften, 1789 als erste gedruckte Sammlung, die „Sesenheimer Lieder".
Folgende Gedichte sind ebenfalls Bestandteil dieser Sammlung: „Mit einem gemalten Band", „Der Wandrer", „Heidenröslein", „Das Veilchen", „Zigeunerlied", „Der untreue Knabe".

Inhalt und Ideengehalt

Das Gedicht „Mailied" bringt subjektiv Erlebtes und Empfundenes im Frühlingsmonat Mai zum Ausdruck. Es scheint den Titel „Mailied" zu Recht zu tragen, denn der Titel klingt wie ein Jubelgesang auf die wunderschöne Mainatur. Das beglückende Gefühl tiefer Liebe zu einem Mädchen versetzt das lyrische Ich in diese Hochstimmung und lässt es die Welt mit anderen Augen sehen. Aus seiner Sicht verschmelzen Natur und Mensch in der Liebe zu einer Einheit. Natur- und Liebeslyrik finden in diesem Gedicht eine sinnliche Verknüpfung.

Die Strophen 1–5 vermitteln das Erlebnis Natur. In den ersten beiden begegnet dem Leser ein schwärmerisches lyrisches Ich, das die Natur wie im Rausch erlebt. Es empfindet diese wie ein lebendiges Bild des Frühlings. Im Überschwang der Gefühle „leuchtet" ihm „herrlich" (Z. 1) die Natur. Es „glänzt" (Z. 3), es „lacht" (Z. 4), es grünt, es blüht, es sind „tausend Stimmen" (Z. 7) zu hören. Die wärmenden Strahlen der Sonne lassen Bäume, Sträucher, Wiesen und Felder grün werden – „die Flur" (Z. 4) belebt sich wieder. Die Düfte der ersten Blüten an den Zweigen locken Bienen und Schmetterlinge an, Vögel bauen Nester im „Gesträuch" (Z. 8), überall summt es. Nicht nur das erste Maigrün ist bestimmend in dieser Farbpalette, sondern auch das leuchtende Gelb der Sonnenstrahlen und die Frühlingsfarben der „Blüten/Aus jedem Zweig" (Z. 5 f.). Dem lyrischen Ich erscheint die Natur wie eine Symphonie aus Licht, Farben, Tönen und Düften. Seine Empfindungen sind so stark, dass es sich wie im Taumel des Glücks und Entzückens wähnt und in die Welt hinausschreien muss: „Und Freud und Wonne / Aus jeder Brust. / O Erd, o Sonne! / O Glück, o Lust!" (3. Strophe)
In der vierten und fünften Strophe wird deutlich, dass die Liebeserfahrung die Sichtweise der Natur wandelt, aber nicht nur das, sondern die Natur selbst liebt Pflanzen, Tiere und Menschen, wie es in folgenden Verszeilen beschrieben wird: „Du segnest herrlich / Das frische Feld, / Im Blütendampfe / Die volle Welt." (5. Strophe) Das lyrische Ich befindet sich im Zwiegespräch mit der Natur.
In den letzten vier Strophen erfährt der Leser den eigentlichen Grund für diese euphorische Stimmung. Es ist die Liebe zu einem Mädchen. Im Text klingt das so: „O Mädchen, Mädchen, / Wie lieb ich dich!" (Z. 21 f.) Indem der Autor, das lyrische Ich, sich öffentlich zu dem Mädchen bekennt, setzt er sich über die bestehenden Konventionen der Gesellschaft hinweg. Er liebt das Mädchen mit „warmem Blut" (Z. 30), tief und innig, mit ganzem Herzen, wie man die Luft zum Atmen braucht oder wie es in der 7. Strophe in den Zeilen 25–28 heißt: „So liebt die Lerche / Gesang und Luft, / Und Morgenblumen / Den Himmelsduft". Ihm ist bewusst, dass seine Liebe erwidert wird. Die Verse „Wie blickt dein Auge! / Wie liebst du mich!" (Z. 23 f.) beweisen diese Behauptung. Die Liebe bedeutet Bereicherung seines Lebens. Durch sie verändert sich nicht nur die Sichtweise auf die Natur, sondern sie beflügelt ihn, setzt Kräfte und Emotionen frei wie jugendlichen Elan, Freude und Mut. Die Liebe inspiriert ihn, er ist bereit zum schöpferischen Tätigsein, zum Dichten.
So lässt Goethe das lyrische Ich sagen: „Die du mir Jugend / Und Freud und Mut / Zu neuen Liedern / Und Tänzen gibst." (Z. 31–34) Das Gedicht endet mit dem Wunsch nach dem Fortbestehen dieses Zustandes: „Sei ewig glücklich, / Wie du mich liebst!" (Z. 35 f.)
Aufgrund des biografischen Bezuges wird im Gedicht „Mailied" deutlich, wie der junge Goethe durch die Liebe zur Pfarrerstochter Friederike Brion sich seiner eigenen Persönlichkeit und der dichterischen Aussagefähigkeit bewusst geworden ist.

Form und Sprache

Form und Sprache lassen keinen Zweifel aufkommen, dass dieses Gedicht zur Erlebnislyrik gehört und Ausdruck höchster „Empfindsamkeit" eines Stürmers und Drängers ist. Das zugrunde liegende tiefe Liebesempfinden zu Friederike Brion und die schwärmerische Naturwahrnehmung verarbeitet Goethe zu einem Gedicht mit neun vierversigen jambischen Strophen. Fast in jeder Strophe werden die Langverse zu zwei Halbversen, d. h. der Satz- und Sinnzusammenhang greift über das Versende hinaus (Enjambement), z. B. in den Zeilen 1–2: „Wie herrlich leuchtet / Mir die Natur!" oder in folgenden Versen „Wie sie dich liebe / Mit warmem Blut" (Z. 29 f.). Dabei entstehen jeweils in der zweiten und vierten Verszeile einer Strophe Reime, keine reinen, sondern vom phonetischen Gleichklang bzw. ungenauen oder unvollständigen Gleichklang getragene Reime, z. B. in der 1. Strophe: „Natur–Flur" (Z. 2/4); in der fünften: „Feld–Welt" (Z. 18/20); in der achten: „ Blut–Mut" (Z. 30/32). Diese sind genauso Ausdruck starker Emotionen des lyrischen Ichs wie andere stilistische Mittel. Dazu gehören auffällige syntaktische Strukturen. In erster Linie sind es Ausrufe, bestehend aus Interjektion und Substantiv: „O Erd, o Sonne! / O Glück, o Lust!" (Z. 11 f.); „O Lieb, o Liebe"

(Z. 13); „O Mädchen, Mädchen" (Z. 21) und Ausrufesätze mit gleichem Satzanfang: „Wie glänzt die Sonne!" (Z. 3); „Wie lieb ich dich!" (Z. 22); „Wie du mich liebst!" (Z. 36). Mehrfache Wiederholungen dieser Formen erhöhen die Wirksamkeit, ebenso der Gebrauch von Ellipsen („Und Freud und Wonne / Aus jeder Brust." – Z. 9 f.; „O Lieb, o Liebe! / So golden schön" – Z. 13 f.). Zweimal wird im Gedicht der Redestil unterbrochen. Um quasi zu resümieren wird in Zeile 1 der fünften Strophe das Anredepronomen „du" verwendet: „Du segnest ...". In Zeile 35 ist die Imperativform „Sei ewig glücklich" notwendig zum Ausdruck des Wunsches nach Ewigkeit des Glücks.

Goethes bildhafte Sprache veranschaulicht das Gemeinte – mit für die Sache typischen Substantiven (z. B. für die Natur: Sonne, Blüten, Gesträuch; für die Stimmung: Freud, Wonne, Lust; für die Liebe: Mädchen, Blut, Mut u.a.), mit ausdrucksstarken Verben (z. B. leuchtet, glänzt, blickt), mit ausschmückenden Attributen (z. B. herrlich, frisch, voll), mit Vergleichen (z. B. „So golden schön, / Wie Morgenwolken / Auf jenen Höhn! – Z. 14–16); mit Metaphern (z. B. „Blütendampfe" – Z. 19) und mit Personifizierungen (z. B. „Wie lacht die Flur!" – Z. 4).

Während im Teil Naturlyrik (Strophen 1–5) die Personifizierung vorherrscht, ist es im Teil Liebeslyrik (Strophen 6–9) das Verb „lieben", das in jeder der vier Strophen aufgegriffen wird (Strophe 6: „Wie lieb ich ...", „Wie liebst du ..."; Strophe 7: „... liebt die Lerche"; Strophe 8: „... ich dich liebe"; Strophe 9: „... du mich liebst!).

Das Umordnen der flektierten Formen dieses Verbs in einer sich viermal wiederholenden Satzfigur unterstreicht die subjektive Bedeutsamkeit der Liebe und zielt gleichzeitig auf den Ausdruck von Allgemeingültigkeit:
– Z. 22: „Wie lieb ich dich!" – „Wie ich dich liebe" (Z. 29)
– Z. 24: „Wie liebst du mich!" – „Wie du mich liebst!" (Z. 36)

Zusammenfassend kann festgestellt werden, dass das Gedicht „Mailied" Goethes Tendenz zur Einheit von Sprache und seelischem Erlebnis widerspiegelt.

Absicht und Leserwirkung

Obwohl nachweislich ein persönliches Erlebnis Johann Wolfgang Goethes zugrunde liegt, wird dieses durch den künstlerischen Ausdruck ins Allgemeingültige erhoben. Jeder Mensch, der tief und innig liebt und ebenso wiedergeliebt wird, fühlt sich dem Himmel nahe, ist voller Glücksgefühl und Tatendrang. Echte Liebe macht nicht blind, wie oft der Volksmund behauptet, sondern kann zu einer positiven Betrachtungsweise der Welt im Allgemeinen und des eigenen Lebens im Besonderen führen. Dabei erhalten Natur und Naturverständnis eine besondere Bedeutung. Mensch und Natur können in der Liebe eins sein. Sowohl Liebes- als auch Naturerfahrungen bereichern das Leben.

Auch in der heutigen Zeit sind echte Gefühle in den zwischenmenschlichen Beziehungen gefragt, sie erweisen sich als Grundlage für Beständigkeit in der Partnerschaft.

Anregungen zum Schreiben des Aufsatzes

Einleitung
– Einordnen des Gedichts in Goethes Leben und Schaffen oder
– Bezug zur Epoche des Sturm-und-Drang oder
– Bezug zum Gedicht „Willkommen und Abschied" oder
– Ein persönliches Erlebnis

Hauptteil
Interpretation des Gedichts unter Beachtung folgender Schwerpunkte:
– Beschreiben des ersten Gesamteindrucks, des Themas und der Form
– Verknüpfen von Natur - und Liebeslyrik
– Beachtung der sprachlichen Gestaltung

Schluss
Persönliche Wertung des Gedichts (Gedanken, Gefühle, Bezug zu einem eigenen Erlebnis)

Schülerbeispiele (Auszüge)

Einleitung

– „Johann Wolfgang Goethe ist einer der berühmtesten deutschen Dichter, von dem ich im Unterricht und bei einer Exkursion nach Weimar viel erfahren habe. Er lebte von 1749 bis 1832, er schrieb den ‚Faust‘ und Gedichte, z. B. ‚Willkommen und Abschied‘. In dem Gedicht geht es um die Natur und die Liebe genauso wie im ‚Mailied‘. Deshalb denke ich, dass es ein Gedicht des Sturm und Drang ist.“
– „Ich möchte das ‚Mailied‘ interpretieren. In dem Gedicht geht es um das Erlebnis Natur und um die tiefe Liebe zu einem Mädchen.“

Hauptteil

„Das lyrische Ich empfindet den Frühling als etwas ganz Wunderbares und Einzigartiges … Mir gefällt besonders, dass die Liebe und was sie für das lyrische Ich bedeutet, mit der Lerche verglichen wird: ‚So liebt die Lerche / Gesang und Luft.‘ “

Schluss

– „Für mich ist der Monat Mai die schönste Zeit. Er erscheint mir wie ein Symbol für den Frühling und die Liebe.“
– „Ich möchte mit den für mich schönsten Versen des Gedichtes schließen: ‚Die du mir Jugend / Und Freud und Mut / Zu neuen Liedern / Und Tänzen gibst. / Sei ewig glücklich, / Wie du mich liebst!‘ “

Schuluniform Pro und Kontra

Aufgabe:

1.1 Entnehmen Sie diesem Zeitungsartikel 10 Argumente, die für das Tragen einer Schuluniform sprechen, und formulieren Sie 10 Gegenargumente! (Wählen Sie **eine** geeignete Darstellungsform!)

1.2 In Ihrer Schule sollen Schuluniformen eingeführt werden.

Schreiben Sie dazu einen Beitrag für die Schülerzeitung, in dem Sie die Vor- und Nachteile abwägen und Ihre eigene Meinung darlegen!

Hinweis: Beide Teilaufgaben 1.1 und 1.2 sind zu bearbeiten.

St. George's School, Köln
Alle Pullover sind jetzt blau
Die englische Privatschule führte eine Schuluniform ein

„Blau ist meine Lieblingsfarbe", reckt der fünfjährige Ben das Kinn. „Und meine auch!",
ruft seine kleine Nachbarin Lea und zupft mit aufblitzendem Stolz in den Augen an
ihrem dunkelblauen Sweatshirt. Die beiden tragen, wie alle ihre anderen Klassenkameraden auch, eine Schuluniform. Die ist noch brandneu, gerade vier Wochen alt. Im
5   September hat die englischsprachige Privatschule St. George's School Cologne sich der
englischen Tradition angeschlossen und eine Einheitskleidung eingeführt. „Doch weniger
die Tradition war dafür ausschlaggebend – die Kinder kommen ja aus 15 verschiedenen
Nationen –, sondern sehr praktische Überlegungen", sagt die Schulleiterin Marietta
Horton zum Entschluss.
10 Eine Fragebogenaktion bei allen 340 Schülern vor einem Jahr gab den Ausschlag: „Die
Kinder selbst wollten eine einheitliche Kleidung. Auch die Farben haben sie selbst
bestimmt." Die Schulleitung entwarf daraufhin die Kollektion, die speziell angefertigt
wird. Dunkelblaue Sweatshirts und V-Wollpullover können mit Hemden, Poloshirts und
Blusen in Hellblau sowie mit Röcken und Hosen in Grau kombiniert werden. Auf den
15 dunklen Sweatshirts prangt unübersehbar in Weiß das Wappen der Schule. Was die Herzen der Mütter höher schlagen lässt: Alle Teile sind aus Naturfasern gefertigt, preislich
erschwinglich und überstehen zig Wäschen, ohne an Farbe und Fasson zu verlieren.
„Weiter wollten wir die Dinge auch nicht treiben", meint Marietta Horton. „Schuhe,
Strumpfhosen, Anoraks, Mäntel und Sportsachen können weiterhin nach Gusto[1] gewählt
20 werden."
Aber werden sie nicht zu einer Masse, alle diese Kinder in Blaugrau? „Aber nein", meint
die Lehrerin Lesley Sawyer. „Im Gegenteil. Die Kinder sind jetzt nicht mehr abgelenkt
durch Äußerlichkeiten. Das Kind selbst zählt jetzt, sein Charakter, und nicht das, was es
anhat." Und das sei der Haupteffekt, den die Schuluniform auslösen sollte. „Wir haben
25 hier eine Diskrepanz[2] zwischen sehr reichen Eltern und Eltern, die für das Schulgeld
sparen müssen. Die Kinder – und markenbewusst sind sie alle – sahen natürlich den
Unterschied zwischen Versace und Woolworth. Wir wollen es erst gar nicht wegen der

1 Geschmack
2 Missverhältnis, Widerspruch

Kleidung zu Gewalttätigkeiten unter Jugendlichen kommen lassen und Eltern sollen auch nicht von ihren Kindern unter Kaufdruck gesetzt werden. Wir wollen, dass das Kind
30 selbst im Vordergrund steht, es sich nicht über Marken definiert und von den Klassenkameraden abstechen will." Die Uniform bewirke das Gegenteil. „Die Kinder fühlen sich zusammengehörig."
In manchen Elternhäusern selbst sei eine noch ungewohnte morgendliche Ruhe eingekehrt, erzählt Marietta Horton: „Einige Mütter erzählten begeistert, dass die Kampf-
35 ansage vor dem Kleiderschrank ,Was ziehe ich heute an?' nicht mehr da ist. Der Tagesanfang verläuft reibungsloser." Und die Lehrer, wirkt sich der School-Look auch auf sie aus? „Tja, das ist ebenfalls ganz interessant. Die korrekte Kleidung wirkt offenbar ansteckend auf die Großen, ich sehe nämlich weniger Schlabberlook."

Kirsten Boldt

(Aus: Deutschbuch 9, Cornelsen Verlag, Berlin 2001, S. 49 ff.)

Lösung

In dieser Thematik geht es um einen Sachtext, um das Anwenden ausgewählter Methoden der Informationserfassung, -darstellung (Teilaufgabe 1.1) und -weiterverarbeitung in Form eines zusammenhängenden Textes (Teilaufgabe 1.2). Zweckdienliche Hinweise dazu findest du im Kapitel E sowie in den Lösungen zu verschiedenen Aufgaben.

Teilaufgabe 1.1

Für die Bewältigung der Anforderungen sind folgende Arbeitsschritte erforderlich:

1. Anwenden notwendiger **Lesetechniken** zum Herausfinden der 10 Pro-Argumente aus dem Text:
   - Orientierendes Lesen
     Den Text entsprechend der Aufgabenstellung orientierend lesen; die Form des sog. Schlängellesens (s. Kapitel E, S. 15) ermöglicht die Konzentration auf Pro-Argumente.
   - Selektives Lesen
     Gezieltes Lesen unter dem Aspekt des Herausfindens der 10 Pro-Argumente; am Rand entsprechende Textstellen anmerken.
   - Gründliches Lesen
     Den Text genau lesen, die wesentlichen Fakten markieren; Markierungshilfen verwenden (z. B. für die einzelnen Argumente: A 1, A 2, A 3 ...).

2. **Informationsdarstellung**
   - Wahl einer geeigneten Methode
     Beachte bei deiner Entscheidung, dass die Gegenargumente den gefundenen Informationen gegenüberzustellen sind.
     Möglich sind folgende Darstellungsformen:
     • Tabelle
     • Mind Map
     • Blockdiagramm
   - Aufschreiben der verständlich formulierten Pro-Argumente (im Nominalstil, sprachliche Richtigkeit beachten)
     Mögliche Beispiele für das Formulieren im Nominalstil:
   - „Die Kinder selbst wollten eine einheitliche Kleidung." (Z. 10/11): Einheitskleidung
   - „Die Kinder sind jetzt nicht mehr abgelenkt durch Äußerlichkeiten." (Z. 22/23): keine Ablenkung durch Äußerlichkeiten
   - „Wir wollen, dass das Kind selbst im Vordergrund steht, es sich nicht über Marken definiert und von den Klassenkameraden abstechen will." (Z. 29–31): kein Definieren des Kindes über Markenkleidung

3. 10 Kontra-Argumente finden und diese gegenüberstellen (Nominalstil und sprachliche Richtigkeit beachten)

4. Überprüfen der Ergebnisse betreffs einer angemessenen Darstellungsform (Übersichtlichkeit, Sauberkeit) und der Sprachrichtigkeit
   Beachte: Bei Verstößen gegen die Rechtschreibnorm und bei unangemessener Form ist ein Punktabzug möglich.

Im Folgenden findest du drei unterschiedliche Beispiele der Veranschaulichung der Arbeitsergebnisse.

Beispiel 1: Tabelle

Schuluniform	
Pro	**Kontra**
– Einheitskleidung – Zusammengehörigkeitsgefühl – keine Ablenkung durch Äußerlichkeiten – kein Definieren über Markenkleidung – Charakter entscheidend – keine Gewalttätigkeiten – praktische und preiswerte Kleidung – Wegfall sozialer Unterschiede – Mitbestimmung bei Einführung und Farbwahl – positiver Einfluss auf Lehrer	– Uniformzwang – Gleichmachung – Einengung des persönlichen Stils – Wegfall von Spaß an modischer Kleidung – Beschränkung der persönlichen Entscheidungsfreiheit – Unterordnung Einzelner – Verschleiern sozialer Probleme – Anpassungszwang – Verlust der eigenen Identität – Disziplinierung

Beispiel 2: Mind Map

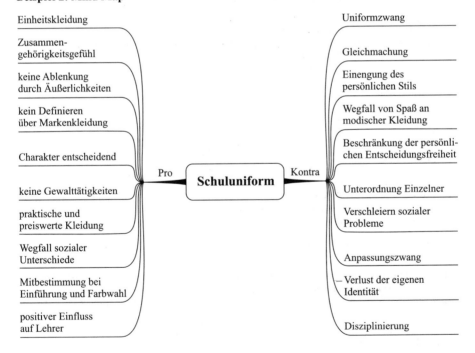

Beispiel 3: Blockdiagramm

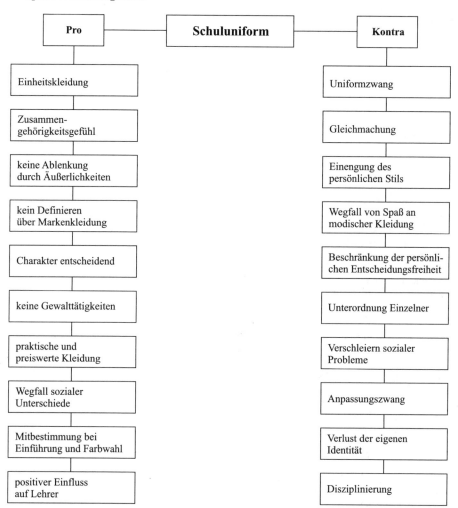

Pro	Schuluniform	Kontra

Einheitskleidung	Uniformzwang
Zusammen-gehörigkeitsgefühl	Gleichmachung
keine Ablenkung durch Äußerlichkeiten	Einengung des persönlichen Stils
kein Definieren über Markenkleidung	Wegfall von Spaß an modischer Kleidung
Charakter entscheidend	Beschränkung der persönlichen Entscheidungsfreiheit
keine Gewalttätigkeiten	Unterordnung Einzelner
praktische und preiswerte Kleidung	Verschleiern sozialer Probleme
Wegfall sozialer Unterschiede	Anpassungszwang
Mitbestimmung bei Einführung und Farbwahl	Verlust der eigenen Identität
positiver Einfluss auf Lehrer	Disziplinierung

Schülerbeispiele

Argumente für die Schuluniform:
- keine Unterschiede zwischen 15 Nationen
- keine Bewertung aufgrund der Kleidung
- Wegfall des Kaufzwanges der Eltern

Argumente gegen die Schuluniform
- keine Chance auf Ausbildung der Individualität
- Einheitskleidung altmodisch
- Verlieren der Identität

Teilaufgabe 1.2

Durch Analyse und Eingrenzen des Themas (Aufgabenstellung) kannst du feststellen, was Inhalt deiner Ausführungen ist.

Analyse und Eingrenzen des Themas

Einführung der Schuluniform

Schreiben Sie   dazu

einen Beitrag für die Schülerzeitung,

in dem Sie

Vor- und Nachteile abwägen   und   **Ihre eigene Meinung darlegen!**

Daraus ergeben sich folgende **Schwerpunkte:**
– Schreiben eines Beitrags für die Schülerzeitung
– Inhalt des Beitrags:
  Abwägen der Vor- und Nachteile der Einführung der Schuluniform,
  eigene Stellungnahme
– eine an der Problematik orientierte Darstellung

Vorüberlegungen

Was ist beim Schreiben des Beitrags für die Schülerzeitung zu beachten?
– Form einer begründenden (öffentlichen) Stellungnahme
– ein Zeitungsartikel, evtl. als Leserbrief
– Angabe des Anlasses – Thema: Pro – Kontra bei Einführung der Schuluniform
– Ziel:
  • Klären des Sachverhalts
  • Äußern der eigenen Meinung
  • überzeugend argumentieren
– äußere Form:
  • Überschrift (Schlagzeile) – Aufmerksamkeit auf das Problem bzw. auf die Aussageabsicht des Textes lenken
  • Untertitel zur Präzisierung möglich
  • namentliche Unterzeichnung
– Adressatenbezug:
  • Schüler der Klassen 5–10
  • Wahl der Beispiele aus dem Lebens- und Erfahrensbereich dieser Zielgruppe
  • jugendgemäßer Stil
– Präsens als Zeitform der Darstellung

Was ist zur Darstellungsart zu sagen?
Die kritische Auseinandersetzung mit den Vor- und Nachteilen der Einführung der Schuluniform (Ergebnisse der Teilaufgabe 1.1) entspricht einer **textgebundenen Erörterung**. Es gibt zwei Vorgehensmöglichkeiten. Entweder du setzt dich zuerst mit den Vorteilen (Pro-Argumente) auseinander und anschließend mit den Nachteilen (Kontra-Argumente), oder du wägst durch direktes Gegenüberstellen ab.

Das Ergebnis ist deine Entscheidung, welchen Argumenten du zustimmen kannst oder welche du ablehnen willst.
Die folgenden Ausführungen zur Stoffsammlung sind als Anregung gedacht.

Stoffsammlung

Überschrift

- Beispiele:
  - Schuluniform – ja oder nein?
  - Alles in Blaugrau? Nein, danke!
  - Endlich eine einheitliche Schulkleidung
  - Ein Ziel – eine Kleidung
- möglicher Untertitel:
  - Zur Einführung der Schuluniform an unserer Schule

Einleitung

- Verweis auf eine (erfolgreiche) Einführung der Schuluniform an anderen Einrichtungen, z. B. in Köln an der englischen Privatschule (s. Text)
- Behauptung – Einführung der Schuluniform an der eigenen Schule
- Beschluss eines Schulgremiums zur Einführung einer bestimmten Schuluniform (Farbe)
- Auftrag der Redaktion der Schülerzeitung, einen Beitrag zu diesem Thema zu schreiben
- erste persönliche Meinung dazu
- notwendiges Abwägen der Vor- und Nachteile der Einführung

Hauptteil

Kritische Auseinandersetzung mit den Vor- und Nachteilen der Einführung einer Schuluniform (Argumente auswählen)

- *1. Vorteil:* keine Ablenkung des Schülers durch Äußerlichkeiten
  - Tragen einer Einheitskleidung – gleiche Farbe und Form
  - keine Designerkleidung (Diesel, Esprit u. a.)
  - nicht der neueste „Modeschrei", keine teuren Kleidungsstücke
  - der Schüler selbst, der Charakter, Fähigkeiten und Neigungen entscheiden
  - der Schüler definiert sich über innere Werte und Leistungsmöglichkeiten
- *1. Nachteil:*
  - Einengung des persönlichen Stils
  - Wegfall der Möglichkeit, durch Kleidung seine Persönlichkeit zu unterstreichen (z. B. sportlich, romantisch, modern ...)
  - Verlust eines Teils der eigenen Identität
  - Spaß an farbenfroher Kleidung oder an kreativen Varianten geht verloren
- *1. Ergebnis des Abwägens:*
  Persönlichkeitsentwicklung eines jeden ist wichtiger als Definition über bestimmte Äußerlichkeiten wie modische Kleidung.
- *2. Vorteil:* keine Gewalttätigkeiten wegen Markenkleidung
  - Kleidung nicht nach modischen, sondern nach praktischen Aspekten
  - kein Kaufdruck auf die Eltern durch ihre Kinder
  - preiswert, erschwinglich für jeden
  - soziale Stellung der Eltern nicht unbedingt entscheidend
- *2. Nachteil:* Uniformzwang
  - Festlegung an der Schule
  - keine persönliche Entscheidungsfreiheit
  - Uniformierung einer Masse von jungen Menschen (alle tragen „Blaugrau")

– *2. Ergebnis des Abwägens:*
Wegfall von Gewalt schafft ein gutes soziales Klima an der Schule.
– *3. Vorteil:* Entwicklung des Zusammengehörigkeitsgefühls
  • Schuluniform demonstriert Zugehörigkeit zu einer bestimmten Einrichtung, Gemeinschaft, Sache ...
  • Entwicklung bestimmter Eigenschaften wie Teamfähigkeit, Stolz ...
– *3. Nachteil:* Nachahmung amerikanischer Verhältnisse
– *3. Ergebnis des Abwägens:*
Zusammengehörigkeitsgefühl bedeutet Bestätigung des Individuums in einer Gemeinschaft.

Eigene Stellungnahme

– Zustimmung zur Einführung der Schuluniform
– Vorteile überwiegen:
  • schafft Chancengleichheit für alle
  • stärkt Gemeinschaftssinn
  • hilft soziale Vorurteile abbauen
  • Möglichkeit, eigenen Stil außerhalb der Schule auszuleben (Sport, Hobby, Disco ...)

Schluss

– Aufruf zur Meinungsäußerung/Beteiligung an Umfrage
– Ermunterung zur Diskussion in den Klassen
– namentliche Unterzeichnung

Schülerbeispiele

Überschrift und Einleitung

– „Schuluniform an unserer Schule?
Ab morgen startet eine Umfrage zur Einführung der Schuluniform an unserer Einrichtung. Das muss gut überlegt sein und deshalb sind Vor- und Nachteile einer solchen Maßnahme gründlich abzuwägen ..."
– „Schuluniform – ja oder nein?
Zur Einführung der Schuluniform an unserer Schule
Ich wurde vor kurzem gefragt, ob ich einen Artikel für die Schülerzeitung zu diesem Thema schreiben könnte. Die Frage finde ich sehr interessant, aber schwierig zu beantworten.
Ich werde mich mit den Vor- und Nachteilen der Einführung der Schuluniform kritisch auseinandersetzen."
– „Schuluniformen angesagt
Hallo und willkommen zu unserer neuen Ausgabe der Schülerzeitung. Wieder sind uns Gerüchte um die neue Schuluniform zu Ohren gekommen. So haben wir klugerweise den Schulleiter interviewt: Er bejahte – und jetzt steht fest, die Schuluniformen werden eingeführt ..."

Hauptteil

– „... Schulleitung und Elternvertreter wollen eine einheitliche Schulkleidung, damit die Gewalttätigkeiten wegen Markenkleidung eingedämmt bzw. ganz und gar beseitigt werden. Wenn alle Schüler gleich aussehen, kann kein Verlangen nach Besitz von Designerstücken entstehen. Das ist ein Vorteil der Schuluniform ..."
– „... Ein anderer Vorteil besteht darin, dass der Schüler sich nicht über Markenkleidung definieren muss. Entscheidend sind seine Charaktereigenschaften, seine Fähigkeiten und Fertigkeiten. Die erbrachten Leistungen stellen seinen wahren Wert dar ..."

– „… Zu den Vorteilen ist zu sagen, dass Kinder nicht mehr durch Äußerlichkeiten wie Kleidung und Frisur abgelenkt werden. Die Schuluniform ist zwar Ausdruck einer Einheitskleidung, aber sie will nicht uniformieren. Sie schafft ein Gemeinschaftsgefühl …"

Schluss

„Ich persönlich finde die Schuluniform sinnlos. Sie ist Ausdruck von Gleichmacherei und bedeutet Einschränkung der Individualität. Aber – wir leben in einer Demokratie, und da ist alles möglich, auch die Schuluniform."

Frank Kästner, 10 a

„Jeder muss seine eigene Meinung haben. Im Grunde genommen ist es egal, was man für Kleidung trägt. Die Hauptsache sind die inneren Werte."

Euer Heinz O.
Redakteur der Schülerzeitung

„Aber was ist, wenn sich Schüler weigern, eine Schuluniform zu tragen? Es hat ja jeder seine eigene Meinung und es ist schwer, die richtige Entscheidung zu treffen. Ich würde mich im Einheitslook nicht wohl fühlen."

Andreas Enke
Schüler der Klasse 10

Gedichte von Gleichaltrigen

Aufgabe:

In der Wochenendbeilage einer Tageszeitung fanden Sie das folgende Gedicht. Durch das Lesen wurden Sie angeregt, über sich und Ihr Leben nachzudenken. Sie möchten der Autorin Ihre Gedanken und Empfindungen mitteilen. Was würden Sie schreiben?

Claudia Tust

Träumen

> Es ist so leicht,
> die Augen zu verschließen,
> sich taub zu stellen
> und in seine Traumwelt zu flüchten.

5 Nichts macht mehr Angst,
> Furcht vor allem Ungewissen,
> da alles selbst erdacht.

> Keine Überraschungen mehr,
> die einen taumeln lassen
10 und das Bewusstsein nehmen.

> Es ist so einfach, sich nicht
> mehr mit den Problemen zu quälen,
> die einem Kopfzerbrechen bereiten.

> Der Regisseur ist man selbst,
15 Herr über eine neue, bessere Welt
> mit Gesetzen,
> die Besseres versprechen.

> Es ist so einfach –
> zu einfach?

(Aus: OdeTolätt Riechtexte Schreibwerkstatt,
Friedrich Verlag, Velber 1989)

oder

Aufgabe:

Interpretieren Sie das Gedicht!

Kirsten Wächter

Fürs Leben lernen

    Wir lernen laufen –
    trotzdem stolpern wir.

    Wir lernen sprechen –
    trotzdem stottern wir.

5 Wir lernen lächeln –
    trotzdem weinen wir.

    Wir lernen hassen –
    trotzdem lieben wir.

    Wir lernen still sein –
10 trotzdem schreien wir.

    Wir lernen gehorchen –
    trotzdem wehren wir uns.

    Wir lernen uns anzupassen –
    trotzdem verlieren wir uns nicht.

15 Wir lernen realistisch zu sein –
    trotzdem träumen wir.

    Wir lernen perfekt zu sein –
    trotzdem machen wir Fehler.

    Wir lernen
20 gegen das
    Leben.

    Trotzdem
    leben
    wir.

(Aus: OdeTolätt Riechtexte Schreibwerkstatt,
Friedrich Verlag, Velber 1989)

Lösung

In dieser Aufgabe geht es um zwei unterschiedliche Arten der Auseinandersetzung mit Gedichten Gleichaltriger.

Entscheidest du dich für die Interpretation, musst du dich mit der antithetischen Gedankenführung des lyrischen Textes „Fürs Leben lernen" befassen.

Im Falle der Wahl des Gedichtes „Träumen" ist die Mitteilung von Gedanken und Empfindungen (subjektive Darstellung) Gegenstand des Schreibens an die Autorin.

Lösung 1

„Träumen"

Vorüberlegungen

Gründliches Lesen des Gedichts ist Voraussetzung, um Inhalt, Thema und Aussage zu erfassen. Das **Textverständnis** und die **Wirkung** auf dich als Leser **reflektierst** du beim **Schreiben der Mitteilung an die Autorin** durch Schildern **deiner Gedanken und Empfindungen**, wobei du besonders auf das **Nachdenken über dich und dein Leben** eingehen sollst.
Achte auf die **Ich-Bezogenheit** in deiner Darstellung. Überlegungen betreffs der Wahl einer **speziellen Mitteilungsform** sind nicht notwendig, da sich die Aufgabenstellung nur am Inhalt orientiert. Die Frage lautet: „**Was** würden Sie schreiben?"
Demzufolge kannst du die im Kapitel C beschriebene Aufsatzform anwenden. Solltest du nach einer anderen geeigneten Form suchen, würden sich Brief (persönlicher), E-Mail oder Fax anbieten. Für diese gelten gewisse Vorschriften wie Anrede- und Grußformel, Mitteilung des Schreibanlasses bzw. Formulieren der Betreff-Zeile, Beachten des Aufbaus, des Schreibstils und des Anredepronomens.

Inhalt und Ideengehalt

Thema des Gedichts „Träumen" von Claudia Tust ist die Flucht aus der Wirklichkeit in eine Traumwelt.
Die Autorin stellt dar, dass es nicht schwer sei, sich tatenlos in eine Welt zu flüchten, in der das Leben aufgrund eigener Wunschvorstellungen einfach erscheint – ohne Angst vor Problemen in der Gegenwart und Zukunft.
Das Gedicht besteht aus **sechs Strophen in freien Rhythmen** mit unterschiedlicher Zeilenlänge.
In der **ersten Strophe** behauptet das lyrische Ich, dass es „so leicht" (Z. 1) sei, „in seine Traumwelt zu flüchten" (Z. 4) und „die Augen zu verschließen" (Z. 2), d. h. sich zurückzuziehen in eine Welt voller Illusionen, die „heil" ist, konflikt- und problemlos, einfach schön.
Die **Strophen zwei bis vier** beschreiben diese Scheinwelt. Sie bietet ein Leben ohne Ängste „vor allem Ungewissen" (Z. 6). Das Bild von der Zukunft erscheint perfekt. Schulabschluss, Lehre, Job, Familie – alles ist bereits problemlos geklärt. Es gibt auch keine ablehnenden Bescheide betreffs der Bewerbung um eine Lehrstelle bzw. der geeigneten Arbeitsstelle. Versagen bei Prüfungen, Trennung von Freund / Freundin, plötzliche Krankheit oder Tod oder andere „Überraschungen" (Z. 8), „die einen taumeln lassen / und das Bewusstsein nehmen" (Z. 9/10), sind undenkbar. Eine solche Welt lässt keine Schicksalsschläge zu, die den Menschen an die Grenzen der physischen und psychischen Belastbarkeit führen. Alles scheint leicht und einfach zu sein. Probleme, die „quälen" (Z. 12) und „Kopfzerbrechen bereiten" (Z. 13), fallen weg, denn Kraft raubende Anstrengungen sind nicht notwendig.
Die **Gründe** dafür nennt die **fünfte Strophe**. „Der Regisseur ist man selbst" (Z. 14), man gestaltet sich sein Bild von der Welt als Gegenstück zur Realität selbst. Das ist „... eine neue, bessere Welt / mit Gesetzen, / die Besseres versprechen." (Z. 15–17) Die Flucht in eine illusionäre Lebenshaltung ist auch als subjektive Reaktion auf die globalen Probleme der Welt zu verstehen.
In der **letzten Strophe** wird zweimal das Wort „einfach" verwendet, zuerst als Zusammenfassung: „Es ist so einfach –" (Z. 18), sich aus der Wirklichkeit zurückziehen und in Träumen zu leben. Diese Antwort kann nicht endgültig sein und deshalb stellt die Autorin sie in Frage und formuliert: „... zu einfach?" (Z. 19) Damit fordert sie den Leser zum Nachdenken auf.

Bemerkungen zu Sprache und Form

Form und Sprache sind dem Inhalt und der Aussage des Textes angemessen. Die Sprache ist klar und unmissverständlich. Jeder Strophe liegt eine bestimmte Satzkonstruktion zugrunde, deren Teile es möglich machen, die Aussage zu erläutern, zu begründen – wie erweiterte Infinitive (z. B. „... die Augen zu verschließen", Z. 2), Nebensätze (z. B. „..., die einem Kopfzerbrechen bereiten", Z. 13) oder nachgestellte Erläuterungen (z. B. „Herr über eine neue, bessere Welt", Z. 15). Dadurch ist es der Autorin möglich, jeder Verszeile einen eigenen Sinn zu verleihen. Unterstrichen wird das durch Zeilensprünge (z. B. Z. 3/4) und Wiederholung von Satzanfängen (z. B. „Es ist so ...", Z. 1, 11, 18) und Wörtern (z. B. „einfach", Z. 11, 18, 19).

Nachdenken über sich und sein Leben

Wie du das Gedicht verstanden hast und welche Wirkung es auf dich als Leser ausübt, spiegelt sich im Nachdenken über dich selbst und dein Leben wider. Deine Gedanken und Empfindungen sind subjektives Ergebnis der Auseinandersetzung mit dem Text. Aus diesem Grunde sind die Ausführungen als Ansätze zum Schreiben deiner Mitteilung an die Autorin zu werten. Du hast zwei Möglichkeiten des Vorgehens. Entweder du gehst strophenweise vor und beschreibst, welche Gedanken und Empfindungen der Text auslöst, oder du gehst von deinen Gedanken und Empfindungen aus und beweist das am Text.

Folgende Fragen können dir **Impulse zu Gedanken und Empfindungen** geben:
– Wie wirkt das Gedicht auf mich?
– Was empfinde ich beim Lesen des Gedichts?
– Was halte ich von einer Flucht in eine „Traumwelt"?
– Ist eine solche Haltung nicht zu einfach? Welche ist notwendig?
– Wie sehe ich mich?
– Welche Einstellung zum Leben vertrete ich?

Abschließend möchte ich dir noch ein paar **Hinweise zum Schreiben** des Aufsatzes geben.

In der **Einleitung** kannst du Bezug nehmen auf das Gedicht in der Wochenendbeilage einer Tageszeitung oder dich zum Begriff „träumen" äußern oder von einem persönlichen Erlebnis ausgehen.

Der **Hauptteil** beinhaltet:
– Aussagen zum Gedicht (Thema, Inhalt, Sprache, Form)
– Nachdenken über sich und sein Leben- Gedanken und Empfindungen
– Textbeispiele

Im **Schluss** fasst du deine Erkenntnisse zusammen und ziehst Schlussfolgerungen für das eigene Leben.

Schülerbeispiele

Einleitung

– „Das Gedicht ‚Träumen' hat mich zum Nachdenken über mich selbst und mein Leben angeregt. Es stimmt, was Sie sagen. Immer wieder habe ich Angst, mich der Realität zu stellen ..."
– „Liebe Claudia,
als ich am Samstag die Kulturseite unserer Tageszeitung las, fand ich das Gedicht ‚Träumen'. Mir gefällt es ausgezeichnet ..."

Hauptteil

– „… Jeder Mensch wünscht sich, dass ihm schwierige Entscheidungen abgenommen werden. Das ist mir auch schon passiert, aber ich musste mich mit dem Problem auseinandersetzen und fühlte mich dadurch etwas stärker …“

– „… Warum müssen wir uns eigentlich in eine Traumwelt flüchten? Unsere Erde könnte doch so schön sein …“

Schluss

– „… Ich möchte dir danken, liebe Claudia. Durch das Gedicht ist mir vieles klarer geworden. Ich glaube, ich sollte nicht nur flüchten, sondern mich auch wehren.
Mit vielen Grüßen
Maria“

– „… Ich bedanke mich bei Ihnen für die Anregung und hoffe, dass ich weitere schöne Gedichte von Ihnen zu lesen bekomme.“

Lösung 2

Fürs Leben lernen

Die Interpretation muss folgende Aussagen beinhalten:
– Beschreibung des Gesamteindrucks, des Themas und der Struktur
– klare Gedankenführung (antithetische Darstellung)
– Beachtung der sprachlichen Gestaltung
– persönliche Wertung

Inhaltliche Betrachtung im Zusammenhang mit Sprache und Form

Kirsten Wächter thematisiert in ihrem Gedicht „Fürs Leben lernen“ den dialektischen Widerspruch zwischen dem Lernen des Menschen für das Leben und dem Leben selbst. Sie behauptet, dass im Leben immer gegensätzliche Verhaltens-, Denk- und Handlungsweisen nebeneinander existieren bzw. gegenüberstehen. Obwohl der Mensch für das Leben lernt, bestimmt das Leben, wie sich der Mensch verhält. Zum Schluss stellt sie resümierend fest: „Wir lernen gegen das Leben. Trotzdem leben wir.“ (Z. 19–24)
Das Gedicht spricht junge Leser, Gleichaltrige, an, für die das Lernen „fürs Leben“ eine wichtige Rolle spielt. Die Autorin verwendet das Pronomen „wir“. Über dieses direkte Ansprechen wird sowohl die Identifikation des Lesers mit der Aussage des Textes als auch das Nachdenken über sich selbst und das Leben ermöglicht. Außerdem erhält das den Wert der Allgemeingültigkeit: Jeder kann sich angesprochen fühlen.
Der Text wirkt sehr ausdrucks- und aussagestark durch die Einheit von klarer Gedankenführung, angepasster Sprache und Struktur. Das Gedicht besteht aus neun zweizeiligen und zwei stark verkürzten Strophen in freien Rhythmen, d. h. in metrisch ungebundenen, reimlosen Versen mit unterschiedlicher Zeilenlänge.
Die sprachlichen Formulierungen sind knapp gehalten und beschränken sich auf das Wesentliche. Als stilistische Mittel fallen die in allen Verszeilen sich wiederholenden Satzanfänge (Anaphern) „Wir lernen …“ und „trotzdem …“ auf. Sie unterstreichen neben dem Verbalstil (z. B. „Wir lernen uns anzupassen – trotzdem verlieren wir uns nicht.“ – Z. 13/14) die dem Gedicht zugrunde liegende antithetische Darstellung der Gedanken:

– in den Strophen 1–9:
  • 1. Verszeile – These („Wir lernen …“)
  • 2. Verszeile – Antithese („trotzdem …“)
– in den beiden letzten Strophen:
  • 10. Strophe – These („Wir lernen …“)
  • 11. Strophe – Antithese („Trotzdem …“)

Wie stellt sich das Antithetische in den einzelnen Gedichteinheiten dar?
In der **ersten Strophe** heißt es: „Wir lernen laufen" (Z. 1). Der Mensch lernt sich fortbewegen, um seine Umwelt zu ergründen. Er verändert sich nicht nur räumlich, sondern entwickelt sich auf diese Art und Weise im Leben weiter. Aber oft verläuft das Leben nicht so glatt, wie man es sich wünscht. Es liegen irgendwelche „Steine" im Weg und dann „stolpern wir" (Z. 2).

Als besonders wichtig erweist sich das Erlernen des Sprechens (Z. 3), worauf die **zweite Strophe** hinweist. Der Mensch erwirbt die Fähigkeit, mit anderen zu kommunizieren, Gefühle, Wünsche und Meinungen zu äußern. Und „trotzdem stottern wir" (Z. 4), nicht bloß, wenn Sprachstörungen auftreten, sondern weil Bösartiges, Unwahrheiten, Ungerechtigkeiten o. Ä. uns oft nicht die richtigen Worte finden lassen.

Kirsten Wächter sagt in der **dritten Strophe**, dass Menschen „lächeln" (Z. 5), aber auch „weinen" (Z. 6) können, je nach Stimmung als Ausdruck des Glücksempfindens, der Freude über ein nettes Wort, über eine freundschaftliche Geste oder als Ausdruck der Traurigkeit, des Schmerzes, der Bestürzung.

In der **vierten Strophe** geht es um „hassen" und „lieben". Die Autorin nennt zuerst den negativ besetzten Begriff „hassen" (Z. 7). Das entspricht häufig dem Bild von der heutigen Gesellschaft – den Nachbarn nicht mögen, den Fremden aus einem anderen Land ablehnen, den Feind bekämpfen; die eigene ablehnende Haltung mit Blicken, Worten oder Taten bestärken. Zum Glück kann man sagen: „... trotzdem lieben wir" (Z. 8). Ohne Liebe kann der Mensch nicht leben. Aber oft liegen Liebe und Hass eng beieinander und komplizieren manche Beziehung zwischen den Menschen.

Die **fünfte und sechste Strophe** sagen aus, dass man „still sein" (Z. 9) und „gehorchen" (Z. 11) kann und muss, wenn es die Situation erfordert, wegen des Anstandes, aus Gründen der Vernunft, der Beherrschung, des Schweigens u. a. Aber es gibt Erlebnisse und Ereignisse, die zwingen, sich zu „wehren" (Z. 12) und zu „schreien" (Z. 10). Es ist nicht sinnvoll, die Augen zu verschließen und still zu sein, da muss man seinen Kummer, seinen Abscheu, seine Meinung laut und vernehmlich äußern, z. B. zu Fragen der Gewalt, der Politik, der Missachtung der Menschenrechte.

Die **siebte Strophe** lautet: „Wir lernen uns anzupassen – trotzdem verlieren wir uns nicht." (Z. 13 / 14) Das Verb „anpassen" ist im positiven und negativen Sinn zu verstehen. Heute wird vielfach vom Einzelnen gefordert, sich in ein Team einzuordnen und gemeinsame Aufgaben zu lösen, wobei jeder seine Stärken ausleben kann und damit nichts von seiner Individualität einbüßt. Manch einer passt sich aber im Sinne der Unterordnung an und meint, dass es besser sei, ein Teil der Masse zu sein, als vielleicht als „rebellisch" zu gelten.

In der **achten Strophe** wird gesagt: „Wir lernen realistisch zu sein" (Z. 15), das heißt, das Leben mit allen seinen Widersprüchlichkeiten, Problemen, Schwierigkeiten real einzuschätzen und nicht auf Wunder zu hoffen. Jeder muss lernen, Konflikte zu lösen und aus eigener Kraft seine Vorstellungen vom glücklichen Leben zu verwirklichen. „Trotzdem träumen wir" (Z. 16), wir träumen von Reisen in ferne Länder, vom Leben ohne Krieg und Not, von erfüllter Liebe und anderen unerfüllten Wünschen. Dazu hat jeder Mensch das Recht. Träume sind etwas Schönes, wenn sie nicht gar und ganz den Boden der Realität verlassen.

Die **Strophe neun** wirkt wie eine Verallgemeinerung zu dem bereits Gesagten. Der Mensch lernt „perfekt zu sein" (Z. 17) und „trotzdem" macht er „Fehler" (Z. 18). Perfektionismus würde bedeuten, in jeder Situation souverän zu handeln und keine Schwächen zu zeigen. Aber das ist kaum möglich und eigentlich nicht notwendig, denn es ist eine „alte" Weisheit, dass der Mensch aus seinen Fehlern lernen kann.

Zusammenfassend behauptet die Autorin in den **beiden letzten Strophen** (Z. 19–24):
> „Wir lernen
> gegen das
> Leben.
>
> Trotzdem
> leben
> wir."

Kirsten Wächter setzt die Wörter untereinander und hebt so ihre pragmatische Bedeutung hervor. Alles, was der Mensch lernt und sich aneignet – Fähigkeiten, Verhaltensweisen, Handlungsschemata –, ist nicht absolut und scheint dem Leben entgegenzuwirken. So gesehen ist das Gelernte bzw. Erworbene nur relativ, denn das Leben ist ein komplizierter Prozess und in ständiger Veränderung begriffen. Dem muss sich der Mensch stellen, besonders der Jugendliche, dem noch entscheidende Lebenserfahrungen fehlen. So schließt das Gedicht mit den Worten: „Trotzdem leben wir." (Z. 22–24)

Absicht und Leserwirkung

Das Gedicht macht deutlich, dass Für-das-Leben-Lernen Konfrontation bedeutet – mit all seinen Anforderungen und Bedingungen, Problemen und Schwierigkeiten, Höhen und Tiefen – und eine kritische Auseinandersetzung erfordert, um das Leben zu meistern. Aber wie der Mensch alles bewältigt, legt er selbst fest. Gerade der Jugendliche wird angeregt, über sich und sein Leben nachzudenken, seine Lebenseinstellung zu prüfen und evtl. zu korrigieren.

Schülerbeispiele

Einleitung

– „Das vor mir liegende Gedicht heißt ‚Fürs Leben lernen' und wurde von Kirsten Wächter geschrieben.
Ich finde es sehr ausdrucksstark. Im Gedicht geht es um das Leben mit all seinen Überraschungen und Problemen. Und Leben heißt lernen …"
– „Das Gedicht ‚Fürs Leben lernen' hat die Jugendliche Kirsten Wächter geschrieben – für Gleichaltrige. Nicht nur der Titel spricht diese Zielgruppe an, sondern auch der Inhalt. Es geht um wichtige Fragen, die das Leben stellt, die schwer zu beantworten sind. Die Autorin nimmt Stellung zum Lernen für das Leben."

Hauptteil

– „In der zweiten Strophe wird gesagt: ‚Wir lernen sprechen'. Das ist ganz wichtig, denn so kann man seine Gedanken und Wünsche dem anderen mitteilen. Aber manchmal bleibt der Mensch stumm, weil Dinge geschehen, die grausam oder traurig machen …"
– „Kirsten Wächter stellt dar, wie sie das Leben sieht. Hass und Liebe gehören z. B. zum Leben. Etwas bzw. jemanden zu verachten, sogar zu hassen, ist oft leichter als jemanden zu lieben. Das Gefühl Liebe zu zeigen ist wunderschön, oft sehr schwer. Aber ein Leben ohne Liebe ist nicht lebenswert …"

Schluss

– „Ich bin der Meinung, dass die Autorin mit dem Gedicht gut darstellt, dass im Leben nicht alles glatt verläuft. Jeder kontrolliert allein, wie er sein Leben bewältigt, und legt selbstständig fest, wann er ausgelernt hat. Eigentlich lernt man nie aus."
– „‚Fürs Leben lernen' ist ein Gedicht, das mir persönlich deutlich gemacht hat, wie wichtig es ist, nie mit dem Lernen für das Leben aufzuhören. Das Leben stellt einen immer wieder vor Bewährungsproben, die zu bewältigen sind. Hat man dazu nicht die richtige Einstellung, kann man das Leben nicht meistern."

Aufgabe:
Verwandeln Sie eine Alltagssituation in eine Phantasiegeschichte!

Fantastik ist der „Einbruch des Übernatürlichen, Wunderbaren in die Alltagswelt".

Helmut Pesch, Fantasy

(Aus: Ideen für den Literaturunterricht, Stiftung Lesen, Mainz 2001)

Lösung

Neben Phantasie und Kreativität sind bei der Bewältigung dieser Aufgabe Sachkenntnisse zum Schreiben einer Geschichte gefordert.

Folgende Merkmale sollte deine Phantasiegeschichte enthalten:
– eine ausgewählte Alltagssituation, die frei erfunden sein kann
– phantastische Elemente, die im Zusammenhang mit der Handlung stehen
– Gestaltungsmittel des spannenden Erzählens wie
  • Übertreibung
  • Spannungsbogen
  • sagenhafte Gestalten
– Verwendung aussagestarker Verben und Adjektive; wörtliche Rede
– eine angemessene Zeitform

Da es sich um eine subjektive Schreibform handelt, können die Ausführungen nur Anregungen für deine Arbeit sein.

Vorüberlegungen

Zum Aufbau der Phantasiegeschichte:

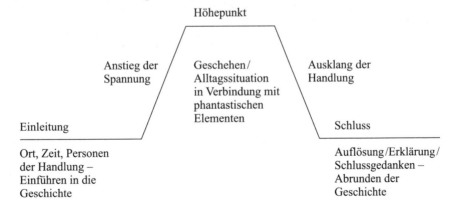

Höhepunkt

Anstieg der Spannung — Geschehen/ Alltagssituation in Verbindung mit phantastischen Elementen — Ausklang der Handlung

Einleitung — Schluss

Ort, Zeit, Personen der Handlung – Einführen in die Geschichte — Auflösung/Erklärung/ Schlussgedanken – Abrunden der Geschichte

Zu geeigneten Alltagssituationen:
(wirklich oder frei erfunden)

– Alltägliches in
  • Familie
  • Schule
  • Beruf, Lehre, Praktikum
  • Freizeit (Hobby, Sport, Kultur, Urlaub, Shopping …)
  • Freundes- und Bekanntenkreis
– Situationen der
  • Konfliktlösung
  • Bewährung
  • Entscheidung
  • Gefühlsäußerungen (Liebe, Hoffnung, Sehnsucht …)

Zum Begriff „Phantasie":

– laut Duden: Phantasie (griech.) – Vorstellung(skraft), Einbildung(skraft); Trugbild
– Bezug zum Zitat:
  „Fantastik ist der ‚Einbruch des Übernatürlichen, Wunderbaren in die Alltagswelt'."
  • Fantastik-Begriff aus dem Genre Fantasy, Roman- und Filmgestaltung (Science-fiction), die märchen- und mythenhafte Traumwelten darstellt
  • greift auf keltische, skandinavische und orientalische Stoffe zurück
  • spielt u. a. in postapokalyptischer Zukunft oder im idealisierten Mittelalter
  • Reisen in Fantasiewelten, Aussöhnung von Mensch, Natur und Magie; Kampf zwischen Gut und Böse, z. B. J. R. R. Tolkien („Herr der Ringe"), J. K. Rowling („Harry Potter")
– mögliche fantastische Elemente:
  • fantastisch-wunderbare Ereignisse (Zauber, Wunder …)
  • Wirken übernatürlicher Kräfte/Figuren im Alltag (Riesen, Feen, Hexen, Elfen; Batman, Superman …)
  • Gegenstände mit menschlichen Eigenschaften (sprechende Steine, singende Bäume, fliegende Untertassen …)
  • Zaubersprüche, Beschwörungsformeln …
  • Magisches, Symbolisches (Zahlen, Zeichen …)

Stoffsammlung

Du suchst dir eine geeignete Alltagssituation und notierst unter Einbeziehung der Vorüberlegungen alle Gedanken, die dir spontan dazu einfallen.
Wende die Methode des Clusterns an.
Anschließend formulierst du die Geschichte aus. Wichtig sind dabei die Wahl des Erzählers (Ich-Erzähler; Erzähler in der 3. Person) und eine treffende Überschrift.
Weitere Hinweise zum Schreiben einer Phantasiegeschichte findest du im Kapitel D.

Beispiele aus Schülerarbeiten

1. Beispiel: Cluster „Phantasiegeschichte"

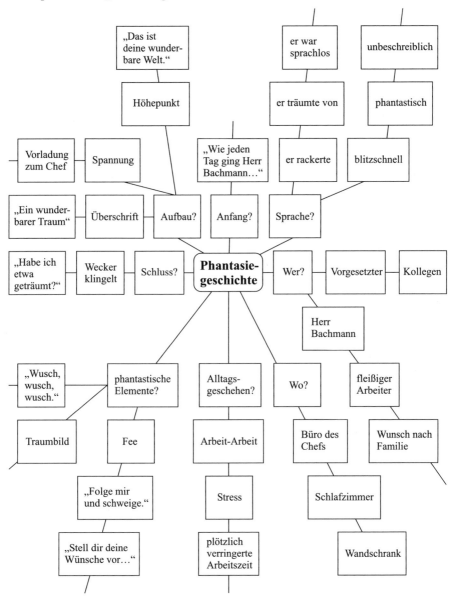

2. Beispiel: Textgestaltung (Auszüge)

Ein schreckhaftes Erlebnis

Mein Name ist Black und ich möchte eine Geschichte erzählen.
Wie jeden Morgen ging ich in die Schule. Unterwegs traf ich meine Freunde Thomas und Rainer, die wie immer viel zu erzählen hatten. Es ging um verschiedene Fernsehsendungen vom Vorabend, um die neuesten Hits aus der Musikszene und heute auch um ein Buch über Vampire und so einige andere phantastische Gestalten.
In der ersten Stunde hatten wir Geschichtsunterricht, der mich total langweilte. Ich döste so vor mich hin, hörte nur noch etwas von „Mensch" … Und dann schien auf einmal alles ganz anders zu sein. Die Klassenkameraden hatten plötzlich ein völlig neues Aussehen. Mein Freund Thomas sah aus wie der Geist Blitzghost und Rainer wie der Werwolf Wolfskralle. Ich fühlte mich wie ein schläfriger Vampir. Auf einmal Sirenengeheul! Der Direx, eine riesengroße Spinne, hatte Alarm ausgelöst. An der Tür stand ein Mensch, ein Wesen wie aus einer fernen Welt …

Plötzlich schreckte ich auf. Der Direx war sehr zornig. „Junger Mann", sagte er zu mir, „du bist schon das dritte Mal in meinem Unterricht eingeschlafen. Damit du wenigstens die wichtigsten Etappen der Menschheitsgeschichte kennst, wirst du ab sofort ‚Extraaufgaben' lösen."
Damit war ich wieder in der Realität und musste feststellen, dass ich zwar kein Vampir bin – aber vielleicht ein nicht so schlechter Geschichtenschreiber.

Kennen Sie Goethe?

Aufgabe:

4.1 Ergänzen Sie die fehlenden Fakten zu Goethes Lebensbaum!
(Beachten Sie: Bei einem Zweig ist selbstständig ein Oberbegriff auszuwählen.)

4.2 Interpretieren Sie die Ballade!

Hinweis: Beide Teilaufgaben 4.1 und 4.2 sind zu bearbeiten.

Der Fischer (1778)

    Das Wasser rauscht', das Wasser schwoll,
    ein Fischer saß daran,
    sah nach dem Angel ruhevoll,
    kühl bis ans Herz hinan.
5 Und wie er sitzt und wie er lauscht,
    teilt sich die Flut empor;
    aus dem bewegten Wasser rauscht
    ein feuchtes Weib hervor.

    Sie sang zu ihm, sie sprach zu ihm:
10 „Was lockst du meine Brut
    mit Menschenwitz und Menschenlist
    hinauf in Todesglut?
    Ach, wüßtest du, wie's Fischlein ist
    so wohlig auf dem Grund,
15 du stiegst herunter, wie du bist,
    und würdest erst gesund.

    Labt sich die liebe Sonne nicht,
    der Mond sich nicht im Meer?
    Kehrt wellenatmend ihr Gesicht
20 nicht doppelt schöner her?
    Lockt dich der tiefe Himmel nicht,
    das feuchtverklärte Blau?
    Lockt dich dein eigen Angesicht
    nicht her in ew'gen Tau?"

25 Das Wasser rauscht', das Wasser schwoll,
    netzt ihm den nackten Fuß;
    sein Herz wuchs ihm so sehnsuchtsvoll
    wie bei der Liebsten Gruß.
    Sie sprach zu ihm, sie sang zu ihm,
30 da war's um ihn geschehn:
    halb zog sie ihn, halb sank er hin
    und ward nicht mehr gesehn.

(Aus: Das große Balladenbuch, 6. Auflage,
Verlag Neues Leben, Berlin 1980)

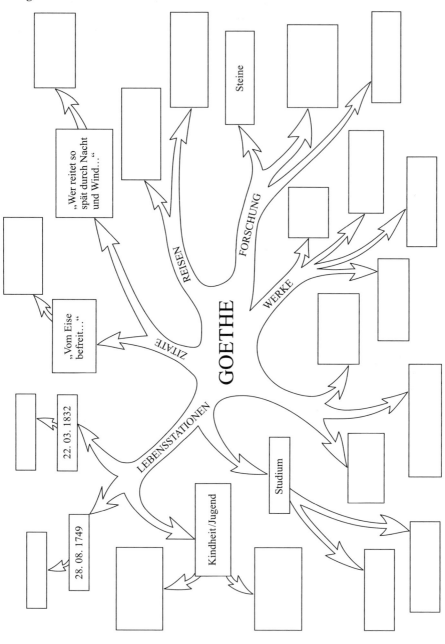

Lösung

Voraussetzung für die Bewältigung dieser anspruchsvollen Aufgabe ist konkretes Wissen zur Biografie Goethes, zum Leben und Schaffen des Dichters, zum Genre „Ballade" sowie zum Interpretieren literarischer Texte (vgl. Kapitel B). Zu Goethes Lebensbaum der Teilaufgabe 4.1 sind 19 Fakten zu ergänzen. Obwohl der Gedanke an die nachfolgende Interpretation der Ballade (Teilaufgabe 4.2) dich vielleicht unter Zeitdruck setzen könnte, solltest du trotzdem auf die korrekte sprachliche Formulierung deiner Eintragungen achten. Für die Sprachrichtigkeit kann ein Wertungspunkt erteilt werden.

Teilaufgabe 4.1

Als Ergänzung zu den entsprechenden Zweigen kannst du Jahreszahlen, Orte, Personen, Geschehnisse oder deren Anlässe u. Ä. aus der Goethe-Biografie wählen.
Die vervollständigte Übersicht zeigt dir ein Lösungsbeispiel (s. 2004-25).
Nachfolgend findest du ein umfangreiches Angebot weiterer ergänzbarer Fakten.

Zum Zweig „**Kindheit und Jugend**":
– Elternhaus – gesellschaftliches Zentrum
– Vater – Johann Caspar – Kaiserlicher Rat
– Mutter – Katharina Elisabeth, geb. Textor
– Unterricht durch Hauslehrer und Vater
– gemeinsamer Unterricht mit der Schwester
– Sprachen – Französisch, Italienisch
– Geschichte, Naturkunde
– Puppentheater – Geschenk der Großmutter
– Interesse für Volksbücher

Zum Zweig „**Studium**":
– Herder – Volkspoesie, Shakespeare
– Liebe zu Friederike Brion – Sesenheim
– Rechtsanwalt in Frankfurt
– Reichskammergericht Wetzlar – Praktikant
– Leipzig – Fauststoff

Zum Zweig „**Reisen**":
– Rheinreise 1771
– zu Pferde im Winter in den Harz
– Flucht vor Regierungsgeschäften nach Italien
– in Italien als Maler und Zeichner
– Schweizreisen 1775, 1797
– Reisen nach Frankreich, Sizilien
– Reisen im hohen Alter nach Marienbad und Karlsbad

Zum Zweig „**Werke**":
– „Mailied" – Gedicht (1771)
– „Götz von Berlichingen" – Drama (1773)
– „Willkommen und Abschied" – Gedicht (1774)
– „Die Leiden des jungen Werthers" – Roman (1774)
– „Urfaust" – Drama (1775)
– „Iphigenie auf Tauris" – Drama (1787)
– „Egmont" – Drama (1788)
– „Xenien" – Spottverse (1796)
– „Aus meinem Leben. Dichtung und Wahrheit" (Autobiografie)

Zum Zweig „**Forschung**":
– naturwissenschaftliche Studien
– Forschungen in Biologie, Geologie, Physik
– „Metamorphose der Pflanzen"

Für den **fehlenden Zweig** sind folgende Eintragungen denkbar:
– Weimar
– Weimarer Klassik
– Frauen
– Freundschaften u. a.
Auch dazu möchte ich dir Anregungen zu möglichen Ergänzungen geben.

Zum Zweig „**Weimar**":
– Einladung des Herzogs Karl August
– Freund und Berater des Herzogs
– Aufnahme in „Weimarer Musenhof"
– Leitung des Hoftheaters
– Heirat mit Christiane Vulpius
– Zusammenarbeit mit Schiller
– Weimarer Klassik

Zum Zweig „**Weimarer Klassik**":
– 1786–1805
– Begründer: Goethe und Schiller
– Balladenjahr 1797
– klassisches Menschheitsideal
– Schiller: „Wilhelm Tell", „Wallenstein"
– Goethe: „Faust I", „Faust II"

Zum Zweig „**Frauen**":
– Beziehungen zu Frauen bedeutsam für Goethes Schaffen
– Inspiration zu Liedern und Gedichten
– Beispiel: „Willkommen und Abschied"
– Liebe zur Pfarrerstochter Friederike Brion
– Unerfüllte Liebe zu Charlotte Buff (Wetzlarer Zeit)
– Briefe an Charlotte von Stein (Hofdame in Weimar)
– Briefroman „Die Leiden des jungen Werthers"
– Heirat mit Christiane Vulpius

Zum Zweig „**Freundschaften**":
– mit Herzog Karl August (Fürstenerziehung)
– mit Schiller (Weimarer Klassik)
– mit J. G. Herder (Volkspoesie, Shakespeare)
– mit Winkelmann (griechische Antike)
– mit Anna Amalia („Weimarer Musenhof")
– Bereicherung des literarischen Schaffens und seiner Persönlichkeit

Anlage 1 – Lösung

Ballade – „Erlkönig"

Studium der Antike; „Egmont"

Steine

Zwischenkieferknochen des Menschen

Farbenlehre

1786–1788 Italien

„Wer reitet so spät durch Nacht und Wind…"

„Der Zauberlehrling"

„Faust"

„Sesenheimer Lieder"

REISEN

FORSCHUNG

„Osterspaziergang" – Faust I

WERKE

„Prometheus"

„Vom Eise befreit…"

ZITATE

Regierungsmitglied

GOETHE

WEIMAR

Todestag

22. 03. 1832

LEBENSSTATIONEN

1775–1832

Beziehung mit Charlotte v. Stein

Geburtstag

28. 08. 1749

Kindheit/Jugend

Studium

Vater sorgte für umfassende Bildung

Mutter sorgte für Lust am „Fabulieren"

Jurastudium in Leipzig

Examen in Straßburg

Teilaufgabe 4.2

Hinweise zum Dichter

Für die Angaben zur Biografie stehen dir die Ausführungen zur Teilaufgabe 4.1 zur Verfügung.

Hinweise zur Entstehung der Ballade

Als Entstehungsjahr der Ballade wird 1778 angegeben. Das bedeutet, dass das Werk in die erste Weimarer Schaffensperiode von 1775–1786 einzuordnen ist.
Während Goethe seine Lebensentwicklung bis 1775 lückenlos in „Dichtung und Wahrheit" darstellt, werden die folgenden elf Jahre durch ihn selbst nicht aufgearbeitet. Lediglich der umfangreiche Briefwechsel mit Charlotte von Stein (fast 1700 Briefe) gibt Auskunft über diese Zeit – u. a. über seine umfangreiche Arbeit als Minister für Bergbau, Wegebau, später für Finanzen und andere Gebiete, über seine naturwissenschaftlichen Studien und über die enge Beziehung zum Erbprinzen Karl August. Goethe wird ihm Freund und unentbehrlicher Berater zugleich. Zunächst genießen die beiden bei wilden Ausritten und anderen unterhaltsamen Spielen ihre „Sturm-und-Drang-Zeit". Dabei soll es vorgekommen sein, dass sie nachts in der Ilm gebadet und dabei „allerlei Schabernack" mit einem vorbeikommenden Bauern getrieben haben, wie es in einer „Anekdote von der Ilm-Nixe" heißt. Das Wasser übte eine besondere Anziehungskraft auf Johann Wolfgang aus, er unternahm 1778 alle Anstrengungen, um das Schwimmen zu erlernen.
Durch das Drama „Götz von Berlichingen mit der eisernen Hand" und den Briefroman „Die Leiden des jungen Werthers" ist der junge Goethe als Dichter des Sturm und Drang bereits bekannt. Die Gedichte, die in der Weimarer Zeit entstehen, enthalten seine Aussagen zum Schicksal des Menschen, zum eigenen sozialen Wesen, zur Liebe, zur Natur. Als Genre der Lyrik gewinnt die Ballade an Bedeutung. Aufgrund ihrer lyrischen, epischen und dramatischen Elemente sieht Goethe diese Form als „Ur-Ei" der Dichtung und lässt sich zu den Balladen „Der Fischer" (1778) und „Erlkönig" (1782) inspirieren. In beiden Erzählgedichten steht das Unheimliche, das Mystische der Natur und ihr bedrohlich-verlockendes Wirken im Mittelpunkt; sie gehören in den Bereich Naturmagie.

Hinweise zum Genre Ballade

Die Ballade ist ein **Genre der Lyrik,** in dem lyrische, epische und dramatische Elemente zusammenwirken. Sie weist die Form eines Erzählgedichtes (Strophen, Reim) auf mit einer spannenden bzw. dramatisch zugespitzten Handlung, wobei der Dichter eine lyrische, äußerst subjektiv geprägte Haltung zum Erzählten einnimmt und diese auch beim Leser erzeugt. Die Handlung wird stark verdichtet und der Gegenstand der Ballade wird nur so weit erzählt, wie es für die Vermittlung der Empfindung und Aussage des Autors notwendig erscheint. Die Figuren des Geschehens werden sowohl durch das Agieren als auch in ihren Dialogen und Monologen charakterisiert. Balladengeschehen und- urteil verdeutlichen die weltanschauliche Haltung des Dichters.
Ursprünglich ist die Ballade (ital. ballata – Tanzlied) in den romanischen Ländern ein **beim Tanzen gesungenes Lied** in Strophen und mit Refrain.
In der deutschen Dichtung tritt sie zunächst als **Volksballade** auf (**13.–15. Jh.**), die eine Weiterentwicklung des germanischen Heldenliedes und der Heldensage bedeutet. In strophenartiger Erzählform wird von sagenhaften und historischen Ereignissen berichtet bzw. gesungen (Bänkelgesänge). Erst in der zweiten Hälfte des **18. Jahrhunderts** kommt es zur Herausbildung der so genannten **Kunstballade** mit Gottfried August Bürgers Ballade „Leonore" (1773). Johann Wolfgang Goethe und Friedrich Schiller setzen die bürgerliche Balladendichtung fort. Im „**Balladenjahr**" 1797 erreicht ihr Schaffen den Höhepunkt. „Der Zauberlehrling" (Goethe), „Die Kraniche des Ibykus" (Schiller) u. a. beinhalten wesentliche Züge eines progressiven bürgerlichen Menschenbildes. Weitere Themeninhalte sind Helden, Götter, Geister- und Naturmagie.

Eine Weiterführung der Balladen gibt es in der **Romantik** mit Clemens Brentano, Joseph von Eichendorff, Heinrich Heine (Lorelei-Ballade „Ich weiß nicht, was soll es bedeuten"), bevorzugt werden volkstümliche, sangbare Balladen.
Im **Realismus des 19. Jahrhunderts** stehen Natur- und Geschichtsballaden im Vordergrund. Am bekanntesten sind die Werke von Theodor Fontane (z. B. „John Maynard", „Die Brück' am Thay"). Andere Dichter sind Conrad Ferdinand Meyer und Ludwig Uhland. Autoren wie Kurt Tucholsky, Erich Kästner, Bertolt Brecht (z. B. „Der Kinderkreuzzug") und Wolf Biermann (z. B. „Ballade vom preußischen Ikarus") führen im **20. Jahrhundert** die Ballade zur politisch engagierten und gesellschaftskritischen Kunstform.

Inhaltliche Betrachtung

Johann Wolfgang Goethe **thematisiert** in der Ballade „Der Fischer" das Unheimliche, beinah Magische der Natur und dessen Wirken auf die Menschen. Anhand einer einzelnen Begebenheit wird gezeigt, welche tödlich bedrohliche Gefahr von den Kräften der Natur ausgehen kann, wenn der Mensch ihren Verlockungen erliegt. Als Handlungsebene wählt der Dichter die Welt des Wassers.
Der **Inhalt** der Ballade, die aus vier achtzeiligen Strophen besteht, erzählt von der schicksalhaften Begegnung des Fischers mit einer Nixe („feuchtes Weib", Z. 8), deren Verlockungen ihn in die Tiefen des Wassers ziehen und damit seinen Tod bewirken. Der für die Aussage des Autors wichtige Gesang der Meerfrau (Strophen 2 und 3) bildet das Kernstück der Ballade, das von der beschreibenden Erzählung zum Fischer und Wasser im ersten und letzten Gedichtabschnitt eingerahmt wird.

In der **ersten Strophe** geht es um die Ausgangsposition. Der Fischer sitzt ruhig, „ruhevoll" (Z. 3) am Ufer eines sehr bewegten Gewässers und „sah" (Z. 3) nach seiner Angel. „Das Wasser rauscht', das Wasser schwoll" (Z. 1) und der Fischer ist ganz allein. Er fühlt sich „kühl bis ans Herz hinan" (Z. 4).
Die Eigenschaft „kühl" ist mehrfach deutbar. Zum einen unterstreicht sie seine äußere Ruhe, zum anderen erscheint er ebenso innerlich cool. Später wird allerdings sein Herz unruhig sein, „sehnsuchtsvoll wie bei der Liebsten Gruß" (Z. 27/28). Außerdem kann der Leser annehmen, dass das feucht-kühle Nass den Fischer am ganzen Körper „bis ans Herz hinan" (Z. 4) frösteln lässt.
Schon vor der Begegnung mit der Meerfrau fühlt er sich zum Wasser besonders hingezogen. Das Wasser „rauscht'" (Z. 1) und er „lauscht" (Z. 5). Aufgrund dieser Affinität ist er offen für die Verlockungen der Nixe. „... ein feuchtes Weib" (Z. 8) schnellt wie ein Phantom mit der „Flut" (Z. 6) aus dem Wasser „hervor" (Z. 8). Die Beziehung zur Welt des Wassers wird durch zwei andere Reimpaare (Kreuzreime) angedeutet: „schwoll"/„ruhevoll" (Z. 1/3), „lauscht"/„rauscht" (Z. 5/7). Sie verdeutlichen das Gegensätzliche: die Ruhe des Fischers und das bewegte Wasser.

Zweite Strophe: Die Nixe erscheint, um ihm seinen Fischfang vorzuwerfen und ihn selbst „herunter" (Z. 15) zu locken. Mittels ihres Sirenengesanges erregt sie den Fischer; sie „sang" und „sprach" (Z. 9) nur „zu ihm" (Z. 9) allein. Das Versende „ihm" bleibt als einzige in der Ballade ohne Reimpartner. Zu Beginn des Gesanges fragt sie den Fischer: „Was lockst du meine Brut ... hinauf in Todesglut?" (Z. 10/12). Sie verurteilt das tödliche Angeln des Fischers, das Eingreifen des Menschen in ihre Welt des Wassers – „mit Menschenwitz und Menschenlist" (Z. 11). Mit dem betonten „Ach" (Z. 13) entschuldigt sie dieses Vorgehen, bedauert sie, dass er unwissend ist, und leitet auf ihre Art und Weise ein verlockendes Versprechen ein, das das Leben in den Tiefen des Wassers als „wohlig" (Z. 14) und „gesund" (Z. 16) anpreist. Die verwendeten Konjunktivformen „wüßtest du" (Z. 13), „du stiegst herunter" (Z. 15) und „würdest ... gesund" (Z. 16) unterstreichen die vorhandene Möglichkeit für den Fischer, seinen Lebensbereich zu verändern.

In der **dritten Strophe** stellt die Nixe nur rhetorische Fragen an den Fischer. Fragen, auf die keine Antworten erwartet werden bzw. die Antworten vorwegnehmen. Diese begründen ihr vorheriges Versprechen (2. Strophe) damit, dass selbst die Sonne und der Mond sich im Meer spiegeln (Z. 17/18) und dadurch Positives gewinnen: Labung („labt sich", Z. 17), Schönheit („doppelt schöner", Z. 20), Verklärung („feuchtverklärte Blau", Z. 22). Die Formulierungen „liebe Sonne" (Z. 17), „wellenatmend ihr Gesicht" (Z. 19), „der tiefe Himmel" (Z. 21), „das feuchtverklärte Blau" (Z. 22) bekräftigen das Verlockende ihres Versprechens gegenüber dem Fischer und suggerieren ihm die scheinbar innere Verbindung des Himmels und der Wasserwelt der Nixe. Auch der Reim „Blau"/„Tau" (Z. 22/24) ist dieser Deutung zuzuordnen. Die letzte Frage dieser Strophe beginnt mit der Wiederholung der Verbform „Lockt dich" (Z. 21 und 23) und steigert sich ins Verführerische: „Lockt dich dein eigen Angesicht / nicht her in ew'gen Tau?" (Z. 23/24). Die allgemeine Erfahrung, dass man im Wasser sein Spiegelbild sieht, wird verändert dargestellt. Es wird von der Nixe dahin gehend verfälscht, dass dem Fischer angeblich sein „eigen Angesicht" (Z. 23) erscheine und er bereits im Wasser sei und in die Ewigkeit („… in ew'gen Tau", Z. 24) geholt werde. Der Verlockung, ins Wasser zu gehen, kann der Fischer nicht mehr widerstehen.

Vierte Strophe: Es wird erzählt, wie der Fischer den lockenden Versprechungen der Nixe erlegen ist. Obwohl der erste Satz dieser Strophe dem der Ausgangssituation (Z. 1) gleicht, zeigen sich wesentliche Veränderungen im Schlussteil. Die Lage spitzt sich dramatisch zu: Das Wasser berührt jetzt den Fischer direkt, es „netzt ihm den nackten Fuß" (Z. 26). Sein Herz ist nicht mehr „kühl" (Z. 4) und „ruhevoll" (Z. 3), sondern voller Verlangen und „sehnsuchtsvoll / wie bei der Liebsten Gruß" (Z. 27/28). Noch einmal ertönt der Gesang der Nixe, „da war's um ihn geschehn" (Z. 30). In zwei parallelen Sätzen wird der Untergang des Fischers beschrieben: „halb zog sie ihn, halb sank er hin" (Z. 31). In diesen Formulierungen ist zu erkennen, dass die Nixe nicht allein Anteil hat an seinem Untergang, sondern dass die verlockenden Worte zur Veränderung des Fischers geführt und immer mehr die Bereitschaft gefördert haben, einen anderen Lebensbereich zu wählen. Die Verszeilen „da war's um ihn geschehn" (Z. 30) sowie „und ward nicht mehr gesehn" (Z. 32) bewertet der Erzähler als tragischen Untergang des Fischers.

Bemerkungen zu Sprache und Form

Im Rahmen der inhaltlichen Betrachtung wurde bereits auf die für die Interpretation wichtigen Stilmittel und Formelemente eingegangen.
Es gibt im Balladentext eine Vielzahl weiterer Gestaltungsmittel, die der Autor bewusst eingesetzt hat, um den Inhalt zu unterstreichen, eine besondere Wirkung zu erzielen bzw. eine bestimmte Sichtweise dem Leser deutlich zu machen.
Ausgewählte Beispiele belegen das.

Zu Formelementen:

Formelement	Text	Wirkung
Versmaß	gleichmäßig, jambisch, pro Doppelzeile ein Wechsel von vier und drei Takten	ruhiger, fließender Rhythmus in der Ballade
Reimform	reiner Kreuzreim: ababcdcd (z. B. „schwoll"/„Fuß"/„sehnsuchtsvoll"/ „Gruß")	Hervorheben einzelner Wörter; fließender Rhythmus
Sprechweise	beschreibende Erzählung (neutraler Erzähler: Strophen 1–4), in direkter Rede (Nixe: Strophen 2 und 3)	Aussageabsicht des Autors

Zu Stilelementen:

Stilmittel	Textbeispiel	Wirkung
Anapher	„Das Wasser rauscht', das Wasser schwoll" (Z. 1)	Wiederholung wichtiger Satzanfänge
Parallelismus	„Sie sang zu ihm, sie sprach zu ihm ..." (Z. 9)	Hervorheben des Inhalts durch monotonen Satzbau
Enjambement (Zeilensprung)	„Was lockst du ... Brut / mit ... Menschenlist / ... Todesglut?" (Z. 10–12)	Anregung zum Nach- denken
Sonderstellung einzelner Wörter	„Ach ..." (Z. 13)	Hervorhebung durch besondere Betonung
Vergleich	„... sehnsuchtsvoll / wie bei der Liebsten Gruß" (Z. 27/28)	Verstärkung der Aussage
Personifikation	„Labt sich die liebe Sonne nicht / der Mond sich nicht im Meer?" (Z. 17/18)	wirkt emotional auf Leser/Hörer
Alliteration	„netzt ihm den nackten Fuß" (Z. 26)	Betonung des Inhalts
rhetorische Frage	„Lockt dich der tiefe Himmel nicht / das ... Blau?" (Z. 21/22)	verstärkte Identifikation
Wiederholung	Verbform „locken" (Z. 10, 21, 23)	Verstärkung der Aussage

Zu Sprachelementen:

Stilmittel	Textbeispiel	Wirkung
Hervorheben durch Satzzeichen	– Semikolon (Z. 6, 26) – Doppelpunkte (Z. 9, 30)	neue Gedanken an- kündigen
Besonderheiten im Satzbau	– vorrangig Hauptsätze – einfache, kurze Sätze	Redefluss wird unterstützt
Besonderheiten in der Wortwahl	– viele Verben („rauscht' ", „schwoll", „sang" u. a.) – treffende Adjektive („kühl", „ruhevoll") – zusammengesetzte Wörter („wellenatmend", „Menschen- witz")	verstärkte Bildhaftigkeit

Beziehung zwischen Text und Leser

Es ist ein jahrhundertealter Wunsch des Menschen, die Natur zu ergründen und sie zu beherr- schen, weil sie unergründlich erscheint, von ihr oft eine mystische Wirkung ausgeht und sie deshalb für uns eine magische Anziehungskraft besitzt.

In der Ballade „Der Fischer" vermittelt Goethe in einem fast mythischen Bild die Erfahrung des Menschen mit Naturkräften. Er will dem Leser vermitteln, dass die Natur nicht nur Quelle heilsamer Kräfte ist, sondern auch bedrohliche Gefahren in sich birgt, wenn man ihren Ver- lockungen erliegt, menschliche Grenzen überschreitet. Deshalb kommt es darauf an, eine realistische Betrachtungsweise zur Natur und zu ihren Erscheinungsformen zu gewinnen, Nutzen und Gefahren abzuwägen und alles für ihren Erhalt und Schutz zu tun. Allgemeine Erkenntnis: Verliert man sich und verfällt den Verlockungen im Leben, kann man dabei zugrunde gehen. Demzufolge ist jeder Einzelne aufgefordert, über sich und sein Handeln nachzudenken, persönliche Schlussfolgerungen im Sinne einer positiven Lebensgestaltung zu ziehen.

Aufbau des Aufsatzes

Einleitung

– Angaben zu Autor, Titel, Thematik des Textes
– Erläuterungen über Epoche, Entstehungshintergrund
– Kurze Angaben über die Wirkung des Textes auf dich persönlich
– Äußerungen zum Genre „Ballade"

Hauptteil

– Inhaltsangabe
– Ideengehalt
– Sprache und Form
– Beziehungen zwischen Inhalt, Sprache und Form
– Beziehung zwischen Text und Leser

Schluss

– Knappe Zusammenfassung der Ergebnisse
– Persönliche Meinung zum Text/Thematik
– Transfer

Leerseiten verbilligen in diesem Fall die Herstellung des Buches!

Ihre Meinung ist uns wichtig!

Ihre Anregungen sind uns immer willkommen. Bitte informieren Sie uns mit diesem Schein über Ihre Verbesserungsvorschläge!

Titel-Nr.	Seite	Vorschlag

Die echten Hilfen zum Lernen ... **STARK**

14-V2N

Bitte ausfüllen und im frankierten Umschlag
an uns einsenden. Für Fensterkuverts geeignet.

Zutreffendes bitte ankreuzen!

Die Absenderin/der Absender ist:

☐ Lehrer/in in den Klassenstufen: _____

☐ Fachbetreuer/in

☐ Fächer: _____

☐ Seminarlehrer/in

☐ Fächer: _____

☐ Regierungsfachberater/in

☐ Fächer: _____

☐ Oberstufenbetreuer/in

☐ Schulleiter/in

☐ Referendar/in, Termin 2. Staats-
examen: _____

☐ Leiter/in Lehrerbibliothek

☐ Leiter/in Schülerbibliothek

☐ Sekretariat

☐ Eltern

☐ Schüler/in, Klasse: _____

☐ Sonstiges: _____

Unterrichtsfächer: (Bei Lehrkräften!)

_____

STARK Verlag
Postfach 1852
85318 Freising

Absender (Bitte in Druckbuchstaben!)

Name/Vorname _____

Straße/Nr. _____

PLZ/Ort _____

Telefon privat _____ **Geburtsjahr** _____

E-Mail-Adresse _____

Schule/Schulstempel (Bitte immer angeben!)

Sicher durch alle Klassen!

Faktenwissen und praxisgerechte Übungen mit vollständigen Lösungen.

Mathematik

Mathematik 5. Klasse Bayern	Best.-Nr. 91410
Mathematik 8. Klasse Bayern	Best.-Nr. 91406
Funktionen 8.–10. Klasse Bayern	Best.-Nr. 91408
Formelsammlung Mathematik Realschule 7.–10. Klasse	Best.-Nr. 81400
Rechnen mit dem TI-83 Plus Sek. I	Best.-Nr. 91409
Bayerischer Mathematiktest 9. Klasse – Realschule Bayern	Best.-Nr. 91404
Lineare Gleichungssysteme	Best.-Nr. 900122
Bruchzahlen und Dezimalbrüche	Best.-Nr. 900061
Kompakt-Wissen Algebra	Best.-Nr. 90016
Kompakt-Wissen Geometrie	Best.-Nr. 90026
Entwicklung mathematischer Fähigkeiten ab 4. Klasse, Teil 1: Algebra	Best.-Nr. 990403
Entwicklung mathematischer Fähigkeiten ab 4. Klasse, Teil 2: Geometrie	Best.-Nr. 990405
Übertritt in weiterführende Schulen 4. Klasse	Best.-Nr. 990404
Übertritt ins Gymnasium	Best.-Nr. 90001

Betriebswirtschaftslehre/ Rechnungswesen

Training 9. Klasse Bayern	Best.-Nr. 91471
Training 9. Klasse Bayern – Lösungen	Best.-Nr. 91471L
Training 10. Klasse Bayern	Best.-Nr. 91472
Training 10. Klasse Bayern – Lösungen	Best.-Nr. 91472L

Ratgeber für Schüler

Richtig Lernen Tipps und Lernstrategien – Unterstufe	Best.-Nr. 10481
Richtig Lernen Tipps und Lernstrategien – Mittelstufe	Best.-Nr. 10482

Französisch

Französisch – Sprechsituationen und Dolmetschen mit 2 CDs	Best.-Nr. 91461
Rechtschreibung und Diktat 1./2. Lernjahr mit 2 CDs	Best.-Nr. 905501
Französisch – Wortschatzübung Mittelstufe	Best.-Nr. 94510

Deutsch

Grammatik und Stil 5./6. Klasse	Best.-Nr. 90406
Grammatik und Stil 7./8. Klasse	Best.-Nr. 90407
Aufsatz 7./8. Klasse	Best.-Nr. 91442
Aufsatz 9./10. Klasse Realschule Baden-Württemberg	Best.-Nr. 81440
Deutsch 9./10. Klasse Journalistische Texte lesen, auswerten, schreiben	Best.-Nr. 81442
Deutsche Rechtschreibung 5.–10. Klasse	Best.-Nr. 90402
Kompakt-Wissen Deutsch Rechtschreibung	Best.-Nr. 944065
Deutsch – Übertritt in weiterführende Schulen mit CD	Best.-Nr. 994402
Lexikon Deutsch Kinder- und Jugendliteratur	Best.-Nr. 93443

Englisch

Englisch 5. Klasse	Best.-Nr. 90505
Englisch – Hörverstehen 5. Klasse mit CD	Best.-Nr. 90512
Englisch – Rechtschreibung und Diktat 5. Klasse mit 3 CDs	Best.-Nr. 90531
Englisch – Leseverstehen 5. Klasse	Best.-Nr. 90526
Englisch – Wortschatzübung 5. Klasse mit CD	Best.-Nr. 90518
Englisch 6. Klasse	Best.-Nr. 90506
Englisch – Hörverstehen 6. Klasse mit CD	Best.-Nr. 90511
Englisch – Rechtschreibung und Diktat 6. Klasse mit CD	Best.-Nr. 90532
Englisch – Leseverstehen 6. Klasse	Best.-Nr. 90525
Englisch – Wortschatzübung 6. Klasse mit CD	Best.-Nr. 90519
Englisch 7. Klasse	Best.-Nr. 90507
Englisch – Hörverstehen 7. Klasse mit CD	Best.-Nr. 90513
Englisch 8. Klasse	Best.-Nr. 90508
Englisch – Leseverstehen 8. Klasse	Best.-Nr. 90522
Comprehension 1 / 8. Klasse	Best.-Nr. 91453
Englisch 9. Klasse	Best.-Nr. 90509
Englisch – Hörverstehen 9. Klasse mit CD	Best.-Nr. 90515
Englische Rechtschreibung 9./10. Klasse	Best.-Nr. 80453
Translation Practice 1 / ab 9. Klasse	Best.-Nr. 80451
Comprehension 2 / 9. Klasse	Best.-Nr. 91452
Textproduktion 9./10. Klasse	Best.-Nr. 90541
Englisch 10. Klasse	Best.-Nr. 90510
Englisch – Hörverstehen 10. Klasse mit CD	Best.-Nr. 91457
Englisch – Leseverstehen 10. Klasse	Best.-Nr. 90521
Translation Practice 2 / ab 10. Klasse	Best.-Nr. 80452
Comprehension 3 / 10. Klasse	Best.-Nr. 91454
Systematische Vokabelsammlung	Best.-Nr. 91455

(Bitte blättern Sie um)